周易과 韓國易學

周易研究論叢・2

周易과 韓國易學

韓國周易學會 編

(주)범양사 출판부

刊行辭

周易硏究論叢 제2권이 드디어 빛을 보게 되었다. 그리고 周易硏究論叢 제1권《周易의 現代的 照明》이 다시 版을 거듭하면서 학계의 큰 反響을 얻은 것은 무엇보다도 보람 있는 일이라 생각한다. 그동안 정기발표회와 학술대회를 가지면서 깊이 있는 논문들이 많이 나온 것은 학계를 위해서도 반가운 일이다.

이번에 출간되는 周易硏究論叢 第2卷《周易과 韓國易學》은 표제가 의미하듯이 韓國易學의 集大成이라 하겠다. 대부분의 글들은 그동안 학술대회와 정기발표회를 통해서 논의되고 다듬어진 論考들 중에서 韓國易學 부분을 모아 엮은 것이다.

유승국 교수의 〈韓國易學思想의 특질과 그 文化的 影響〉, 장병석 교수의 〈花潭 徐敬德의 易學思想〉, 곽신환 교수의 〈《周易淺見綠》과 陽村 權近의 易學〉, 김익수 교수의 〈退溪 李滉의 易學思想〉, 최영진 교수의 〈율곡《易數策》의 체계적 이해〉, 이애희 교수의 〈南塘 韓元震의 易學觀〉, 김필수 교수의 〈旅幹 張顯光의《易學圖說》硏究〉, 정해왕 교수의 〈茶山 丁若鏞의 易學思想〉 등은 韓國易學의 큰 맥을 잡아 총정리하고 있다. 그리고 이동준 교수의 〈易力學的으로 본 새 人間像의 探究〉, 김성기 교수의 〈《周易》의 神人관계에 대한 해석학적 접근〉, 송인창 교수의 〈先秦易學에서 天命自覺의 方法〉 등에 대한 논의들은 주역에의 핵심적인 문제들을 제기하고 있다.

　초대 회장 金忠烈 교수와 2대 회장 金鎔貞 교수의 學會에 대한 뜨거운 성원에 감사드린다. 좋은 玉稿를 주신 여러 회원 교수님들과 오늘의 기쁨을 같이하고 싶다.

　논문의 수집과 편집으로부터 학회 운영에 이르기까지 물심양면으로 모든 희생을 아끼지 않으신 본 학회 실무이사들에게도 감사한다. 특히 역학을 緼縕之情으로 늘 함께하고 계시는 汎洋社 출판부의 李成範 명예회장님, 金鎔貞 고문님과 따뜻한 감사의 정을 나누고 싶다.

　끝으로 연구 발표와 학술대회 등 여러 가지 행사에 많은 협조와 지원을 해주신 대우문화재단에도 감사의 정을 담는다.

1996년 10월 6일

韓國周易學會 會長 李貞馥 謹識

차 례

刊行辭 • 이정복

제1장 ● 周易의 諸問題

易學的으로 본 새 人間像의 探究 • 이동준 ………………………… 11
《周易》의 神人관계에 대한 해석학적 접근 • 김성기 ……………… 43
先秦易學에 있어서 天命自覺의 方法 • 송인창 …………………… 77
후설, 비트겐슈타인의 數와 《周易》의 數 • 이정복 ……………… 117
《周易》에 나타난 '體用'과 '一'의 관계 • 김주창 ………………… 184

제2장 ● 韓國의 易學思想

韓國易學思想의 特質과 그 文化的 影響 • 유승국 ……………… 199
花潭 徐敬德의 易學思想 • 장병석 ………………………………… 227
《周易淺見錄》과 陽村 權近의 易學 • 곽신환 …………………… 255
退溪 李滉의 易學思想 • 김익수 …………………………………… 287
율곡 《易數策》의 체계적 이해 • 최영진 ………………………… 317
南塘 韓元震의 易學觀 • 이애희 …………………………………… 345
旅軒 張顯光의 《易學圖說》 研究 • 김필수 ……………………… 372
茶山 丁若鏞의 易學思想 • 정해왕 ………………………………… 404

제1장
易學의 諸問題

易學的으로 본 새 人間像의 探究

李東俊*

차 례

I. 머리말
II. 易의 乾坤과 人間의 位置
III. 價値志向의 二重的 性向과 全人的 人間像의 摸索
IV. 맺는 말

I. 머리말

　만물의 영장인 인간은 지구상에 퍼져 살면서 오늘의 세계를 制覇하고 있다. 인간은 오랜 세월 동안 地域時代를 살아왔다. 그러나 이제는 거대한 변화를 일으키며 하나의 세계를 이루면서 서로 만나고 교섭한다. 그러나 현재 理解와 葛藤이 겹치는 가운데, 인간의 행위는 결단되며, 역사는 이루어지고 있다. 우리는 다 같은 인간이면서도 저마다 다른 역사성을 지니고 있기에 세계를 관찰하는 방법과 인간을 보는 눈이 다르다. 그러나 이제는 세계를 관찰하고 인간을 보는 눈을 원리적으로 조정하고 재구성하여야 할 단계에 이른 것 같다.
　본고에서 '새 인간상의 탐구'라 함은 현재에서 미래를 바라보며 인간 자신이 그렇게 되어야 할 목표에 대한 구조적 인식이라 할 수 있는데, 무슨 새삼스러운 이론을 제기하기보다는 우리가 고전을 통해 알고 있고 들

---
*成均館大學校 韓國哲學科 敎授

어온 논의를 정리하여 다시 한 번 강조해 보고자 하는 것이다.
 어느 시대를 단정적으로 규정하기는 어렵다. 그러나 중세와 근대라는 멀고 가까운 시대를 경험한 인간은 이제 지난날의 자신들을 돌이켜보고 이를 바탕으로 자신의 미래상을 전망해 볼 수 있을 것이다. 原論的 고찰에 그칠 본고에서 필자가 추구하는 인간상이란 통속적인 의미에서 중세 및 근대적 인간상의 특징을 정신주의와 물질주의로 파악하고 이를 극복하여 장차 靈肉雙全의 본래적 인간상을 성취하고자 하는 것이 근본적 취지이다. 이것을 陰陽論을 내용으로 하는 易學思想을 통해 고찰해 보고자 한다.
 易學的 견지에서 볼 때, 인간은 원리적으로 하늘의 요소인 정신과 땅의 요소인 물질을 함께 지닌 존재이다. 전자를 陽, 후자를 陰이라 하는 바, 이러한 陰과 陽의 요소는 필요불가결하며 어느 것도 소홀히 할 수 없는 인간 존재의 기본 조건이다. 陰과 陽은 對待關係에 있으면서 循環하고 調和하며 발전한다. 이것이 인간 파악에서 몸과 마음의 陰陽論的 原型이라 할 수 있다. 陰과 陽은 각기 특성이 있는 것이지만 서로 뿌리 박고 있는 것이며, 만약 어느 일면을 지나치게 강조하고 다른 일면을 몰각한다면 그만큼 원형에서 멀어지고 생명력을 상실하게 된다. 앞에서 정신주의와 물질주의를 중세와 근대의 속성으로 대별하였는데 그것은 사상적 성격을 시대적 특성으로 認知함이며, 그 어느 시대를 막론하고 사상적 流派의 차이에 따라 정신과 물질 가운데 어느 것에 중점을 두는가는 情況에 따라 언제나 다를 수 있는 것이다. 여기서 朴鍾鴻 교수와 토인비의 짤막한 書面 問答을 이끌어 보면 참고가 될 것이다.

  문1 : 내가 알기에 귀하는 역사의 발전과 관련하여 '陰'과 '陽'의 槪念을 이끌어 쓰고 있는데, 陰陽思想과 헤겔의 변증법간에 어떤 관계가 있다고 생각하는가?(朴)
  답 : 내 생각에는 헤겔도 '陰陽論'에서 표현하고 있는 우주의 성질과 같은 면을 표현하려는 것으로 본다. 그러나 헤겔은 오로지 理知的인 용어만으로 모든 것을 설명하고 있으며, 그것만으로는 오직 생의 일

부분과 정신적 경험을 포함할 뿐이다. 이것이 내가 陰陽이라는 용어를 가지고 생각하기를 선호하는 이유이다. 그것은 헤겔의 사유보다 훨씬 포괄적인 상징인 것이다.(토인비)
  문2 : 귀하는 황금의 中庸을 강조하고 있는데, 그것이 변증법, 陰陽思想 과는 어떤 관련이 있다고 설명하겠는가?
  답 : 陰陽은 자체 조정의 과정에 의해 중용을 유지한다. 陰 또는 陽이 극한에 이르렀을 때 그것은 율동적으로 상보적 운동으로 전환한다.[1]

 토인비에 의하면 陰陽論은 헤겔의 변증법보다 훨씬 포괄적인 사고의 틀이라 할 수 있다. 토인비의 논리를 따른다면 헤겔의 변증법은 정신주의에 치우친 陽의 철학이며, 아마도 유물론적 변증법에 대해서는 물질주의에 치우친 陰의 철학이라 할 수 있을 것이다. 그렇다면 지나친 정신주의와 물질주의를 탈피하여 어떻게 황금의 중용을 성취할 수 있을 것인가? 일방적으로 굳어진 사고방식에 유연성을 부여하여 재조정하고 보다 새롭고 포괄적이며 융통성 있는 사고방식으로의 전환을 위해 易의 陰陽論的 理論體系에 대한 성찰이 요망된다 하겠다.

II. 易의 乾坤과 人間의 位置

 《周易》은 64卦 384爻로 되어 있다. 〈易序〉에 "易이란 陰陽의 道이니, 卦란 陰陽의 物이요, 爻란 陰陽의 動이다. 卦가 비록 다르지만 같은 것은 奇偶이며, 爻가 비록 다르지만 같은 것은 九六이다"[2]라 하였듯이 易은 陰陽의 原理이다. 太極을 기본원리로 하여 三變하여 이루어진 여덟

---

1) 朴鍾鴻, 〈토인비와 陰陽思想〉, 《知性과 摸索》(博英社, 1968), 135~136쪽.
2) 〈易序〉, "易者, 陰陽之道也. 卦者, 陰陽之物也. 爻者, 陰陽之動也. 卦雖不同, 所同者奇偶. 爻雖不同, 所同者九六."

개의 單卦와 六變하여 이루어진 64개의 重卦(複卦)로 되어 있다. 여덟 개의 單卦는 乾坤(☰☷)父母와 震坎艮(☳☵☶)의 長男·中男·少男과 巽離兌(☴☲☱)의 長女·中女·少女로 되어 있으니 純陽 純陰의 父母 사이에서 차례로 탄생한 三男 三女가 한가족을 이루고 있다. 이른바〈伏羲八卦圖〉는 이러한 陰陽對待의 關係를 明示하고 있다. 8卦가 다시 중복됨으로써 64卦가 이루어지는바 이것이〈皇極經世書〉에 圖示한 伏羲六十四卦次序이다.[3]《周易》64卦는〈序卦傳〉에 보이는 순서대로 배열되어 있으므로 伏羲六十四卦의 순서와는 다르다.〈河圖〉와〈伏羲八卦圖〉, 六十四卦의 次序가 기계적으로 도식화하여 整齊한 모습을 보이고 있는 데 반하여〈洛書〉와〈文王八卦圖〉,《周易》의 六十四卦는 배열순서가 흐트러지고 무질서하게 보인다.[4]

그러나《周易》64卦와〈上經〉30卦의 처음 2卦인 乾坤卦는 純陽(☰) 純陰(☷)의 重乾, 重坤으로서 天地陰陽의 對待關係로 天道를 상징하고,〈下經〉34卦의 처음 2卦인 咸恒卦는 少女 少男(☱☶)과 長男 長女(☳☴)로서 결합되어 남녀 부부로 人事를 상징한다고 보는 점에서,《周易》64卦는 天道와 人事를 뜻하는 어떤 원리와 계통이 내재해 있음을 짐작할 수 있다. "乾坤은 易의 門인가보다"[5]라고 하였듯이, 하늘과 땅을 원리로 하는 乾坤卦는《周易》을 이해하는 門戶이다.《周易》에서는 乾坤卦가 특히 중요하며 十翼 가운데〈文言傳〉은 乾坤卦에만 해당된다.〈文言傳〉은 乾坤을 儀則하여 人事를 상세히 논한 부분이다. 뿐만 아니라〈繫辭傳〉에 "六爻의 動은 三極의 道이다"[6]라 했고,〈說卦傳〉에는 天道로서의 陰陽과 地道로서의 剛柔와 人道로서의 仁義를 말하면서 "三才를 겸하였으되 둘로 하였다"[7]고 하여 重卦의 六爻 자체가 天地人 三才(三極)로 되어 있음을 보여주고 있다.

---

3)《性理大全》, 卷7,〈皇極經世書〉, 六十四卦方圓圖 참조.
4) 아울러〈河圖〉,〈伏羲八卦圖〉와〈洛書〉,〈文王八卦圖〉를 고찰할 것.
5)《周易》,〈繫辭〉下, 六章 1節(이하 '繫下六1'과 같은 방법으로 표시함).
6) 繫上二4.
7) 繫下十1, 說二1(〈說卦〉二章 1節).

이와 같이 《周易》은 먼저 陰陽의 대표적 表象으로서 乾坤卦를 前提로 하고 아울러 천지의 化育에 參贊하는 인간을 부각시키고 있다. 〈繫辭傳〉에서도 單卦 8卦의 形成을 묘사한 다음 아래와 같이 기록하였다.[8]

> 乾道는 男이 이루어지고 坤道는 女가 이루어지니,
> 乾은 大始를 主宰하고 坤은 만물을 作成한다.
> 乾은 容易하게 알고 坤은 簡要롭게 기능하나니,
> 용이하면 쉽게 알고 간요하면 쉽게 좇으며,
> 쉽게 알면 親함이 있고 쉽게 좇으면 功이 있으며,
> 친하면 오래가고 공이 있으면 커지나니,
> 가히 오랠 수 있는 것은 賢人의 德이요, 가히 크게 할 수 있는 것은 賢人의 業이다.
> 易簡함으로 천하의 이치를 깨닫게 되나니,
> 천하의 이치를 깨달음에 中에서 位를 이루느니라.

여기서 乾道와 坤道의 性能이 대조됨과 아울러 '天地의 中'으로서의 인간의 위치가 뚜렷함을 볼 수 있다. 즉 乾坤은 남녀로 비길 수 있다는 것, 乾은 始物者요 坤은 成物者라는 것, 乾은 다른 사람들이 쉽게 이해하여 同心者가 많아 친할 수 있으며, 친하면 안으로 하나가 되어 오래 지속시킬 수 있다. 坤은 사람들이 쉽게 좇아서 協力하는 이가 많아 功이 있게 되며, 功이 있으면 밖의 것을 겸하여 확대해 갈 수 있다. 德은 자기 자신에게 얻어진 것이요, 業은 객관적인 사실에서 이루어진 것이다. 이러한 하늘과 땅의 性能을 인간이 易簡의 德을 가지고 본받아 실현함으로써 天地人 三才로서의 本務를 완수한다 함이 위의 인용문에 대한 대체적인 풀이라 할 수 있다.[9]

'乾稱父', '坤稱母'라 하여 인간 자신이 天地를 부모로 하고 있다는

---

8) 繫上一 4~8.
9) 繫上一에 대한 朱子의 〈本義〉 참조.

인식이 易學思想이려니와,[10] 인간이 天地와 더불어 三才가 되어 천지를 본받아 행한다 할 때, 天과 地에 관여하여 균형감각을 가지고 그 性能을 受容해야 하는 인간으로서, 乾坤의 특징에 대해 분명히 이해할 필요가 있을 것이다. 이에 대하여는 앞에서 이미 그러한 요소가 비추인 바 있으나, 이제 간략하나마 《周易》의 본문과 〈易傳〉 그리고 〈程傳〉, 〈本義〉 등에서 필요한 부분을 이끌어 살펴보기로 하겠다.

우선, 乾坤卦는 그 卦辭를 놓고 볼 때, 陰陽이라는 차이 이외에 기본적으로는 다름이 없다. 즉 "乾 元亨利貞" : "坤 元亨利牝馬之貞……"이라 하여 元亨利貞을 내용으로 하는 점에서 乾坤은 기본적으로 공통된다. 다만, 乾卦 六爻가 龍으로 상징되어 있고 특히 主爻인 九五爻가 '飛龍在天'으로 剛健한 성질을 가지고 하늘을 나는 龍임에 비하여, 坤卦의 牝馬〔암말〕는 地類로서 柔順하지만 역시 飛龍에 필적할 만한 剛健한 힘으로 땅위를 끝없이 달리는 형상을 보여줌으로써 나는 龍과 달리는 말을 짝지어 陰陽 剛柔의 관계를 살피게 하는 바라 하겠다.[11]

또, 《周易》의 〈象傳〉과 〈象傳〉을 보면 乾坤이 매우 대조적이면서도 밀접한 관계로 파악됨을 볼 수 있다. 즉, 〈乾卦象傳〉에는

　　위대하도다 乾元이여, 만물이 (그것을) 바탕으로 비롯되나니 이에 하늘을 統宰하도다.[12]

라 하였고, 〈坤卦象傳〉에는

　　지극하도다 坤元이여, 만물이 (그것을) 바탕으로 태어나나니 이에 순히 하늘을 받들도다.[13]

---

10) 《周易》, 〈說卦〉, 張載의 〈西銘〉 참조.
11) 《周易》, 〈乾卦九五〉, "飛龍在天 利見大人."
　　　〈坤卦象〉, "牝馬地類 行地无疆 柔順利貞 君子攸行."
12) 《周易》, 〈乾象〉, "大哉 乾元 萬物資始 乃統天."
13) 《周易》, 〈坤象〉, "至哉 坤元 萬物資生 乃順承天."

라 하였다. 乾坤 兩元을 함께 볼 수 있는바, '大와 至', '始와 生' 그리고 '統天과 承天'을 들 수 있다. 그리고 〈乾卦大象〉에는

    天行이 健하니 君子가 본받아 써서 自强不息하도다.[14]

라 하였고, 〈坤卦大象〉에는

    地勢가 順하니, 君子가 본받아 써서 厚德으로 載物하도다.[15]

라 하였다. 여기서도 '天行과 地勢', '剛健과 坤順' 그리고 '自彊不息'과 '厚德載物'이 대조적으로 기술되어 있다.

  乾坤과 天地 父母 그리고 男女 夫婦가 구조적으로 陰陽關係로 파악되고 있는데 그 구체적 性能이 무엇인가는 바로 乾男坤女의 屬性에서 導出되고 있다. 앞에서 열거한 예문에서 살펴본다면 '統宰한다', '비롯한다'라 함은 乾道的, 男性的 性能을 나타내고, '낳는다', '유순하다' 함은 坤道的 女性的 性質을 나타내고 있다. 〈繫辭〉第1章의 인용에서도 乾에 대해서는 '쉽게 이해한다(易知)', '친할 수 있다(有親)', '오래갈 수 있다(可久)'라 하여 이것을 賢人의 德에 연관짓고, 坤에 대해서는 '쉽게 좇는다(易從)', '功이 있다(有功)', '커질 수 있다(可大)'고 하여 賢人의 '業'으로 연결짓고 있음에서 그 성격은 더욱 분명해진다. 더 나아가 보다 적극적으로 易을 '德을 높이고 業을 넓히는 것'[16]이라 하여 窮理的, 叡智的 측면과 循理的, 行爲的 측면으로 분별하고 있음을 본다. 그러한 점에서 前者를 精神的, 心理的, 原理的 차원이라 한다면 後者를 物質的, 行動的, 事實的 部面이라고 할 수 있겠다. 易에서는 이러한 양면을 통합적으로 수행하는 인간 자신의 고유한 성능을 역시 易簡이라는 용어로 집약하여 인간과 천지를 소통시키는 근거로 삼고 있다. 《周易》에 "廣大는

---

  14) 《周易》, 〈乾象〉, "天行健 君子以 自彊不息."
  15) 《周易》, 〈坤象〉, "地勢坤 君子以 厚德載物."
  16) 繫上七1, "崇德而廣業."

天地를 짝하고 變通은 四時를 짝하고, 陰陽의 義는 日月을 짝하고, 易簡의 善은 至德을 짝한다"[17] 하여 '易簡'과 인간의 주체적 역량인 '至德'을 합치시키고 있음은 이른바 天地人 三才의 실상을 보여주는 事例라 할 것이다.

여기서 乾卦, 坤卦를 이해함에 있어서 두 가지를 유의해야 한다.

첫째, 乾坤은 優勝劣敗의 갈등관계가 아니라 相須相補의 相生關係라는 것이다. 빌헬름(R. Wilhelm)은 乾坤을 創造性(The Creative)과 受容性(The Receptive)으로 풀이하고 있는데,[18] 참된 의미에서의 이 양면의 결합이야말로 바람직한 실상이라 하겠다. 乾道도 인간(君子, 聖人)의 일이요, 坤道 역시 인간의 일이다. 程子는 〈坤卦大象〉에 대한 풀이에서 "坤道의 위대함은 乾과 같으니, 聖人이 아니라면 누가 체득할 수 있으랴 …… 君子가 坤厚의 象을 보아 모든 것을 용납하여 실어준다"[19]고 하였다. 乾의 '自彊不息'이나 坤의 '厚德載物'이 모두 君子가 본받아 실행할 바이다. 乾의 剛健, 坤의 柔順의 妙合이야말로 이상적 조화가 아닐 수 없을 것이다. 그런데 易은 '爲君子謀'라 하듯이 易의 인간학적 의미는 乾坤卦에 한하지 않는다. 乾坤을 기본으로 하지만 易經 64卦가 모두 인간이 거울삼을 바이니, 64卦의 大象 가운데 '본받아 행할(以)' 주체로서 '君子'가 53회, '先王'이 7회, '后'가 2회, '上'이 1회 그리고 '大人'이 1회로 隨時隨處로 各卦가 인간에 대하여 갖는 의미가 있다.

둘째, 乾坤卦는 마치 父性과 母性 그리고 夫婦와도 같이 각기 특징을 가지면서 水平垂直에 관계없이 존재의 顯現으로서의 和合關係에 있지만, '能動'과 '受動'으로 분석하여 파악할 때에는 動靜과 先後의 질서가 있다. 乾坤의 性能을 健順으로 보는 점에서도 그러하고, '統天'에 대해 '承天', '資始'에 대해 '資生'이라 한 데서도 兩者의 차이와 구별을 느

---

17) 繫上六3.
18) *The IChing*, The Richard Wilhelm Translation rendered into English by F. Baynes(Princeton University Press, 1987), 3쪽, 10쪽.
19) 〈程傳〉, "坤道之大, 猶乾也. 非聖人, 孰能體之? ……君子觀坤厚之象, 以深厚之德, 容載庶物."

끼게 된다. 더구나 〈坤卦象辭〉에 이미 "先하면 迷하고 後하면 得하리니"[20]라 함에서도 그 선후관계는 더욱 명백히 나타났다. 〈坤卦 文言傳〉에 "陰은 비록 아름다우나 (속으로) 머금어 (나타나지 않고) 王事를 좇아 감히 스스로 이루지 아니하나니, 地道이며 妻道이며 臣道이다. 地道는 이룸(成)이 없고 代身하여 마침(終)이 있는 것이다"[21]라 함을 보면 더욱 그 主從關係를 느끼게 된다. 〈坤卦 上六〉의 爻辭에는 "용이 들에서 싸우니 그 피가 검고 누르다"[22]라 하여, 坤의 陰이 성장하여 六爻가 모두 陰(☷)이 되었을 때, 乾의 六爻(☰)와 대등하게 맞섬으로써 벌어지는 전투로 인해 乾坤이 모두 상처를 입는 재앙을 그리고 있다. 이는 乾坤이 失和하여 빚어지는 비극을 경고함으로써 역설적으로 화합의 正道를 강조한 것이라 하겠다.

이와 같이 乾坤의 질서를 수직적으로 양분하여 파악하는 방법에는 두 가지가 있다. 즉 한편으로는 乾坤에 있어서 健順 先後의 구별은 당연하고 자연스러우며 인간의 심리에 부합하므로 오히려 화합을 가능케 하는 근거와 조건이 될 수 있다는 견지이다. 乾의 剛健한 덕과 坤의 柔順한 덕이 화합하는 것이기 때문이다. 그러나 이러한 인식은 원리적이며 정신적이라 할 수 있다. 乾道가 乾道답지 못하여 剛健하지 못하다거나, 坤道가 坤道답지 못하여 柔順하지 못하다면 이는 모두 정상적인 것이 아니다. 이를테면 栗谷의 《擊蒙要訣》에 "반드시 남편은 和하되 옳은 것〔義〕으로 이끌고 아내는 順하되 바른 것으로 받들어서 부부 사이에 예절과 공경을 잃지 않은 뒤라야 집안이 다스려질 수 있다"[23]는 구절이 나온다. 이는 과거 전근대사회의 교훈이라 하겠으나 오히려 和義와 順正은 부부에게 모두 요망되는 것이요, 禮敬 또한 필수적인 것이기 때문에 그러한

---

20) 〈坤卦象辭〉, "先迷後得."
21) 《周易》,〈坤文言〉, "陰雖有美, 含之, 以從王事, 弗敢成也, 地道, 妻道, 臣道也, 地道无成而代有終也."
22) 〈坤卦上六〉, "龍戰于野, 其血玄黃."
23) 李珥, 《擊蒙要訣》,〈居家第8〉, "必須夫和而制以義, 妻順而承以正, 夫婦之間不失禮敬然後, 家事可治也."

기초적 조건을 바탕으로 할 때 '이끈다'거나 '받든다'는 것을 거북스럽다기보다는 정상적인 것으로 인식하였던 것이다. 비록 방법상으로는 수직적 질서로 수행된다고 보겠으나 오히려 이는 자발적 선택이요, 본질적 생명 자체를 실현하는 데는 어떤 손상도 없기 때문이다.

그러나 다른 한편으로 乾坤의 수직질서는 陽을 높이고 陰을 낮춰 보는 '扶陽抑陰'[24]의 체계로서 자칫 불평등의 형세로 나타나기 쉽다. 앞으로 논의하겠지만, 이를테면 정신적 가치를 숭상한 나머지 물질적 가치를 인정하지 않고 필요 이상 억제한다든지, 그래서 어느 시기에 이르러 그 형세가 逆轉되는 경우도 있었다. 또한 人格과 能力 그리고 地位에는 上下와 尊卑가 없을 수 없겠지만 君子와 小人을 구별한 나머지 군자를 높이고 소인을 지나치게 경멸하여 反撥을 일으킨다든지, 지도자와 피지도자 그리고 지배층과 피지배층을 본질적으로 구별하여 차별적 체제를 굳혀 인간의 존엄과 평등을 몰각하는 痼疾이 허다했었다. 심지어 그러한 사고방식이 類推되어 '男尊女卑'와 '官尊民卑'로까지 나아갔으니, 이러한 모순은 作易者의 의도와는 관계없이 오랜 세월 동안 前近代的 봉건사회라는 시대적 제약과 인류문명의 진화과정에서 인간 스스로 겪어야 했던 역량이자 한계였다고 볼 수도 있다.

여기서 다시 易의 乾坤卦의 運用을 뜻하는 '用九'의 "羣龍을 보되 无首하면 吉하리라" 함과 '用六'의 "永하고 貞함이 利하리라"[25]는 문구를 想起할 필요가 있겠다. 즉 乾六爻는 純陽으로서 너무 강하므로 남보다 앞서 지나치게 전진하지 않음을 중히 여기는 것이며(〈程傳〉), 그러므로 "剛하되 능히 柔할 수 있음"이 吉하게 되는 道라고 보았고(〈本義〉),[26] 또

---

24) 전게서 坤卦初六에 대한 朱子의 〈本義〉 참조.
25) 〈乾卦〉, "用九, 見羣龍, 无首吉."
    〈坤卦〉, "用六, 利永貞."
26) 《周易》, 〈程傳〉, "用九者, 處幹剛之道, 以陽居乾體, 純乎剛者也, 剛柔相濟爲中, 而乃以純剛, 是過乎剛也. 見羣龍, 謂觀諸陽之義, 无爲首則吉也. 以剛爲天下先, 凶之道也."
    〈本義〉, "剛而能柔, 吉之道也. 故爲羣龍无首之象, 而其占爲如是則吉也."

坤六爻가 純陰으로서 柔順하기만 하면 확고하게 존립할 수 없으므로(《程傳》), 純陰의 坤順함이 轉變하여 陽剛하게 됨으로써만 坤의 性能을 성취할 수 있다고 보았다(《本義》).[27]

이러한 논리는 이미 陽과 陰의 최고의 극치가 내면적으로 陽剛은 陰柔를 요구하고 陰柔는 陽剛을 지향하고 있음을 통찰한 것으로, 우리로 하여금 새삼 유의케 하는 점이다.

III. 價値志向의 二重的 性向과 全人的 人間像의 摸索

1. '扶陽抑陰'과 精神的 價値의 高揚

天地人 三才는 易의 기본원리였다. 〈繫辭傳〉에 "易은 지극하도다. 무릇 易은 聖人이 德을 높이며 業을 넓히는 바이니, 知는 높고[崇] 禮는 낮다[卑]. '높음'은 하늘을 본받음[效天]이며, '낮음'은 땅을 본받음[法地]이다"[28]라 하였다. 崇德과 廣業은 곧 乾坤의 道를 인간이 알아서 시행함을 뜻하는 것으로서, 간단히 '知'와 '禮'라는 개념으로 수렴되고 있다. 이어서 "天地가 位를 베풂에 易이 그 가운데 行하나니, 成性을 存存함이 道義의 門이다"[29]라 하였다. 궁극적으로 인간에게 갖추어진 本性이 바탕이 되어 여기서 인간행위의 規準으로서의 道義와 禮法이 導出 展開되고 있음을 볼 수 있다. 乾坤의 문제가 인간 자신에게 연결, 主體化되고 있는 것이다.

이와 같은 사례는 〈文言傳〉에 보다 集約的이고 簡明하게 기술되어 있다. 즉 〈文言傳〉에서는 乾의 四德인 元亨利貞을 인간의 당위법칙이라 할 수 있는 仁義禮智와 結付시켜 설명하였다. 이를테면 元은 '善之長', 亨

---

27) 《周易》,〈程傳〉, "陰道, 柔而難常, 故用六之道, 利在永貞固."
　　　　　〈本義〉, "蓋陰柔而不能固守, 變而爲陽 則能永貞矣."
28) 繫上七1, "夫易, 聖人所以崇德而廣業也. 知崇禮卑, 崇效天 卑法地."
29) 繫上七2, "天地設位, 而易行乎其中矣. 成性存存, 道義之門."

은 '嘉之會', 利는 '義之和' 그리고 貞은 '事之幹'이라 하고, 다시 體仁 合禮 和義 貞固라 하여, 오히려 君子가 이 네 가지 德——仁義禮智—— 을 행하는 까닭에 乾을 元亨利貞이라고 일컫는다고 했다.[30] 乾道로서의 元亨利貞은 人道로서의 仁義禮智의 四德과 같은 맥락으로 파악되었다. 〈坤卦 文言傳〉에 "坤道는 順하도다. 하늘을 받들어 때에 맞추어 行하도 다"[31]라 하였듯이, 본디 乾道를 받들어 행하는 것은 坤道이며, 元亨利貞 이 시행되는 터전도 含弘光大한 땅이었다.[32] 그러나 하늘의 道가 땅에서 이루어진다 할 때, 실제로는 그것이 인간의 일이었으니, 〈乾坤卦 大象〉의 '君子以'는 실제로 인간이 '自彊不息'하고 '厚德載物'하는 易簡의 性能 을 가지고 天道를 地上에서 펼친다는 뜻이 되겠다. 〈乾卦 九五爻〉에 "나 는 龍이 하늘에 있으니, 大人을 봄이 利롭다"라든가, 〈坤卦 六二爻〉에 "直하고 方하고 大하여 익히지〔習〕 않아도 利롭지 않음이 없다"[33]라 하 였음은 그러한 實相의 極致를 나타내는 文句라 하겠다.

　易의 근본취지에서 본다면, 聖德과 君德을 갖춘 聖人 君子가 聖王과 哲輔가 되어 崇德 廣業해야 한다. 〈繫辭傳〉에 "天地의 大德은 生이요, 聖人의 大寶는 位이다. 무엇으로 位를 지킬 것인가? 仁이다. 무엇으로 사람을 모을 것인가? 財이다. 財를 다스리며, 판결을 바르게 하며 백성들 이 잘못함을 禁하는 것이 義이다"[34]라 하였다. "진실로 그 사람이 아니라 면 道란 헛되이 행해지는 것이 아니다"[35]라 하고 다시 伏羲, 神農, 黃帝, 堯, 舜 등의 聖王을 일컬어 그들의 行事를 詳述하고 道統의 淵源을 밝 힌 것[36]은 현실을 개척하고 역사를 창조한다는 '開物成務'의 정신을 나

---

30) 〈乾卦 文言〉, "元者, 善之長也. 亨者, 嘉之會也. 利者, 義之和也. 貞者, 事之幹也. ……君子行此四德者, 故曰乾 元亨利貞."
31) 〈坤卦 文言〉, "坤道其順乎, 承天而時行."
32) 〈坤象〉, "坤厚載物, 德合无疆. 含弘光大, 品物咸亨."
33) 〈坤卦 六二〉, "直方大, 不習无不利."
34) 繫下一10, "天地之大德曰生, 聖人之大寶曰位, 何以守位曰仁, 何以聚人 曰財. 理財, 正辭, 禁民爲非曰義."
35) 繫下八4, "苟其非人, 道不虛行."
36) 繫下二1~12 참조.

타내는 것이라 하겠다.

인간이 天道를 땅위에 실현한다는 사상은 매우 거창하다. 張載는 "天地를 위하여 마음을 세우고, 生民을 위하여 道를 세우며, 지나간 聖人을 위하여 끊어진 학통을 잇고, 萬世를 위하여 太平을 연다"[37]고 하였다. 역사창조의 주체는 바로 인간 자신이었다. 天地間의 一粟이라 할 인간으로서는 스스로를 돌이켜보면 심각하게 성찰하지 않을 수 없었다. 동아시아에서 易學思想은 歷代로 學術文化에 영향을 주어왔다. 그러나 易學을 기본으로 學術文化 全般을 體系化하고 再定立한 것은 宋學에 이르러서였다.

漢唐代의 道佛時代를 지나 宋代에 이르면 哲學의 性格이 강한 새로운 儒學이 수립되는데, 그 이론적 바탕으로서 특히 《易傳》과 《中庸》이 중요한 典故가 되었다. 宋學者들은 理論哲學을 심오하게 展開했지만, 그들의 理想과 抱負는 컸다. 그들은 개인 중심의 세속적 욕망을 탈피하여, 적어도 인류적 차원의 공동의식과 우주와의 일치까지 希願하는 등 관심의 영역을 넓혔다. 물론 그들은 人倫共同體를 중시하였으며, 현실을 떠난 出世間의 思想의 流派에 대해서는 엄격한 비판을 가했다. 그리하여 老佛에 대해서는 虛無寂滅의 道라 하여 人倫을 저버린 異端思想으로, 그리고 霸權의 功利主義에 대해서는 反人間的 俗物主義로 비판하였다. 그러면서 강조한 것은, 內聖外王으로 行道와 垂敎를 근본취지로 하는 道學思想이었다. 이른바 道統淵源을 밝히고 歷代帝王과 시대적 특징을 심중하게 비평하는 태도는 道學派의 엄격한 역사의식에서 연유한다고 하겠다. 과거의 봉건사회에서는 진리에 대한 각성이 제왕에게 있었는가, 선비들에게 있었는가, 아니면 아무 곳에도 없었는가에 따라 시대의 성격이 달리 규정되었다. 그러한 정신은 出世間主義에 대해서는 현실 重視論이지만, 惰性的 現實을 거부하고 새로운 현실을 추구하는 점에서는 이상주의라 할 수 있다. 이러한 의미에서 이상주의적 성격을 띤 道學派의 특징 두 가지를

---

37) 《橫渠文集》, "爲天地立心, 爲生民立道, 爲去聖繼絶學, 爲萬世開太平." 《栗谷全書》 20, 〈聖學輯要〉 2 所引)

고찰할 수 있다.

 첫째, 인간이 진리를 실현한다고 할 때 그 진리 자체란 무엇인가? 인간 존엄성의 궁극적 근원은 무엇인가? 누구에게나 해당되고, 영원한 가치를 지니며 繼繼承承 존속되어야 할 보편적 진리는 무엇인가? 우주만물의 존재근거로서의 궁극적 원리는 무엇인가?

 《周易》에 "形而上者를 道라 하고 形而下者를 器라 한다"[38] 하였는데 道는 무엇이며, 道와 器의 관계는 어떠한가? 이러한 물음은 일반적으로 宗敎나 形而上學에서 논의되고 있는데, 易學의 理論으로써 이러한 궁극자에 대한 물음을 체계적으로 해명한 것은 宋學 이후의 일이다. 이 시대에는 太極陰陽論에 대한 논의가 무성하였고, 이것은 理氣心性論으로 정밀하게 전개되었다. 진리에 대한 인식과 확신 없이는 근본적인 해명이 불가능하며, 통속성만 반복된다. 철학이 없는 현실과 마음이 없는 육신 그리고 목적이 없는 여행을 계속할 뿐이니, 宋儒들은 존재에 대한 근본적인 물음을 진지하게 시도하였다.

 둘째는 진리의 수행자로서의 인간 스스로의 자질과 태도의 문제로서, 일종의 修養論이라 할 수 있다. 진리의 탐구를 가능하게 하는 인간 자신의 주체적 투명성과 정상적 인간관계를 성립시켜 주는 善意志와 그 근원은 무엇인가? 도덕적 타락을 초래하는 요인은 무엇이며 그것을 어떻게 퇴치할 것인가? 인간 자신이 어떻게 주체적으로 小人的 要素를 버리고 君子의 品性을 涵養하여 聖人에 도달할 수 있겠는가?

 먼저, 첫째 문제인 존재의 근원에 대한 논의를 살펴보겠다. 《周易》의 〈乾坤卦〉에서는 진리의 근원으로서의 乾道와 진리가 그대로 실현되는 터전으로서의 坤道를 말했으며, 인간은 진리를 실현하는 주체로서 인식되었다. 그런데 性理學派에는 이를 더욱 이론적으로 강조하여 '乾道' 대신에 天理 또는 天, 天道, 天命 등을 궁극적 개념으로 썼다. 또한 陰陽은 乾坤의 性能을 나타내는 뜻보다는, '太極은 理, 陰陽은 氣'라 할 때 氣라는 實體의 두 양상으로 파악되어 그 논조가 달라지고 있다. 太極과 陰陽

---

 38) 繫上十二4, "形而上者謂之道; 形而下者謂之器."

은 形而上者로서의 道와 形而下者로서의 器에 대응되기도 하며, '一陰
一陽之謂道'라 함에서도 陰陽은 氣요 道는 理이다.[39] "易有太極 是生兩
儀"라 함에서도 太極은 變易하는 가운데 들어 있는 '不易하는 理致'로
본다.[40] 이와 같이 陰陽, 器, 氣는 形而下의 現象이며, 太極, 道, 理는
形而上의 本質이다. 《周易》의 입장에서, 陰陽은 乾坤을 나누어 보는 큰
개념이며 때로는 地道의 剛柔에 대하여 天道의 陰陽으로 파악되기도 하
였으나, 이제는 主宰로서의 理의 지배를 받는 氣로 그 개념의 폭이 축소
되고 격하된 듯 보이기도 한다.

어떻든 理와 氣, 太極과 陰陽은 '二而一 一而二'이며 '不相離 不相
雜'의 관계에 있지만, 太極의 理는 '造化의 樞紐이며 品彙의 根柢'[41]로
서의 궁극적 원리로 인식되었다.

다음 인간의 心性과 修養의 문제를 살펴보겠다. 太極의 道는 존재의
법칙일 뿐 아니라 인간존재의 궁극적 원리가 된다. 〈太極圖說〉의 朱子註
에 의하면, 太極은 一動一靜의 어느 경우에나 갖추어진 원리이다. 인간
은 이러한 太極을 갖추어서 드러내야 한다. 그러나 일반적으로 "欲이 움
직이고 情이 勝하며 利害로 다투어 人極이 서지 못하여 禽獸와 크게 다
르지 않게 된다"[42]는 것이다.

그렇다면 인간은 어떻게 주체적으로 독립하여 본래성을 회복할 수 있
을까? 周濂溪는 〈太極圖說〉에서 "聖人이 中正仁義로써 定하되 靜을 主
하여 人極을 세운다" 하고, "無欲이기 때문에 靜한다"[43]고 自註했으며,
朱子는 "진실로 이 마음이 寂然하여 無欲하지 않으면 또한 어떻게 사물
의 변화에 대해 酬酢하며, 천하의 움직임에 대해 한결같이 할 수 있겠는
가?"[44] 하였다. 원리적으로 太極은 動靜을 떠나지 않으며, 動靜은 서로

---

39) 〈本義〉, "陰陽迭運者氣也, 其理則所謂道."
40) 〈本義〉, "易者, 陰陽之變; 太極者, 其理也."
41) 《性理大全》卷1, 〈太極圖說〉, 朱子註, "上天之載, 無聲無臭, 而實造化之 樞紐, 品彙之根柢也."
42) 上同, 〈太極圖說〉의 朱子註, "欲動情勝, 利害相攻, 人極不立, 而禽獸不遠 矣."
43) 〈太極圖說〉의 '主靜'에 대한 濂溪의 自註, "無欲故靜."

뿌리를 박고 있으나, 실제로는 動하기 위해서는 반드시 靜에 힘써야 할 것이니,[45] "專一하지 않으면 곧바로 遂行하지 못하고, 모아들이지 않으면 發散할 수 없는 것이다."[46] 周濂溪의 主靜論은 후일 持敬論으로 바뀌는데, 敬思想은 역시 心을 主宰하는 뜻이 있다. 즉 몸〔身〕의 主宰는 마음〔心〕이며, 마음의 주재는 敬이라는 것이다. 본디《周易》,〈坤卦 文言傳〉에 "敬으로 속을 바르게 하고, 義로 바깥을 반듯이 한다"[47]라 되어 있다. 敬이란 內向的으로 중심을 확립시킴이요, 義란 그로부터 外向的으로 작용해 나가는 것이라 하겠는데, 敬과 義는 다같이 마음의 일로서 함께 지녀 어느 것 하나도 손상치 말아야 할 것이니, 그렇게 된다면 "아래로는 物欲에 물들지 않고 위로는 天德에 도달할 수 있다"[48]는 것이다. 그러나 敬과 義를 놓고 볼 때에도 "主할 바는 敬이며, 義는 이것으로부터 나오는 것"이라 하고, "이것을 보존하여 涵養하기를 오래하면 자연히 天理가 밝아지리라"[49] 하여 敬을 더욱 강조하여 인간정신의 내면적 각성을 중시하고 있음을 알 수 있다.

《周易》,〈乾卦 文言傳〉에 "邪를 막고 誠을 보존한다(閑邪存其誠)"라든지,〈損卦 大象〉에 "懲忿窒慾"이라든지,〈益卦〉의 大象에 "善을 보면 行하고 허물이 있으면 고친다(見善則遷 有過則改)"라 함은 모두 인간정신의 내면적 성찰을 위해 안으로 誠心을 보존하고 밖으로 慾心을 제어함으로써, 이른바 "天理를 보존하고, 人欲을 막는다(存天理 遏人欲)"는 이론의 典故가 되는 것이라 하겠다.

앞에서 고찰한 바와 같이 天道를 地上에 실현하려는 理想을 지닌 聖

---

44) 朱子註, "苟非此心寂然無欲而靜, 則又何以酬酢事物之變而一天下之動哉?"
45) 上同, "動靜周流, 而其動也, 必主乎靜, ……蓋體立而後用有以行."
46) 上同, "若程子論乾坤動靜而曰不專一則不能直遂, 不翕聚則不能發散."
47) 〈坤卦 文言〉, "敬以直內, 義以方外."
48) 眞西山,《心經》, "伊川先生曰, 敬義內外交相養, 夾定在這裏, 莫敎一箇有些走失, 如此則下不染於物欲 只得上達天德."
49) 上同, "龜山楊氏曰, ……所主者, 敬, 而義自此出焉."
   "伊川先生曰, ……存此涵養久之, 自然天理明."

人 君子에게는, 정신적 수련과 각성을 성취하고 보편적 진리를 認得하는 일은 너무나 당연하였다. 그들은 私的인 욕망의 장애로부터 벗어나고 있었다. 小人的 要素를 극복하고 君子의 품성을 함양하였다. 〈乾卦 文言傳〉에 제시되었던 元亨利貞과 함께 仁義禮智는 그 제목이었다. 그러나 일반민중과 통속적 범인은 매우 감내하기 어려웠다. 그러나 '抑陰尊陽'의 이론은 君子들의 존엄한 정신세계를 지탱해 주는 '心法之學'[50]이 되었다.

2. '利用安身'과 現實的 價値의 追求

앞에서 易에서는 '崇德'과 '廣業'이라 하여 精神的·理念的 측면과 物質的·現實的 측면을 아울러 말하고 있음을 지적하였다. 이것을 다른 표현으로는 '盛德大業'[51]이라 하고, 그 내용을 "富하게 가짐을 大業이라 하고 날로 새로워짐을 盛德이라 한다"[52]고 풀이하기도 한다. 또 "仁에서 드러나며 用에서 감추어진다"[53]고 하여 이러한 兩者가 안팎으로 관련하여 작용하고 있음을 말하고 있는데, 《朱子》,〈本義〉는 "顯이란 안으로부터 밖으로 나타남(自內而外)"이며, "藏이란 밖으로부터 안으로 들어감(自外而內)"이라 주석하였다.[54] 〈繫辭傳〉에서는 이러한 관계를 보다 비유적 표현으로 묘사하고 있다. 즉 "자벌레가 굽히는 것은 펴나가기 위함이요, 龍蛇가 숨어들어가는 것(蟄)은 몸을 보존함이로다"라 하고, 이어서 "義를 정밀히 하여 神에 들어감(入神)은 用을 다하기 위함(致用)이요, 用을 이롭게(利用)하여 몸을 편안케 함(安身)은 德을 높임이로다"[55]라 하였다. 역시 〈本義〉에서는 "精義入神은 굽히기를 지극하게 함(屈之至)이지만, 도리어 밖으로 나와서 致用하는 근본이 되는 것이며, 施用하기를

---

50) 《正易》, 第八張.
51) 繫上五4.
52) 繫上五5, "富有之謂大業, 日新之謂盛德."
53) 繫上五4, "顯諸仁, 藏諸用."
54) 〈本義〉, "顯, 自內而外也. ……藏, 自外而內也."
55) 繫下五3, "尺蠖之屈, 以求信也, 龍蛇之蟄, 以存身也, 精義入神, 以致用也, 利用安身, 以崇德也."

이롭게 하여 모두가 편안함은 펴나감의 극치(信之極)이지만 오히려 안으로 들어가서 崇德하는 바탕이 되는 것이니, 內外가 交涉하여 相養相發하는 것이다"⁵⁶⁾고 풀이하였다. 이와 같이 價値의 二重的 構造와 그 兩面性의 성취는 원리적으로 당연한 요청이었다.

그런데 앞에서 고찰한 바와 같이 우선 방법적으로는 정신적 가치로서의 崇德의 면이 一次的으로 강조되었으며, 특히 道學派에 있어서 그 이론이 심화되었음을 볼 수 있었다. 그러나 崇德과 日新 그리고 藏仁과 精義入神에 상대하여 반드시 廣業과 富有, 顯用과 利用安身이 있는 것이요, 오히려 정신적 가치의 심화와 고양은 현실적 가치를 확실히 向導하고 성숙시키기 위해 필요한 것이며, 더 나아가 정신적 가치가 현실적 가치를 통해 드러남으로써 그 극치를 이루는 것이라 할 수도 있다. 그러나 아무리 그러한 원칙을 기반으로 출발한 것이라 해도 실제로 어느 일면에 집중하다 보면 다른 일면을 소홀히 하기 쉬우며, 그리하여 다른 일면이 지나치게 결핍됨으로써 양자가 모두 손상되어, 이를테면 陰陽 剛柔가 균형을 잃어버리는 결과를 빚을 수도 있다.

어떻든 이제 向內的으로 정신세계에 깊어짐에 그치지 않고 向外的으로 신체적·물질적 현실에 대한 충분한 인식이 요망되었던 것으로, 특히 후일에 이른바 實學派는 이러한 시각을 바탕으로 성립된 思想系統이었다. 〈易傳〉에 "利用出入 民咸用之"⁵⁷⁾라 함을 위시하여, '備物致用'⁵⁸⁾이라든지 '利用安身'⁵⁹⁾이라든지, 《書經》에 '正德'과 더불어 '利用厚生'을 말하고 있음은 그 중요성을 원리적으로 제시하는 것이라 하겠다.⁶⁰⁾

앞에서 인용하였듯이 《中庸》에서 "高明을 極하되 中庸을 말미암는

---

56) 〈本義〉, "精硏其義, 至於入神, 屈之至也. 然乃所以爲出, 而致用之本, 利其施用, 无適不安, 信之極也. 然乃所以爲入而崇德之資, 內外交相養互相發也."
57) 繫下十一—4.
58) 繫上十一—7.
59) 繫下五9.
60) 《書經》, 〈大禹謨〉, "禹曰 於. 帝念哉. 德惟善政, 政在養民 ……正德利用厚生, 惟和."

다."[61]는 經典思想은 어떠한 높은 진리를 말하더라도 일상적 현실을 떠나지 않는 점에서 근본적으로 實學의 성격을 띠고 있었으며, 또 新儒學에서 程朱가 老佛을 비판한 이유도 바로 그 점이었다. 修己治人과 經世濟民을 본지로 하는 점에서는 어느 학파를 막론하고 공통적이었다. 正德, 利用, 厚生 가운데 어느 하나 중요하지 않은 것이 없지만 인륜도덕을 중시하는가 아니면 사회경제를 중시하는가는 시대적 요청에 상응했다. 조선시대의 세종 때에는 이미 인문, 사회, 자연과학이 종합적으로 추구되었으나 그 이후에는 크게 性理學과 實學으로 대별하기도 한다. 조선시대 학풍의 기조를 이루었던 朱子學은 순수철학과 사회철학의 양면이 있었는데, 前期에는 事功派가 經世致用의 업적을 이뤘으나 程朱의 性理哲學이 크게 발달하였고, 後期에는 朱子學的 기반에 근본적 변경이 생긴 것은 아니나 이론철학적인 측면보다 利用厚生을 위주로 한 實學이 발달을 하게 되었다. 이를테면, 實學의 大家인 柳馨遠은 《磻溪隨錄》을 통해 국가체제를 근본적으로 쇄신할 수 있을 정도로 상세한 일종의 '국가론'을 전개한 바 있다. 이 책은 田制, 敎選, 任官, 職官, 祿制, 兵制 등 모든 것을 망라하여 당장 시행할 수 있도록 기술하고 있는데, 古今의 制度와 謀猷를 모두 참조하여 종합적·체계적으로 서술했을 만큼 규모와 범위가 방대해 후세에 實用實證的 학문을 여는 데 큰 영향을 미쳤다.

그런데 이렇듯 인간 본체론과 수양론이 중심이 된 성리학적 학풍과 달리, 후세에 제도적·기능적으로 經世致用을 위주로 하는 학문성향은 易學上으로 乾道가 아니라 坤道에 속하는 것으로 생각된다. 즉 《磻溪隨錄》의 〈序文〉을 쓴 吳光運은 磻溪가 이 책을 저술하게 된 기본동기를 易學의 論法으로 서술하면서 그 사상사적 의의를 분명히 밝히고 있다. 즉 吳光運의 〈隨錄 序〉에 의하면,

道德은 하늘에 근본하고 政制는 땅에서 근본하는 것이니, 하늘만을

---

61) 《中庸》 27, "君子, 尊德性而道問學, 致廣大而盡精微, 極高明而道中庸, 溫故而知新, 敦厚以崇禮."

스승으로 하고 땅을 알지 못하거나, 땅을 스승으로 하고 하늘을 알지 못하거나 함이 어찌 옳으리오.[62]

라는 말로 시작하여, 주체적인 人倫道德과 사회적인 政治制度를 《周易》의 乾坤과 形上形下의 道器論으로 풀어서 설명하였다. 그는 三代에는 天·地와 道·器가 분리되지 않았으나 周末 이래 道와 器가 다 무너졌으며, 그 중에서도 器가 더욱 그러하였다고 밝히고 있다. 그리하여 程朱와 같은 大賢이 나와 三代의 다스림에 뜻을 두면서도 먼저 道를 밝히기에 바빠 器에는 힘쓸 겨를이 없었으며, 또 이는 道가 밝으면 器는 저절로 회복되리라고 믿었기 때문이라는 것이다. 그러나 程朱 이래 道가 밝지 않았다고는 할 수 없으나, 器가 흩어진 것은 여전하니 훗날의 君子가 程朱子가 미처 못한 것을 보완하여 器에 힘쓰기를 다하는 것이 어찌 程朱子가 道를 밝히기를 서둘렀던 것과 다르겠느냐고 하였다. 특히 土地制度는 나라 다스림의 근본이니, 民生의 안정과 국토방위 그리고 禮樂文物의 융성이 모두 그것을 기초로 하여 이루어진다는 것이다.[63]

이와 같은 논의는 이전에 도덕주의와 理氣心性論의 形而上學的 방향으로 치중해 발달하였던 程朱學風에 대한 반성이며, 당시의 시대적 요청에 부응하여 제기된 문제라 할 것이다.

물질적·신체적 가치의 추구는 종교와 형이상학 그리고 中世的 哲學思想에서는 의당 世俗的인 것으로 輕視되었고 儒家의 道學派도 다분히 그러한 경향을 보였다. 그러나 程朱學이 기본적으로 현실적 가치를 배제하려 한 것은 아니요, 道學派의 고답적 자세는 오히려 현실에 대한 반성을 근본적으로 시도한 나머지 일단 否定의 否定이라는 방법을 수행하는 단계에서 현실과 거리를 둔 채 中途에 머물러 있었던 까닭에 그와 같이 나

---

62) 《磻溪隨錄》, 吳光運 序, "道德原乎於天, 政制本乎地, 師天而不知地, 師地而不知天, 可乎."
63) 上同, "後之君子, 抱皇王之道器, 補程朱之未違者, 宜其汲汲於斯器, 亦何異於程朱之汲汲皇王於斯道也? ……磻溪柳先生, 隱居著書, ……名曰《隨錄》其書以田制爲本."

타난 것이었다고 할 수 있을 것이다.
《心經》을 편찬한 宋代의 眞西山은 人心 道心을 논하여 기록하기를

> 오직 평소에 莊敬 自持하여, 一念이 어디에서 일어나고 있는가를 살펴 소리, 빛깔, 냄새, 입맛(聲香臭味의 감각)에 기인하는 것임을 알았으면 힘써 克治하여 자라나지 못하게 할 것이오, 仁義禮智를 위한 것임을 알았으며 한결같은 마음으로 持守하여 변하지 않도록 할 것이니, 무릇 이같이 하면 理義가 항상 보존되고 物欲이 退聽함으로써 酬酢萬變하는 가운데 어느 것이든 알맞게 되지 않음이 없을 것이다.[64]

라 하였다.
그러나 이렇듯 二元的으로 身體的·物質的 價値를 완전히 克治하는 것이 근본정신은 아니었다. 鄭圃隱은 자신의〈上疏文〉에서

> 儒者의 道는 다 日用平常한 일이다. 飮食男女는 사람이 다 마찬가지이지만 그 가운데 지극한 이치가 있다. 堯舜의 道는 이 밖의 것이 아니다. 動靜語默이 바르게 되면 그것이 堯舜의 道다. 처음부터 高遠難行한 것이 아니다.[65]

라 하였다. 眞理는 飮食과 男女의 인간 현실을 떠나서가 아니라 바로 살아 있는 현재에 動靜語默을 바르게 함이 문제라는 것이다. 李栗谷은 朱子가 이미 비록 上智라 하더라도 身體的 欲求인 '人心'이 없을 수 없고 聖人도 '人心'이 있는 것이라고 하였음을 지적하면서, 眞西山이 '人心'을 오직 '人欲'으로 돌려서 한결같이 克治하라고 한 것은 부족한 논리라고 하였다. 그리고 "먹을 때 먹고 입을 때 입는 것은 聖賢도 면할 수 없는 것이니…… 人心을 道心으로 節制하여 道心에 聽命게 할 수 있다면

---

64) 《心經》附註.
65) 鄭夢周,《高麗史 列傳》30.

人心도 또한 道心이 될 수 있는 것이다"[66]라 하였다. 한편 인간의 身體性의 강조라는 특이한 일면을 許筠에게서 볼 수 있다. 그는 "男女의 情慾은 天이며 倫紀를 分別하는 것은 聖人의 敎이다. 天이 聖人보다 높으니, 차라리 聖人을 어길지언정 天稟의 本性을 감히 어길 수는 없는 일이다"[67]고 하였다. 또 말하기를 "하늘이 稟賦한 才質은 고르건만 門閥과 科擧로 막아놓고 있으니, 늘 人才 없음을 탓함이 그럴 만하다…… 하늘이 낸 것을 인간이 버린다면 이는 逆天이다. 逆天하면서 하늘에 빌어 永命하는 이는 있을 수 없다"[68]고 하였다. 이러한 논급은 사상적 변화의 一端으로서 道學的 엄숙주의와는 다른 近代的 思考의 一面을 보게 한다고 하겠다. 丁茶山은 《大學》의 '正心'과 《周易》의 '敬義'를 풀이하여 "古人이 이른바 '正心'이란 應事接物에 있는 것이지 主靜凝默에 있는 것이 아니며, 《周易》에 '敬以直內 義以方外'를 말한 것은 接物한 다음에 敬이란 명칭이 생기고 應事한 다음에 義라는 명칭이 성립되는 것이니, 接하지도 應하지도 않으면 敬義가 될 수 없는 것이다"[69]라 하였고, 또 德에 대해서도 "德이란 得이니, 古人의 內部에 있는 心性을 가지고 德이라 일컬은 이가 없다. 대개 事爲에 드러나지 않으면 德이라고 할 수 없는 것이다"[70]라 하였다. 본디 〈易傳〉에서도 形上 形下의 道-器와, 化裁 推行의 變-通을 서술하였으나, 결국은 "이것을 들어서 天下之民에게 適用함을 事業이라 한다"[71]고 하여 구체적 현실로 이끌어져 活用되어야 한다는 논리로 귀결시키고 있다.

'利用安身' 또는 '利用厚生'은 일차적으로 신체적·물질적 가치를 뜻하는 것이라 하겠는데, 내용상으로는 制度의 改革과 科學技術 그리고 厚生福祉로 연결된다. 栗谷은 이렇게 말했다. "安民이란 興利除害하여 生

---

66) 《栗谷全書》 4,〈人心道心圖說〉.
67) 《順庵集》 17,〈天學問答〉.
68) 《惺所覆瓿藁》 11,〈遺才論〉.
69) 《丁茶山全書》, 集2 卷1,〈大學公議〉.
70) 上同.
71) 繫上十二4.

을 즐길 수 있도록 하는 것이다(《聖學輯要》)." "民은 食에 의존하며, 나라는 民에 의존한다. 먹을 것이 없으면 백성이 없고, 백성이 없으면 나라가 없는 것이니 이는 필연의 이치이다(《擬陳時弊疏》)." "養民이 우선하며 敎民이 그 다음이다(《經筵日記》)." "先富後敎는 理勢의 당연함이니, 그러므로 安民한 다음에 明敎로써 마치는 것이다(《聖學輯要》)."

李睟光은 "道는 民生日用에 있다. 여름에는 葛옷, 겨울에는 갖옷, 배고프면 먹고 목마르면 마시는 것이 바로 道이다. 이것을 벗어나서 道를 말하는 것은 잘못이다(《采薪雜錄》)"고 했다. 朴世堂은 "농사일(稼穡)은 民生의 本이요, 天下의 要道이다(《穡經》序)"고 했다. 洪大容은 "학문에는 세 가지가 있으니, 義理之學이 있고 經濟之學이 있고 詞章之學이 있다(《吳彭問答》)"고 했다. 《北學議》를 쓴 朴齊家는 "무릇 利用 厚生에 하나라도 修行되지 않음이 있으면 위로 正德을 侵害하게 된다(《北學議》序)"고 했고, 朴趾源은 "利用厚生의 具가 날로 곤궁하게 되었음은 다름이 아니라 학문의 道를 알지 못하기 때문이다"라 했다(《北學議》序).[72]

위에 인용한 사례만으로도 實學派들의 利用 厚生에 대한 관념이 어떠했는지를 알 수 있는데, 그 가운데 朴齊家는 자신의 《北學議》에서 보다 상세히 논했다. 그는 舟車가 갖는 효용을 특별히 강조해 國內·外의 交易을 주장하였으며, 科擧에만 얽매일 것이 아니라 班常을 가리지 말고 국가의 遊民을 없애 그 재주에 따라 農工商을 권장하여 종사하게 할 것을 건의하였다. 《北學議》에는 建築, 機器, 漁業, 林業, 牧畜, 鑛業, 蠶業 등 각종 분야에 대해 논급하였다. 이는 당시 최신의 이론이었으나 이제는 소박한 故事가 되었다. 그러나 外形的 進步는 시대에 따라 변화 발달하는 것이지만 利用 厚生을 중시한다는 사상적 의의는 어느 시대에 국한되는 것이 아니다. 그러한 점에서 最古의 古典인 《周易》에 기술되어 있는 다음과 같은 내용을 상기할 필요가 있겠다.

즉 〈繫辭傳〉에서는 이른바 君子의 주체적 수련을 위한 덕목으로 이른

---

72) 以上 朴鍾鴻,〈韓國에 있어서의 近代的 思想의 推移〉,《大東文化硏究》第 1輯, 1963, 참조.

바 九德卦(履䷉, 謙䷎, 復䷗, 恒䷟, 損䷨, 益䷩, 困䷮, 井䷯, 巽䷸)의 心法을 제시하고 있거니와,[73] 다른 한편 보다 실질적으로 利用安身의 구체적 조건을 제시하였다. 이를테면 〈繫辭傳〉에는 上古의 伏羲 이래 實用的 道具의 製作을 《周易》의 卦象과 관련해 설명하였다.[74] 그 사례를 열거해 본다면, 사냥과 고기잡이를 위한 그물[網罟]로서 離䷝, 농사의 쟁기와 보습[耒耨]으로서 益䷩, 사람들이 저자에 모여 交易하는 의미의 噬嗑䷔, 교통을 열어 멀리 갈 수 있도록 하는 배와 노[舟楫]로서 渙䷺, 소와 말을 부려 荷物을 옮겨 天下를 이롭게 하는 의미의 隨䷐, 重門을 만들어 도둑을 예비하는 의미의 豫䷏, 절구(杵臼)를 만들어 쓰는 의미의 小過䷽, 활과 화살[弧矢]로서 睽䷥, 宮室을 만들어 風雨를 대비하는 棟宇로서 大壯䷡, 葬禮에 사용하는 棺槨으로 大過䷛ 그리고 書契를 만들어 官을 다스리고 民을 살필 수 있도록 하는 의미의 夬䷪ 등을 볼 수 있다. 이와 같이 實生活에 대한 구체적 用意는 단순한 理想論과는 거리가 먼 務實의 성격을 띠고 있다고 하겠으며, 이러한 하나하나에 대한 기본 동기를 살피면 北學派를 비롯해 實學者들이 전개한 趣旨와 원리적으로 酷似한 요소를 발견할 수 있다. 여기서 易學思想에 있어서 利用 厚生의 현실적 가치를 추구할 수 있는 이론적 기초가 前提, 具備되어 있음을 推斷케 한다.

3. '調陽律陰'과 全人的 人間像의 志向

乾坤은 天地 父母로서 萬有가 生成되며 인간은 天地 사이에 最靈한 存在로서 '效天法地'하여 健順 易簡의 德으로 天地의 化育에 참여해야 했다. 《中庸》에 "中과 和를 다하면 天地가 자리잡으며 萬物이 育成된다"[75]는 말은 인간의 自己成熟을 더할 수 없이 기다리는 말이라 할 수 있다.

그러나 天地自然은 無意識·無意志로 '無爲'하지만, 人間은 不變의 法

---

73) 繫下六 2~4.
74) 繫下二 1~13.
75) 《中庸》 1, "致中和, 天地位焉, 萬物育焉."

則과 有爲的 要素를 함께 지니고 있는 복잡한 存在이다. 인간은 스스로 말미암을 수밖에 없는 存在法則 속에 살아가지만, 意識的·意志的 存在인 까닭에 歷史的 空間 속에서 성장하지 않으면 안 된다. 意識과 意志를 가지고 성장하는 인간은 스스로의 성숙을 위해 때때로 순탄하게 대부분은 우여곡절 속에서 자기의 位置를 定向시키며 오랜 세월을 살아왔다. 성장하는 존재는 완성을 기대하는 희망이 있다. 그러나 성장중에 있는 자는 미숙하여 잘못이 많다. 인간의 본래성과 理想像은 완전할지 모른다. 그러나 인간의 역사현실은 불완전하다. 뒤에서 다시 살피겠지만, 陰陽이 相濟하여 완전히 조화를 이룬 모습의 河圖의 完成態와, 相違하여 고르지 못한 모습을 보여주는 洛書의 乖離相이 겹쳐진 탓일 수도 있다. 완성을 향해 성장하는 인간은 정신세계와 물질세계를 時差를 두고 편력하여 그 極致를 달려볼 필요가 있다. 그런 점에서 巨視的으로 볼 때 陽의 極大와 陰의 極小 또는 그 反對의 不均衡은 많은 모순과 병폐를 낳았으나, 이제 兩面이 성숙한 모습으로 全般的으로 살아나면서 근본적으로 결합해 大團圓을 이루기 위해서는 人類에게 불가피한 역정이었다고 合理的으로 생각할 수도 있다.

그러나 기본적으로 인간은 乾男坤女의 陰陽調和 속에서 살았다. 인간은 불균형을 빚으면서도 동시에 균형을 잡으려 노력하였으며, 그때마다 삶의 原型을 재확인하여 나타내 보이곤 하였다.

이제 李元龜(逸叟, 1750~1820 추정)의 《心性錄》, 李栗谷(1536~1584)의 論著 그리고 《訓民正音》의 制字解에 반영된 내용을 단편적으로 고찰하면 우리가 지향해야 할 原型的이며 本來的인 人間像을 展望하는 데 도움이 되지 않을까 한다.

李元龜는 '李周易'이라고 通稱되었을 정도로 易學에 해박했는데, 그의 특이한 著書인 《心性錄》은 首尾一貫 易理를 응용해 논술하였다. 특히 李元龜는 《周易》, 〈乾坤卦〉의 數的 象徵인 老陽數 九와 老陰數 六에 중요한 의미를 두어 이것으로 분석·분류한다. 그는

　　天(自然)으로 말하면 九는 老陽의 乾道이며, 六은 老陰의 坤道이다.

> 人(人間)으로 말하면 九는 人倫 導生의 大道이며, 六은 産業 衛生의 大事이다.
> 易에 이르기를 '乾坤은 易의 門戶인가보다. 乾坤이 무너지면 天地가 꺼져버릴 것이다'라 하였으니,
> 무릇 九道 六事는 天地人 三才의 要道 妙訣이다.[76]

라 하였다. 그는 人倫과 産業을 하늘과 땅에 비유하고 兩者의 不可缺한 관계를 설명했다. 그의 論述이 상세하므로 옮겨보기로 한다.

> 아아, 人倫이 아니면 産業을 다스릴 수 없고,
> 産業이 아니면 人倫을 밝힐 수 없다.
> 人倫은 비유컨대 남편과 같고, 産業은 비유컨대 아내와 같다.
> 人倫만을 들어서 産業을 다스리지 않음은 홀아비요,
> 産業만을 취하여 人倫을 다스리지 않음은 과부이다.
> 만약에 이것을 안다면 누가 홀아비로 살며 누가 과부로 처하기를 바라랴.
> 人倫은 하늘을 본받고 해를 본받으며
> 産業은 땅을 본받고 달을 본받는 것이니
> 天氣는 아래로 내려오고 地氣는 위로 올라
> 그러한 다음이라야 四時가 돌아가고 萬物이 生하는 것이다.[77]

人倫과 産業을 天地, 日月, 夫婦의 관계로 설명하고 있다. 그는 人倫은 九道로, 産業은 六事로 분석하여 체계적으로 논술하고 있는데, 앞에서 서술한 바 있는 《書經》의 三事인 正德, 利用, 厚生 가운데 正德을 人倫 九道의 綱으로 그리고 利用 厚生을 産業 六事의 目으로 분류하고 있는 점도 매우 흥미롭다 하겠다.

---

76) 李元龜, 《心性錄》第1 上部.
77) 上同.

逸叟에 의하면, 人倫은 仁倫이며 産業은 生業이다. 그리하여 仁과 生은 상호침투하여 不可離의 관계를 갖는다. 남과 내가 함께 삶(俱生)이 仁이요, 나와 남이 모두 仁함(均仁)이 生이다. 그러므로 仁이란 生의 性이고, 生이란 仁의 形이니, 形이 없는 性과 性이 없는 形이란 있을 수 없으므로 이것이 人倫과 産業을 틈낼 수 없는 까닭이라고 한다. 人倫과 産業이 하나임에도 불구하고 둘로 여겨 싸운다면 이것은 마치 한몸에 있는 두 팔이 서로 싸우는 것과 다를 바 없다는 것이다.[78]

다음으로 栗谷의 경우를 살펴보면, 그의 性理學 자체가 理氣哲學의 연원과 맥락을 분석·비평하여 스스로 理氣가 妙融하는 철학사상을 이루었는데, 《聖學輯要》와 그 밖에 〈策文〉 등에서도 부분과 전체를 균형 있게 파악하는 그의 학문방법을 볼 수 있다. 그는 《聖學輯要》, 〈統說〉의 머리글에서

　　　聖賢의 말씀이 或橫或竪로 여러 가지 방식이 있지만, 한마디로 體用을 다하는 것이 있고, 여러 말을 하였어도 一端만을 말하는 것이 있다. 이제 體와 用을 다 들어서 말하는 것을 취하여 首篇을 삼는다.[79]

라 하였다. 어떤 대상을 파악하는 데 있어서 先後 輕重과 內外 本末을 모두 갖추어 분석과 종합을 자유롭게 시행할 수 있는 방법을 주목하게 되는데, 실제로 《聖學輯要》의 구성을 보면 第1章 〈統說〉과 第5章 〈聖賢道統〉을 앞뒤로 놓고, 主體의 修道의 측면인 修己章과 社會關係상의 正家와 爲政을 상대적으로 파악하여 正家章과 爲政章으로 나누어 보았다. 이는 대립과 균형을 이루면서 어느 것도 손상하지 않고 전체를 분석하고 종합하는 栗谷의 학문적 특징을 나타내 보이는 사례라 하겠다.

易에서는 乾道와 坤道의 특성으로 前者를 陽으로서 義를 主하는 것, 그리고 後者를 陰으로서 利를 主하는 것[80]이라 하여, 義와 利를 모두 궁

---

78) 上同, "倫業一也, 二之而相戰, 惜哉. 是如一身上左右肱之相鬪也, 其疾已痼, 終亦兩敗而已矣."
79) 《栗谷全書》, 〈聖學輯要〉.

정적으로 조화를 이루어야 할 중요한 요소로 파악하고 있다. "君子는 義에 밝고 小人은 利에 밝다"⁸¹⁾고 하여 義를 높이고 利를 낮추는 경향이 있으나 여기서는 경우가 다르다. 즉 〈坤卦象辭〉에 "先迷後得 主利"라 할 때의 利는 "萬物을 利롭게 하는 것은 坤에서 主하는 것이니 生成하는 것은 모두 땅의 功이다"⁸²⁾고 하였다. 栗谷은 그의 〈時務七條策〉에서 道에 있어서의 是와 非 그리고 事에 있어서의 利와 害를 말하고 있는데, 是와 非 그리고 利와 害는 각기 혼동할 수 없는 것이라 하면서, 是와 利 가운데 어느 것도 손상됨이 없이 함께 취할 수 있어야 한다고 보았다. 구체적 事案에 있어서 道德意識으로서의 是非의 問題(制事之義)와 현실적 상황으로서의 利害의 問題(應變之權)가 모두 살아야 한다는 것이다. 흔히 상반되는 것으로 모순을 느끼며 어느 일방을 희생시키고 있는 데 비해, 栗谷은 是와 利를 모두 갖추어 조화시키는 원리를 제시하고 있다.⁸³⁾

끝으로 《訓民正音》,〈解例本 制字解〉에 보이는 인간을 고찰하여 본고의 論旨를 귀결시키고자 한다.

《訓民正音》,〈解例本〉은 우리나라 '한글'를 처음으로 반포했을 때의 원본으로, 語學書임에 틀림없다. 그러나 〈解例本〉에 의하면 正音은 易理를 바탕으로 창제되었고, 正音과 관련한 易理의 설명이 상당히 요령 있게 서술되어 있으며, 正音의 글자 자체가 《周易》의 卦와 같이 象徵性을 가지고 있어서 오히려 《訓民正音》을 통해서 易의 人間觀을 탐구할 수 있다고 본다.

《訓民正音》,〈解例本〉에는,

하늘과 땅의 이치는 하나의 陰陽과 五行일 뿐이다······ 무릇 생명을 가진 무리로서 하늘과 땅 사이에 있는 자 陰陽을 버리고 어디로 가랴. 그러므로 사람의 목소리도 다 陰陽의 이치가 있을 뿐이다. 이제 正音 지으신

---

80) 《周易》,〈坤卦本義〉, "陽主義, 陰主利."
81) 《論語》,〈里仁〉, "君子喩於義, 小人喩於利."
82) 《周易》,〈坤卦 程傳〉, "主利, 利萬物則主於坤, 生成皆地之功也."
83) 《栗谷全書》拾遺 5,〈時務七條策〉, "得中而合義, 則是與利, 在其中矣."

것도 애초로 꾀로 일삼고 억지로 찾아낸 것이 아니라, 다만 그 목소리에 따라 그 이치를 다하였을 뿐이다. 이치가 이미 둘이 아닌즉, 어찌 천지 귀신으로 더불어 그 用을 같이하지 않을 수 있겠는가. 正音 28자도 각각 그 형상을 본떠서 만들었다.[84]

라 하여 易學思想과 《訓民正音》이 원리적으로 관계 있는 것임을 밝히고 있다. 初聲인 牙舌脣齒喉는 木火土金水의 五行에 해당하는 것이며, 기본음은 ㄱㄴㅁㅅㅇ으로 되어 있고 여기에 加劃하여 17자가 된다. 물론 木火와 金水는 陽과 陰 그리고 土는 中央이다. 그런데 正音에 있어서 三才論을 직접적으로 논급하여 중요한 위미를 갖는 것은 中聲이다. 正音에서는 中聲 11字를 설명하면서

'·'는 혀가 오그라들고 소리가 깊으니, 하늘이 子에서 열림이다. 형상이 둥근 것은 하늘을 본뜬 것이다(形之圓 象乎天).
'ㅡ'는 혀가 조금 오그라들고 소리가 깊지도 얕지도 않으니 땅이 丑에서 열림이다. 형상이 평평한 것은 땅을 본뜬 것이다(形之平 象乎地).
'ㅣ'는 혀가 오그라들지 않고 소리가 얕으니, 사람이 寅에서 남이다. 형상이 선 것은 사람을 본뜬 것이다(形之立 象乎人).[85]

라고 하여 天地人을 ·ㅡㅣ로 표시하고 있다. ·는 하늘 소리니 여기서 ㅗㅏ가 나오고, ㅡ는 땅 소리니 여기서 ㅜㅓ가 나온다. ㅣ는 사람 소리니 여기에서 ㅛㅑㅠㅕ가 나온다. 制字解에서는 ㅣ·ㅓ의 경우 사람인 ㅣ가 들어 있으므로 모두 "天地의 用이 사물에 發하되 사람을 기다려서 이룬다"[86]고 기록하였고, ㅛㅑㅠㅕ가 다 사람을 겸하고 있는 것은 사람이 萬物의 靈長으로서 능히 하늘과 땅의 일에 참여하고 있기 때문이라 한다(以人爲萬物之靈, 而能參兩儀也). 이와 같이 天地人에서 象을

---

84) 《訓民正音》,〈制字解〉.
85) 上同.
86) 上同, "取天地之用, 發於事物, 待人而成也."

취하였으며 三才의 道를 갖추게 되는 것이다. 이렇게 볼 때 "三才가 萬物보다 우선하며, 天이 三才의 始가 되는 것은 마치 세 글자가 八聲의 머리가 되며 'ㆍ'가 또 ㆍㅣㅡ 三字의 갓이 되는 것과 같다"[87]고 한다.

그런데 中聲의 構造原理는 본디 河圖에 기본하는 것이며, 中聲 11字 중 10字는 이 河圖의 方位와 天地의 奇偶數에 해당된다. 즉 사람을 뜻하는 ㅣ이외의 것은 河圖의 10數에 해당되지만, ㅣ는 어느 곳에도 해당되지 않고 전부를 겸할 수 있다는 인식이 가장 중요한 의미를 갖는다. 河圖 10數는 1, 3, 5, 7, 9의 天數와 2, 4, 6, 8, 10의 地數로 되어 있다. 이것이 짝하여 1, 6은 ㅗ ㅠ (北) : 2, 7은 ㅜ ㅛ (南) : 3, 8은 ㅏ ㅕ (東) ; 4, 9는 ㅓ ㅑ (西) : 그리고 5, 10은 ㆍ ㅡ (中)으로 東西南北中 가운데 어느 것이든지 1~10까지 陰陽의 어느 수든지 해당되고 있음에 비하여, 'ㅣ'만은 河圖의 어느 方位나 어느 數字에도 해당되지 않고 이것들을 전폭적으로 관계하고 수용해 들일 수 있는 盡善盡美한 存在로 규정되고 있다. 〈制字解〉에 "'ㆍ'는 天五生土의 位이며 'ㅡ'는 地十成土의 數인데 'ㅣ'만이 홀로 位와 數가 없는 것은 대개 사람은 無極의 眞과 二五(陰陽五行)의 精이 妙合하여 엉겨서 진실로 고정된 자리나 완성된 數字로서 논할 수 없기 때문이다"[88]고 하였다.

뿐만 아니라 "움직이는 것은 天이요, 고요한 것은 地이며, 動과 靜을 겸한 것은 사람이다"[89]고 하여 오히려 사람이야말로 하늘의 성능과 땅의 성질을 동시에 겸할 수 있는 최고의 존재로 표상되고 있다. 더 나아가 五行을 말하더라도 그것이 "天에 있어서는 神의 運行이요, 地에 있어서는 質의 이룸인 것이며, 사람에게 있어서 仁義禮智는 정신의 운행이요, 肝心脾肺腎은 形質의 이룸이다"[90]고 하였다.

이와 같이 《訓民正音》, 〈解例本 制字解〉에 보이는 인간은 河圖 自體

---

87) 上同, "三才爲萬物之先, 而天又爲天才之始 猶ㆍㅡㅣ三字爲八聲之首 而 ㆍ又爲三字之冠也."
88) 上同, 〈制字解〉.
89) 上同, "動者, 天也. 靜者地也, 兼乎動靜者人也."
90) 上同, 〈制字解〉.

의 化身이라 할 수 있다. 河圖야말로 완전한 조화를 상징한다. 河圖의 天數, 地數, 五行, 五方은 모두 인간의 속성이다. 이것은 1, 3, 7, 9의 天數는 正位에 있으나 2, 4, 6, 8의 地數는 維位에 있어서, 짝도 맞지 않고, 陰數인 地數가 四維로 기울어져 있는 洛書의 人間이 아닌 것이다.

'抑陰尊陽'의 질서로부터 어떻게 인간의 본래적 性理를 완전히 실현할 수 있는 '調陽律陰'[91]의 人間像을 성취할 수 있을 것인가라는 문제는 우리가 풀어야 할 命題라 할 것이다.

IV. 맺는 말

오늘날 우리는 지역에 관계없이 서로 만나 소통하며 세계적 규모의 변화를 일으키는 시대에 살고 있다. 어느 누구든지 자기 문화의 전통과 민족적 특성을 가지고 있으며, 아무리 인류가 하나의 세계를 지향해 나간다 하더라도 각기의 독자적 특성은 존중되고 보존되어야 할 것이다. 그러나 세계는 한마당이 되고 있으며 앞으로 어떠한 변화를 맞이할 것인지 예측하기 어렵다. 그러므로 오늘의 多元時代에서는 자기의 고유한 특성을 지키면서도 남을 알고 배울 수 있는 열려진 자세가 요망된다 하겠다. 그러나 아직도 지역적 폐쇄성은 깊고 자기의 상념 속에 굳어진 채 털어놓고 남과 소통하려는 의지와 노력이 그렇게 활발하지 못하다. 그런 점에서 우리는 우리 스스로를 돌이켜볼 필요가 있다.

본 논고는 우리가 일반적인 종교적 신앙이나 과학적 신념을 가지고 있지만, 각기 자기 성장의 배경으로부터 제약을 받고 있어서 인간에 대한 이해면에서도 어느 일면적인 인식의 기반에서 보이는 관점에 안주하기 쉬운 까닭에 보다 열려 있고 다면적인 인간에 대한 이해가 요청된다는 취지에서, 다소 개괄적이나마 易學思想을 통해 인간인식의 양면을 고찰하

---

91) 《正易》, 第八章.

고 그 조화의 원리를 재확인해 보고자 하는 것이다.

易에서 인간을 보는 틀을 갖추고 있지 않은 것은 아니지만, 인간은 너무나 넓은 가능성 속에 있다. 인간은 하늘과 땅 사이에서 태어났으나 하늘과 땅의 성능을 겸하며 天地의 化育에 參贊한다는 사상을 기본적으로 가지고 있다. 성장과정에서는 어느 한쪽으로 기울어질 수 있으나, 易은 陰陽剛柔의 여유 있는 폭을 가지고 特異性과 相互性을 모두 감싼다.

易은 乾坤男女가 모두 베풀어지고 운용되어 원리적으로 균형과 조화를 이루지만, 실제로 자연과 인간의 성장은 험난하고 완만하였다. 儒·佛·道 등의 수많은 聖賢이 출세하였듯이 精神文化가 일찍이 꽃피었음에 비하여, 자연과학의 발달은 너무 늦어 遲刻했고 물질이 개발되지 못한 탓에 불필요한 고통을 빚고 절름발이를 면치 못하였으니 과연 '扶陽抑陰'의 세월이었다. 물질이 없으니 금욕주의는 더욱 심할 수밖에 없었다. 원리적으로 정신문화의 심화가 물질세계를 하찮게 보아야 한다는 뜻이 아니듯이, 과학의 발달이 정신세계와 맞서거나 싸울 이유는 전혀 없다. 玄龍과 黃龍이 들에서 싸우면 다같이 피흘리고 상처를 입을 뿐이다. 오히려 과학은 종교 문화를 건실하게 피어나도록 補翼해야 할 것이다. 정신의 깊이와 물질의 넓이를 담고 있는 역사의 주체로서, 인간은 그 가운데 크고 작은 사상적 흐름들을 포용할 수 있어야 할 것이다.

《周易》의 神人관계에 대한 해석학적 접근

金聖基*

―― 차 례 ――

I. 들어가는 말
II. 유가철학의 神人관계 해석의 틀 : '絶地天之通'
III. 《周易》의 原初的 神人관계 구조 : '民神相分'
IV. 《周易》의 神人관계의 전환 :
 '民神相通'
V. 《周易》의 神人관계의 전환 :
 '民神合一'
VI. 《周易》 神人관계의 확장 : '넓이의 神'
VII. 結論

I. 들어가는 말

 지구촌 시대를 살고 있는 오늘날, 전통文化의 중요한 부분을 차지했던 유가사상은 다시금 '자아 정체성 회복'과 '현대적 의미'에 대한 끊임없는 질문에 답변을 요구받고 있다. 따라서 미약하나마 각자 성실한 답변들을 마련해야 할 임무가 유가철학을 하는 이들에게 공통적으로 주어져 있다.
 인류文化의 특징을 검토할 때 흔히 채택하는 근원적 문제로 '神人관계'란 주제가 있다. 유가철학이 자신을 돌아보는 데 가장 유용한 방법이라 할 수 있는 비교文化의 시각에서 보더라도, 神人관계의 특질 규명은 동서양 양대 文化의 특질을 드러내 주는 가장 효과적인 범주임에 틀림없다.

---

*淸州大學校 漢文敎育科 敎授

본고도 유가철학의 현대적 의미를 규명하기 위한 관심의 일환으로 《周易》의 神人관계를 재음미해 보고 그 현대적 의미를 생각해 보려고 한다.

본 논문의 기본 입장이 해석학적 관점에서 《周易》의 현대적 재해석을 시도하는 것이므로 먼저 기본 관점을 밝혀두기로 하자. 여기서 딜타이(Wihelm Dilthey)와 그의 선행자인 슐라이어마허(F. E. D. Schleiermacher)의 해석학에서 불트만(Rudolf Bultmann), 가다머(Hans-Georg Gadamer)와 하이데거(M. Heidegger)에 이르는 복잡다기한 해석학의 이론을 소화하고 일일이 기술하는 것은 본인의 능력 밖의 일이기도 하거니와 본문의 主旨의 범위를 넘는 일이다.[1] 다만 본문에서 채택하고 있는 해석학적 입장은 다음 몇 가지 내용을 집약적으로 함축, 수용하고 있다.

吉熙星은 가다머의 철학적 해석학이 갖고 있는 이해에 대한 통찰들에 근거하여 이들이 동양철학의 연구에 던져주는 시사점들을 함축적으로 서술한 바 있다. 모두 인용해 본다.[2]

(1) 동양학의 一環으로서의 동양철학의 객관적인 연구라는 것은 근본적으로 가다머가 얘기하는 소외현상에 근거하고 있다. 이 소외의 체험이 근대화의 과정을 겪고 있는 동양인의 것이든 서양학자들의 것이든 간에 동양학으로서의 동양철학의 연구는 거짓된 객관주의적 인식론이 가지는 위험성을 지니고 있다.

(2) 동양철학의 객관적인 학문적 연구란 사실상 이해의 해석학적 상황과 체험에 들어맞지 않는 것이다. 그것은 특히 작용사적 의식이라는 사실에 비추어 볼 때 그릇된 자기이해요, 불가능한 일이다.

(3) 동양철학의 역사주의적인 객관적 연구는 동양철학을 현재의 우리와는 무관한 역사적 유물로서 대하는 것이며, 이것은 동양철학을 궁극적으로 무의미하고 몰가치한 것으로 만드는 일이다.

(4) 현대에 있어서 동양철학을 '한다'는 것은 곧 동양철학의 전통을 진정으로 이해하는 것 그 자체이다. 이해에는 이성과 권위, 비판적 역사

---

1) 강돈구 외, 《해석학과 사회철학의 제문제》 등 (일월서각, 1990) 참조.
2) 길희성, 〈해석학을 통해 본 동양철학 연구―철학적 해석학의 관점에서〉, 심재룡 외, 《한국에서 철학하는 자세들》(집문당, 1989), 225~226쪽.

와 전통, 객관성과 편견, '연구하는' 것과 '하는' 것의 대립이 궁극적으로 초월된다.

(5) 동양철학 전통의 이해는 무엇보다도 텍스트의 이해를 통해 이루어지며 텍스트의 이해는 과거와 현재, 역사적 지평과 나의 지평과의 융합과 대화를 통해서 이루어진다.

(6) 텍스트의 이해는 저자가 의미했던 바를 역사적으로 규명하거나 재생하는 것이 아니라 텍스트가 관여하고 있는 주제의 창조적 이해로서, 이러한 과거와 현재, 역사적 의미와 현대적 의미, 인식적 해석과 규범적 해석, 객관적 이해와 주관적 이해, 텍스트의 이해와 자기 이해의 모든 엄격한 구별들을 초월한다.

(7) 이와 같은 텍스트의 이해는 그 자체가 곧 전통의 현대적 전수(übrelieferung) 혹은 仲介(Traditonsvermittlung)이다.

(8) 전통적으로 동양철학의 발전은 이와 같은 텍스트의 이해를 통한 전통의 전수로서 진행되어 왔다. 경전들의 번역과 주석을 통한 이해는 곧 동양철학을 '하는' 행위였으며, 이것이 오늘날에도 동양철학을 하기 위한 모델이 됨을 철학적 해석학은 시사하고 있다.

(9) 동양의 철학적 전통에 대한 비판과 반성은 신뢰와 이해 위에서 진행되어야 한다. 전통에 대한 비판도 역시 전통과의 연속선상에서 이루어지는 것이며, 전통을 완전히 초월한 반성적 의식이란 존재할 수 없다.

(10) 전통에 대한 진정한 반성은 전통을 무조건적으로 의심하고 해체시키는 또 하나의 편견과 독단이 아니라, 전통과의 만남 속에서 해석학적 반성을 통해 전통 속에서 형성된 우리의 선이해와 전제와 편견들을 불완전하게나마 의식화하여 나와 전통에 대한 의식적 결단을 취하는 것이다.

필자는 이 글에서 특히 다음과 같은 내용에 주목하고 싶다. 첫째, '동양철학의 역사주의적인 객관적 연구는 동양철학을 현재의 우리와는 무관한 역사적 유물로서 대하는 것이며, 이것은 동양철학을 궁극적으로 무의미하고 몰가치적인 것으로 만드는 일'이란 지적에 주목한다〔인용문 (1), (2), (3)〕. 그리고 이런 맥락에서 '동양의 철학적 전통에 대한 비판과 반성은 신뢰와 이해 위에서 진행되어야 한다'는 지적을 나란히 제시한다〔인용문 (9), (10)]. 둘째, 그는 "현대에 있어서 동양철학을 '한다'는 것은 곧 동양철학의 전통을 진정으로 이해하는 것을 의미한다"고 본다. 또 "여기서 말하는 텍스트의 진정한 이해는 저자가 의미했던 바를 역사적으로 규명하거나 재생하는 것이 아니라, 텍스트가 관여하고 있는 주제의 창조적 이해를 의미한다"고 하였다[인용문 (4), (5), (6)]. 넷째로, "이런 텍스트의 이해는 그 자체가 곧 전통의 현대적 전수 혹은 仲介이다"란 지적이다.

이상의 내용을 수용한다면 《周易》이 갖는 그 당시의 시대적 의미나 그 원저자 등의 원뜻을 정확히 파악하고자 하는 데 본문의 주안점이 있는 것이 아님을 환기시키고 싶다. 바로 오늘의 상황에서 유가철학과 《周易》의 의미를 묻는 것이다. 우리는 여기서 '註釋'의 선택제한과 '시대적' 제한을 뛰어넘을 수 있을 것이다.

한 주석가나 사상가의 원뜻을 파악하는 것이 주목적이 아니기 때문에 본문의 논리 전개상 주석은 자유롭게 선택할 여지가 생기고, 한 시대의 사상을 탐구하는 것이 아니란 점에서 '봉건시대의 잔재', '노예귀족제를 옹호하던 사상' 등의 얽매임을 넘어 초연하게 새로운 해석의 자유를 확보하게 된다. 왜냐하면 《周易》이란 텍스트는 '노예귀족제', '봉건귀족제' 등의 시대적 한계를 넘어, 또 굴절된 오리엔탈리즘의 연장선에서 벗어나 오늘의 관점에서 진정한 새로운 '이해'와 '해석'의 가능성을 열어놓고 있다고 보기 때문이다. 따라서 비록 본 논문이 神人관계라는 주제를 택하고 있으나 그 목적이 단순한 神人관계의 탐구 그 자체에만 쏠려 있는 것이 아님을 쉽게 알 수 있다. 오히려 이 주제를 통해 서구의 文化, 특히 종교, 신학계가 오늘날 맞고 있는 고민의 핵심에 대한 유가적 답변의 모색이란 성격도 내포되어 있다. 필자의 견해에 따르면 서구 종교계는 지금 끊임없는 새로운 神觀의 해석을 요구받고 있다.[3]

서구 종교계가 대면하고 있는 오늘의 시대적 상황을 간단히 요약하면

---

3) 졸고, 〈周易의 현대 종교사적 의의〉(제19회 한국주역학회 발표논문, 1994. 4. 15) 참조.

첫째 인격적·초월적·전통적 神관념의 붕괴, 둘째 초월적 가치관념의 재검토 요구, 셋째 새로운 인간관의 요구이다.
　본문은 그 중에서도 특히 ① 인격적 의미의 神관념으로부터 내면의 깊이에서 발견되는 神으로 전환, ② 또 삶의 깊이와 넓이로서의 神으로의 전환이 현재 서구의 종교성의 특징이라 파악하고[4] 유가철학과 그 중에서도 《周易》의 의미를 中心으로 그에 대한 답변을 준비해 보기로 한다.

II. 유가철학의 神人관계 해석의 틀 : '絶地天之通'

　그러면 《周易》의 神人관계를 분석하기 위해 어떤 해석의 틀을 사용할 것인가? 여기서 먼저 그 해석의 시각을 제출하기로 하자.
　본문에서는 《尙書》,〈呂刑〉편의 '絶地天之通' 개념을 통해 해석의 기본 시각을 제시하고자 한다.〈呂刑〉편에 아래와 같은 내용이 있다.

　　　이에 苗民이 모두 일어나 서로 속이고 어지러워서 성실한 도에 합치됨이 없었고 심지어는 신 앞에서 기도하고 맹세한 사실조차도 배반하기에 이르렀다. 치우(蚩尤)가 잔인무도하게 대중을 살해하므로 가련한 백성들이 모두 하늘을 향해 호소하기를 "우리들은 아무 죄도 없이 벌을 받는다"고 하였다. 상제가 내려다보니 조금도 아름다운 미덕이 없고 치우가 자행한 형벌의 냄새만 가득 맡아질 뿐이있다. 상제가 살해된 무고한 백성들을 애처로이 생각하여 以暴制暴의 방식으로 그 학살행위를 보복하고 苗民의 군주를 멸망시켜서 후세를 끊어버렸다. 이에 重과 黎에게 명하여 인간과 하늘간의 통로를 단절하게 하였다(絶地天通). 이에 天神은 이후로 다시는 땅으로 내려오지 않게 되었다.[5]

---

　4) 이 견해는 J.A.T. 로빈슨의 神개념에 따른 것이다. 앞의 논문.
　5) 《尙書》,〈呂刑〉, "……民興胥漸, 泯泯棼棼, 罔中于信, 以覆詛盟. 虐威庶戮, 方告無辜于上. 上帝監民, 罔有馨香德, 刑發聞惟腥. 皇帝哀矜庶戮之

孔安國은 '絶地天通'에 대하여 "사람과 神이 서로 뒤섞이지 않도록 해서 각자의 질서를 유지하는 것(使人神不苗, 各得其序, 是謂絶地天通)"이고, 따라서 "天神이 땅에 내려오지 않고, 祇神이 하늘에 올라가지 않는 것을 말하는 것"이라고 설명하였다(言天神无有降地, 地祇不至于天, 明不相干).[6]

여기서는 《國語》, 〈楚語〉를 인용하여 그 의미를 좀더 부연 설명하기로 하자.

　　昭王이 觀射父에게 물었다. "《周書》에 이른바 重黎로 하여금 天地를 不通하게 하였다는 것은 무슨 뜻인가? 만약 그렇게 하지 않으면 백성이 장차 하늘에 오를 수 있다는 것인가?" 觀射父가 대답하였다. "그런 뜻이 아닙니다. 옛날에는 백성과 神이 서로 섞이지 않았습니다(民神不染). 그래서 백성들이 총명하고 맑아서 다른 마음을 품지 않았습니다…… 백성들은 이로써 忠信스러울 수 있고 神은 이로써 밝은 덕을 갖게 됩니다. 백성과 神은 각기 본분이 다르므로(民神異業) 공경하면서도 모독하지 않았습니다. 그러므로 神이 복을 내려주고 백성은 제물을 바치며 제사를 드린 것입니다. 이에 재앙과 화가 이르지 않고 재물이 모자라지 않았던 것입니다.
　　少皥씨가 쇠했을 때에 이르러 九黎가 덕이 문란해지고 백성과 神이 서로 뒤섞이게 되었습니다(民神雜柔). 이때는 집집마다 巫史가 되어 백성과 神이 서로 구분이 없었습니다(民神同位)……[7]

不辜, 報虐以威, 遏絶苗民, 無世在下. 乃命重黎, 絶地天通, 罔有降格. 群后之逮在下, 明明棐常, 鰥寡無蓋. 皇帝淸問下民, 鰥寡有辭于苗. 德威惟畏, 德明惟明."

6) 《十三經注疏》, 〈尙書〉(台北, 藍燈本), 297쪽.
7) 《國語》, 〈楚語〉, "……昭王問於觀射父曰, 《周書》所謂重黎實使天地不通者, 何也? 若無然民將能登天? 對曰, 非此之謂也. 古者民神不染, 民之精爽不攜貳者, 又能齊肅衷正, 其智能上下比義, 其聖能光遠宜朗, 其明能光照之, 其聰能聽徹之, 如是則明神降之, 在男曰覡, 在女曰巫. 是使制神之處位次主, 而爲之牲器時服, 而後使先聖之後有先烈, 而能知山川之號, 高祖之主, 宗廟之事, 昭穆之世, 齊敬之勤, 禮節之宜, 威信之則, 容貌之崇,

본문의 내용을 분석해 보면 다음과 같은 특질이 내포되어 있음을 알 수 있다.

첫째, '絶地天通'은 공안국의 설명에 따르면 사람과 神이 서로 얽혀 방해하지 않는 상태로 인간과 신은 각기 자기의 질서를 유지하는 상태(使人神不擾, 各得其序)이며, 이런 상태에서는 天神이 땅에 내려와 간여하지 아니하고 땅의 神도 하늘에 오르려고 하지 않아서 명백히 서로 간섭하지 않는 상태라고 하였다.

孔穎達과 《國語》, 〈楚語〉에서도 마찬가지로 '絶地天通'을 각각 '民神不雜'과 '民神異業'의 상태로 설명하고 이것을 神人관계의 이상적 상황으로 설정하고 있다. 특히 《國語》에서는 '民神異業'의 상태를 백성은 忠信스런 덕이, 神은 明德이 있는 상태로 묘사하여, '絶地天通'의 상태에서 民과 神이 각기 자기의 이상을 실현할 수 있는 가장 조화로운 상태로 제시함을 알 수 있다.

둘째, 이와 반대로 民神의 관계가 이상적이지 못한 상태를 '民神雜揉'와 '民神同位'로 표현하였다. 이는 神과 인간의 세계가 뒤섞여 있는 상태이고, 그 결과 재앙이 자주 닥치고 民神이 서로 不敬하고 업신여기는 상태가 벌어진다고 설명한다(敬而不瀆).

셋째, 따라서 이 民神부조화의 상태를 극복하고 理想的인 상태를 회복하기 위하여 제시된 것이 '絶地天通'이다. 그리고 이 '絶地天通'은 이전의 '民神異業'과 '民神不染'의 회복에 목적이 있고 民神이 서로 간여하

忠信之質, 禋絜之服, 而敬恭明神者, 以爲之祝, 使名姓之後, 能知四時之生, 犧牲之物, 玉帛之類, 采服之儀, 彛器之量, 次主之度, 屛攝之位, 壇場之所, 上下之神, 氏姓之初, 而心率舊典者, 爲之宗. 于是乎有神明類物之官, 是謂五官, 各司其序, 不相亂也. 民是以能有忠信, 神是以能有明德, 民神異業, 敬而不瀆, 故神降之嘉生, 民以物享, 禍災不至, 求用不匱. 及少皥之衰也, 九黎亂德, 民神雜揉, 不可方物, 大人作享, 家爲巫胎, 無有要質, 民匱於祀, 而不知其福. 烝享無度, 民神同位, 民瀆齊盟, 無有嚴威, 神狎民則, 不蠲其爲, 嘉生不降, 無物以享, 禍災薦臻, 莫盡其氣, 顓頊受之, 乃命南正重司天以屬神, 命火正黎司地以屬民, 使復舊常, 無相侵瀆, 是謂絶地天通."

지 않도록 하는 것이다(使復舊常, 無相侵瀆).

넷째, 따라서 '絶地天通'은 인간에게 가장 합당한 地天의 관계, 즉 神人관계를 설정하도록 요구하고 그 요구는 '神人관계의 적절한 제한'이라는 점으로 요약할 수 있겠다. 사실 이런 사유형태는 공자에게서도 찾아볼 수 있는데 '敬而遠之'의 태도가 그것이다. 따라서 유가철학은 이 神人관계의 합당한 관계를 모색하고 설정하기 위한 노력의 연속이었던 것으로 볼 수 있을 것이다.

그런데 '絶地天通'을 본문 서술의 기본 시각으로 선택하기 위해서는 몇 가지 점에 해명이 필요한 것으로 보인다.

첫째, '絶地天通'이란 개념과, 유가철학의 특질을 설명하기 위해서 일반적으로 타당한 개념으로 받아들여지는 '天人合一'은 상반되는 뜻으로 비춰지고 있다는 점이다. 이 관계를 어떻게 설명할 수 있을 것인가? 이 문제에 대해 필자는 일단 '天人合一'이란 개념이 상당한 설득력을 갖고 있다는 데 동의하면서, 다만 그 개념의 성립이 完成되는 시점은 적어도《中庸》이나〈易傳〉의 내용이 성립되는 시기와 비슷해야 된다고 생각한다. 여기서 '天人合一'의 관점이 성립되기 이전의 시기를 어떻게 설명해야 하느냐 하는 문제가 생기는데, '絶地天通'의 의미를 새겨본다면 天人合一 이전의 사유형태의 발전과정을 설명할 수 있을 것으로 보인다. 天人不雜, 天人相通, 天人合一 등의 구조적 변화를 거치면서 선진유가의 사유틀이 완성되고, 이때에야 비로소 天人合一과 民神合一의 개념이 설득력을 갖는다고 생각된다.

즉 유가철학의 특질을 설명하기 위하여 처음부터 天人合一이라는 개념을 도출하려 노력하기보다는 차라리 天人갈등기, 天人감통 등을 거친 다음에 天人合一의 개념을 도출해 내는 것이 더 타당하다고 생각한다. 요컨대, 필자는 '天人合一'이라는 용어가 유가철학 혹은 넓게는 동양철학의 특질을 부각시키기 위한 유효한 개념이라는 데에는 동의하지만 사상의 출발점에서부터 무분별하게 이 개념을 사용하는 것은 동의할 수 없다는 입장이다. 차라리 유가철학도 다른 사상·종교와 같이 脫呪術, 脫魔術의 과정은 공유하면서, 그 이후에 진행되는 '天人合一'이란 개념의 특질을 부각시키는 것이 옳다는 것이다. 이것이 오히려 세계 '종교사'적 관점에서도 설득력을 가질 것으로 보인다. 다른 서구 종교와 비교하면, 유가사상의 출발점으로 볼 수 있는 선진시기에 天人合一의 사상적 특질이 거의 완성되었다는 점을 강조하는 것이 유가사상의 특질을 부각시키는 데 더욱 유효할 것으로 본다.

결국 '絶地天通'이란 개념은 이후 神人관계의 구조 변화를 '합당하고 타당한' 정도에서 설정해 나가도록 인간에게 새로운 과제를 던져준 것으로 볼 수도 있겠다. 본문에서는 《周易》의 神人관계의 해석에 이 관점을 적용하여 그 구체적 방법으로 神人관계의 原初的 출발점으로 설정된 民神異業부터 民神合一에 이르는 내용을 살펴봄으로써 그 현대적 의미를 알아보고자 한다.

III. 《周易》의 原初的 神人관계 구조 : '民神相分'

1. 《周易》의 原初 神관념 : '높이의 神'

이제 본 논문의 주제인 《周易》에서 神人관계의 특질을 살펴보기로 하자.

《周易》은 卦와 爻 그리고 卦辭 및 爻辭로 이루어진 經의 부분과 이를 해설한 傳, 즉 十翼으로 이루어져 있음은 잘 아는 사실이다. 이 十翼 부분은 〈易傳〉이라고도 하는데 후일 程伊川의 《易程傳》과는 구분된다.

먼저 《易經》은 占筮를 위한 책이었다는 사실에서 우리의 논의를 시작해 보자. 占筮, 즉 점치는 행위야말로 《易經》의 원초적 목적과 효능인 것이다.

占筮란 이미 神의 뜻을 파악하기 위한 것이란 의미에서 우리는 이미 《周易》에 초월적인 神의 존재가 상정되어 있음을 알 수 있다. 우리는 이 때의 神관념을 '높이의 神'이란 개념으로 파악하고자 한다. 여기서 '높이의 神'이란 개념은 전통적 유신론에서 초월적 일자(一者/the One), 제일원인(Prima causa), 본질(arche), 궁극적 목표(telos)인 神관념을 내포한 至高의 창조자이고 주재자적 神의 관념에 가깝다.

《周易》의 원초적 神관념을 나타내는 것으로 帝·天·神을 들 수 있다. 〈易經卦爻辭〉에는 외견상 人格的 의미를 띤 종교적·주술적 帝·天 관념이 몇 번 나타난다. 〈大有〉괘 上九 爻辭의 '自天祐之, 吉无不利(하늘에서 도와주니 당연히 크게 길할 것이고, 이롭지 않음이 없다)', 또 〈益〉괘 六二 爻辭의 '王用享于帝, 吉(王이 天帝에게 제사를 드리면 길할 것이다)' 등이 그것이다. 이상의 구절에서 《易經》의 帝·天관념이 인간에게 도움을 내려주는 주재자와 제사의 대상으로 나타나 있는 것을 볼 수 있다. 이는 곧 《易經》의 〈卦爻辭〉가 고대 殷周代의 上帝·帝와 그 맥을 같이하고 있음과 인격적 神의 의미를 지닌 당시의 종교·주술적 세계관을 잘 반영하고 있음을 증명해 주는 것이다.

〈易傳〉의 神관념을 직접 살펴보면 아직 전통적 의미가 남아 있음을 알 수 있다. 〈易傳〉에서 전통적 관념의 天神·鬼神·神靈의 의미를 지닌 것으로 해석될 수 있는 구절로는 〈豫〉卦·象傳에 '殷薦之上帝, 以配祖考(융성한 예를 거행하여 上帝에게 헌상하여, 그로써 조상의 신령도 함께 제사지낸다)', 〈渙〉卦·象傳의 '先王以享于帝立廟(선왕이 이것을 보고서 天帝를 제사지내고 廟를 세운다)' 등을 들 수 있다. 다시 몇 가지 예를 들어 본다.

    귀신은 가득 찬 것을 해치고 겸손한 사람에게 복을 준다(鬼神害盈而福謙).〈謙·象傳〉

    천지의 차고 빔은 때와 함께 消息한다. 하물며 사람에 있어서랴. 하물며 귀신에 있어서랴(天地盈虛, 與時消息, 而況於人乎, 況於鬼神乎?).〈豊·象傳〉

    성인이 神道로서 백성들에게 가르침을 베풀다(聖人以神道設敎).〈觀·象傳〉

이상에서 鬼神관념은 인간의 길흉화복에 어느 정도 영향을 미치는 존재로 묘사되고 있다는 점에서 전통적 의미를 내포하고 있다고 여겨진다.

이상으로《周易》의 원시 출발점인 〈經〉의 내용과 〈傳〉의 일부에서 神관념이 上古 이래의 전통적 의미를 내포하고 있음을 살펴보았다. 이때의 神관념은 어느 정도 종교·주술적 의미를 내포하고 있음을 부인할 수 없다.

2. 人間과 神의 연결 : '占筮의 神明'

앞에서 이미 우리는《周易》이 占筮를 위해 만들어졌음을 언급하였다. 占筮란 원래 神人관계를 설정하고 인간이 神의 뜻을 묻는데 그 의의를 두고 있다는 점에서 神人관계의 구조를 어느 정도 제시하고 있다고 볼 수 있다.

고고학의 보고에 의하면 인류는 신석기 후기부터 여러 가지 점을 쳐서 吉凶을 예측해 왔다고 한다.[8] 殷代에는 거북껍질을 사용한 占卜활동이 주를 이루었는데 당시의 占卜활동은 인간의 吉凶의 원인을 神의 뜻에 귀결시켰다. 이때 인간들의 占卜행위는 그 목적이 객관세계의 인식을 위한 것이 아니라 신의 의지를 헤아리는 데 있었다. 모든 일을 행할 때에는 반드시 占卜을 거쳐서 행동방향을 결정하는데(每事必卜), 최종판단 근거는 甲骨의 갈라지는 모양에 달려 있고, 인간들에게는 점의 결과에 따른 복종과 신앙만 있을 뿐이었다(聽命行事期).[9]

즉 이때에는 占卜만이 神과 人間의 관계를 이어주는 유일한 교통수단이었다. 周初에는 神과 인간의 연결수단으로 占筮가 주를 이루었는데 卜占도 병용되었다.

이미 밝혔듯이《周易》이 占筮를 목적으로 출발하였다는 것은 결국 占의 神靈한 효능을 밝히는 데 그 첫째 목적이 있겠고, 이때 神人관계도 占筮의 神靈함을 터득하여 神의 뜻과 合一하려는 모습으로 나타난다. 따라서《易經》의 곳곳에서는 卜筮의 신령함에 대한 신뢰가 並存하고 있다.

---

8) 許進雄,《中國古代社會》(台北, 台灣商務印書館, 1988), 444쪽 참조.
9) 高懷民,《先秦易學史》(台北, 中國學術著作獎助委員會, 1986), 99쪽

이는 《周易》이 '占筮의 神明'의 확보에서 출발하고 있음을 알 수 있고 이를 바탕으로 '인간의 神明'으로 전환을 모색해 가는 과정이 바로 《周易》의 성립과정이라고 볼 수 있겠다.

이제 《周易》에서 원시적 의미의 '占筮' 기능이 나타나 있는 내용을 살펴보자.

> 옛날에 성인이 처음으로 易을 지으실 때에, 가만히 천지를 운영하는 神明을 돕기 위하여, 시초를 사용하여 사람의 길흉을 점치는 占筮法을 만들어내었다.[10]

여기서 作易의 목적이 '神明'을 밝히고 그 뜻을 반영하기 위한 것이며 이를 위한 방법으로 蓍草를 사용한 占筮法을 고안해 내었다고 밝히고 있다. 作易의 원래 목적이 초월적 '神明'의 영역을 파악하고 그 뜻을 헤아리려는 노력의 일환으로 이루어지고 있음을 말해 준다. 이는 원래의 卜筮정신과 괘를 함께하고 있다는 것을 보여준다. 따라서 占筮로서의 기능이 《周易》의 중요한 한 부분으로 표현되고 있다.

> 易에는 성인의 도가 네 가지 있다. 무엇인가 말을 하려는 자는 그 언사를 숭상하고, 역으로써 행동하려는 사람은 음양의 변화를 숭상하고, 역으로 무엇인가 도구를 만드는 이는 象을 존중하고 역으로 미래를 점치려고 하는 자는 그 점괘를 숭상한다. 이런 까닭에 君子가 어떤 일을 이루려하고 어떤 일을 행하려 할 때에는, 우선 易에 吉凶을 물어, 점치는 바의 吉凶을 알려달라고 한다. 易은 사람에게서 질문을 받으면 메아리처럼 빨리 그리고 遠近幽深의 구분 없이 결국 미래의 일을 모두 알려준다. 천하의 지극한 精妙함이 아니고야 누가 여기에 참여할 수 있겠느냐?[11]

---

10) 〈說卦傳〉, 제1장, "昔者聖人之作易也, 幽於神明而生著."
11) 〈계사상전〉 제10장, "易有聖人之道四焉, 以言者尙其辭, 以動者尙其變, 以制器者尙其象, 以卜筮者尙其占."

易의 네 가지 덕에다가 占筮를 포함시킴으로써 易에서 占筮의 위치를 알게 해주는 대목이다. 이러한 占筮의 기능에 대한 신뢰는 인간의 행동원리로 점을 쳐보고서 행동지침을 받는다고 하는 전통적 占筮태도가 유효하게 작용한다.

占筮에 대한 이와 같은 태도는 당연히 그 神과 人間의 연결 매개인 蓍草에 대한 신뢰로 나타난다. 〈계사전〉에는 "蓍之德, 圓而神"이란 표현이 보이는데, 朱子는 이를 "圓神은 변화가 무상하여 일정한 곳에 제한되어 있지 않는 것(圓神, 謂變化无方)"[12]이라고 설명하였다. 蓍草가 가진 성능의 변화무상함과 신묘함에 대한 신뢰감을 잘 표현하였다.[13]

이 밖에도 占筮의 기능에 대한 신뢰는 蓍龜를 높이 평가한 다음 구절에 잘 나타나 있다.

> 뒤섞여 혼잡한 것 가운데에서 유일한 이치를 뽑아내고, 깊이 숨어 있는 것 가운데에서 일의 조짐을 찾아, 깊이 있는 것을 낚아내고 멀리 있는 것을 가까이 이르게 하여 천하의 좋고 나쁜 것을 정해 주고 천하의 사람들로 하여금 아무런 의혹하는 바 없이 안심하고 부지런히 힘쓸 수 있도록 하는 것은 蓍龜보다 위대한 것이 없다.[14]

이상의 내용에서 神의 원초적 관념은 전통적인 주재적 人格神의 의미를 어느 정도 내포하고 있다는 것을 알 수 있었다. 그리고 이때 神人관계의 유일한 교통수단은 占筮였다. 그러므로 이때 주재자로서의 神이 가치의 근원자로서 명령자의 위치에 있다면 인간은 占筮를 매개로 神의 명령을 받들고 수행하는 受命者의 역할에 지나지 않았다. 그러나 《周易》은 이러한 神人관계를 궁극적인 이상으로 설정하고 있지는 않다는 점에서

---

12) 朱熹,《周易本義》(台北, 世界書局, 民國七十六年), 62쪽.
13) 《周易正義》, 韓康伯注, "圓者, 運而不窮, 方者, 止而有分, 言蓍以圓象神, 卦以方象知也, 唯變所適, 天數不周, 故曰圓."(十三經注疏本, 藍燈本), 154~155쪽.
14) 〈계사상전〉, 제11장.

그 해석의 다양한 가능성을 예견케 해준다.

IV. 《周易》의 神人관계의 전환 : '民神相通'

1. 神觀念의 전환 : '변화의 神'

우리는 앞장에서 《周易》의 원시 관념에서도 神관념이 주재적·인격적 특성을 지닌 전통적 帝·王·神 등의 思維체계와 맥을 같이하고 있음을 살펴보았다. 神은 아직 인격적·초월적 속성을 지니고 있었고, 인간은 受命者의 역할에 서 있는 主從관계의 기본구조가 유지된 것으로 볼 수 있겠다.

그리고 神人관계의 합당한 관계를 모색하려는 인간의 노력들도 우선 의지할 것은 '神의 명령'이었고, 이때는 神人관계의 연결점이 '占筮의 神明'이었다. '높이의 神'을 기본으로 하고 '占筮의 神明'을 교통수단으로 하는 이 구조는 春秋 말기 天思想의 동요, 占筮사상 등의 변화로 다시 새로운 사유세계로 이어지게 된다. 결국 춘추 말의 사상 동요와 그 결과 이루어진 새로운 神人관계의 형성은 주역의 神人관계의 眞意도 전통적 神관념에만 머물고 있지 않음을 시사하고 있다.

다시 《周易》의 내용을 잘 분석해 보면 이미 새로운 思維체계로 神人관계를 재정립하려는 노력들이 경주되고 있음을 증명하는 내용들이 많다. 우리의 주제로 귀결시켜 생각해 본다면 '絶地天通'의 전통적 구조에 새로운 해석을 가할 여지가 생긴 것이다. 이 변화는 〈易傳〉의 내용을 분석해 보면 두 가지 측면에서 동시에 나타나는데, 하나는 神관념의 변화란 측면이고, 다른 하나는 인간의 지위와 역할의 변동이란 측면이다. 그리고 이 두 변화는 '絶地天通'의 구조분석틀에서 神人관계를 연결해 주는 교통수단의 변화로 작용하면서 새로운 전환을 이루어내게 된다. 이때 神人의 연결구조는 '卜筮의 神明'에서 '人間의 神明'으로 바뀌게 되면서 《易經》 철학의 의의를 한 차원 높이게 되었다. 즉 전통적 神人관계가 명령자와 수명자의 관계로 이루어져 있고, 이때 神人관계의 매개자가 '卜筮의 神明'이었다면, 이제 〈易傳〉에서의 神관념과 인간의 지위는 뚜렷한 변화를 나타내고, 이때 神人관계의 연결구조는 '人間의 神明'으로 변모하게 된다.

그러면 〈易傳〉에서 神관념은 그 내용이 어떻게 전환되는가부터 살펴보기로 한다. 우선 〈易傳〉의 神관념에서는 전통의 종교 주술적 차원의 실체적 神관념이 우주질서의 '神妙함'이나 그 신묘함의 '不可測性' 등의 작용을 강조하는 탈실체화 경향으로 나타난다. 예를 들어보자.

陰陽不測之謂神(음양의 변화가 오묘하여 헤아릴 수 없는 것을 일러 '神'이라고 부른다).[15]

이 구절에서 '神'의 의미를 '陰陽不測'이라는 관점에서 바라보았다는 점에 유의하고 싶다. 神개념이 초월적·인격적 의미에서 벗어나 '음양변화의 오묘함'이란 의미의 전환을 하게 되는 것이다. 《周易正義》에서 孔穎達은 이 '神'에 대해

天下萬物, 皆由陰陽或生或成, 本其所由之理, 不可測量之謂神也.[16]

천하만물이 모두 음양에 의해 생성되는데, 그것이 모두 어디서 나오는지 근원을 헤아릴 수 없음을 일러 '神'이라 부른다는 설명이다. 또 韓康伯은 '神'에 대해서 말하기를,

神也者, 變化之極, 妙萬物而爲言, 不可以形詰者也, 故曰陰陽不測.[17]

라 하여 '神'을 '변화의 극지', '만물을 신묘하게 하는 것'으로 설명하고

---

15) 〈계사상전〉, 제5장.
16) 《十三經注疏》(台北 藍燈版), 《周易正義》, 149쪽.
17) 위의 책, 149쪽

"형체를 밝힐 수 없으므로 陰陽不測이라고 한다"고 하였다.

이상에서 '神'은 음양변화의 극치와 그 신묘한 '불가측성'으로 파악되고 있음을 알 수 있다. 이와 같은 예를 〈계사전〉의 다른 구절로 살펴보자.

> 神无方而易無體.[18]

여기서도 '神'의 無實體와 不可測性이 지적되고 있다. 즉, 神의 오묘함은 어느 일정한 장소나 방향이 없기 때문에 헤아릴 수 없다. 그리고 그 변화가 무궁하여 일정한 형체가 없다는 것이다. 孔穎達은 '无方无體'가 각기 두 가지 뜻을 의미하고 있다고 지적했다. 즉 '无方'은 '神'의 처소를 볼 수 없다는 점과 다른 하나는 '神'의 周游운동으로 인해 한 곳에 있지 않기 때문에 '无方'으로 표현했다고 지적하고, '无體'는 그 변화가 자연스럽게 이루어지기 때문에 변화의 근원을 모르므로 무형체이고, 또 하나는 변화에 따라 움직이므로 하나의 실체에 고정되지 않는다는 점에서 '无體'라 하였다.[19]

이상에서도 易의 不可測性과 神妙함에 대한 의미를 볼 수 있었다. 또 《說卦傳》에서도 그 예를 찾아볼 수 있다.

> 神이란 것은 만물을 신묘하게 하는 것을 말하는 것이다(神也者, 妙萬物而爲言者也).[20]

여기서 '神'이란 대자연의 운행법칙이 신묘함을 가리키고 있다. 易 본

---

18) 〈계사상전〉, 제4장.
19) 《周易正義》, 위의 책, 148쪽, "凡无方无體, 各有二義, 一者, 神則不見其處所云爲, 是无方也, 二則周游運動, 不常在一處, 亦是无方也. 无體者, 一是自然而變, 而不知變之所由, 是无形體也, 二則隨變而往, 无定在一體, 亦是无體也."
20) 〈說卦傳〉, 제6장.

체의 無整形性과 작용의 오묘함에 대한 언급으로는 또 다음의 예를 들수 있다.

易의 본질은 본디 무심하여 생각함도 없고 아무런 작위도 없어 고요히 움직이지 않는다. 그러다가 감응하여 천하의 일을 통달하게 된다. 천하의 지극한 신비로움이 아니면 누가 이런 오묘한 작용과 함께 할 수 있겠는가(易无思也, 无爲也, 寂然不動, 感而遂通天下之故, 非天下之至神, 其孰能與於此).[21]

易이 우주만물의 원리를 포함하고 있다고 할 때, 그 작용이나 속성은 無思·無爲·寂然不動한 모습으로 표현되고 마침내 만물과 감응하여 天下의 이치에 통달하게 된다. '至神', 즉 천하의 지극한 신묘함만이 이 원리에 동참할 수 있다는 것이다. 여기서 '至神'은 바로 易의 본질인 동시에 주체인 성인의 최고 경지로도 해석될 수 있는 여지를 남기고 있다. 따라서 '天下之至神'을 꼭 蓍草나 占筮의 본질로만 국한시키지 않고 오히려 '聖人之心'으로 해석한 견해는 오히려 타당성을 지니고 있다고 생각된다.[22]

이상에서 우리는 《易經》의 '神'관념이 '神妙'함이나 '不可測' 등의 개념으로 非實體化되어 오는 과정을 살펴보았다.

'神' 관념이 전환되는 중에, 인격적·초월적 실체개념의 '神'이 비실체화된 '神'의 개념으로 바뀌어 '神妙함', '不可測性' 등의 의미로 되는 것은 易經철학의 의미 발전단계에서, 다음의 '神'관념이 인간의 최고 덕성으로 표현되는 단계로 이어지는 중간적 성격으로 중요한 의의를 지닌다고 생각한다.

---

21) 〈계사상전〉, 제10장.
22) 戴璉璋, 《易傳之形成及其思想》(台北, 文津出版社, 一九八九年), 226쪽.

2. 人間과 神의 연결 : '人間의 神明'

이상에서 《周易》의 神관념이 '신묘함'과 '불가측성' 등을 그 주요내용으로 하는 변화를 살펴보았다. 인간의 측면에서 보면 인간은 또다시 '絶地天通'의 새로운 관계모색이라는 해석의 가능성을 부여받게 되었다. 《周易》의 原初的 神관념이 '높이의 神'으로 파악될 수 있었고 이때 人間과 神과의 합당한 통로가 '卜筮의 神明'이었다면 이제 神이 '신묘함'과 '불가측성'의 새로운 초월적 관념으로 등장한 지금, 인간은 또 어떻게 자신의 지위를 神人관계 속에서 새롭게 정립하기 위해 새로운 관점을 제시하고 있을까?

우선 《周易》의 神관념이 전통관념에서 벗어나 '神妙함', '不可測性' 등으로 전환함을 보면서 유의하고 싶은 것은 가치 근원자의 이동이라는 사실이다. 이전에는 帝·天·神이 가치의 근원자로서 모든 인간사를 주관하고 吉凶禍福의 주재자로서 군림할 수 있었다면, 이제 神은 더 이상 인간에게 가치의 근원자로서 존재하지 않게 되었다는 것을 뜻한다. 따라서 인간은 天地와 우주의 신묘한 이치를 파악하고 입법하는 새로운 가치의 근원자의 입장에 서게 된다. '神'을 새롭게 해석해 내야 할 주체, 주인공인 인간의 입장에 서게 된 것이다. 이제 그 내용을 보자. 우선 〈계사전〉을 보자.

> 精義入神, 以致用也(사물의 이치를 정밀하게 탐구하여 신묘한 경지에 들어가는 것은 활용에 이르게 하기 위한 것이다).[23]

여기서 入神은 인간이 신묘한 경지에 들어가는 경지를 뜻한다면[24] 그 방법으로 제시된 것이 '精義', 즉 사물의 이치를 정밀하게 궁리하는 것이다. 여기서 '入神'의 조건으로 제시된 '精義'는 가치의 발견이 神의 명령을 受命하는 것이 아니라, 인간의 주체적 자각활동에 의한 우주자연의

---

23) 〈계사하전〉, 제5장.
24) 〈周易折中〉卷十五(台北, 眞善美出版社本, 民國 66年), 1604쪽, "精義以致知言, 義者事理之宜, 入神只謂到不容言之妙處."

오묘한 원리를 발견해 가는 여러 활동을 의미하는 것이다.

'精義'가 天地만물의 오묘한 원리를 발견하여 인간을 神明의 경지로 도달하게 해주는 방법을 뜻한다면, 이의 구체적 내용으로《周易》에서는 '觀'·'見'·'察'·'知' 등의 방법이 제시되고 있다.[25] 여기에서 '觀'이 비교적 넓은 의미의 관찰이라면 '見'은 좁은 범위의 관찰의 예이다.[26]

    古者包犧氏之王天下也, 仰則觀象於天, 俯則觀法於地, 觀鳥獸之文與地之宜, 近取諸身, 遠取諸物, 於是始作八卦, 以通神明之德, 以類萬物之情.[27]

여기에서 '觀'은 '天', '地', '鳥獸之文', '地之宜' 등의 자연을 관찰하는 인간의 활동인데 이 활동이 易 성립의 관건이라 할 수 있는 八卦를 만드는 바탕이 되었다. 그리고 이를 통하여 通天下之志에 이르는 것이다. 이는 '觀'의 방법이 사물의 神明함을 통달하는 출발점이 되었음을 말해준다. 또〈계사상전〉제4장에서는 '觀'과 '察'의 방법이 幽明의 원인을 알게 해주고(知幽明之故), 나아가 삶과 죽음의 원리까지 알 수 있게 해주며(知死生之說) 또 귀신의 실상을 알게 하는 첫걸음이 됨을 표현하는 내용도 있다.[28]

또 '見'의 방법으로는 성인이 천하만물의 깊고 오묘한 원리를 보고(見天下之賾), 이를 바탕으로 卦象을 만들고, 천하의 움직임을 보고(見天下之動) 그 가운데 보편적 규범을 찾아 실행에 옮기게 하는데,[29] 이때에도 '見'의 방법이 나온다. '見' 역시 만물의 '신묘함'에 다가갈 수 있는 방법이 된 것이다.

---

25) 成中英,〈中國哲學中的方法解釋學〉, 中國哲學之方法硏討會(台灣大主瓣, 民國七十九年 五月) 발표 논문 참조.
26) 위의 논문.
27) 〈계사하전〉, 제2장.
28) 〈계사상전〉, 제4장, "易與天地準, 故能彌綸天地之道, 仰以觀於天文, 俯以察於地理, 是故知幽明之故, 原始反終, 故知死生之說, 精氣爲物, 游魂爲變, 是故知鬼神之情狀."
29) 〈계사상전〉, 제8장.

'觀見'의 방법과 함께 인간이 '精義'의 경지에 들어가는 또 하나의 방법으로 '察微', '知幾' 등이 제시되고 있다.[30] '微'는 일의 시작이며, 幾가 움직이는 단서가 된다.[31] 따라서 사람은 '觀見'의 방법으로 우주에 대한 거시적 통찰의 안목을 키움과 동시에 '察知'를 통해 우주 만물에 대한 미시적 관찰을 계속한다. 이로써 人間은 '極高明'과 '盡精微'의 능력을 갖추는 주체가 되고 '入神, 致用'의 경지로 들어가게 된다. 예를 들면 '觀乎天文以察時變', '俯以察於地理',[32] '明於天之道而察於民之故',[33] '彰往而察來'[34] 등에서 '察'의 대상이 '時變', '地理', '民之故' 등인데, 이는 '觀'과 비교하면 그 대상이 더 구체적이고 세밀한 부분까지 확대되고 있음을 알 수 있다.

또한 '知幾'도 '精義'에서 '入神, 致用'의 단계로 들어가는 관건으로 제시되고 있다.[35]

'入神, 以致用'의 관건이 되는 '知幾'를 좀더 살펴보자.

幾라는 것은 사물이 변동할 때의 미세한 징조로서, 吉凶禍福의 징조를 미리 나타내 주는 것이다. 군자는 그 사물의 징조를 보고서 일을 행하므로 사물의 변화가 끝날 때까지 기다릴 필요가 없다.[36]

인간이 '神'의 영역에 들어가는 조건으로 '知幾'가 제시된다. '幾'가 '動之微'라면 이것을 체득하는 것이 '知神'의 기본이 된다. '動之微'는 주로 세 가지로 해석된다. 첫째는 움직임의 시작, 둘째는 마음이 처음 움직이려 할 때(心念初動時), 셋째는 움직임의 오묘함(動之奧妙處) 등이

---

30) 成中英, 앞의 논문 18쪽.
31) 〈계사하전〉, 제5장, "幾者動之微".
32) 〈否卦〉象傳.
33) 〈계사상전〉, 제4장.
34) 〈계사상전〉, 제6장.
35) 吳怡, 《易經繫辭傳解義》(台北, 三民書局, 民國八十年), 165쪽.
36) 〈계사하전〉, 제5장, "幾者, 動之微, 吉之先見者也, 君子見幾而作, 不俟終日."

다.[37] 여기서 세번째의 뜻이 가장 본뜻에 가까운 것으로 생각된다. 이상에서 '幾'는 징조란 의미를 내포하고 있음을 알 수 있다.
이상의 방법은 〈易傳〉에서 다시 '極深硏幾'의 방법으로 제시된다.

夫易, 聖人之所以極深而硏幾也, 唯深也, 故能通天下之志, 唯幾也, 故能成天下之務, 唯神也, 故不疾而速, 不行而至.[38]

이에 대해 朱子는 '硏'은 잘 살핀다는 것이고, '幾'는 미묘함이니 '極深'은 至精을 통해서 실현되고, 硏幾는 至變을 통해서 가능한 것이라 보았다.[39] 이는 '精義入神'의 방법으로 '至精'과 '至變'을 동시에 제시했다는 점에서 탁견이라 생각된다.

이상의 경로를 통해서 인간은 부단히 '神'의 영역으로 들어갈 수 있는 길을 모색하게 되고 '知微知彰', '知柔知剛'의 경지에 이르러 '精義入神, 以致用也'의 실현에 가까이 가게 된다.

그런데 역경철학에서 神人관계의 연결구조로 제시된 '觀見', '察知' 등의 활동은 결코 서구와 같은 순수한 추상적 이성작업이 아니고, 인간의 주체적 자각정신이 전부 우주만물로 몰입되어 우주만물 법칙의 신묘한 경지를 체험하게 되고 이것을 다시 보편적 원리로 구성해 내는 귀납적 방식을 취한다. 이 과정에서 자연히 易道가 파악·건립되는 것은 물론 더 나아가 우주의 신비한 원리와 인간의 지혜가 합일되는 경지를 모색하는 것이다.

요컨내 神관념의 변화는 인간의 지위에 그에 합당한 새로운 자리매김을 하고 있는데 이때는 자각적 인지활동에 의해 神明의 경지와 死生의 원리에 통달할 수 있는 주체적 '인간의 神明'을 중시하는 방향으로 전환하고 있다는 것이다.

---

37) 吳怡, 위의 책, 166쪽 참조.
38) 〈계사상전〉, 제10장.
39) 《周易本義》, "硏, 猶審也, 幾, 微也, 所以極深者, 至精也, 所以硏幾者, 至變也."

이런 의미에서 다시 神의 의미가 神妙한 우주원리로 전환됨과, 단순히 受命者의 입장에서 벗어난 인간의 주체적 자각정신을 바탕으로 易본체와의 합일을 모색해 가는 과정이 갖는 의미를 음미해 보고 싶은 것이다.

V. 《周易》의 神人관계의 전환 : '民神合一'

1. 神관념의 전환 : '깊이의 神'

《周易》의 神관념이 인격적·초월적·주재적 성격의 '神'에서 '神妙함', '不可測' 등의 탈실체화된 神으로 그 의미가 전환되어 나타나고 인간과 神과의 매개구조도 '卜筮의 神明'에서 탈피하여 人間의 주체적 능력 아래 우주의 神妙함을 파악해 내는 노력을 경주해 왔다.

여기에서는 《周易》의 神개념이 인간 주체의 德性 깊이를 형용해 주는 의미로 전환되는 데 유의하고 '깊이의 神'으로 파악코자 한다.

앞에서 '높이의 神'이 인격적·주재적 神이 내포하고 있는 '저 멀리', '저 높이'의 神개념으로, '변화의 神'이 우주 만물의 오묘한 변화 작용을 의미하는 개념으로 쓰였다면, 여기서 사용되는 '깊이의 神'이란 神관념이 점차 내재화되어 인간의 내면 깊이에서 발견되는 神이란 의미로 사용하고자 한다.

《孟子》에서는 神의 개념이 인격적·주재적·종교적 神관념으로부터 전환하여 인간에게 내재된 덕성을 형용하는 말의 '神' 개념으로 사용된다. 즉,

> 大而化之之謂聖, 聖而不可知之之謂神(가득 차서 빛을 발하는 상태인 '大'의 상태가 되어서 융화관통하는 경지를 '聖'이라 하고, 聖의 경지가 되어 신묘불가측의 경지에 도달하는 것을 '神'이라 한다).[40]

---

40) 《孟子》,〈盡心下〉.

夫君子所過者化, 所存者神, 上下與天地同流(군자가 지나는 곳은 바뀌어지고, 머무는 곳은 신묘막측하여서 위 아래가 천지와 더불어 함께 흐르니).[41]

라 하여 인간 덕성의 최고 단계로 '神'의 경지를 들었다. 이런 의미상의 전환이 〈易傳〉과 《中庸》으로 계승되어 심화·발전하고 정착된 것으로 보인다.

〈易傳〉에서 '神' 관념이 인간 주체의 神明한 德性의 최고상태를 형용해 주는 말로 쓰인 예를 보자. 위에서 〈說卦傳〉의 "幽贊於神明而生蓍"란 구절에서 보듯이 易의 '神明'의 원래 개념은 超越的 世界나 종교적 영역의 의미를 지닌 말이다. 따라서 이 '神明'한 경지는 聖人, 즉 인간이 도달해야 할 목표가 되고, 이는 作易의 주요 동기이기도 하다.

선생이 말하길 乾坤은 易의 문인가? 乾은 陽氣를 나타내는 것이고, 坤은 陰氣를 나타내는 것이다. 음양이 덕을 합쳐서 剛柔가 성립한다. 이로써 천지의 일을 체현하고 이로써 神明한 이치에 통달하는 것이다(子曰, 乾坤其易之門邪, 乾陽物也, 坤陰物也, 陰陽合德而剛柔有體, 以體天地之撰, 以通神明之德).[42]

또 위에서 인용한 〈계사하전〉의 글에서도, 다음과 같이 말하였다.

於是始作八卦, 以通神明之德, 以類萬物之情.[43]

이로써 作易의 동기가 天地萬物의 '神明'한 德에 合一하는 데 있음을 알 수 있다.

그런데, 〈易傳〉에서 '神'의 의미가 또 한 차례 새로운 의미로 표현되

---

41) 上同, 〈盡心上〉.
42) 〈계사하전〉, 제6장.
43) 위의 책, 제2장.

고 있는데 이는 우주의 '神妙함', '不可測性' 등의 의미에서 이제 인간의 德을 나타낼 때의 표현으로 의미가 바뀐다. 이때는 '神'이 인격적 神이 아님은 물론 단순히 우주의 신비한 원리, 不可測性만을 뜻하는 것이 아니다. 이때는 우주의 오묘함을 체득한 인간의 德의 경지가 최고 상태임을 뜻한다. 예를 들어보자. 〈계사전〉을 보면,

子曰, 知幾其神乎? 君子上交不諂, 下交不瀆, 其知幾乎(幾微를 아는 자는 이미 신묘한 경지에 이르렀다고 할 수 있도다. 군자는 위로 鬼神이나 윗사람과 사귐에도 아첨하지 않고, 아랫사람과 사귀어도 그를 업신여기지 않는다. 이미 기미를 알기 때문이도다)![44]

즉 君子는 幾微를 아는 자이고, 그때 군자의 德의 경지를 나타내 주는 형용어로 쓰인 말이 '神'이다. 전통적 神관념이 인간 덕성의 최고 경지를 표현해 주는 말로 그 의미가 바뀐 것이다. 이와 같은 예는 '唯神也, 故不疾而速, 不行而至'[45]란 구절에도 나타난다. 이 글의 뜻은 "성인은 易의 신비한 원리의 본질을 잘 체득하고 있기 때문에 빨리 나아가지 않아도 저절로 빠르고, 가지 않아도 저절로 이른다"는 것이다. 즉 易에서 神의 作用이 신묘함과 불가측으로 파악되었기 때문에 여기서의 '神'도 聖人의 德의 정도를 표현해 준다는 의미에서 같은 맥락이다. 또 다른 예를 살펴보자.

易无思也, 无爲也, 寂然不動, 感而遂通天下之故, 非天下之至神, 其孰能與於此(역은 본래 무심하여 생각함도 없고 作爲도 없다. 고요하여 움직이지 않는다. 그러나 나중에는 감응하여 천하의 이치에 통달하게 된다. 천하의 더없이 신비한 능력을 가진 성인이 아니면, 누가 대체 이 신비스러운

---

44) 〈계사하전〉, 제5장.
45) 〈계사상전〉, 제10장, "夫易聖人之所以極深而研幾也, 唯深也, 故能通天下之志, 唯幾也, 故能成天下之務, 唯神也, 故不疾而速, 不行而至, 子曰, 易有聖人之道四焉者, 此之謂也."

易에 참여할 수 있겠는가)?[46]

여기서도 '至神'은 易의 심오한 공능을 표현해 줌과 동시에 聖人이 極深硏幾한 후에 갖는 德의 높은 경지를 표현해 준 것으로 볼 수 있다.

神관념이 인간 내재의 德性으로 전환됨을 가장 잘 표현해 준 예는 바로 다음 구절이다.

神而明之, 存乎其人.[47]

이것은 《易經》에서의 중점이 '其人'과 '德行'으로 귀결되고, 易經의 모든 卦爻변통의 원리가 반드시 사람에 의해서만 비로소 발휘될 수 있음을 명백히 해준다. 앞에서 '神明'의 원뜻이 외재적 神의 영역이나 초월의 세계를 나타내 준 말이었음을 상기한다면 이제 '神明'은 인간에게 주어진 인간의 영역이란 점에서 의미가 있다. 이로써 易의 神明은 그 주제와 관심의 영역이 卜筮의 효능이나, 占卜의 기능에서 드디어 인간의 神明을 주관심의 대상으로 하는 완성의 단계로 도달하게 된다. 따라서, 神明의 成就도 그 책임이 인간에게로 전환되었음을 의미한다.

易道가 궁극적으로 인간의 德行에 의해 발현된다는 설명이다. 그리고 그때 인간의 心이 神明의 집이 된다고 설명함으로써 인간의 神明과 神의 神明의 合一을 이루어내고 있다.

2. 民과 神의 연결 : '神의 神明'과 '人間의 神明'의 合

위에서 《周易》의 神관념이 우주의 오묘함을 체득한 인간 최상의 德의 경지를 뜻하는 의미로의 전환이 이루어졌음을 보았는데, 이때는 이미 '神의 神明'과 '인간의 神明'은 合一의 가능성을 열어놓았다고 보인다. 그러면 여기서 그 合一의 구체적 내용을 간단히 살펴보기로 하자.

---

46) 〈계사상전〉, 제10장.
47) 〈계사상전〉, 제12장.

앞의 '精義入神, 以致用也'란 구절에서 '入神'은 '精義'를 거친 다음 도달하는 경지로 제시되어 있다. 먼저 이러한 단계를 나타내 주는 구절을 들어보자. 〈계사전〉에 보면,

顯道神德行, 是故可與酬酢, 可與祐神矣, 子曰, "知變化之道者, 其知神之所爲乎"(이를 잘 운용하면 도를 잘 드러내어 덕행을 신묘하게 향상시킬 수 있어서 神化의 경지에 이르게 한다. 그러므로 함께 응대를 할 수 있고 神의 경지를 도울 수 있다. 그렇기 때문에 선생이 말하기를 "변화의 도를 아는 자는 神의 조화신묘함을 아는도다"라 하였다).[48]

여기서 '顯道'는 두 가지 의미로 볼 수 있다. 첫째는 天道가 여기에 의지해서 밝게 드러나는 것, 둘째는 仁道가 이것에서 발양하는 것, 즉 弘道의 의미이다. '神德行'은 '神'이 동사용이니 '德行'을 형이상의 경지까지 이르게 한다는 것이다.[49] '神'이 인간 덕성을 신묘한 경지로 이끌어 간다는 의미로 쓰여졌다는 점에서 '神'의 의미전환이 명백히 나타난다.

이 밖에도 人間의 神明을 나타내 주는 구절을 보자.

過此以往, 未之或知也, 窮神知化, 德之盛也.[50]

여기서 치용과 崇德으로부터 神化를 실현하게 되고 '窮神', '知化'할 수 있는 근거는 바로 '德之盛'에 있다는 것이다. 여기서 '德'의 성숙이 바로 窮神知化에 이른다는 초월의 귀납적 모형이 제시되고 있는 점이 흥미롭다.

이외에도 〈易傳〉에서는 '齋戒'나 '洗心' 등이 모두 인간의 神明을 완성케 하는 방법으로 제시되고 있다.

그런데 이런 여러 가지 방법은 〈易傳〉에서 '感應', '感通'의 방법으로

---

48) 〈계사상전〉, 제9장.
49) 吳怡, 위의 책, 93~94쪽.
50) 〈계사상전〉, 제5장.

연결될 수 있다. 〈계사전〉에는 이렇게 적혀 있다.

易, 无思也, 无爲也, 寂然不動, 感而遂通天下之故.[51]

이 구절의 '易'은 易의 본질인 점의 공능을 말하는 것이기도 하지만 이런 사물의 동향이나 기미를 알게 되는 것은 결국은 人間에게 이 感通의 능력이 있기 때문에 가능한 것이다.
여기서 제시된 것이 '感通', '感應'의 방식인데, 이것은 《易經》에서 만물의 이치에 통달하는 방법으로 아주 중요시하고 있다.
인간이 '窮神知化', '齋戒', '神明其德夫', '感通', '法天地' 등은 神과 인간의 관계를 이어주는 교통방법이 인간의 德에 달려 있고, 그 능력은 우주만물의 원리에 달통하고 合一하게 하는 길로 제시되었다.
〈易傳〉에서 이런 인간과 神의 영역이 合一된 모습은 乾卦〈文言傳〉에 가장 잘 나타난다.

夫大人者, 與天地合其德, 與日月合其明, 與四時合其序, 與鬼神合其吉凶……

여기서 大人은 天地와 日月, 四時와 鬼神 등과 그 神明을 같이하는 존재이다.

VI. 《周易》神人관계의 확장 : '넓이의 神'

《周易》에서 神개념은 '精義', '入神'의 단계를 거치고 부단히 인간과의 관계를 새롭게 해석하면서 易의 본질을 형성해 왔다. 그러면 이제《周

---

51) 〈계사상전〉, 제10장.

易》에서 神人관계의 궁극적 의미는 어디에 있는지에 대해 살펴보기로 하자.

《周易》에서 '神'관념에 대한 궁극적 단계의 내용을 어떻게 재해석해 낼 수 있을까? 필자는 그 '神'의 의미의 궁극단계로 '致用'에 주목한다. 다시 말하면, 《周易》의 神관념은 이제 인간 내면 깊이에서 만나는 '깊이의 神'에서 한걸음 더 나아가 '나와 너', '나와 남'의 관계 속에서 발견되는 확장된 의미로의 '넓이의 神'이란 관념으로 새롭게 해석해 보고자 한다. 이때 '神'은 이미 남의 완성, 他人을 神의 경지로 이끌려는 내용으로 이해할 수 있고, 삶과 삶, 인간과 인간관계의 넓이에서 발견되는 '神'의 의미이다. 필자는 이것이야말로 《周易》의 神관념이 갖는 가장 궁극적 의미일지도 모른다고 생각한다. 이제 그 내용을 보자.

앞에서 예를 든 "精義入神, 以致用也"란 구절은 '神'의 해석이 궁극적으로는 '致用'에 닿아 있음을 말해 준다. 《周易》에서는 이 관계를 "자벌레가 몸을 굽히는 것은 몸을 펴기 위한 것이요, 용과 뱀이 굴 속에 깊이 숨어 있는 것은 자신을 보전하여 잃지 않도록 하기 위한 것이다. 이와 마찬가지로 사람에게 있어서도 精義, 入神은 致用을 위한 것, 즉 후일 그것을 활용하여 천하의 큰일을 성취하기 위한 것"이라고 부언한다. 스즈끼는 '以致用也'를 "천하의 대사업을 성취하는 것"이라 하였다.[52] 우리는 여기서 '入神'이 궁극적 의미를 '致用'에 두고 있음을 발견한다. 그렇다면 入神의 궁극목표인 '致用'은 무엇을 뜻하는가?

'致用'이란 말은 〈계사상전〉 11장에도 있다.

備物致用, 立成器以爲天下利, 莫大乎聖人.

즉 '致用'은 孔穎達의 해석대로 '天下所用(천하인들에게 쓸모 있는 것)'이 된다. 그리고 이는 또 '天下利'와 의미상 상통한다.[53]

---

52) 《易經》下, 鈴木由次郞譯, 全釋漢文大系 제10권(東京, 集英社, 昭和49年), 392쪽.
53) 《周易正義》, 권7.

'致用'은 곧 '開物成務'[54)]와도 뜻을 같이한다. 여기서 '開物成務'는
'만물을 개발·창조하여 미래를 창조하는 것'과 '천하만물의 마땅한 직무
를 성취하고 완수하는 것'[55)]을 뜻한다.
 이상에서 '致用'의 의미를 살펴보았듯이 '致用'의 의미는 '利'의 개념
과 연결되어 있음을 알 수 있다. 그렇다면 '利'는 무엇을 뜻하는 것일까?
《周易》에서 괘효 변화의 궁극적 목적이 '利百姓(백성을 이롭게 함)'
의 '事業'에 있음을 밝히는 구절을 들어보자.

 성인이 八卦의 象을 만들어 자신의 뜻을 충분히 표현했다. 또 64괘를
만들어서 진실과 허위를 반영하였다. 각각 卦辭와 爻辭를 덧붙여 자신이
말하려는 의도를 모두 표현했다. 또 변화에 통달하여 만물에게 利로움을
극진히 한다. 이것을 고무시켜 그 신비로움을 다 극진히 한다.(子曰, 聖人
立象以盡意, 設卦以盡情僞, 繫辭焉以盡其言, 變而通之以盡利, 鼓之舞之以
盡神).[56)]

 위의 '變而通之以盡利'에서 괘효의 변화는 궁극적으로 백성들의 '盡
利'에 관심의 초점이 있다는 것이고 더 나아가 《易經》의 이치로 천하사
람들을 고무시키고 神化妙用을 다하게 하는 것이다. 이 구절의 분석을
통해서 《周易》의 목적은 신묘한 변화의 원리에 통달하여 '利'를 극대화
하는 데 있고, 한걸음 더 나아가 모든 사람들로 하여금 '盡神'의 경지로
인도하는 데 있다는 것을 알 수 있다. 그리고 '鼓舞盡神'은 神明을 다하
게 하는 방법론인 동시에 도달한 경지가 神妙不測의 경계임을 말해 준
다.
 그러면 '利'가 가리키는 것을 좀더 살펴보자. 《易經》에서는 어떻게 백
성들에게 '利'를 가져다 주는가. 〈乾卦 文言傳〉에 보면,

---

54) 《계사상전》, 제11장.
55) 吳怡, 《易經繫辭傳解義》(台北, 三民書局, 1991), 106쪽 참조.
56) 〈계사상전〉, 제12장.

乾元者, 始而亨者也, 利貞者, 性情也, 乾始能以美利利天下, 不言所利, 大矣哉!

라 되어 있다. 여기서 '以美利利天下'는 아름다운 利益으로 천하를 이롭게 한다는 뜻이다. 사실 유가철학에서는 '利'에 대해서 그리 긍정적인 태도가 아님은 주지의 사실이다.[57] 그러나 《論語》에는 유가가 추구하는 '利'의 참의미를 보여주는 구절이 있는데 〈堯曰〉편을 보면,

子曰, 因民之所利而利之, 斯不亦惠而不費乎(백성들에게 이로운 것에 기인하여서 그들을 이롭게 하면, 이 어찌 은혜로우면서도 국가에 낭비가 되겠는가)?

유가에서 지향하는 '利'란 '民之所利'를 뜻함을 알 수 있다. 《大學》에서는 "此謂國不以利爲利, 以義爲利也"[58]이라 함으로써 유가의 利를 '以義爲利'로 규정하고 있다. 이를 토대로 보면 〈乾卦 文言傳〉의 '美利'가 유가의 '利'와 그 맥락을 같이하고 있음을 알 수 있다. 《集解》에서도 "美利, 爲 雲行雨施, 品物流形, 故利天下也"[59]라 하여 '美利'가 美利가 될 수 있는 근본 이유를 "雲行雨施, 品物流形"라 하여 천하를 이롭게 하는 것을 들고 있다. 여기의 "雲行雨施, 品物流形"은 "구름이 움직여 비를 뿌리니, 만물이 형태를 이루어 만물이 화육생성하는 것"을 이른다.[60] 《易經》철학에서 '利'의 含義는 〈乾卦 文言傳〉의 "利者, 義之和也, 利物足以和義"에서도 잘 나타난다. '利者義之和也'의 의미에 대해서 王船山은 명확한 해석을 하였다.

---

57) 예를 들면, 《論語》, 〈里仁〉, "君子喩於義, 小人喩於利.", 上同, "子曰, 放於利而行, 多怨."
58) 《大學》, 傳10장.
59) 《周易集解》.
60) 《易·程傳》, 卷一.

'義之和'란 생물이 각기 자기의 이치를 갖고 있어서 마땅함을 얻는 것이다. 만물의 설정이 각기 적절한 수에 맞아떨어지므로 利가 되는 것이다.[61]

또 그는 〈坤〉卦 주에서도 '利'에 대해 설명하기를 '益物而合義'라 하였다. 이를 종합해 보면, 만물은 각기 사물 고유의 이치를 가진 독자적 존재인데 이 사물이 각기 그 고유성을 유지할 수 있는 가장 적당한 여건을 충족시켜 주는 상태를 利라고 한 것이다. 따라서 '益物'이란 萬物이 그 고유의 사리를 펼쳐 나가도록 하는 것임을 알 수 있다. 王船山의 '益物而合義'는 유가의 '以義爲利'의 태도에 부응할 뿐 아니라, 〈易傳〉의 '利'의 含義를 가장 적절히 표현해 주는 것으로 본다.

이러한 '利'의 뜻은 〈계사전〉의 '制器尙象'의 利民정신에도 잘 나타나 있다.[62] '制器尙象'의 기본정신은 天地의 모든 이치를 살펴서 이것을 백성을 위한 '利'를 도모하는 데 근본 의의를 둔다. 이는 유가와 〈易傳〉의 '利'가 文物典章을 개창하여 文明의 진보를 도모하는 데로 확장될 수 있음을 보여준다.

이상에서 '利'의 개념을 통해서 우리는 '精義, 入神, 以致用也'의 의미를 해석해 보았다. 요약하면 '精義, 入神'의 목적이 '致用'에 있고 이 '致用'의 구체적 내용은 天下의 만물에 합당한 '利'를 보장해 주는 것을 지향하는 데 있다. 이런 의미에서 다음 구절은 《周易》의 '神'개념의 해석 중 가장 중요한 의미를 담고 있다고 본다.

    民咸用之, 謂之神.[63]

여기에 대해 吳怡는 "'民咸用之'란 사람들의 일용생활에서 유리되어 있지 않은 것을 기리킨다. 이것이야말로 진정한 '神之用'이다. 이 구절은

---

61) 王夫之, 《周易內傳》, 〈文言傳〉.
62) 〈계사하전〉, 제2장.
63) 〈계사상전〉, 제11장.

'神'이 명백히 음양불측함을 뜻하지만, 결코 공허하게 말하는 것이 아니다. 이것이 바로 '顯諸仁, 藏諸用'이다"[64]라 하였다.

이상에서 '神'의 의미가 우리의 일상과 밀접하게 연결되어 있고, 우리와 하나가 된 개념으로 완성된다.

이제 본문의 '神人관계'의 해석은 결론에 도달할 수 있을 듯하다.

變而通之而盡利. 鼓之舞之以盡神(변화회통하여 만물에의 이로움을 골고루 베풀고 이로써 천하의 사람을 고무시켜 신묘한 경지를 발휘케 하였다).[65]

만물의 생명들의 가장 조화로운 보장과 우리 인간들을 고무·격려하여 모두 신묘한 경지에 도달하도록 하는 것이《周易》의 神人 관계의 의미가 최종적으로 도달한 지혜이다. 사실 유가철학과《周易》의 神은 인간과 인간의 '관계' 속에서, 너와 나의 삶과 삶에서 발견되는 神이다. 이때는 이미 民과 神이 둘이 아니다.

VII. 結論

이제 우리는《周易》의 神人관계의 해석을 통한 이해를 바탕으로 이들이 주는 의미를 고찰해 봄으로써 본 논문의 결론을 내리고자 한다.

지금까지 우리는《易經》철학에 나타난 神人관계의 특성을 주로 원문의 분석을 통해 재해석의 가능성을 살펴보았다.《周易》에서 神관념은 원래 하·은·주 이래 형성되어 온 帝·天·神 등의 개념과 맥락을 같이하면서 출발하였으나〈易傳〉에 이르면 前시대와는 다른 독특한 神觀을 형성하게

---

64) 吳怡, 위의 책, 114쪽.
65)〈계사상전〉, 제12장.

된다. 그런데 神의 개념은 그 특징으로 ① 脫實體化된 본체개념으로 정립, ② 脫인격적·초월적 개념으로의 의미 전환, ③ 인간의 德의 깊이로서의 神, ④ 인간에게 삶과 생활 속의 관계 속에서 발견하는 神 등으로 나타났다. 여기에서, 유가철학의 특징으로 일컬어지는 天人合一이란 말이 비로소 성립된다. 이때에는 本體와 人間 사이가 둘이 아닌 하나가 되고, 또 人間 주체의 자각에 의해 본체의식을 향해 직접 통달할 수 있는 가능성을 열어놓음으로써 서양과의 차이점을 갖게 된다.

본문이 비록 神人관계의 이해를 위해 직접 《周易》의 본문을 분석하는 데 주력하긴 했지만 여기에는 이 시대가 맞닥뜨리고 있는 문화적 위기에 대한 기본 시각이 전제되어 있음은 물론이다. 특히 유가의 자아 정체성 회복을 위해서는 세계 지성사·종교사적 의미 속에 유가의 자리매김이 매우 중요하다는 인식을 바탕으로 한다면 현재의 상황에 대한 기본시각은 몹시 중요하다고 느껴진다.

본인은 1920년대 이후의 서구 신학과 종교학을 관통하고 흐르는 관점을 '세속화'로 파악하고 있다.[66] '세속화'는 서구종교의 오늘, 현주소임에 틀림없다. 여기서 그 세속화의 복잡다기한 이론을 모두 제기할 수는 없지만 그 공통 관심이론인 종교의 쇠퇴, 神관념의 붕괴, 초월적 세계와 초자연세계의 붕괴 등은 우리에게 상당히 깊고 냉정한 분별력을 요청하고 있다. 우선 현대 종교학이나 신학이 우리에게 주는 교훈은 우리의 시각에서 좀더 적극적 태도로 상대방을 파악하고 대화의 관점을 정립할 필요가 있다는 것이다. 아무튼 유가가 이 시대에 기독교나 서구종교 사상을 향해 애타게 갈망하는 만남은 결코 그들의 하느님, 초월, 원죄관념 등이 아님은 분명히 해두고 싶다.

선진 시대에 이미 상당한 수준의 神話나 마술의 영역을 제거하는 데 성공한 유가는, 적어도 이 시대 서구文化의 공통현상인 '해체의 中心'에서 벗어나 있음에 유의해야겠다. 또 不凡 속의 위대함, 일상 속에서의 求道는 聖俗二分法을 일찌감치 뛰어넘으면서 현대적 종교신학의 상황하에

---

66) 졸고, 〈周易의 현대 종교사적 의의〉 참조.

서 갈망하고 있는 '진정한 초월'의 의미를 가장 설득력 있게 제시하고 있다. 그런 의미에서 제2장의 기본 시각은 유가의 출발점 자체가 神人간에 脫呪術, 脫神話의 사상 역정을 거치면서, 어느 정도 절제된 만남을 이상적 상황으로 설정함으로써 인간은 '敬而遠之'란 적절한 초월의 태도를 유가철학의 출발점으로 정초하고 있다는 점에 주의를 환기하고 싶다. 제3장은 주역의 출발점도 종교사에서 공통으로 공유하는 주술·미신적 단계이고 이는 점차 슬기롭게 극복되었다는 점, 제4장과 제5장은 神의 관념이 脫人格的·주재적·수직적 神관념에서 벗어나 '삶의 깊이로서의 神', '인간내재의 깊이로서의 神' 전환 등으로, 제6장은 '삶의 한가운데에서' 갖는 神관념의 의미 등으로 각각 그 의미를 재해석할 수 있는 가능성을 열어 보고 싶었다.

《周易》은 이런 의미에서 64卦·384爻가 매시·매순간 모든 사람들이 주체적 판단 아래 참다운 삶을 살도록 요구함으로써 '종교의 일상화', '神의 진정한 초월'을 가장 현명하게 성취시킨 것으로 볼 수 있고, 이것이야말로 유가철학이 현대의 세속화 시대에 던지는 가장 뛰어난 '의미의 함축'임을 주장하고 싶다. 이런 관점에서 본다면 유가사상은 앞으로 무궁무진한 재해석의 여지와 함께 현대 모든 사조 속에서 그 의미를 재평가받을 수 있다고 본다. 덧붙인다면, 오늘의 서구문화를 보는 우리의 시각은 어쩌면 좀더 근원적인 문제의 검토를 거치지 않고는 성공할 수 없음을 함께 지적하고 싶다.

先秦易學에서 天命自覺의 方法

宋寅昌*

차 례

I. 서 언
II. 天命과 自覺主體로서의 人間
III. 易學에서의 自覺의 意味
IV. 天命自覺의 方法
V. 결 어

I. 서 언

《周易》에서 "크게 형통하고 바르게 하니 하늘의 命이다"[1]고 한 것이나, 《中庸》에서 "하늘이 명한 것을 性이라 하고 性을 따르는 것을 道라 한다"[2]고 한 데서 볼 수 있는 것처럼 天命은 인간생명과 인격성의 근원이며 인륜도덕의 바탕이다. 따라서 사람이 天命을 主體的으로 自覺하는 일[3]은 儒家의 가장 본질적인 체험이며 先秦易學의 본래적인 정신이기도 하다. "자기의 마음을 다하는 자는 자기의 본성을 깨달을 수 있고, 자기의 본성을 깨달음은 곧 하늘을 깨닫는 것이다"[4]는 《孟子》의 한 구절은

---
* 大田大學校 哲學科 敎授
1) 《周易》,〈无妄 象傳〉, "大亨以正, 天之命也."
2) 《中庸》, 第 章. "天命之謂性, 率性之謂道."
3) 牟宗三은 '自覺' 대신에 主體란 말을 써서 天命의 主體的 自覺의 意味를 설명하고 儒家은 특히 主體를 중요시한다고 하였다. 牟宗三,《中國哲學十九講》(臺北：學生書局, 1983), 78~80쪽 참조.
4) 《孟子》,〈盡心章句上〉, "盡其心者, 知其性也, 知其性, 則知天矣."

이 점에서 썩 알맞은 말이다. 天命의 주체적 자각이란 다름 아닌 자기가 타고난 본성을 극진히 발휘하여 현실세계에서 理想價値를 실현하는 일이며 자기의 존재근원인 天을 높이고 섬기는 일이기 때문이다.[5]

주지하다시피 先秦易學에서 가르치는 것은 인간의 삶의 원리(人道)가 天道에 근거한 것이고, 인간의 삶의 궁극목표는 天道를 자신의 인격적 본질로 자각하고 그것을 현실적으로 유감 없이 구현하는 데 있다. 이때 사람은 하늘과 땅과 더불어 三位一體가 되어 天地의 化育에 조화롭게 참여하는 공동의 創造者가 된다. 이것이 이른바 인간완성의 극치를 단적으로 나타내주는 '天人合一'의 경지이다. "大人은 天地와 더불어 그 德을 합하며, 日月과 더불어 그 밝음을 합하며, 四時와 더불어 그 차례를 합하며, 鬼神과 더불어 그 吉凶을 함께한다"[6]는 말을 상기할 때 이 점은 명백하다. 그것을 달리 표현한다면 우주의 創造精神에 동참하는 인간의 창조행위요, 인간자유의 최대확충이며 실현이라고 해도 좋을 것이다. 그리고 이러한 경우 우리는 천명을 主體的으로 자각하는 일이 인간으로서의 文化創造에 있어서 매우 중요한 前提條件이면서 宇宙秩序와 道德秩序를 하나로 매개시키는 긴요한 연결고리가 된다고 추론할 수 있다. 그러한 이유에서 우리는 天命自覺이 先秦儒學의 근본문제이며 이 문제의 핵심이 易學에 있고, 따라서 天命思想에 관한 논의는 易學에 나타난 天命自覺의 方法을 중심으로 해서 이루어져야 한다고 믿는다.

필자는 이러한 점에 유의하면서 先秦易學에 있어서 天命의 主體的 自覺의 문제를 살펴보기로 한다. 그러자면 우선 天命과 天命自覺 主體로서의 人間을 究明해야 할 것이다. 그리고 다음으로 易學에 있어서의 自覺의 意味와 自覺의 方法 등에 대하여 考察하고자 한다. 여기에서 얻어지는 성과는 사람이 참으로 사람다운 所以로서의 인간이 生來的으로 具有한 天賦의 德性, 즉 인간본성에 내재한 道德律이요, 人格的 存在原理로서의 天命이 어떻게 주체적으로 자각되며, 그 진정한 의미는 또한 무엇인

---

5) 蒙培元, 《中國心性論》(臺北 : 學生書局, 1990), 111~112쪽 참조.
6) 《周易》,〈乾卦 文言傳〉, "夫大人者, 與天地合其德, 與日月合其明, 與四時合其序, 與鬼神合其吉凶."

가 하는 문제들에 대해 철학적으로 보다 깊은 이해의 전망을 여는 데에도 기여하리라 생각한다.

II. 天命과 自覺主體로서의 人間

중국 고대 민족의 민족신앙에서 중심을 이루는 것은 天, 즉 上帝에 대한 신앙이다. 사람은 天(上帝)으로부터 태어났다고 하는 신앙, 다시 말하여 인간의 조상은 天이라고 믿는 신앙이 곧 중국 고대인들의 民族信仰이었다.[7] 그들은 사람의 생명은 天으로부터 받은 것이고, 또 天이 부여한 法則이나 秩序에 따라 삶을 영위해 나가야만 된다고 믿었다.《周易》과《詩·書》의 다음 대목은 이를 좀더 분명하게 설명하여 준다.

하늘이 神物을 내니 聖人이 이를 본받고, 천지가 변화하니 성인이 이를 본받고, 하늘이 형상을 드리워서 길흉을 나타냄에 성인이 이를 본받았다.[8]

하늘은 백성들을 낳으시고/사물에 법칙 있게 하셨네./백성들은 일정한 도를 지니고/아름다운 덕을 좋아하네.[9]

위대한 上帝께서 下民들에게 올바름을 내리시어 언제나 떳떳한 성품을 가진 사람을 따르도록 하셨다.[10]

---

7) 安炳周,〈儒教의 民本思想〉(성균관대학교 대동문화연구원, 1987), 25쪽 참소.
8)《周易》,〈繫辭傳上〉, 제11장, "天生神物, 聖人則之, 天地變化, 聖人效之, 天垂象見吉凶, 聖人象之."
9)《詩經》,〈大雅, 烝民〉, "天生烝民, 有物有則, 民之秉彝, 好是懿德."
10)《書經》,〈商書, 湯誥〉, "惟皇上帝, 降衷于下民, 若有恒性."

이를 보면 天은 至高無上의 권위를 가진, 인간과 만물의 始原者이며, 동시에 그것은 自體運行을 하면서 下民의 행위를 審察하여 명령을 내리며 만물을 생성변화시키기도 하는 主宰者이다.

이렇게 볼 때, 인간생명의 根源으로서의 조물주적 의미를 가지는 天 또는 上帝가 인간의 禍福을 주관한다는 것과 숭배의 대상이 될 수 있다는 것은 실로 당연한 일이라 하겠다. 그런데 天은 인간에게 자기의지를 표현하게 되는데, 그것은 命으로 나타난다. 이 命은 또한 반드시 지키지 않으면 안 되는 不文律과도 같은 것이다.[11] 이러한 天의 命에 順하느냐 不順하느냐에 따라 인간은 福을 받기도 하고 禍를 당하기도 한다. 왜냐하면 天命은 밝고 아름답고 德이 있고 엄연하나 일정하지도 않고 保存하기도 쉽지 않기 때문이다. 그래서 《周易》에서는 "군자가 이로써 惡한 것을 막고 善한 것을 드러내며 하늘의 큰 命을 따른다"[12]고 말했던 것이다.

이와 같이 天은 인간과 만물의 근원자로서 사람과 만물을 主宰攝理하는 人格神으로 지고무상의 권위를 가진다. 그리고 사람은 天에 의하여 생명을 부여받은 所産的 存在인 까닭에 天에 대한 절대적인 畏敬과 尊崇, 그리고 天의 명령에 대한 절대적인 順服與否에 의하여 生死禍福이 결정된다. 여기에서 天과 人의 性命의 聯關性을 土臺로 하는 上古 敬天信仰의 儒家的 傳承은 일차적으로는 政治的 天命思想의 탄생을 가능케 했고, 다시 그것이 天·人의 性命의 聯關性의 理解로 발전하면서 道德的 天命思想으로 전개되었던 것이다.

《周易》은 《詩·書》와 함께 정치적 천명사상에 관한 기록을 가장 많이 담고 있는데, 이러한 《三經》에 내포된 天개념은 특히 정치와 불가분의 관계를 가지고 있다.

하늘로부터 命이 있어/이 文王에게 명하시어/ 주나라 서울에서 다스

---

11) 《詩經》,〈周頌, 敬之〉, "敬之敬之, 天維顯思, 命不易哉, 無曰高在上, 陟降厥土, 日監在玆." 참조.
12) 《周易》,〈大有卦, 象傳〉, "象曰火在天上大有, 君子以遏惡揚善, 順天休命."

리게 하셨네.'[13]

하늘이 下民을 도우사 임금을 마련해 주시고 스승을 마련해 주셨다. 이는 오직 그들이 上帝를 도와 온 세상을 사랑하고 편안케 하도록 하기 위한 것이다.[14]

하늘이 草昧를 짓는 데는 마땅히 제후를 세워야 하니 아직 편안하지 않은 때이다.[15]

위의 예문들을 요약·정리하면 다음과 같다. 天은 인간생명의 근원이다. 따라서 天은 그가 낳은 萬民의 生을 보람 있고 의미 있게, 그리고 온전히 누리게 하고자 한다. 그러나 사람의 됨됨이에는 현명함과 어리석음, 착함과 악함의 差異가 있어 이들을 다같이 잘 살도록 하기 위해서는 政治와 敎育이 必要하게 된다. 또한 天은 그의 意志를 實行하는 방도로써 代理者를 세워 그로 하여금 自身의 일을 代行하도록 한다. 왜냐하면 天은 直接的으로 萬物, 특히 一般庶民들과는 관계할 수 없기 때문에 자기를 대신하여 통치할 代行者를 命하게 된다. 이에 天은 天功을 翼贊代行케 하기 위하여 萬民들 가운데서 가장 聰明하고 德望이 있는 사람을 元者로 삼아, 百官을 統率하여 政治와 敎育을 맡게끔 命을 내린다. 이 天功──政敎──奉行의 사명을 지닌 사람이 곧 君王인 것이다.

그러므로 儒家的 見地에 있어서, 天의 의지와 그 사업을 代行 實現하는 統治權, 즉 使命의 부여는 하늘이 이를 天命으로 결정하는 것이라고 確信하게 됨은 당연한 일이지만, 天命 결정의 基準은 어디까지나 治者의 資質과 能力에 달려 있는 것이다.[16] 여기에서 우리는 정치적 天命思想의

---

13) 《詩經》,〈大雅, 文王之什〉, "有命自天, 命此文王, 于周于京."
14) 《書經》,〈周書, 泰書上〉, "天佑下民, 作之君, 作之師, 惟其克相上帝, 寵綏四方."
15) 《周易》,〈屯卦, 象傳〉, "天造草昧, 宜建侯, 而不寧."
16) 《書經》, 周書, 康誥 참조.

한 형태로 '禪讓', '繼位'와 더불어 易姓革命의 思想이 成立할 수 있는 論理的 根據를 찾아볼 수 있게 된다.[17]

그러면 革命에 있어서 새로운 受命 대상자가 天命 결정의 基準에 合當한가의 與否를 判定하는 방법은 무엇인가? 그것은 한마디로 말해서 天意와 民衆의 輿望에 의거한다. 《周易》에 "殷의 湯王과 周의 武王이 革命에 성공한 것은 그들이 天命에 순응하고 民心에 호응했기 때문이다"[18]고 한 말은 이를 단적으로 증명해 준다. 이와 같이 민중의 輿望, 즉 民意는 바로 天意와 直結되므로, 민중을 잘 다스리고 敎化시키지 않을 때에는 天命을 오래 保存할 수 없게 된다. 이러한 思想은 《三經》 도처에서 나타나고 있는데, 그것은 民意를 天意로 돌림으로써 德治의 當爲性을 天命으로부터 이끌어 오는 것이라고 생각된다. 이러한 까닭에 君王은 民衆의 輿望을 把握하기 위해 輿論에 귀를 기울여야 하며, 古代의 明哲한 士大夫들이 言論의 自由를 極力 주장했던 이유도 바로 여기에 있다 하겠다.[19]

우리는 이미 앞에서 '生成과 主宰'라는 兩大職能을 갖는, 인간생명의 근원으로서의 天[20]이 그가 낳은 萬民의 生을 가치 있고 온전하게 누릴 수 있도록 하기 위하여 聰明하고 德望이 높은 者를 選擇하여 天功을 代行케 하고 있음을 살펴보았다. 그렇다면 天意와 民意의 소재는 결코 二元的일 수 없으며, 이는 人間性命의 根源인 天·人 一貫性으로 보더라도 自明한 사실이라고 볼 수 있다.

아래에 두 가지 예를 더 들어본다.

하늘이 듣고 보는 것은 우리 백성들을 통해서 보고 듣는 것이고, 하

---

17) 赤塚忠 外, 《思想史》, 中國文化叢書 3(東京 : 大修館書店, 1978), 25~26쪽 참조.
18) 《周易》,〈革卦, 象傳〉, "湯武革命, 順乎天應乎人."
19) 梁啓超, 《先秦政治思想史》(臺北 : 中華書局, 1936), 31쪽 참조.
20) 穴澤辰雄은 天과 帝의 職能으로서 生成과 主宰 두 가지를 들고 있다. 穴澤辰雄, 《中國古代 思想論考》(東京, 汲古書院, 1982), 27쪽 참조.

늘이 밝히는 위엄은 또한 우리 백성들을 통해 밝히고 두렵게 하는 것이다.[21]

하늘은 우리 백성이 보는 것으로부터 보며, 하늘은 우리 백성이 듣는 것으로부터 듣는다.[22]

이와 같이 民衆의 所望과 期待는 天意에 反映되고 天意는 民衆의 입을 통해 나타나고 實現된다고 하는 儒家의 天·人 一貫된 思考는 마침내 그 觀點을 인간에게 주어진 天賦의 '內在的 德性'에 두게 된 것이다.

그런데 앞에서도 살펴보았듯이 儒家는 人間이야말로 '天功'[23]을 代行할 수 있는 能力과 使命이 있는 唯一한 存在[24]로 規定한다. 왜냐하면 人間은 天의 所生者요 '天之曆數'[25]를 稟受한 存在로서, 宇宙萬有의 存在原理와 人間道德의 實踐原理를 본래적으로 具有하고 있으며 또한 인간만이 人格의 尊嚴을 가질 수 있는 存在이기 때문이다. 그런데 이 '天功'을 代行實現할 수 있는 資質과 能力으로서의 人間의 內面的 道德原理는, 인간이 하늘의 뜻을 具現할 수 있다고 하는 論理的 根據를 제공할 뿐 아니라, 더 나아가서는 民衆의 바람과 기대가 天意의 구체적 表現이라고 하는 論理的 根據를 可能하게 해주기도 한다. 이러한 기본 전제를 바탕으로 하여 天을 人間生命의 根源으로 생각하는 儒家流의 天·人觀은 君王은 天命에 의하여 결정된다고 하는 儒家 特有의 政治的 天命思想을 거쳐서, 天을 '人間的 規範의 根源者'로 파악하는 道德的 天命思想으로까지 展開되기에 이른 것이다.

따라서 이제 天은 外在的이거나 超越的이고 意志的이며 또한 靈力을

---

21) 《書經》, 虞書, 皐陶謨. "天聰明, 自我民聰明, 天命畏, 自我民明威."
22) 위의 책, 周書, 泰誓中. "天視自我民視, 天聽自我民聽."
23) 經書 가운데서 主帝者인 天·帝의 職能을 표현한 말에는 天功 이외에도 天工, 天事 등이 있다. 穴澤辰雄, 위의 책, 33쪽 참조.
24) 《書經》, 虞書, 皐陶謨. "天工人其代之."
25) 《書經》, 虞書, 大禹謨.

구비한 존재, 다시 말하면 인간의 경험적 대상으로서의 존재이거나, 인간 세계를 넘어서서 있는 우주만유의 主宰者로서의 인격적 존재가 아니다. 그것은 어디까지나 人間性命의 내면 세계에 자리한, 그렇다고 그 근원적 진리성이 인간심성의 배후 세계에 실재하는 것으로, 한갓 形而上學的 觀念의 대상으로서 고정화되어 버린 것도 아닌, 바로 '나'라는 人間存在가 인간답게 살 수 있는 存在根據로 理解되기에 이른 것이다.[26] 이처럼 天·人의 性命的 一貫性의 自覺을 통해서 天을 自我 人格性의 본래적 根據와 宇宙萬有의 根本原理로 이해하는 道德的 天命思想은, 마침내 德의 所在는 곧 天命의 所在라고 하여 '天生德於予'[27]를 披瀝한 바 있는 孔子에 이르러 더욱 深化되고, '道德的 人格發展에 있어서 그 最高境界를 이루는'[28] 仁으로 체계화되었던 것이다. 다시 말해서 공자 이전에는 天을 공포와 신비와 敬畏의 대상으로 여겼다면, 孔子는 人性에 內在한 道德律을 통하여 나의 안에서 느껴지고 이해되고 自覺된, 인간의 主體性으로서의 仁과 遊離될 수 없는 人格的 存在로 天을 형상화한 것이다.[29] 이는 孔子에 이르러서야 인간의 人格的 本質이 발견되고 自我가 의식되었으며, 또한 自我의 본래성의 回復과 內的 誠實性을 통해서만 만날 수 있는 '超越的이면서 內在的이고, 宗敎的이면서 道德的인' 의미를 동시에 涵有한 새로운 天命[30]이 우리 앞에 나타나게 되었다는 것을 뜻하기도 한다. 天命의 의미는 물론 孔子의 사상에 있어서 '天'이 그러하듯이 일정하게 규정하기 어렵다. 그러나 분명히 말할 수 있는 사실은 그것이 "人間存在의 根源이 되는 동시에, 人間에게 稟賦된 實踐的 使命으로서의 人道的 意味"[31]를 가진다는 점이다.

---

26) 申東浩,〈先秦儒學에 있어서의 人本思想의 展開〉,《새마음논총》, 창간호 (충남대학교부설 새마을 연구소, 1977), 63쪽 참조.
27) 《論語》, 述而.
28) 牟宗三,《中國哲學的 特質》(臺北, 學生書局, 1978), 25쪽.
29) 徐復觀,《中國人性論史》(臺北, 商務印書館, 1978), 83~89쪽과 承柳國,《東洋哲學硏究》(權域書齊, 1983), 106~107쪽 참조.
30) 牟宗三, 앞의 책, 20쪽 참조.
31) 柳南相,〈東洋哲學에 있어서의 主題의 變遷(1)〉,《東西哲學硏究》, 창간호

이러한 觀點을 子思가 계승하였고, 그것이 《中庸》에서는 天命之謂性으로 표현되었다. 이는 앞서 말한 孔子의 '天生德於予'를 좀더 구체화한 것으로서, 天命이 곧 性임을 단정적으로 규정한 것으로 이해된다. 孟子 역시 이를 바탕으로 하여 子思의 天命思想을 보다 체계화하고 심화시켰다. 孟子에 의하면 자기의 마음을 다함으로써 自己의 本性을 깨닫는 것이며, 이는 동시에 天을 깨닫는 일이 된다.[32] 이 경우 天은 自我內的 심화를 통해서 自覺되는 內在的인 天이었다. 아울러 특기할 만한 사실은 孟子는 전통적 天觀을 충실히 계승하면서도 天을 性善의 존재근거로, 그리고 그 天은 인간의 주체적 자각을 통해서만 발견되는 존재로 이해했다는 점이다.

III. 易學에서의 自覺의 意味

위에서 살펴본 바와 같이 인간의 존재근거는 天命에 있고 사람은 그것을 主體的으로 自覺하고 실천할 수 있는 自由意志를 소유한 존재이다. 이러한 인간의 意志의 自由와 主體의 獨立性은 孟子에서 보다시피[33] 사람으로 하여금 개인적 차원을 넘어서 宇宙的 次元으로까지 向上할 수 있도록 한다. 따라서 본 장에서는 인간이 生來的으로 具有한 天賦의 德性, 즉 人性에 內在한 道德律이요, 存在原理로서의 天命이 어떻게 主體的으로 自覺되고 또한 그 본질적 의미는 무엇인가 하는 문제를 고찰해 보고자 한다.

인간의 인간됨은 天命을 自覺함에 있다.[34] 天命을 自覺한다는 일은 곧

    (한국동서철학연구회, 1984), 4쪽.
32) 《孟子》,〈盡心章句上〉, "盡其心者, 知其性也, 知其性, 則知天矣."
33) 《孟子》,〈藤文公章句下〉, "居天下之廣居, 立天下之正位. 行天下之大道, 得志與民由之, 不得之獨行其道. 富貴不能淫, 貧賤不能移, 威武不能屈, 此之謂大丈夫." 참조.

하늘이 부여한 道德的 使命이 내 몸에 있다는 것을 체득하고[35] 이에 근거하여 道를 밝히고 生民을 위해 太平을 여는 일이고 동시에 自己의 本來의 德性을 깨달아 그것을 남김 없이 발휘하여 내가 '참사람'이 되는 일이다. 天命을 自覺하는 일은 多技的인 存在를 對象으로 얻어지는 認識論의 知識 따위는 아니며, 또한 일정한 形式과 假定에 의하여 얻어질 수 있는 形而上學的 實體를 탐구하는 일도 아니다.[36] 天命의 自覺은 곧 절대적 진리 자체인 天道를 自覺하는 일이고 동시에 自己 本來性의 自覺인 것이다. 그러므로 天命의 自覺은 근원적으로 열려 있는 自我로부터 가능하며, 그 自我는 또한 열려 있는 世界 속에 자기를 밝게 드러내어 그 存在價値를 體現시킬 수 있을 때 가능한 것이다. 인간은 누구나 天命을 自覺할 수 있는 實存的인 可能態를 언제나 자기 本性 안에 소유하고 있다. 이 가능태는 인간존재의 가장 깊숙하고 가장 진정한 中心이며 그 根源이다. 또한 天과 人間의 관계는 唯一·絶對的인 필연성에 근거하고 있다. 아래에 두 가지 例를 들어 본다.

하늘과 땅이 그 位를 베풀었고 周易의 법칙이 그 가운데에서 행하여지니, 이루어진 성품을 잃지 않고 보전하는 것이 道와 義의 門이다.[37]

하늘이 이 백성을 낳음에 있어서, 먼저 안 사람으로 하여금 뒤에 안 사람을 깨우치게 하고, 먼저 깨달은 사람으로 하여금 뒤에 깨달은 사람을 깨우치게 한다. 나는 하늘의 백성 중에서 먼저 깨달은 사람이다.[38]

하늘이 萬民을 낳았다는 사상은 실로 儒家哲學의 大前提가 되는 것이

---

34) 《論語》,〈堯曰〉, "子曰不知命, 無以爲君子也." 참조.
35) 《周易》,〈師卦〉, 上六. "上六, 大君有命, 開國承家, 小人勿用." 참조.
36) 唐端正,《先秦諸子論叢》(臺北 : 東大圖書公司, 1981), 64쪽 참조.
37) 《周易》,〈繫辭傳上〉, 제7장 "天地設位, 而易行乎其中矣, 成性存存, 道義之門."
38) 《孟子》,〈萬章章句上〉, "天之生此民也, 使先知覺後知, 使先覺覺後覺也, 予天民之先覺者也."

다. 사람은 天의 所生者이다. 하늘은 그 所産者인 人間에게 生來的으로 形體와 함께 人間으로서 마땅히 人間답게 살아가야 할 道理를 부여하였다. 人間으로서 지키고 행하지 않으면 안 될 道理, 그것은 인간의 生存의 法則이며 限界이다. 주어진 當爲의 法則과 限界에서 말하면 天命이고, 行爲의 가능근거 내지 能力에서 말하면 사람의 德性인 것이다.[39] 孟子가

　　나의 마음을 다하는 자는 나의 本性을 깨달을 수 있고, 나의 本性을 깨달음은 곧 하늘을 깨닫는 것이다. 마음을 保存하여 本性을 기름은 하늘을 섬기는 바가 되는 것이다.[40]

라 하게 된 所以도 여기에 있는 것이라 생각된다. 天의 所生者인 사람은 先天的으로 靈明한 마음을 稟受한 존재이다. 따라서 自己의 誠心을 충분히 유감 없이 발휘하면 하늘이 부여한 自我의 本性을 깨닫게 되고, 이를 통해서 天理를 알게 된다. 天理를 아는 것은 天意를 깨닫는 일이고, 그것이 바로 天命의 自覺인 것이다.[41] 이 天命은 물론 現象 배후에 또는 이전에 이것을 근거짓고 규정하는 어떠한 實體나 原因은 아니면서도, 人間과 마주하는 순간에 人間主體의 自覺活動과 동시에 自身의 참된 모습을 드러내는 眞實存在이다.

　그렇지만 이러한 天의 자발성은 창조적 자유의 실현일 뿐 결코 어떤 배후적 實體의 기능이나 작용은 아니다. 이미 지적했듯이 하늘이 賦命한 人間의 德性은 바로 내가 本來的으로 참사람된, 그리고 내 자신이 日常的인 自己忘却에서 벗어나 참으로 사람다움을 回復할 수 있는 가능근거로서의 人格的 本質인 것이다. 따라서 人間은 自我德性의 本來的 內容

---

39) 金吉洛,〈孟子王道思想의 硏究〉(未刊行 博士學位論文, 충남대학교 대학원, 1976), 28쪽 참조.
40) 《孟子》,〈盡心章句上〉, "盡其心者, 知其性也, 知其性, 則知天矣, 存其心, 養其性, 所以事天也."
41) 《孟子集註大全》,〈萬章章句上〉, 朱子註, "覺, 謂悟其理之所以然." 참조.

인 '乾之四德'[42]을 실현할 수 있는 무한한 존재 가능성으로 존재하는 시간적 존재자이며 主體인 것이다. 특히 萬物의 靈長으로서 天性을 가장 완벽하게 부여받은 인간[43]은 자연 질서의 일부에 그치는 것이 아니라 이를 化育케 하는 天의 同役者 또는 協贊者이기도 하다. 그런데 天命은 나와 대립하는 對象으로서의 外在的 存在가 아니며 또한 思辨的인 知에 의해서 捕捉될 수 있는 性質의 것도 아니다. 다시 말해서 天命이란 神과 같은 超越者, 즉 시간과 공간을 벗어나 있는 存在者를 의미하는 것이 아니며, 인간의 정신이나 의식 활동의 內在性에 대립하는 外部的 對象을 의미하는 것도 아니다.

天命은 인간과 자연, 주관과 객관, 실체와 작용, 존재와 사유가 분리되기 이전에 人間의 本性 안에서 자신의 모습을 전폭적으로 드러내는 天 자체의 존재방식이다.[44] 天命은 또한 인간존재의 원리이고 인간이 마땅히 걸어가야 할 길이며, 使命인 것이다. 따라서 天命을 주체적으로 자각하고 밝히는 일은 인간의 삶에 있어서 참된 존재의 완성을 기약하는 필수적인 과업이라고 할 수 있다. 그러므로 사람은 孔子가 '克己復禮'[45]를 통하여 天道에의 復歸를 주장했던 것처럼 끊임없는 自己否定[46], 부단한 自己超克에 의하여 本來的인 眞正한 主體로서의 自我를 회복하고, "果斷한 행동과 태산같이 높은 德을 육성하여"[47], 만물을 生育하는 존재의 질서에 동참하는 創造的 大我로 향상되어야 할 막중한 사명이 있는 것이다. 이

---

42) 《周易》,〈乾卦〉,〈文言傳〉참조.
43) 《禮記》,〈禮運〉, "人者, 其天地之德, 陰陽之交, 鬼神之會, 五行之秀氣也." 참조.
44) 그런 점에서도 牟宗三이 天命을 '創造的 本身(creativity itself)'으로 풀이한 것은 매우 시사적이다. 牟宗三,《中國哲學的 特質》, 21쪽.
45) 《論語》,〈顔淵〉.
46) 이 점에 관련하여 다음과 같은 朴鍾鴻의 말은 눈여겨 볼 만하다. "否定의 적극적인 方法論的 意義는 西洋보다도 오히려 東洋에서 먼 옛날부터 이미 認知되었고, 뿐만 아니라 거의 유일한 眞理探究의 方法이라고 할 만큼 否定의 방법을 愛用하여 왔음은 周知의 사실이다." 朴鍾鴻,〈否定에 關한 硏究〉,《인문사회과학논문집》, 제8집(서울대학교 연구위원회, 1959), 114쪽.
47) 《周易》,〈蒙卦, 象傳〉, "象曰山下出泉蒙, 君子以果行育德."

와 같은 논법은 《周易》, 〈復卦〉에 "復[되돌아옴]에서 天地의 마음을 볼 수 있다"[48]는 말에서, 그리고 孟子가 "萬物의 이치가 모두 내 속에 구비되어 있다. 나의 존재를 성찰하여 참될 수 있으면 즐거움은 이것보다 더 큰 것이 없다"[49]고 한 선언에서 다시 한 번 선명하게 읽을 수 있다. 그런데 이러한 天命은 물론 하나의 對象의 의미에 있어서의 '그 무엇'은 아니며 또한 우리의 대상적·객관적 인식의 대상도 아니기 때문에, 人間存在의 主體的 自覺을 통해서만 참된 나의 것으로 된다. 여기에서 이른바 人間主體의 自覺의 문제가 제기된다. 이때, 自覺의 '覺'은 물론 感覺의 覺이 아니며 '실천(行)'과 결부된 '앎(知)'의 높은 상태를 말하는 것으로, 우리말의 '깨달음' 내지 '自得'의 뜻에 해당한다. 이 점은 萬章이 伊尹에 관한 古事의 신빙성을 확인하는 과정에서 孟子가 인용한 "天之生此民也, 使先知覺後知, 使先覺覺後覺也."[50]라는 伊尹의 말에서 선명하게 나타난다.

위의 例에서도 볼 수 있듯이 '覺'의 뜻은 현대어의 知覺과는 별 상관이 없으며 또한 많은 차이를 가지고 있다. 이는 朱子가 知를 "그 일의 當然한 바를 아는 것"으로, 覺을 "그 理致가 그러한 까닭을 깨닫는 것"[51]으로서 나누어 설명하고 있는 것을 보아도 잘 알 수 있다. 따라서 '覺'은 우리 主體의 내면에서 일어나는 知識作用 전체를 가리키는 포괄적 용어이다. 그 핵심을 다른 말로 표현하면 "純粹經驗에 있어서의 統一作用 자체이며 生命의 捕捉"[52]이라고 할 수 있다. 《周易》,〈乾卦 文言傳〉의 "知存而不知亡"[53]이라는 말과 〈離卦 六二爻 象傳〉의 "得中道"[54]라는 말에서도 이 점은 명료하다. 그런 의미에서 일본학자 中井履軒이 覺을 醒, 自

---

48) 위의 책, 〈復卦, 象傳〉, "復其見天地之心乎."
49) 《孟子》, 〈盡心章句上〉, "萬物皆備於我矣, 反身而誠, 樂莫大焉."
50) 註 38) 참조.
51) 《孟子集註大全》,〈萬章章句上〉, 朱子註, "知, 謂識其事之所當然, 覺, 謂悟其理之所以然."
52) 西田幾多郞, 《善の硏究》(東京 : 岩波書店, 1939), 54쪽.
53) 《周易》,〈乾卦, 文言傳〉.
54) 같은 책, 〈離卦, 六二爻 象傳〉.

覺, 自得이란 개념을 써서 표현한 것은 매우 적절한 해석이라 할 수 있다.[55]

이렇게 이해할 때 易學에서의 自覺이란 自得의 의미이자 自養·自牧의 의미이며, 그것은 또한 '존재의 근원적인 밝힘'과 '人間主體'를 떠나서는 성립할 수 없는 개념이 된다.[56] 다음의 두 例에서도 이를 짐작할 수 있다.

    바르게 지킴이 길함은 기르는 것이 바르면 길함이다. 기르는 것을 잘 살피는 것은 그 기르는 바를 보는 것이고, 스스로 입안이 가득하기를 구하는 것은 그 스스로 기르는 것을 보는 것이다. 하늘과 땅이 만물을 기르며 성인이 어진이를 길러서 만백성에게 미치도록 하니 기르는 때가 크기도 하다.[57]

    겸손하고 겸손한 군자는 자신을 낮춤으로써 스스로의 (德과 才能)을 기른다.[58]

天命의 自覺은 결국 하늘이 부여한 自己本性의 自覺을 의미하는 것인데, 사람은 이로써 天下萬物이 각각 고유한 존재이유를 갖고 있음을 알게 되고, 天理에 순응하여 자연질서와 조화를 이루게 된다. 이런 생각에서 孟子는 "구하면 얻게 되고 버려두면 잃게 된다. 구하는 일은 體得하는 데 도움이 된다. 나에게 있는 것을 구하기 때문이다"[59]고 했고, 《周易》에서

---

55) 宇野精一·平岡武夫編, 《全釋漢文大系2, 孟子》(東京: 集英社, 1983), 333쪽 참조.
56) 覺을 '道德心靈(Moral mind)'이라고 한 牟宗三의 정의도 바로 이러한 관점의 소산일 것이다. 牟宗三, 中國哲學的 特質, 30쪽.
57) 《周易》, 〈頤卦, 象傳〉, "象曰頤貞吉, 養正則吉也, 觀頤, 觀其所養也, 自求口實, 觀其自養也, 天地養萬物, 聖人養賢, 以及萬民, 頤之時大矣哉."
58) 위의 책, 〈謙卦, 初六爻 象傳〉, "象曰謙謙君子, 卑以自牧也."
59) 《孟子》, 〈盡心章句上〉, "求則得之, 舍則失之, 是求有益於得也, 求在我者也."

는 "신령하여 밝게 함은 그 사람의 덕에 달려 있다"[60]고 했다. 그러므로 인간은 모름지기 자신의 본질을 자각하여 스스로의 '性命之理'에 따라 그 본래적 德性을 다해야 하며, 또한 그러할 때에만 인간의 인간다움을 확보할 수 있게 되는 것이다. 天道의 變化와 작용에 따라 만물이 각기 제 나름의 品性과 생의 법칙을 지니듯이[61] 인간 역시 하늘로부터 인격적 본질을 稟受하였기 때문이다. 그리고 사람이 사람답다는 것은, 인간이 자신의 존재의미를 자각할 수 있는 존재일 뿐만 아니라 다른 존재자와 구별되는 특성을 인간이 지니고 있음을 뜻하는 것이기도 하다. 이는 동시에 인간은 자기와 더불어 다른 존재자의 존재가치까지도 함께 드러내 주는, 天命具現의 主體的 參與者로서의 존재임을 의미하는 것이기도 하다. 따라서 우리는 天地化育의 기능은 오직 自覺된 인간의 主體的인 參與를 통해서만 가능한 것이고, 우주만물의 存在原理로서의 天命은 人間의 主體的 自覺을 통해서만 그 存在意義와 價値가 實現된다고 하는 결론을 얻게 된다. 《周易》,〈繫辭傳上〉에서 인용한 다음의 句節이 그 좋은 예가 되지 않을까 생각된다.

　　(성인의 道는) 천지와 더불어 서로 같기 때문에 어긋나지 않는다. 지혜는 만물에 두루 미치고 그 道는 천하를 구제할 수 있다. 곁으로 행하지만 추호도 어긋남이 없고, 天命을 알고 기꺼이 따르기 때문에 근심하지 않는다. 거처와 처지에 편안하고 仁에 돈독하기 때문에 만백성과 만물을 사랑할 수 있다.[62]

단적으로 天命의 自覺은 人間의 內的根據인 德性을 바탕으로 하여 自我를 유감 없이 발휘할 때, 天命과 自我가 완전한 合一의 상태에 들어가는 것을 말한다. 本來的 自我의 生命이며 '창조성 그 자체'라고도 할 수

---

60) 《周易》,〈繫辭傳上〉, 제12장. "神而明之, 存乎其人."
61) 위의 책,〈乾卦, 象傳〉. "乾道變化, 各正性命." 참조.
62) 위의 책,〈繫辭傳上〉, 제4장. "與天地相似, 故不違, 知周乎萬物而道天下, 故不過, 旁行而不流, 樂天知命, 故不憂, 安土敦乎仁, 故能愛."

있는 天命은 언제나 '지금 바로 여기' 우리와 함께 있다. 우리가 天命을 自覺하지 못하는 것은 人間의 無知, 物慾, 偏見, 固執 등 人慾과 私心이 그것을 은폐하고 있기 때문이다.[63)] 그런데 우리가 여기서 거듭 유의하고 넘어가야 할 한 가지 사실은, 天과 命이 分離되어 있고 別個의 槪念이라고 생각하는 태도를 止揚하는 일이다. 命은 天의 具體的 表現으로 人間이 실천해야 할 본래적 道理이다. 이 命은 天과 사람을 媒介시켜 줄 뿐만 아니라 사람을 사람답게 해주고 또한 世界의 完成을 위해 그것을 실현하게 해주는 可能根據이기도 하다. 그리고 命은 언제나 使命으로 우리 앞에 나타난다. 天을 存在라고 한다면 命은 그 存在의 具體的 表現이고 모습이다. 그런데 存在는 모습이나 형태를 통하여 存在者로서 顯前한다. 다른 말로 표현하면 天은 體이고 命은 用이다. 이러한 天命은 인간 自我의 內的 本質인 德性을 地盤으로 하여 合一하게 되는데, 이를 우리는 天命의 自覺이라 부른다. 그리고 天命은 그것을 이해하고 해석하는 主體의 태도와 입장에 따라 그 내용과 의미도 다양해진다.[64)]

天命은 결코 둘이 아니다. 그것은 劉寶南의 주석을 빌려 말하면 "자신이 이와 같이 있는 것"[65)]이며, 또한 구체적인 현실 속에서 이루어지는 한 인간의 시대적 사명의식이자 존재방식이기 때문이다.[66)] 따라서 '天命'은 그것을 받아들이는 인간의 태도 여하에 따라 運命이 되거나 使命이 될 뿐이다.[67)] 만일 天命을 運命과 使命이라는 二元的인 것으로 나누어 理解하고 解釋하면 그것은 인간이 지닌 고유한 能力이나 可能性이 포기되거

---

63) 《孟子》,〈告子章句上〉, "耳目之官, 不思而蔽於物, 物交物則引之而已矣." 참조.
64) 이 문제에 대해서는 拙稿,〈先秦儒學에 있어서의 天命思想에 관한 硏究〉IV章 1에서 상론한 바 있다.
65) 劉寶南,《論語正義》(臺北:世界書局影印), 24쪽, "天命者, 說文云, 命使也. 言天使己如此也."
66) 森三樹三郎,《上古より漢代に至る性命觀の展開》(東京:創文社, 1971), 39쪽 참조.
67) 劉寶南, 앞의 책, 360쪽. "天命, 兼德命祿命言, 知己之命, 原於天, 則修其德命, 而仁義之道無或失, 安於祿命, 而吉凶順逆, 必修身以俟之." 참조.

나 거부될 悲劇을 自招하는 것인지도 모른다. 그러나 先秦易學에 나타난 天命思想의 特性은 그러한 점이 아니라, 外在的인 命을 主體의 自覺을 통하여 內的으로 深化·轉換시킨 데 있다고 본다. 이 점은 다음의 예에서 도 선명하게 나타난다.

九四는 뉘우침이 없다. 공명정대하고 참된 믿음이 있으면 命을 고쳐 서 길하게 된다.[68]

나무 위에 불이 있는 상태가 鼎의 괘상이다. 군자가 이를 본받아 자 신의 위치를 바르게 지켜 天命을 완수한다.[69]

인간은 결국 有限한 存在요, 이 有限性을 스스로 自覺할 수 있는 存 在다. 그러므로 이 有限性이 바로 把握되어지는 때에 도리어 人間으로서 의 최대한의 可能性이 발휘될 수 있는 것이며, 동시에 天命이란 어떤 초 월적 존재가 신비롭게 지배한다는 뜻의 運命을 의미하는 것이 아니라 '하늘이 나에게 부여한 使命'을 뜻하는 것으로 이해되는 것이다.[70]

人間이 有限者로서의 天命을 철저히 自覺했을 때, 마치 이는 限界狀 況(Grenzsituation)을 통하여 인간이 實存을 自覺할 수 있으며 이로 인 하여 본래적인 자기존재를 覺醒하는 실마리를 얻는 것과 마찬가지로 自 我實現의 의의와 사명이 더욱 확실해지고 또한 自己의 노력도 培加하게 된다고 본다. 그러므로 先秦易學에 나타난 天命思想에 있어서의 天命은 自我의 本來的 存在根據이자 存在方式이라고 할 수 있는 것이다. 우리 가 天命을 自我의 存在根據로 보게 될 때, 命은 또한 自我의 主體的 使 命으로 나타나게 된다. 孔子가 "五十而知天命"[71]이라고 自述한 데서, 그 리고 "자기의 道理를 다하고 죽는 사람은 올바른 命에 죽는 것이다"[72]고

---

68) 《周易》,〈革卦, 九四〉, "九四悔亡, 有孚改命, 吉."
69) 위의 책,〈鼎卦, 象傳〉, "象曰木上有火鼎, 君子以正位凝命."
70) 김하태,《東西哲學의 만남》(종로서적, 1985), 92쪽 참조.
71) 《論語》,〈爲政〉.

말한 孟子의 신념에서 이 점은 특히 선명하게 나타난다. 그리하여 大濱晧도 "天命을 안다는 것은 自然과 歷史의 필연성의 근본(元)에 있는 자기의 지점과 시점을 알고, 자기가 지니고 있어야 할 본래의 모습을 자각하는 것"[73]이라고 말했지 않나 생각된다.

이렇게 볼 때 天命의 自覺은 곧 自己自身의 存在根據에 대한 자각인 동시에 "이루어진 本性을 보존하고 또 보존하여 道義의 門에 들어가는 일이며"[74] 하늘이 '나에게 부여한 使命'을 깨닫고 그것을 自由意志의 實踐을 통하여 '지금 바로 여기'에서 구현하는 일이다.[75] 인간은 天道에 근거하고 있는 자신의 心性 속에 內在한 보편적 道德律을 깨닫고 그것의 保存과 자유로운 실천을 통해서만 다른 事物과 구별된 자기 자신을 발견할 수 있기 때문이다.

그러므로 人間이 자기 자신을 뛰어넘어 天·人 合德의 높은 경지까지 나갈 수 있고, 또 이 세계 안에서 人道를 완성시킬 수 있는 것은 天命의 主體의 自覺을 통해서 자신의 本性을 잘 보존하고 그러한 善心을 밝혀 나가는 데 있다고 하겠다.[76] 이로써 인간은 인간으로서의 품격을 확보할 수 있게 되고, '繼善成性'[77]을 주체적으로 실현하여 天地化育에 동참할 수 있는, 다른 무엇과도 비교될 수 없는 존재가 되는 것이다. 또한 하늘은 萬物을 낳아 이들로 하여금 자기의 生을 完遂하게 하는데, 人間은 天의 그러한 뜻을 받들어 본래적인 自我를 확립하고, 성공과 실패에 상관없이 이를 현실사회에 구현하지 않으면 안 되는 의무와 책임이 있다. 여기서 이른바 '知天命'이 문제가 되는 것이다. 天命을 안다고 하는 것은 易學的인 의미에 있어서 君子가 되는 필요조건이기 때문이다. 이런 생각에서 《周易》에서는 "天命을 알면 허물이 없다"[78]고 했던 것이다. 그러므로

---

72) 《孟子》, 〈盡心章句上〉, "盡其道而死者, 正命也."
73) 大濱晧, 《中國古代思想論》(東京 : 勁草書房, 1977), 20쪽.
74) 《周易》, 〈繫辭上〉, 제7장, "成性存存, 道義之門."
75) 위의 책, 〈萃卦, 象傳〉. "用大牲吉利有攸往, 順天命也." 참조.
76) 《漢文大系 16 : 周易》(東京 : 富山房, 1972), 繫辭上, 第七章, 通解. "成性者, 養性己性也, 存存者, 不失所存之善心也." 참조.
77) 《周易》, 〈繫辭上〉, 제5장, "一陰一陽之謂道, 繼之者善也, 成之者性也."

天命을 안다는 것은 現存하는 世界의 必然性을 인정하고 자기의 外在的인 成敗를 상관하지 않고 자기가 마땅히 해야 할 바를 위해서 노력하는 것을 의미한다.[79] 그리고 이때 天命은 물론 인간에게 있어서 '우리 안에'인 동시에 '우리를 초월하는' 존재이면서 모든 구별된 실재를 포용하는, 인간의 삶을 완전히 성취시키는 기반이자 根源者이다. 이것이 先秦易學에 나타난 天命思想의 要諦인 것이다. 그런데 易學의 天命思想은 命을 人間의 存在根據요, 存在方式으로 보았다는 점에 그 特徵이 분명하게 드러난다고 하겠다.[80] 天命을 外在的인 法則性이나 必然性으로 보게 될 때, 人間의 絶對的 自由와 創造意志는 거부되고, 天命은 또한 運命的인 것으로 變質되고 마는 것이다.

인간의 存在根據이자 存在法則으로서의 天命은, 自我의 內面的인 要請에 의하여 당위적인 使命으로 구체화되는데, 인간은 그것을 통하여 世界와의 만남을 가지게 되고 또한 現實 속에서 역동적 生命體가 되는 것이다. 그러므로 우리는 天命은 現實性이지 必然性이 아니라는 결론을 얻게 된다. 必然性은 論理的 思惟로써 把握될 수 있는 것이지만, 現實性이라고 하는 것은 人間의 思惟가 미치지 못하는, 오직 인간의 주체적 自覺과 誠實性을 통해서만 이루어지는 것이다.

그러므로 天道[81]를 실현할 수 있는 가능근거는 自我外的인 運命에 있는 것이 아니고, 선천적으로 부여된 自我內的인 德性에 있는 것이다. 天命을 올바로 깨달아 주어진 사명을 다하는 것, 그것은 다름 아닌 正命을 지켜가는 일이고 '乾之四德'을 실현하는 大道인 것이다. 왜냐하면 인간에게는 이미 天의 曆數가 본래적으로 주어져 있고,[82] "하늘을 받들고[時]와 더불어 행하여야 할"[83] 도덕적인 의무와 책임이 있기 때문이다. 바로

---

78) 앞의 책, 〈否卦, 九四爻辭〉, "有命无咎, 疇離祉."
79) 《周易》, 〈困卦, 象傳〉, "象曰澤无水困, 君子以致命遂志." 참조.
80) 앞의 책, 〈无妄卦, 象傳〉, "彖曰无妄, 剛自外來而爲主於內, 動而健, 剛中而應, 大亨以正, 天之命也." 참조.
81) 程伊川도 天命과 天道를 상통하는 뜻을 가진 개념으로 설명한 바 있다. 《周易》, 〈无妄卦〉, 〈象傳〉, 〈程傳〉, "天命謂天道也, 所謂无妄也." 참조.
82) 《書經》, 〈虞書, 大禹謨〉, "天之曆數, 在汝躬."

이 지점에서 "天下의 모든 활동은 하나에 포섭되고"[84] "天地가 제자리를 잡고, 만물이 양육되며"[85] 따라서 인간의 내재적 가치가 객관적 우주질서와 통일적으로 조화되는 至善의 세계가 구현된다. 이것이야말로 易學에 있어서 天命自覺의 본질적 의미이자 인간의 완성과 인간다운 삶의 실현을 지향하는 天命自覺의 최후 목표가 아니겠는가?

IV. 天命自覺의 方法

그러면 어떻게 天命自覺에 이를 수 있는가가 문제가 되지 않을 수 없다. 그 방법은 여러 측면에서 검토할 수 있는 것이지만, 窮理와 盡性과 感通의 세 가지 방법으로 설명이 가능하다고 본다.[86]

天命의 自覺에 이르는 길을 뚜렷하게 보여주는 예는 《周易》, 〈說卦傳〉에서 발견된다.

> 도덕에 조화되어 순응하고 사태의 마땅함에서 條理를 얻으며, 이치를 窮究하고 本性을 다하여 天命에 이른다.[87]

여기에서 보듯이 存在萬物의 根源과 그 條理를 밝히고[88] 하늘이 賦命

---

83) 《周易》, 〈坤卦, 文言傳〉, "承天而時行."
84) 위의 책, 〈繫辭下〉, 제1장, "天下之動貞夫一者也."
85) 《中庸》, 제1장. "致中和, 天地位焉, 萬物育焉."
86) 여기서 미리 분명히 해둘 것은 필자가 제시하고 있는 天命自覺의 方法은 어디까지나 이 논문의 과제를 달성하기 위한 하나의 방편적인 기둥일 뿐 전혀 새롭고 독창적인 방법은 아니라는 점이다. 아마도 易學을 전공하는 많은 학자들이 이와 비슷한 종류의 발상에 기초한 방법을 얘기하고 있는 것 같다. 이하의 부분에서 필자는 이들 방법을 오직 이 논문의 주제와 관련된 양상에서만 한정적으로 논의할 것이다.
87) 《周易》, 〈說卦傳〉, 제1장, "和順於道德, 而理於義, 窮理盡性, 以至於命."

한 內的인 自己本性, 즉 德性을 높이고[89] 그것을 남김 없이 드러낼 때 天命은 自覺된다. 다시 말해서 窮理에 의하여 事事物物의 理致와 그 存在根據가 분명하게 드러나고, 盡性을 통하여 外物에 덮이고 人慾의 사사로움에 의하여 은폐되었던 自性이 밝아질 때 사람은 感通의 세계에 들어갈 수 있는데, 天命의 自覺은 바로 이때 이 境地에서 이루어지는 것이다. 그런 의미에서 우리는 天命의 主體的 自覺이란 事事物物의 存在意義와 價値가 유감 없이 드러나서 그것이 새롭게 밝혀지고, 또한 인간이 자기 각성을 통하여 부단히 자기를 초월하고 자기를 창조하면서 자기존재를 확장해 가는 일이라고 말할 수 있다. 그런데 여기서 유의할 점은 天命의 自覺에 있어서 窮理, 盡性, 感通이 각각 別事가 아니고 또한 그 次序도 인정되지 않는다는 사실이다.[90] 그러면 窮理란 도대체 무엇을 말함인가? 窮理란 '卽物而窮其理'하는 일이며, 明明德해 가는 과정을 밝힌 것으로서[91] 경험세계에 사는 구체적·특수적 존재자로서의 인간이 어떻게 그 한계성을 극복하고 절대에 도달할 수 있는가를 설명하려고 한 이론이다.

그것은 認識主體인 인간 속에 先天的 能力으로 존재하는 神明을 통하여 天下事物에 구비된 道를 궁구하여[92] '事物로서의 존재'와 '意識으로서의 存在'가 合一되는, 즉 物我一致의 경지에 이를 때 가능한 것이 된다. 이로써 인간은 存在하는 모든 사물이 각기 제 바른 모습을 드러내며, 그리하여 "소리개가 하늘을 날고 물고기는 연못에서 뛰노는"[93] 현상세계가 道의 자기 顯現이 아님이 없음을 알게 된다는 것이다. 그런데 여기에서 '窮究한다' 함은 認識主觀에 의한 認識對象으로서의 實在하는 客觀

---

88) 《漢文大系 16 : 周易》, 〈說卦傳〉, 제1장, 通解. "窮理則明其條理."
89) 위의 책, 〈說卦傳〉, 제1장, 通解, "盡性則尊其德性."
90) 《四部備要本, 子部 : 二程全書》(臺北 : 中華書局影印, 1976), 二先生語二 上, 2쪽, "窮理盡性以至於命, 三事一時竝了, 元無次序." 참조.
91) 侯外廬主編, 《中國思想通史》, 第四卷(下)(北京·人民出版社, 1961), 644쪽 참조.
92) 《周易》, 〈繫辭傳上〉, 제11장, "夫易, 開物成務, 冒天下之道, 如斯而已者也." 참조.
93) 《詩經》, 〈大雅, 旱麓〉, "鳶飛戾天, 魚躍于淵."

事物의 理致를 밝히는 일만이 아니라, 根源的인 一理에 있어서 宇宙萬物은 모두가 一者이고 또한 하나의 法則과 秩序 속에 생성·변화하고 있다는 사실을 밝혀 내는 일이다. 말을 바꾸어 하면 "天下萬物이 반드시 각각 그렇게 된 까닭(所以然之故)과 마땅히 그래야만 하는 법칙(所當然之則)"[94]을 탐구하여 "天下의 이치를 주체적으로 자각하는 일"[95]이 곧 窮究하는 일이라는 것이다. 이 窮究함에 의해 현상세계에 존재하는 事事物物이 본래의 제 바른 모습과 위치를 분명하게 드러내고, 아울러 인식주체는 "天道와 人事의 妙極之理를 비로소 체득하게 된다"[96]는 것이다. 그래서 《周易》에서도 다음과 같이 말했던 것으로 생각된다.

위로는 천체의 운행을 살피고 아래로는 땅의 이치를 살핀다. 그렇게 하여 밤과 낮, 밝음과 어둠의 연고를 안다. 만사만물의 시종을 추구하므로 생과 사, 끝남과 시작이 순환하는 이치를 안다. 精과 氣가 합하여 만물이 되고, 천지 사이에 떠도는 영혼이 만물의 변화를 낳는다. 이런 까닭으로 귀신의 情狀을 알 수 있다.[97]

이로써 짐작되듯이 '窮理'라고 할 때의 '理'는 이미 앞에서도 밝힌 것처럼 '事物之理'로서의 단순한 物理나 法則의 뜻만이 아니라 '人物公共之理'의 理, 즉 "易有太極, 是生兩儀"[98]라고 할 때의 '太極'과 같은 궁극적 포괄자를 지칭하는 것으로 보인다. 宇宙萬物은 모두 이 太極에 의하여 生成되는 까닭에 理는 '生生之理'이며 동시에 萬有의 存在原理인

---

94) 朱子,〈大學或問〉(大學·中庸或問合本)(景文社影印, 1977), 36쪽. "至於天下之物則必各有所以然之故, 與其所當然之則, 所謂理也."
95) 《周易》,〈繫辭傳上〉, 제1장, "易簡而天下之理得矣, 天下之理得, 而成位乎其中矣."
96) 《周易折中》, 卷17,〈說卦傳〉제1장, 孔穎達注, "備明天道人事妙極之理."
97) 《周易》,〈繫辭傳上〉, 제4장. "仰以觀於天文, 附以察於地理, 是故知幽明之故, 原始反終, 故知死生之說, 精氣爲物, 遊魂爲變, 是故知鬼神之情狀."
98) 위의 책, 제11장.

것이다. 그런 점에서 이 理는 存在이자 存在現象이라고도 할 수 있다. 존재와 존재현상은 근원에 있어서는 둘이 아닌 하나이기 때문이다. 朱子가 "태극은 음양 안에 있다. 사물에 나타난 것으로부터 살펴보면 음양이 태극을 머금고 있다. 그러나 그 근본을 미루어 보면 태극이 음양을 낳는다"[99]고 말한 데서도 이 점은 명료하다.

그런데 窮理란 앞에서도 살펴본 바와 같이 萬物의 存在根據, 存在法則을 근원적으로 밝혀내어,[100] 그것들이 先天的으로 稟受한 資性, 즉 存在價値와 存在意義가 유감 없이 發現될 수 있도록 하는 일이다. 그때 內와 外, 我와 非我, 主와 客, 存在와 本質, 理性과 感性, 理論과 實踐, 內容과 形式 등 二元的 갈등이 하나로 통일되어 對立 矛盾이 克服·止揚된 和解와 질서의 一際平等의 世界가 現前된다. 이렇게 볼 때, 窮理란 객관적 사물의 理의 경험적 인식이나 주관적 心의 선험적 인식을 위주로 하는 인식방법으로서의 '窮理'가 아니고 認識對象과 認識主體, 즉 內와 外를 함께 궁구하여 하루아침에 豁然貫通하는 경지에 이르게 되는 자연스러운 상태에 해당한다.[101] 따라서 그것은 "오직 하늘이 하는 바를 알아서 理致를 궁구하고 변화를 체득하여"[102] 하늘과 사람이 본래 둘이 아니고 하나임을 자각하여 그것을 스스로 밝히는 일이다. 그 결과 主客對立의 일체의 표상과 分割된 自我가 완전히 止揚되고, 存在하는 모든 事事物物은 또한 대립·충돌이 없는 調和의 原則 속에서 제각기 '成性存存'[103]하고 있음을 체득하기에 이르는 것이다. 여기에서 이른바 '사람이 하늘로부터 받은 本體의 밝음'을 밝히는 盡性의 문제가 제기된다.

위에서 우리는 窮理란 '만물의 깊은 이치를 다 탐구하고'[104] 하늘이 賦命한 本體의 밝음과 지혜를 通明하게 해서 天理가 곧 자신의 본성임을

---

99) 《朱子語類》, 제75권, "太極在陰陽之理, 自見在事物而觀之, 則陰陽涵太極, 推其本, 則太極生陰陽."
100) 《周易折中》, 卷17, 說卦傳 제1장, 程子注, "理窮則逢其原" 참조.
101) 《大學章句》, 傳六章 참조.
102) 韓康伯, 《周易正義》, 十三經注疏, 卷7. "夫唯知天之所爲者, 窮理體化."
103) 《周易》, 〈繫辭傳上〉, 제7장.
104) 위의 책, 제10장, "夫易 聖人之所以極深而硏幾也." 참조.

밝혀 至善의 세계를 구현하는 데 있음을 살펴보았다. 아울러 그것이 '盡性'과도 본질적으로 일치하고 있음을 알게 되었다.[105] 그러면 盡性이란 어떻게 하는 것인가?

이미 지적했듯이 만사만물은 모두 '天命之性'을 구유하고 있다. 사람 또한 하늘로부터 생래적으로 稟受한 인간본유의 진실무망한 德性을 가지고 있다. 따라서 이것을 통하여 自我의 존재근거와 존재의의를 밝히고 이를 天下에 실현하게 되면 사람은 우주만물의 생성원리, 즉 天道를 체득할 수 있게 된다. "자신의 마음을 극진히 하는 자는 자기의 本性을 깨닫게 될 것이니, 본성을 깨달음은 곧 하늘을 깨닫는 것이다"[106]고 孟子가 말한 것은 그 단적인 표현이다. 이 眞實無妄한 인간본유의 天賦的인 德性으로서의 '誠'이 곧 '性'이며 天命인 것이다. 그런 점에서 性과 天命 그리고 誠은 본질적으로 일치하는 것이다.[107] 程子가 性命과 道德을 뗄 수 없는 유기적 관계를 갖는 개념으로 설명한 것도 이러한 인식의 소산일 것이다.[108] 이렇게 이해할 때, '誠'은 인간존재의 본질로서 主體性의 근원이자 우주만물에 具有된 生成의 原動力 그 자체가 된다. 《周易》,〈乾卦 象傳〉에 "하늘의 운행은 강건하여 잠시도 쉬는 일이 없다. 군자가 이를 본받아서 스스로 힘써 쉬지 않는다"[109]고 한 단언에서, 그리고 《中庸》에 "성실함 그 자체는 하늘의 길이고, 성실하려고 하는 것은 사람의 길이다"[110]고 한 언명에서 이 점이 보다 확실하게 밝혀진다. 이 경우 '天行健'의 '健'은 '誠' 자체로서의 天道이고, '自彊不息'은 '誠之'로서의 人道이다.[111] 그렇게 볼 때 誠은 하늘의 道이고, 이 誠을 주체적으로 자각

---

105) 胡廣等撰, 《周易傳義大全》, 說卦傳, 제1장, '程子注'. "窮理盡性至命一事也." 참조.
106) 《孟子》,〈盡心章句上〉, "盡其心者, 知其性也, 知其性, 則知天矣."
107) 蒙培元, 앞의 책, 41쪽 참조.
108) 《周易折中》, 卷17, 說卦傳 제1장, 程子注, "性命與道德非二也" 참조.
109) 《周易》,〈乾卦, 象傳〉, "天行健, 君子以自彊不息."
110) 《中庸》, 제20장, "誠者, 天之道也, 誠之者, 人之道也."
111) 崔英辰,〈易學思想의 哲學的 探究〉(未刊行 博士學位論文, 성균관대학교 대학원, 1989), 96쪽 참조.

하여 인간의 인간다움을 철저히 남김 없이 발현하는 것은 사람의 존재방식이다. 다시 말해서 誠者는 存在의 원리요, 誠之者는 當爲의 원리이다. 이 점은 朱子의 '誠' 해석에서 선명하게 나타난다.

성실함 그 자체는 眞實無妄이니 天理의 本然이다. 성실하려고 하는 것은 아직 진실무망하지 못하여 진실무망하고자 노력하는 것이니 人事의 당연이다.[112]

위의 예에서도 알 수 있듯이 誠이란 存在 그 자체, 또는 자각하고 난 뒤에도 지속적으로 실천해야만 하는 그 어떤 것이다. 그래서 朱子는 誠을 眞實無妄한 天理의 本然으로 풀이했던 것이다. 眞實無妄이란 아무런 邪心도 용납치 않는 온전한 진실 그 자체를 뜻한다. 이는 天理 自體의 모습을 眞實無妄하다고 형용한 것으로 생각된다. 그러면 眞實無妄하다고 할 때의 無妄은 무엇을 의미하는가. 程伊川은 "無妄이란 至誠이고, 至誠은 天의 道이다. 天은 만물을 化育하고 生生하여 다함이 없는데, 각각 그 하늘에서 받아 얻은 本性을 바르게 하는 것이 곧 無妄이다"[113]고 하였고, 朱子는 "實理自然"[114]이라고 했다. 이에 의하면 無妄이란 다름 아닌 元亨利貞의 잠시도 쉼이 없는 영원한 순환과 그 순환에 의해 '生生不已'하는 작용, 즉 誠 그 자체의 流行을 뜻하는 것에서 벗어나지 않는다. 그 때문에 《周易》, 〈无妄卦〉는 "天地自然의 无妄상태에 견줄 수 있는 바른 길을 좇지 않는다면 재앙을 빚게 된다. 오로지 天命에 순응할 뿐, 任意의 길로 함부로 전진해서는 안 된다"[115]고 경고하였던 것이다. 그렇게 볼 때, 誠은 실로 孔子의 仁과 相合(identical)하는 것이며, 誠과 天道는 그 의

---

112) 《中庸》, 제20장, 朱子注, "誠者, 眞實無妄之謂, 天理之本然也. 誠之者, 未能眞實無妄而欲以眞實無妄之謂, 人事之當然也."
113) 《周易折中》, 卷4, 无妄卦, 程子注, "無妄者, 至誠也, 天之道也, 天之化育萬物, 生生不窮, 各正其性命, 乃无妄也."
114) 위의 책, 朱子注, "无妄, 實理自然之謂."
115) 《周易》, 〈无妄卦, 卦辭〉, "无妄, 元亨利貞, 其匪正有眚, 不利有攸往."

미가 동일하다는 논리가 성립한다.[116] 그렇다면 우리는 誠은 天道 그 자체의 流行을 도덕적 의미로 把握한 것이고, 그 天道를 效法해 나가려는 '誠之'의 수양공부가 다름 아닌 人道라고 생각할 수 있다. 그러므로 盡性은 '誠之'의 또 다른 표현에 지나지 않는다고 볼 수 있는 것이다. 즉 이 말은 "평상시에 하는 말은 믿음이 있고, 하는 행동은 근엄하여, 간사함을 막아 그 정성을 보존한다. 세상에 善한 일을 하고도 자기 공적을 자랑하지 않고, 덕을 넓히어서 만인을 감화시킨다"[117]고 하는 의미이다.

그런데 앞에서도 언급한 바 있지만, 窮理와 盡性을 구별하여 설명하는 것은 대단히 어려운 일이다.[118] 窮理와 盡性은 根源에 있어서 하나이고, 天命은 궁리와 진성을 동시에 발현하는 데에서 自覺되는 것이기 때문이다. 盡性이란 人間本有의 德性을 통하여 自我의 存在根據를 밝히고 동시에 他事物의 存在意義와 存在價値까지도 실현시켜 주는, 즉 創造의 인生成에 參與하는 일이다. 이러한 문제와 긴밀한 논리적 연관을 가진다고 보이는 孟子의 다음 말이 주목된다.

성실함 그 자체는 하늘의 도리이고, 성실하려고 생각하는 것은 사람의 도리이다.[119]

여기서 말한 誠이 《中庸》의 誠과 같은 것이라는 점은 달리 설명을 필요로 하지 않는다. '思誠'은 물론 '誠之'의 뜻이고, 그것은 또한 '盡性'과 거의 빈틈없이 부합한다. 誠은 自己體現의 前提이자 근거가 되는 것이고, 그에 의하여 自己存在의 길을 열 수 있는 開示性이다. 인간은 이 誠

---

116) 牟宗三, 中國哲學的 特質, 37쪽과 蒙培元, 앞의 책, 41쪽 참조.
117) 《周易》,〈乾卦, 文言傳〉, "庸言之信, 庸行之謹, 閑邪存其誠, 善世而不伐, 德博而化."
118) 물론 窮理·盡性의 文字的 意味만을 따진다면 이 둘은 분명히 相異한 개념이다. 窮理는 객관적 사물의 이치를 궁구한다는 의미이고, 진성은 인간의 본래성을 궁진하게 內觀한다는 의미이기 때문이다. 金景芳·呂紹綱, 《周易全解》(長春:吉林大學出版社, 1989), 544쪽 참조.
119) 《孟子》, 離婁章句上, "誠者, 天之道也, 思誠者, 人之道也."

에 의해서만 본성의 완전한 실현은 물론 世界完成까지도 이룩할 수 있다. 誠은 모든 存在事物의 存在意義와 存在價値를 규정하는 地盤이고, 인간으로 하여금 天道를 現世에 道德的으로 實現할 수 있게 하는 生命力이다. 따라서 誠 그 자체는 단순한 인간의 태도나 심리상태가 아니라, 하나의 形而上學的 實在로서 진리 그 자체가 되는 天道의 善하고 영원하고 완전한 存在性이다.[120] 그 때문에 誠은 시작이 되기도 하고, 마침이 되기도 한다. 誠이 없다면 이 세계가 존재하지도 않을 것이다. 그러므로《中庸》에서는 "성실함 그 자체는 만물의 처음이요 끝이니, 성실함이 아니면 만물은 없는 것이다"[121]고 말했던 것이다. 그런데 천지만물을 움직이는 원동력으로서의 誠은 生命의 本質에 속하기 때문에, 끝이 없고[122] 오직 참되어 邪惡을 배제하고 정성스런 마음을 간직한다.[123] 誠은 따라서 "不斷한 노력과 한결같아 변함 없음과 專一·集中·精進"[124]만을 要件으로 하는 것이다. 그런데 誠은 不欺·不息·無妄·眞實 등으로 그 개념 내용이 이해될 수도 있겠지만, 그 핵심은 '眞實'에 있다고 본다. 眞實하기 때문에 그것은 不欺이고 無妄이며 不息일 수도 있는 것이다. 이렇게 볼 때 誠은 眞實이고 밝음[明]이다.[125] 그것은 궁극적으로 '誠'과 '明'이 하나가 되고, '사람'과 '하늘'이 합해지는 것을 의미한다.[126] 그러므로 人間은 언제나 참[誠]의 가장 밝은 빛 속에 서야 하고, 그러할 때에만 存在하는 모든 事物은 자기 본래의 고유한 모습을 드러내게 되고, 또 그것에 의하여 人間 自身도 밝아져 感通의 세계에 들어갈 수 있게 되는 것이다. 誠은 宇宙와 人間이 공통으로 가지는 本質이며 창조성이다.[127] 그러므로 사람에

---

120) 이성배,《유교와 그리스도교》(분도출판사, 1979), 261쪽 참조.
121)《中庸》, 제25장. "誠者, 物之終始, 不誠無物."
122) 위의 책, 제26장. "故至誠無息" 참조.
123) 註 117) 참조.
124) 李相殷,《儒學과 東洋文化》(범학도서, 1976), 194쪽.
125)《孟子》,〈離婁章句上〉, "誠身有道, 不明乎善, 不誠其身矣" 참조.
126) 吳康,〈孔門의 中庸學說〉,《中庸論文資料彙編》(高雄 : 複文圖書出版社, 1981), 198쪽 참조.
127) 朱維煥,〈中庸之體誠盡性〉, 앞의 책, 260쪽 참조.

게는 끊임없는 '誠之'의 수행에 의하여 자기 속에 內在한 天賦의 德性을 天下에 밝혀야 할 使命이 있는 것이다. 그러할 때 人間은 天地의 化育에 참여하게 됨은 물론 天地를 代行 實現하게 된다. 그런 의미에서 誠은 天道의 생명력을 그 부단한 노력과 진실무망함에 있어 실현되게 하는 가능 근거로서의 天道의 본질이라고도 할 수 있다. 그래서 《周易》에서는 "군자는 (天命을) 본받아 位를 바르게 하고 命을 완수한다"[128]고 말하지 않았던가. 오직 至誠의 사람만이 인간성을 완성시킬 수 있고 현실을 개혁할 수 있으며 天地萬物의 창조에 동참할 수 있다.[129] 그러므로 誠은 成己만을 말하는 것이 아니고 成物에까지 이르러야 하는 것이다. 여기서 物을 이룬다는 것은 곧 天地의 化育을 돕는다는 의미이다. 인간이 天地의 化育을 돕게까지 된다면 사람은 하늘·땅과 더불어 나란히 서서 그의 존재의 의의가 빛나게 된다. 西山眞氏가 "易과 天地와 聖人은 하나"[130]라고 한 말이 곧 그것이다. 誠은 '나'라는 主體를 이룰 뿐 아니라 物이라는 客體도 이루는 것이기 때문에, 이러한 主客一致의 도리가 바로 인간존재의 도덕 원리로서, 이것이 歷史의 時宜性에 의하여 행위로 구체화될 때 天命이 구현되는 것이라 하겠다. 그러므로 誠해지려고 하는 사람은 모름지기 善을 굳게 잡아야 한다고 말하는 것이다.[131] 善은 자기 '生'의 본질을 실현하는 歷程이고, 인간은 이 가치실현에 의하여 자기 존재가치와 의의가 開示되기 때문이다. 이렇게 볼 때, 盡性이란 전일하게 그 극단에까지 이르도록 탐구하여[132] 본래적인 자아를 회복, 自己로 하여금 道의 온전한 主體이게 하는 길이며 동시에 天命의 주체적 자각을 가능케 하는 '誠之'에

---

128) 《周易》,〈鼎卦, 象傳〉, "君子以, 正位凝命."
129) 《中庸》, 제22장, "唯天下至誠, 爲能盡其性, 能盡其性, 則能盡人之性, 能盡人之性, 則能盡物之性, 能盡物之性, 則可以贊天地之化育, 則可以與天地參矣" 참조.
130) 《周易傳義大全》,〈繫辭傳上〉, 제5장, "西山眞氏曰此雖言易之理, 然易也, 天地也聖人也一而已矣."
131) 《中庸》, 제20장, "誠之者, 擇善而固執之者也" 참조.
132) 《周易折中》, 권 17,《說卦傳》, 제1장, 何氏楷注, "窮盡至, 皆造極之意" 참조.

의 길이 아닌가 생각된다. 물론 이와 같은 관점은 《周易》〈繫辭傳上〉의 한 대목인 "成性存存이 道義之門이다"는 의미와 크게 다르지 않다.[133] 窮理·盡性에 일관하는 정신, 거기엔 오로지 자기의 본성을 극진히 발휘해야 하고 自己를 純化해야 할 '誠之'만이 있을 뿐이다. 그런데 "誠은 동물적인 충동으로부터 인간을 해방시켜 주며"[134] 또 인간의 認識能力의 限界를 그어준다. 여기에서 "誠은 단순한 윤리적 槪念을 넘어서 認識主體로서의 인간의 本來性에 관한 규정임을 보여주는 것이기도 하다."[135]

따라서 우리는 지금까지 살펴본 바에 의해서, 自己의 本性을 극진히 발휘하여 하늘로부터 부여받은 明德을 밝혀내고, 다시 그 밝혀진 明德을 통하여 事事物物의 實相과 그 存在原理를 完全히 밝히고 또 그것을 통하여 天地의 化育에 참여할 수 있을 때, 天命을 自覺할 수 있다는 결론을 얻게 되었다. 그것이 이른바 그 극단에까지 이르도록 탐구한다는 '盡性'이며 '誠之'임을 또한 알게 되었다. 물론 여기에서 말하는 盡性이란 인간 주체의 본질에 관한 투철한 內觀으로 사람이 사람다운 삶을 지향하는 인간의 자격과 태도를 의미한다.

그러면 天命의 自覺에 이르는 최종의 길은 무엇인가? 주지하다시피 認識은 主觀과 客觀의 대립을 전제로 하며 따라서 그것은 兩者의 변증법적 통일에 의하여 성립된다.[136] 儒家 認識理論의 대표적 학설이라고 할 수 있는 《大學》의 '格致說'도 인식주체로서의 心과 인식대상으로서의 物의 主客對立을 전제하고, 兩者의 근원적 동일성을 바탕으로 한 '合內外之道'에 의하여 '앎'이 실현됨을 설명하고 있다. 이로써 보건대 우리의 보통인식은 主客의 二元論에 의해 성립되며, 따라서 인식주관과 객관의 대립은 인간 理性의 기본적 구조인 듯하다. 그런데 이러한 구조가 적용되는 범위는 有限的이요, 感覺의 대상이 될 수 있는 것에 한하기 때문에 이 有限的·感覺的 世界를 초월하는 '궁극적인 초월자'에 대해서는 인식이

---

133) 高懷民, 《大易哲學論》(臺北 : 成文出版社, 1978), 378쪽 참조.
134) 曹街京, 《實存哲學》(박영사, 1970), 269쪽.
135) 위의 책, 위의 곳.
136) 朴鍾鴻, 《認識論理》(박영사, 1972), 249~252쪽 참조.

불가능하게 되고 마는 것이다.[137] 그렇다면 우리는 '天命'도 역시 인간의 理性的 思惟의 대상이 될 수 없다고 추론할 수 있다.

天命이란 이미 밝힌 바처럼 神과 같은 초월자, 즉 시간과 공간을 벗어나 있는 초월적 절대자를 의미하는 것이 아니며, 인간의 정신이나 의식활동의 內在性에 대립하는 外部的 對象을 의미하는 것도 아니기 때문이다. 天命은 內在者도 超越者도 아닌 內的인 超越 그 자체이며 '創造性 그 자체'이다. 그것은 스스로를 던져주는 것이며, 스스로 길을 트는 것이며, 스스로 열어 보이는 것이며, 스스로 나타나 있음이다.

易은 생각함이 없으며 작위하는 일도 없다. 고요해서 움직이지 않다가 사물에 감응하여 드디어 천하의 연고에 통달한다. 천하의 지극한 정신이 아니면 그 누가 여기에 동참할 수 있겠는가.[138]

위에서도 드러나듯이 《周易》은 眞理活動이 천명을 感通함으로써 완성된다는 사실을 밝히고 있다. 여기에서 말하는 진리활동이란 오늘날 우리가 흔히 말하는 合理的 思考를 바탕으로 한 지성적 인식이 아니라 "인간의 마음과 우주만물이 융합된 일종의 경험, 즉 證知"[139]를 의미한다. 證知는 '感通'과 상통하는 개념으로 全人的 姿勢로 사물의 근본이치를 파악하고 주체의 본질에 대한 투철한 內觀을 통하여 만물에 대한 同體意識을 확대해 가는 일이다. 그런 점에서 感通은 天命自覺의 方法에 있어서 출발점이자 귀착점이라고 할 수 있다. 그렇다면 感通은 어떻게 얻어지는 것인가.

주지하다시피 위의 예문은 '揲蓍求卦'하여 卜筮하는 과정을 찬미한 내용이다. 이 경우 无思·无爲란 망령된 사려와 행위를 배제하여 无心의 경지에 들어가는 것,[140] 즉 일체의 邪思妄念과 判斷을 단절하고 아울러

---

137) 金夏泰, 《自我와 無我》(연세대학교 출판부, 1980), 45쪽, 63쪽 참조.
138) 《周易》,〈繫辭傳上〉, 제10장, "易, 無思也, 無爲也, 寂然不動, 感而遂通天下之故, 非天下之至神, 其孰能與於此."
139) 高懷民, 앞의 책, 117쪽 참조.

旣成觀念 내지 旣得知識을 방법적으로 포기함으로써 意識의 순수한 바
탕을 전체적으로 드러내어 '존재의 신비'로 통하게 함을 뜻한다.[141] 《周
易》에서는 이를 "神으로써 다가올 일을 알고, 지혜로써 가는 것을 감추
어 둔다"[142]고 표현했다. 따라서 无思·无爲라는 개념은 이러한 입론에 근
거한, '感通의 方法'에서 가장 중요한 문제이다. 이를 나누어서 설명한다
면 无思는 主·客對立의 대상적 파악이 근원적으로 소멸된 인식으로서
'思無邪'[143]의 正思惟를 의미하고, 无爲는 '情意的 欲求'나 '評價的 態
度' 등 일체의 인위적 조작이 포기된 세계로서 "사물의 도리를 정밀하게
탐구하여 神에 들어가 사업을 성취한다"[144]고 하는 경지를 의미한다. 그
래서 程子는 "作爲를 경계한 것이다"[145]로 풀이하였고, 孔穎達은 "天理自
然에 맡겨 利己的 心慮에 관계하지 않음이 无思요, 天理自然에 맡겨 의
도적으로 조작하지 않는 것이 无爲이다"[146]로 주석하였던 것으로 생각된
다. 여기에서 모든 眞理의 體得은 작위적인 思慮와 造作이 끊어진 '洗
心'[147]하고 '齋戒'[148]하는 마음의 순화와 긴밀한 관련을 가진다. 다음의
예는 이를 좀더 분명하게 해설해 준다.

　　　易에 "일편단심으로 왕래하면, 벗이 너의 뜻을 따를 것이다"고 하였
　　다. 孔子는 이에 대해 다음과 같이 말씀하셨다. "天下의 모든 사람은 무엇
　　을 생각하고 무엇을 걱정하는가? 온 천하의 모든 사람은 돌아가는 곳은
　　같되 거기로 가는 길은 다르며, 취지는 하나인데 그것을 생각하는 방식은

---

140) 《周易折中》, 권 14, 繫辭傳上, 제10장, 朱子注. "无思无爲, 言其无心也"
　　　참조.
141) 위의 책, 邵子注, "无思无爲者, 神妙致一地也" 참조.
142) 《周易》,〈繫辭傳上〉, 제11장, "神以知來, 知以藏往."
143) 《論語》,〈爲政〉.
144) 《周易》,〈繫辭傳下〉, 제5장, "精義立神."
145) 《周易折中》, 권 14, 繫辭傳上, 제10장, 程子注. "此戒夫作爲也."
146) 《周易正義》, 권 7, "任運自然不關心慮是无思也, 任運自然不須營造是无
　　　爲也."
147) 《周易》,〈繫辭傳上〉, 제11장, "聖人, 以此洗心."
148) 위의 책, "聖人, 以此齋戒, 以神明其德夫."

여러 가지일 뿐이니, 천하의 모든 사람이 무엇을 생각하고 무엇을 걱정하리오?"[149]

이 대목은 澤山咸卦 九四爻에 대한 설명이다. 여기에서 보듯이 '感通'은 日常的인 思惟와 私心을 타파하고 하늘이 부여한 本來的인 神聖靈明性을 회복하는 과정에서 발생하고, 또 그것은 구체적인 사실로 나타난다. 다시 말하여 感通은 外物에 덮이고 人慾의 사사로움에 얽매인 마음을 모두 끊어 '의식도 아니고 의식하지 않는 것도 아닌' 마음의 상태에 도달할 때 비로소 체득될 수 있는 直觀된 經驗의 세계이다. 이 경우 '직관된 경험'이란 사물을 볼 때 추리를 가하지 않고 主客未分의 상태에서 경험 그 자체를 그대로 보는 인간의 意識活動 全體를 가리킨다.[150] 따라서 感通의 世界는 분별적 지식과 논리적 추리가 용납될 수 없는 무한한 神秘로 인위적 조작·통제를 떠난 본원적 자발성·천진성 그 자체를 의미한다. 즉 아무런 이기적 作爲가 가해지지 않은 채 다만 如如不動하며 自他의 차별대립의 形相이 없이 自存現前하는, 그러면서도 言表할 수 없는 '지금 바로 여기'에서 이루어지는 絶對現在의 경지가 그것이다.[151] 그래서 《周易》에는 "변화를 추진시켜 운행하는 것은 通함에 있고, 變通을 신묘하게 하고 明白하게 하는 것은 사람에게 있고, 말없이 묵묵히 일을 이루고 말 없이 믿는 것은 그 사람의 德行에 있다"[152]고 하였고, 孔子는 "聖人은 象을 세워서 생각을 다 나타내고, 卦를 베풀어 참과 거짓을 가려내며, 글귀〔辭〕를 붙여서 그 말을 다하고, 변하고 통하게 하여 이로움을 다하며, 북치고 춤추어서 신묘함(神)을 다한다"[153]고 하지 않았던가. 결국 '感通'이란 모

---

149) 앞의 책, 繫辭傳下, 제5장, "易曰憧憧往來, 朋從爾思, 子曰天下何思何慮, 天下同歸而殊塗, 一致而百慮, 天下何思何慮."
150) 김하태, 《東西哲學의 만남》, 15~17쪽 참조.
151) 高亨坤, 《禪의 世界》(삼영사, 1977), 247~254쪽 참조.
152) 《周易》,〈繫辭傳上〉, 제12장, "推而行之存乎通, 神而明之存乎其人, 默而成之, 不言而信, 存乎德行."
153) 앞의 책, "子曰聖人立象以盡意, 設卦以盡情僞, 繫辭焉以盡其言, 變而通之以盡利, 鼓之舞之以盡神."

든 것을 邪된 표상과 논리로써 이해하려는 망념이 타파되고, 일체의 차별 대립이 파기된 眞實無妄한 자리로서, 이는 "思惟的인 觀念知와 造作的 人爲性을 넘어서서 眞理 그 자체의 妙用의 境地를 主體的으로 깨달아서"[154] 存在의 근원적 地平에서 내가 宇宙와 더불어 一體가 되는 終極의 경지를 말한다. 이 地平으로부터 廓然히 열려지는 세계의 확보가 곧 天命의 主體的 自覺이라고 할 수 있다. 그렇다면 感通은 인간에게만 고유한 것이며, 이 의미에서 본래적인 것이면서 인간의 특징을 규정하는 개념인 것이다. 그러므로 感通의 體現은 부단한 自己超越을 감행하여 하늘과 합일하려는 인간존재에 의해서만 가장 확실한 것으로 드러나고,[155] 이것은 오직 자기의 마음을 洗淨하여 '密隱'의 차원으로 退藏함으로써만 얻어지는 그것으로부터 일어난다. 그러므로 《周易》에서는 "聖人이 이로써 마음을 닦아서 은밀한 데로 물러난다"[156]고 하였던 것이다. 따라서 우리가 마음을 洗淨하여 認識主觀의 일체의 관심, 일체의 표상을 떠나서 '내적 행위'를 통하여 '존재의 깊은 근원'을 추구할 때, '感通'의 경지에 이르게 된다는 것이다. 이것을 다른 말로 표현한다면 "神明한 德에 통달할 수 있다"는 것으로서, 天地陰陽의 이치와 하늘이 賦命한 인간의 본래성으로서의 德을 주체적으로 자각하고 밝힌다는 의미이다.[157] 다음의 예는 이를 좀더 분명하게 설명해 준다.

그래서, (그러한 사람은) 하늘의 道를 밝게 알고 백성의 일을 살피고 易의 법칙에 좇아 만백성을 인도한다. 聖人도 이런 생각을 가지고 몸과 마음을 깨끗이 하여(聖人以此齋戒) 자신의 德을 신성하고 밝게 한다(以神明

---

154) 柳南相, 〈韓國古代思想에 나타난 人本精神〉, 《새마음論叢》, 창간호(충남대학교 부설 새마을 연구소, 1977), 100쪽.
155) 《周易傳義大全》, 〈繫辭傳上〉, 제10장, 朱子注. "无思慮也, 无爲作爲也, 其寂然者, 无時而不感, 其感通者, 无時而不寂也, 是乃天命之全體, 人心之至正" 참조.
156) 《周易》, 〈繫辭傳上〉, 제11장. "聖人以此洗心退藏於密."
157) 《周易折中》, 권 15, 繫辭傳下, 제6장, 何氏楷注. "通神明之德, 承陰陽合德言" 참조.

其德夫).[158]

여기에서 특히 주목되는 것이 '齋戒'이다. 이를 통해 인간은 비로소 자신의 德性이 神性의 次元으로 전환되는 것을 경험할 수 있기 때문이다. 그렇다면 우리는 위에서 '神明其德'의 방법론으로 제시된 '齋戒'는 感通의 문제에 있어서도 빼놓을 수 없는, 역시 중요한 개념이고 그것은 또한 인간이 先天的으로 부여받은 本來性을 회복하여 天·人 合一의 경지를 성취하는 데 있어서 근원적이고 결정적인 동기가 된다고 추론할 수 있다. 이때 齋戒는 朱子의 해석처럼 敬과 誠으로 이해된다.[159] 雲峯胡氏도 이를 "聖人은 이것으로써 齋戒하는 것이니, 이 마음이 지극히 경건하면 理의 작용이 행해진다"[160]고 하여 敬으로 해석한 바 있다. 이와 같은 입장은 丘氏富國에게서도 발견된다. 그 역시 '齋戒'는 궁극적으로 神明에 일치한다고 하여 "마음은 곧 神明의 집이다. 사람이 만일 마음을 깨끗이 하여 한점의 더러움도 없게 한다면 이 마음의 고요함은 神明과 하나가 될 것이다"[161]고 말하였는데, 이때의 神明은 誠과도 통할 수 있는 인간의 '창조적 본질'을 의미한다.

그런데 이미 앞에서도 살펴본 바처럼 《中庸》에서는 誠을 "內外를 합한 道"[162]라고 설명하여, 주관과 객관을 合一시키는 媒介處로 표현한다. 뿐만 아니라 사람은 誠을 통해서만 사람다운 사람이 될 수 있고, 또한 天地化育을 助贊하고 天地萬物과 능히 同流할 수 있다고 하였다. 이러한 통찰을 바탕으로 하여 《中庸》에서는 "至誠如神(至誠은 神과 같은 것이다)"[163]을 말하고 인간이 神性을 회복할 수 있는 유일한 근거로 '誠之',

---

158) 《周易》,〈繫辭傳上〉, 제11장, "是以明於天之道, 而察於民之故, 是與神物以前民用, 聖人以此齋戒, 以神明其德夫."
159) 《周易傳義大全》,〈繫辭傳上〉, 제11장, 朱子注, "齋戒敬也, 聖人无一時一事不敬, 此特因卜筮而尤見其精誠之至, 如孔子所愼齋戰疾之意也" 참조.
160) 앞의 책, 雲峯胡氏注, "聖人以此齋戒者, 此心至敬而理之用行也."
161) 《周易折中》, 권 14, 繫辭傳上, 제11장, 丘氏富國注, "心卽神明之舍, 人能洗之而無一點之累, 則此心精與神明一."
162) 《中庸》, 제25장, "性之德也, 合內外之道也."

즉 至誠을 강조하였던 것이다.
   至誠이란 다름 아닌 철저한 自己純化이다. 여기에서 정신과 물질, 주관과 객관, 인식하는 자와 인식되는 자의 二元性이 근본적으로 용해되어 버리고, 따라서 '與天地合其德'의 자연스러우며 자유스러운 경지가 이루어진다. 이것을 일러 感通의 세계라고 한다. 《周易》, 〈咸卦 象傳〉의 "부드러운 것이 위에 있고 굳은 것이 아래에 있다. 陰·陽 두 기운이 서로 감응하여 서로를 요구한다"[164]고 한 말은 이를 단적으로 요약해 준다. 이는 물론 언어로써 개념화할 수 없고, 心慮로써 표상할 수 없는 '神秘의 體驗'의 世界이다.[165] 그리하여 일체의 차별대립이 끊어지고 好惡尊卑가 없이, 天地萬物과 사람의 마음이 여실하게 交感하고 조화되는 '根源的 自在의 世界', 즉 感通의 세계를 《周易》에서는 다음과 같이 노래하고 있다.

   천지가 감응하여 만물이 생성되고, 성인이 人心을 감응케 하여 天下가 和平하다. 이렇듯 감응하는 바를 잘 살펴 관찰한다면 천지만물의 참된 모습이나 그 뜻을 알 수 있을 것이다.[166]

   여기에 보는 바와 같이 天地萬物의 化生은 물론 인간사회의 성립과 발전, 심지어는 인간의 온갖 행동 作爲에 이르기까지 다 感通現象에서 비롯된 것이고, 感通現象 아닌 것이 없다. 그렇게 볼 때 天命의 自覺은 感通을 떠나서는 불가능한 일이고, 感通은 또한 人間이 天命의 自覺을

---

163) 앞의 책, 제24장.
164) 《周易》, 〈咸卦, 象傳〉, "柔上而剛下, 二氣感應以相與."
165) 한정관 교수에 의하면, '神秘的 體驗'의 특징은 "이상한 '표시'나 오묘한 '말'에 있는 것이 아니라 모든 표현이 부적당하다고 느껴지는 사실을 정확히 표현해 주는 데 있으며", 그 본질은 不可言(not-said)이다. 한정관, 〈神秘體驗과 그 表現에 대한 考察〉, 《신학과 사상》, 제1호(가톨릭대학 출판부, 1989), 42쪽 참조.
166) 《周易》, 〈咸卦, 象傳〉, "天地感而萬物化生, 聖人感人心天下和平, 觀其所感而天地萬物之情, 可見矣."

가능케 하는 구극의 根據이기도 하다는 논리가 성립한다. 그래서 程伊川도 '感通'을 풀이하면서 "느끼어 통하는 이치는 道를 아는 것이다. 묵묵히 이를 살펴보아 대상세계와 하나가 되어야 옳다"[167]고 말했던 것으로 보인다. 그런 의미에서 感通은 窮理・盡性하여 天命을 自覺하고 밝히는 것으로 된다. 이것은 곧 性命의 이치에 순종함이며,[168] 中正之道 위에 서서 天下를 보는 일이기도 하다.[169] 따라서 우리는 感通을 하늘과 땅을 본받아 樂天知命하는 일이고, 天地와 그 德을 함께하는 일이라고 결론내릴 수 있을 것이다.

이상에서 우리는 天命의 主體的 自覺은 窮理, 盡性, 感通을 통한 存在의 根源的 把握으로서만 가능한 일이라는 확신을 얻게 되었다. 人間事 어느 것이나 天命 아닌 것이 없다. 모든 것은 오직 天命일 뿐이다. 다만 여기에서 문제가 되는 것이 있다면, '지금 바로 여기' 우리 앞에 주어져 있는 '狀況'으로서의 天命에 대하여 갖는 우리의 理解와 態度이다. 재래의 많은 학자들이 易學의 天命을 이미 고정되고 결정되어 버린 속성으로, 現象界의 背後에 存在하고 있는 形而上學的 實體概念으로만 이해하였음은 이미 널리 알려진 사실이다. 하나의 '狀況'으로 '지금 바로 여기' 우리 앞에 주어져 있는 그 命을 우리가 어떻게 自覺하고 實踐하느냐에 따라서 運命으로도 또는 使命으로도 나타날 수 있는 것이다. 따라서 거기에는 오직 간단 없는 自我의 內的 省察과 至誠을 통한 준엄한 판단과 용기 있는 실존적 선택이 요구될 뿐이다.

《周易》,〈鼎卦 象傳〉에서 강조한 바 있는 '正位凝命'은 天命을 한갓 運命으로 돌리는 비굴・용렬한 태도를 의미하는 것이 아니라 이미 우리에게 주어진 限界狀況까지도 외면하거나 기피함이 없이 능동적이고 主體的인 意志로 수용함으로써 거기에서 自己의 참된 使命을 찾아 實踐・躬行하는 진정 성실한 자세를 나타낸 것이라 하겠다. 따라서 '至命'은 지금

---

167)《周易折中》, 권 10,《咸卦, 象傳》, 程子注."感通之理, 知道者默而觀之可也."
168) 牟宗三,《中國哲學的特質》, 30쪽.
169)《周易》,〈觀卦, 象傳〉, "順而巽, 中正以觀天下."

여기 우리 앞에 주어진 '狀況'을 內的으로 深化시키고, 그것을 主體的으로 自覺하여 使命으로 轉換시키는 일이라고 말할 수 있다. 이것이 바로 正命인 것이다. 이러한 天命은 窮理, 盡性, 感通을 통하여 自覺되는 것이다.

V. 결 어

필자는, 이상에서 先秦易學에 있어서 天命自覺 方法의 문제를 天命自覺 主體로서의 人間, 易學에 있어서 自覺의 意味, 天命自覺의 方法 등의 문제로 나누고 이를 통해 先秦易學의 근본적 특징, 의미 그리고 그 핵심적 내용이 무엇인가를 밝혀보려고 했다. 이제 본고를 마무리함에 있어 그 요점을 다음과 같이 정리하고자 한다.

인간의 存在根據는 天命에 있고 사람은 그것을 主體的으로 自覺하고 현실적 사명으로 실천할 수 있는 自由意志를 소유한 존재이다. 이러한 인간의 의지의 자유와 主體의 獨立性은 사람으로 하여금 個人的 次元을 넘어서 宇宙的 次元으로까지 向上할 수 있도록 한다. 바로 여기에서 天命과 人間 사이의 특이한 관점이 나타난다. 天·人의 生命的 一貫性의 자각을 통해서 天命을 自我 人格性의 본원적 근거로 파악한 것이 바로 그것이다. 이와 같은 思考는 先秦易學에 있어서 인간이해의 출발점이자 귀착점이다. 이는 天賦의 德性을 인간의 생래적 본질로 규성하고 그에 의하여 모든 人間事를 판단·처리하는 先秦易學에 나타난 天命思想의 이론적 기초이기도 하다.

우리의 문제는 바로 이러한 특질이 어디에 있으며 그 의미는 무엇인가 하는 점이었다. 지금까지 살펴본 바에 의하면 天命은 대상으로서 思惟되거나 지식의 고정된 형식에 의하여 얽어맬 수 없는, 다시 말해서 인간의 인식활동에 의하여 객관적으로 규정지을 수 없는 人間 本來의 存在原理이며, 인간의 實存的 存在方式이다. 人道는 天道에 근거하여 성립되고,

天意는 인간에 의하여 현실에 구현된다. 따라서 인간은 天道를 現世에 體現함으로써 天地의 化育에 능동적으로 참여할 수 있는 道德的 主體이다. 그러므로 인간이 天命을 主體的으로 自覺하게 될 때 인간으로서의 自己本來의 使命을 다할 수 있게 되고, 그것은 또한 인간의 당위적 實踐原理로 구체화되어 나타나는 것이다. 天命自覺의 최후목표는 인간의 완성에 있고, 인간다운 삶의 實現에 있다. 특히 여기에서 필자가 강조하고 있는 '人'의 개념은 卽自的·無自覺的인 세상 사람 일반을 지칭하는 것이 아니라 對自的·自覺的인 主體로서, 자신과 더불어 다른 존재자의 존재의의·가치까지도 함께 드러내 주는, 天命에 관계되는 人格的 存在이다.

天命의 主體的 自覺은 窮理·盡性·感通에 의한 存在와의 근원적인 만남과 合一에서 성취될 수 있다고 보는데, 여기에서는 또한 天命을 理解하고 實踐하는 사람의 입장과 태도가 문제된다. 이 경우 主體는 물론 인간존재의 德性 그 자체를 의미하며, 그것은 生物學的 또는 心理學上에서 거론되는 主體性과는 다른 의미이다.[170] 天命은 우리 앞에 '지금 바로 여기'에 필연성으로 주어져 있고,[171] 인간은 그것을 主體的으로 自覺할 수 있는 實存的인 가능태를 자기 본성 안에 지니고 있다. 그런데 지금 바로 여기 우리 앞에 주어져 있는 '狀況'으로서의 天命은 그것을 해석하고 이해하는 主體의 입장·태도 여하에 의해 運命으로도 또는 使命으로도 파악될 수 있다. 그러나 필자는 先秦易學에 나타난 天命思想의 특징과 그 진면목은 天命을 使命으로 이해하고 해석할 때 밝혀진다고 믿는다. 天命은 결코 對象化하거나 槪念化할 수 없으며, 그것은 오직 인간존재의 主體的 自覺을 통해서만 진정한 나의 것으로 되는 '眞實存在'이기 때문이다. 그

---

170) 물론 여기에서 말하는 주체성이란 人性·主觀性·實踐性·爲我性·自主性·創造性 등의 의미를 모두 갖는 매우 포괄적인 개념이다. 이 문제에 관한 더 자세한 논의는 豊子義·孫承叔·王東,《主體論》(北京 : 北京大學出版社, 1994), 42~45쪽 참조.

171) 그래서 呂紹綱은 天命을 客觀的 必然性으로 파악한다. 그에 의하면 天命이란 客觀世界의 規律, 즉 自然界의 規律과 人類社會 歷史의 規律이다. 呂紹綱,〈孔子是無神論者〉,《孔子硏究論文集》(北京 : 敎育科學出版社, 1987), 197쪽 참조.

렇다면 우리는 易學의 天命은 自我外的인 命數의 길고 짧음이나 禍福利達과 같은 命運이 아니라 그러한 것을 모두 싸고 넘어선 自我內的인 天賦의 德性 내지 天道具現의 使命이라고 단언할 수 있다. 여기에서 이른바 天命自覺의 意味가 哲學的 問題로서 제기된다. 이때 自覺의 '覺'은 물론 感覺의 覺이 아니며, 그것은 "知의 높은 상태를 말하는 것으로, 우리말의 깨달음"의 뜻에 해당한다. '覺'은 우리의 主體內面에서 主·客 合一의 상태로 일어나는 知識作用 전체를 가리키는 포괄적 개념이다. 이렇게 이해할 때 '覺'이란 곧 '自覺', '自得', '自養', '自牧' 등의 의미이며, 그것은 또한 人間主體를 떠나서는 성립될 수 없는 개념이다. 따라서 天命의 自覺이란 하늘이 부여한 자기 본성을 근거로 하여 自我를 유감없이 발휘할 때, 天命과 自我가 일치된 主·客 未分의 상태에 들어가는 것을 뜻한다. 그리고 그 天命은 언제나 '지금 바로 여기' 우리와 함께 있다. 우리가 天命을 自覺하지 못하는 것은 인간의 無知, 物慾, 偏見, 固執 등 人慾과 私心이 그것을 은폐하고 있기 때문이다.

天命을 自覺하는 方法에는 세 가지가 있으니 窮理, 盡性, 感通이 바로 그것이다. 窮理란 存在事物의 본래적 근거와 그 원리를 窮究하여 근원적인 一理에서 모두가 하나이고 同類임을 밝히는 일이고, 盡性은 하늘이 稟賦한 인간본유의 至善至仁한 自性을 완전히 발휘하여 자신은 물론 다른 존재자의 存在意義 및 價値까지도 드러내 주고 실현하는 일이다. 窮理하고 盡性하여 知命에 이름이 感通이요, 이것은 곧 認識의 最高 境界인 '窮神知化'의 경지로서[172] 性命의 理致에 順從함이다. 다시 말하여 하늘과 땅을 본받아 樂天知命하여 天地와 그 德을 같이하는 일이다.

그러므로 인간은 언제나 간단없이 自己性命을 保存하고 擴充하는 工夫를 통하여 자신의 본성 안에 행위규범이나 도덕법칙으로 주어져 있는 '超越的이면서 內在的'인 天命을 主體的으로 自覺하고 그것을 자기의 實存的·歷史的 使命으로 具現시켜야 하는 것이다. 인간은 反省的 思考의 主體일 뿐 아니라, 天工을 대행하여 天地萬物의 化育까지도 助贊·具

---

172) 蒙培元, 앞의 책, 103쪽 참조.

現할 수 있는 우주의 궁극체이기 때문이다.《周易》,〈繫辭傳上〉에서 "聖人은 天地와 비슷하다. 그래서 서로 어긋나지 않는다. 그의 앎은 天下萬物에 두루 미치며 그 道는 天下를 구제한다"[173]고 한 말에서도 이 점은 분명히 드러난다.

그런 의미에서 先秦易學에서의 天命自覺의 問題는 과학기술의 발달과 지나친 물질 추구 그리고 享樂主義가 몰고 온 이 시대의 '人間疎外'와 '倫理的 混亂'을 극복하고, 개개인이 스스로 삶의 主體가 되어 '仁愛의 精神과 道德的 意志'를 지니고[174] 정의롭게 살 수 있는 인간 공동체의 건설과 '理想的 人間像'을 究明하는 데에 중요한 가치를 지닐 수 있을 것이다.

---

173)《周易》,〈繫辭傳上〉, 제4장, "與天地相似, 故不違, 知周乎萬物, 而道濟天下."
174) 김태길 교수는 현대 한국의 윤리교육 내지 인간교육의 기본과제로서 '仁愛의 精神'과 '道德的 意志'의 함양 두 가지를 들고 있다. 김태길,《변혁시대의 사회철학》(철학과 현실사, 1990), 445~447쪽 참조.

후설, 비트겐슈타인의 數와 周易의 數
―주역의 수와 과학의 수

이정복*

차 례

I. 머리말
II. 심리학에서 數로
III. 후설의 數 그리고 감정(Gefühl)
　의 명증성
IV. 비트겐슈타인의 數와 개인적 경
　험
V. 동양의 근원경험의 感과 數
VI. 《周易》의 卦와 數의 對待性

I. 머리말

周易의 根源經驗을 밝히기 위한 방법론적 접근으로 科學의 數와 비교를 시도하기로 한다. 그러나 문제의 핵심을 좀더 중요한 논점으로 좁히기 위하여 '후설, 비트겐슈타인'의 數를 먼저 문제삼는다. 이 論題에서 우리는 '科學의 數'의 철학적 지평을 먼저 문제삼지 않을 수 없다. 우리는 과학의 수를 數理科學(Mathcmatical Science)으로 설명할 수 있다. 그것은 抽象的·平均的, 技術學의 수 또는 필수적인 귀결을 도출하는 수로서 연속성을 가진 개념으로 말할 수 있다. 그리고 하나의 수는 그것이 수인 限은 무한한 관계를 자기 안에 가지고 있게 마련이다. 그 수는 일정한 관계 안에서 수의 연속성을 가지는 것이 특징이다. 즉 공식, 공리 원리와 같은 일정한 법칙조건이 있다. 이것은 체계(system) 또는 이론(theory)

---
*漢陽大學校 哲學科 敎授

으로 설명되기도 한다. 數理科學은 이와 같은 조건 아래서 전개된다. 物理學도 역시 같은 범주 안에 든다. 다른 것이 있다면 그 수에 에너지가 실렸을 때 物理學이 되는 것뿐이다. 따라서 수가 에너지화되면 物理量의 규칙을 가진다. 이와 같이 수의 시스템은 시간적 변화의 에너지 차원을 문제삼으면서 動力學(dynamics)이 되지만 이것 역시 線形方式(linear)이라는 연속성이 진리가 되는 점에서 수학과 다를 바 없다.

그러나 전통적 수리과학이 과학의 표준적 모델로서 연속적이며 필연적 체계와 이론인 반면에, 현대수리과학은 이와 달리 예측의 함수마저 불확실한 세계로 끌려들어가는 전혀 다른 질서를 발견하게 된다. 수리과학은 질서만의 진리로부터, 이제는 질서와 혼돈이 동시에 같이 있다는 것과 이것이 二重性으로, 그리고 共時性으로 있다는 것을 알게 된다.

이를테면 量子論에서는 관측하는 방식에 따라 그것이 波動으로 나타나기도 하며 粒子로 나타나기도 한다. 질서 있는 행동이 혼돈을 가져오게 되었다. 動力學的 體系(dynamical system), 즉 線形에서 혼돈의 非線形(nonlinearity) 효과가 두드러지게 나타나고 있는 것이다. 질서 있는 현상으로서의 수리과학적 현상과, 불규칙하게 변화하는 현상들이 같이 일어나고 있다는 것에 대하여 설명하지 않으면 안 되게 된 것이다.

이제는 물과 얼음에서, 물이 얼음이 되고 얼음이 물이 되는 物質의 근본적인 두 가지 轉移뿐 아니라 세번째의 것을 상정해야만 했다. 단순한 轉移, 즉 化學的 量, 數의 反應, 연속적 체계의 합리성뿐만이 아니라 그 量과 數에서 일어나는 相轉移가 문제된다. 化學은 확정된 수치만이 아니라 이제는 수치의 점에서 일어나는 어떤 복합적 '혼돈의 한 끝에서의 움직임'을 다시 새로이 찾아가야만 했다. 모든 電子 운동은 그 原初點을 반드시 想定하여야 한다. 이른바 각도 0, 속도 0의 자리(0,0)이다. 이것이 바로 안정된 平衡點이라 할 수 있다. 그러나 이 일정한 평형점에 전자 운동이 존재하는 것이다. 이것을 기이한 끌개(strange attractor)라 부른다. 이와 같은 안정된 평형점은 수리과학에서 절대치라고 부르는데 이것은 요지부동의 기초가 되었던 것이다. 이른바 合理性이다. 그리고 이것이 계몽주의에 의하여 理性으로 대표된 것은 近代의 수리과학과 같이

密月을 즐겼던 近代 理性哲學에서였다.
 却說하고, 그러나 이와 같은 절대치로서의 안정된 평형점은 무너져버렸다. 물질의 속도에 制限이 있으리라고는 상상도 못 한 일이다. 物質의 속도는 너무나 당연한 절대치 위에서 정식화되었으나 그 절대치가 상대화되어 버린 것이다. 즉 수리과학의 개념은 相對化되어 버린다. 이를테면 뉴턴의 절대시간과 공간은 상대시간과 공간이 되어버리고, 아인슈타인은 모든 물질이 빛보다 빠를 수 없다는 새로운 절대성을 찾아내야 했다. 지금까지는 물질의 운동에서 그 위치와 속도를 동시에 정할 수 있다고 생각했었다. 그러나 이제는 그 두 가지(위치와 속도) 사이에서 영향력을 주는 어떤 것을 찾게 된다. 즉 量子的 효과가 따로 있다는 것을 알게 된다. 말하자면 입자의 위치와 운동량이 동시에 정확히 측정되는 것은 불가능하다는 것을 알게 된 것이다. 그 두 가지 것을 하나로 하는 데 영향을 주는 것이 무엇인가를 찾고 상정해야 했다. '혼돈의 한 끝에서 움직임인 그 相轉移'는 어떤 것인가를 문제삼게 되었다. 위치와 속력은 시간함수에 의해 연속적으로 기술할 수 있지만, 보는 시각에 따라서는 그 연속성을 벗어난 다른 질서의 함수 관계가 그것과 다른 어떤 알 수 없는 것으로 얼마든지 기술할 수 있다는 것을 놓쳐서는 안 된다는 점을 알게 된 것이다. 이를테면 그때의 함수를 f로 하고 그것이 되풀이되는 n번째 시각에서의 어떤 변수의 값을 Xn으로 보면, 시간함수로 연속된 그 바로 전의 시점의 변수의 값은 (n-1)이 되고 이 관계를 표시하면 $(Xn=f(Xn-1))$이 된다. 여기에서 함수 f와 변수 n은 단순한 수리과학의 數의 연속성이 아니다. 이때 非線形의 효과가 무엇으로 기술되어야 하는가. 이것을 현대는 혼돈이론으로 설명하기로 한다. 이제 우리는 '혼돈'이든 '불확실'이든 또는 '우연'이든 간에 어쨌든 이와 같은 것이 현실 안에서 그 수와 공존하고 있다는 사실을 밝혀야 한다. 공존이라기보다는, 그 수가 바로 이와 같은 불확실의 지평에서 어떤 기이한 끌개로 설명되어야 할 여지는 없는가. 관측하는 방식에 따라 그 波動 또는 粒子가 나타나듯(量子論) 연속적 線形數가 비연속적 非線形의 수로 보여질 수는 없을까? 수는 도리어 어떤 '기이한 끌개'에서 비로소 설명될 수 있는 것이 아닌가. 바로 이러한 불확실성의 수,

혼돈의 수에서 비트겐슈타인은 자기 철학을 전개하고 있는 것이 아닐까? 그러나 이 과학의 수와 비트겐슈타인의 수의 과제는 비트겐슈타인 연구자에게 넘기기로 하고 이 '非線形의 기이한 끌개'의 地平에서 東洋의 數를 조명해 보고자 한다.

비트겐슈타인은 먼저 그 수의 가능적 지평을 문제삼아야 할 어떤 단서를 수의 '조건의 완전집합'에서 구한다. 또 이와 달리 후설은 수의 가능적 지평을 명증·필증적 지평으로 설명한다. 이 문제가 본 논문에서 다루게 될 요점이다. 이를테면 후설은 "基數의 본질이 수식 안에 있다"고 보고 바로 '의미의 이데아적 본질'을 강조한다. 그러나 그 이데아적 본질은 수식의 '代理機能의 다발(ein Bunder von Steellvertretungen)'[1]이 아니라, 작용성격이라 할 수 있는 '생각하고 의미하는 일의 양식들(Weisen des Meinens, Bedeutens)'이 된다[2]. 이것은 "사고작용의 객관적인 의미 내실에 관한 사고작용의 분석에 의하여 명증적으로 밝혀지고 더구나 그것이 思考單一性이라는 관념을 구성하는 의미(Sinn)"가 된다[3]. 그는 수를 외연으로 보는 것을 거부한다. 그는 內包를 가지는 판단이 문제되어야 하고 "內包를 가지는 판단은 명증적 판단으로 가능하다(Huss, 강조)"고 강조하며 가능지평을 먼저 요구한다(und phänomenologisch gesprochen, es sind die Urteile von entsprechendem Inhalt und evidente möglich) "個個의 작용 안에서[4]" 그리고 그때그때의 성취 안에서(im jeweiligen Vollzüge)[5], 그리고 "완전한 보편적 의식이 생생하게 살아 있는 개별적인 행위 안에서 부분적 내용의 단순한 강조가 아니라 특수한 단일성이 직관에 바탕을 두고 직접적으로 파악하는 독특한 의식[6]"을 요구한다. "르네상스의 文化, 古代의 철학, 天文學的 表象의 발달과

---

1) Vgl. Husserliana Bd. XIX/I Logische Untersuchungen Bd. II/I 1984, Martinus Nijhoff S.185 ff.
2) vgl. *Ibid.*
3) *Ibid.*, S.148.
4) *Ibid.*, S.152.
5) *Ibid.*
6) *Ibid.*, S.161.

정, 다원 亟數, n차曲線, 代數的演算의 법칙 등등을 이론적으로 연구하는 경우, 우리는 그 모든 것에 주의를 기울인다(So sind wir auf all das aufmerksam[7])." 즉 "직관 안에서 현출하는 대상으로 향하는 주의[8]"를 요구한다.

이것이 후설의 명증지평임은 더 말할 나위가 없거니와, 이는 '어떤 임의적인 것(das irgendein beliebiges)' 또는 '어떤 확실한 것(des irgendein gewisses)', 全(das all) 또는 각기(jedes) 또는 그리고(und) 또는(oder) 不, 非(nicht)의 모두가 이어지는 가능지평, 즉 거기에서 비로소 가능한 지평을 먼저 문제삼는다. 후설의 본질직관은 순수체험이 되면서 명증적 판단의 형태로 살아 있는 체험(aktuelles Erlebnis)을 먼저 요구한다.

이와 같이 후설은 살아 있는 체험의 명증성을 직관하면서 수의 가능지평을 문제삼고 있다. 그러나 이와 달리 비트겐슈타인은 이를테면 '하나', '수', '없다'는 말들이 그대로 기술될 수 있거나, 정의될 말도 아니고 어떤 상황, 즉 다른 구별을 위한 '조건의 완전집합(ein Gesamtheit aller Bedingungen)'에서 비로소 밝혀질 수 있다고 보았다. 이것이 線形數가 아님은 더 말할 나위가 없다. 線形數는 밖으로부터 규정·확정할 수 있으나 非線形數는 밖으로부터 '포괄(Jaspers)'할 수 없다. 의자를 밖으로부터 볼 수는 있으나 의자 속을 볼 수 없는 것과 같다. 이와 같이 '안으로부터 볼 수 없는 세계'가 있다는 것에 비트겐슈타인은 놀라고 있다[9].

그러면 이와 같은 영역은 《周易》의 수의 세계와 어떻게 다른가? 바로 그러한 촉매(數)를 통하여 오히려 동양의 근원경험이라고 할 수 있는 《周易》의 論理가 더 확실하게 밝혀지지 않을까? 이러한 方法論的인 문제를 통하여 '후설, 비트겐슈타인의 수와 《周易》의 數'를 규명하기로 한다.

---

7) *Ibid.*, 167.
8) *Ibid.*
9) Vgl. 비트겐슈타인 Schriften Bd. 5, S22.

II. 심리학에서 數로

밀(J. St. Mill)은 "심리적인 사유법칙으로부터 논리적 사유법칙이 나온다"[10]고 주장하면서 논리학을 '심리학적으로 파악된 이론' 또는 '명증의 철학'[11]이라고 했다. 이것은 순수한 논리적 명제보다는 명증의 내적 감정 또는 주관적 감정의 필연성을 의미하는 것이다.

그러나 후설은 'A는 참이다'와 "어떤 사람이 명증적으로 '그것은 A이다'고 판단하는 것이 가능하다"는 것을 구별하고 있다. 첫째 경우는 둘째 경우와는 달리 어떤 사람에 대한 판단을 의미하지 않는다는 것으로, 이는 순수한 수학적 명제를 뜻한다. 이를테면 a+b=b+a라는 표현은 그 수의 값의 자리가 바뀐 두 수의 합한 수와 아무런 변화가 없다는 것과 같다. 둘째 경우는 어떤 사람이 가지는 판단의 경우이다. '그것은 A이다'를 판단하는 어떤 전체적 지평을 먼저 요구한다. 이 전체적 지평이 후설에게는 명증이 된다. 이와 같은 후설의 명증에 대하여, 비트겐슈타인은 오히려 어떤 사람이 셈하는 일 또는 어떤 사람이 이것과 저것을 헤아려 보는 일의 영역까지도 포함하는 명증적 가능성으로의 길을 열어보려고 한다. 이러한 의미에서 후설의 수의 명증성과는 다른 비트겐슈타인의 수에 대한 命題批判이 문제된다. 바로 이러한 논제가 우리가 규명하여야 할 중요한 초점이 된다.

비트겐슈타인은 셈에 대한 명증이 아니라 셈하는 일, 합하는 일, 그 자신을 강조한다. 비트겐슈타인은 후설의 '판단하는 어떤 전체적 지평을 여는 명증'만이 아니라 개인의 현실존재의 '일'까지도 규정하는 이해지평을 열어 나가려는 것이다. 셈하는 일, 합하는 일은 밀의 심리학을 뛰어넘는다. 비트겐슈타인은 셈하는 것 없이는 수가 없고 합하는 일 없이는 합한 수가 나오지 않는다고 강조하면서, 셈하는 일과 합하는 일은 심리학을 뛰

---

10) Logik, I 2 S.91, 다시 인용 Husserl ibid. S.184.
11) J. St. Mill, *An Examination*, S.473,475,476,478)(다시 인용 Huss. Bd.1. S.184, Husserliana Bd. XVIII).

어넘을 뿐 아니라 후설의 명증도 넘어선다고 보고 있다.

이 문제는 〈IV. 비트겐슈타인의 수와 개인적 경험〉에서 詳論하도록 하자. 단지 여기에서는 심리학과는 다른 후설의 수의 명증성을 우선 밝혀보자. 후설은 밀의 심리학을 극복하면서 심리학은 실재적인 가능성이 아니라고 한다. 이같이 심리학을 넘어서는 명증적 가능성이 후설에게는 이른바 이념적(ideal)인 것이 된다. 심리적으로 불가능한 것이 이념적으로는 충분히 있을 수 있기 때문이다. 이를테면 우리는 3면을 n면으로 바꾸어 쓸 수 있다. 이러한 연관에서 심리학을 극복한다. 다시 말해 10進法으로 수십兆를 끌어낼 수도 있으나 실재로는 아무도 그 수를 상상할 수 없다. 따라서 명증은 심리적으로 불가능한 것이 된다. 명증은 '어떤 하나'에 대한 것이다. 그것을 넓은 의미에서 지각이라 한다면 그 지각은 그 '어떤 하나의(einem, Hus.의 강조)' 바라봄(schauen)을 의미한다. 바로 이때 전체 세계를 지각할 수 있게 되는 것이다. 후설은 이 하나로 보는 것은 개별존재 개념을 넘어서는 것이라고 하면서 여기에서 감각 가능한 개념을 끌어낸다.[12] 후설은 바로 이 '어떤 하나'의 '가능성'을 강조한다. 가능성의 이념이기도 한 이것을 판단명증과 연관해서 끌어낸다. 바로 그것을 필증적 명증 또는 선험적인 것이라고 했다. 후설에게 이 이념 또는 법칙의 형성은 그 자체로 독립된 것이며, 심리학에서처럼 분류개념(Klassenbegriffe)으로 성립되는 학문 같은 것이 아니다. 따라서 그는 심리학적 개념이 아닌 이념개념과 본질개념을 강조한다. 3이라는 수의 진리는 경험적인 개별성이 아니라, n이 될 수 있는 데서 보듯 개별성의 분류가 아닌 이념적 대상이다. 그리고 또 이 3이라는 수의 진리는 셈의 행위연관에서(in Aktkorrelaten), 즉 명증판단의 행위연관에서 이념적으로 파악된다.[13] 이 점에서 후설과 비트겐슈타인의 같은 면과 함께 또한 엄격한 차이성이 드러난다(이 점에 대해서도 뒷장에서 詳論하도록 하자). 이러한 명증과 연관해서 볼 때, 심리학은 실제적 연관을 규명하는 것, 즉 이러저

---

12) Vgl. Hus. LU. Bd. I, ibid. S.188.
13) Hus. *Ibid.*, S.189.

러한 이름으로 파악된 경험와 자연적인 조건을 찾아내는 것으로 실재적 연관을 끌어내는 것일 뿐이다. 따라서 심리학 연구는 정확한 내용의 인식이 아니며, 순수한 법칙성격을 가진 명증적 일반성이 아닌 경험적 일반성의 요구에 지나지 않는다. 오히려 이러한 심리적인 것들은 이념적 조건 아래 있는 것이라 하겠다. 그래서 후설은 단순히 2+1=1+2에서 명증을 구하듯이, 이를테면 화상을 입었을 때 아픔을 느끼는 것도 똑같이 명증적이라고 하면서 경험주의자들을 다음과 같이 비판하였다.

경험주의자들은 이념적인 것과 실재적인 것의 관계를 잘못 생각하고 있다. 진리와 명증의 관계도 마찬가지다. 명증은 보충적인 감정이 아니다. 그 어떤 판단에 우연적으로 또는 자연법칙적으로 첨가되는 것이 아니다. 그것은 심적(psychisch) 성격, 즉 그 어떤 분류된(소위 '참된' 판단) 그때그때의 임의적인 판단에 연결된 성격도 아니다. 그렇기 때문에 감각 내용과 이것과 연관된 감정의 관계도 아닌 것이다. 두 사람이 같은 느낌을 가졌어도 그들의 감정은 각기 다르기 때문이다. 오히려 명증은 바로 진리의 '체험'이라 할 수 있고 이 진리의 체험은 행위연관으로 이해되어야 하며, 현재지평이지 규정지평이 될 수 없다. 대상지평이 아니라 생활지평으로서의 현재인 것이다. 여기에서 數와 감정의 명증성을 밝혀 나갈 수 있는 길이 열린다. 즉 우리는 여기에서 수와 감정의 명증성이 하나가 되는 새로운 地平을 연다. 수와 감정의 명증성의 문제는 반드시 밝혀볼 필요가 있다. 왜냐하면 그 감정의 명증성이 비트겐슈타인을 이해하는 고리가 되겠고 더 나아가 東洋 古代思想의 感의 문제로 접근할 수 있는 방법론적인 길을 가능케 한다고 믿기 때문이다.

III. 후설의 數 그리고 감정(Gefühl)의 명증성

후설에게는 명증이 진리의 체험이라고 할 때, 이 체험의 진리는 바로 이념적인 것(ein ideale)이 실재의 행위(im realen Akt)에서 체험된다는 것을 의미한다.[14] "진리는 하나의 이념(idee)이며 그 이념의 개별적인 경우가 명증적 판단의 형태로 살아 있는 체험(aktuelles Erlebnis)이 된다."[15] 이는 행위로 원래 주어져 있음(im Akte originär gegeben)을 강조하는 것이다. 즉 "자신으로서 현재로 쉼없이 파악되고 있는 것이다(als selbst gegenwärtig und restlos erfasst)." 이것에 해당하는 註에도 '행위로 현재하는(im Akte gegenwärtig)'이라는 구절과 고딕체로 강조하고 있다.[16] 또는 "그 자신 현재로 주어져 있는 것이다(gegeben als selbst gegenwärtig)"[17]고 쓰고 있다.

이것은 마치 '보지 못한다(nichtsehen)'는 말로 非存在(nichtsein)를 다 설명할 수 없듯이, 명증이 부족한 정도만큼 비진리를 의미한다는 식으로는 결코 말할 수 없는 것이다. '생각(Meinung)과 스스로 현재하는 것(selbst Gegenbenwärtigen)[selbst는 B판에 추가로 삽입되어 있고 A판에서는 현재하는 체험으로 쓰여져 있다]'과의 합치의 체험이[후설이 띄어쓰기로 강조] 명증적인 것이다. 즉, 일정한 표현이 현실적으로(aktuellen) 체험된[18] 의미와 스스로 주어져 있는[A판은 체험된] 사태와의 합치된 체험이 명증인 것이다. 그리고 "이 합치의 이념이 진리인 것이다."[19] 따라서 비대상성이라든지 또는 부적합성과 같은 것은 순수하고 동일적인 표현인 2×2는 4라는 것과 같은 명증이 있고 나서 그 다음에 온다. 따라서 비대상성 또는 부적합성은 시간적인 체험 다음에 온다. 참으로 체험(erlebt)한 것이 단적으로 진리로 있는 것이며 그리고 바로 이것은 거짓과 참의 가름 이전의 것이라 하겠다.

바로 이러한 관점에서 명증의 '감정(Gefühl)'은 그 감정과 연관된 판단내용의 진리가 되며 본질적 조건이 된다. 없다는 것(was nichts ist)은

---

14) Vgl. Hus. *Ibid.*, S.193. Anm.1.
15) Hus. *Ibid.*, S.193. 후설은 인용된 문장 전부를 띄어쓰기로 강조하고 있다.
16) Hus. *Ibid.*
17) Hus. *Ibid.*
18) B판의 'aktuell'이 A판에서는 체험된(erlebten)으로 쓰여 있다.
19) Hus. *Ibid.*, S.194.

보는 것이 없다는 것을 의미한다. 이것은 물론 자명한 것이다. 만일에 이 것이 진리가 아니라면 진리로 보는 것(als wahr Einsehen)도 있을 수 없는 것이다. 이러한 의미에서 명증의 감정이 문제된다. 따라서 후설의 감정은 명증에서 이해되고 그 판단내용의 진리로 보아야 하며 어떤 추가적 사실성으로 보아서는 안 된다. 다시 말해서 추가적 사실성에는 명증이 없다.[20]

바로 여기에서 우리는 동양의 '感'의 지평을 열어보자. 그 感은 심리적인 법칙성을 요구하는 것이 아니라, 대상의 필증적 지평이 되고 있다. 이때 合理性은 문제가 아니며, 필증적 명증 지평에서 合致가 문제될 뿐이다. 그리고 어떻게 合致되어 나가는가에 '조심스럽게 다가가는 것'이 東洋의 근원경험이며, 이것은 달리 말해 易理라고 나는 말하고 싶다. 50과 50이 합하여 100이 되는 너무나 당연한 필연성을 끌어내는 것이 수학이며 또한 과학이론으로서의 이성의 철학 또는 형이상학적 이성의 완성된 체계라면, 50과 50이 "가능한 한 더 많이(möglichst viel) 가지며 가능한 한 덜 갖지 않는(möglichst nicht wenig)" 평상적인 상황(필연성의 상황이 아닌)을 문제삼는 것이 易理의 세계이다. 그리고 바로 이 점에서 비트겐슈타인의 수와도 맞물리게 된다.

이 문제를 좀더 규명할 필요가 있다. 먼저 비트겐슈타인과 연관된 일련의 철학과 비교해 보자. 여기에서 후설과 비트겐슈타인의 철학의 자리가 밝혀질 수 있기 때문이다. 동시에 易의 수의 문제와의 차이도 규명되리라 생각한다.

다음과 같은 물음으로 시작해 보자. '하나', '수', '없다'는 말들은 무엇인가. 그것은 그대로 기술될 수 있는 것이 아니며 정의될 말도 아니다. 비트겐슈타인의 말을 빌리면, 다른 상황 아래서 다른 구별을 위한 '조건의 완전 집합(eine Gesamtheit aller Bedingungen)'[21]이다. 이 조건의 완전 집합은 현실의 살아 있는 세계를 포괄하는 것이라 하겠으나, 오히려

---

20) Vgl. Hus. *Ibid.*, Bd 6 Unt., kapt 5.
21) Wittgenstein Schriften Bd. 5. S.166.

포괄보다는 삶의 실천적 지평을 여는 것이라는 말이 적절하다. 사실 밖으로부터 보는 것은 가능하나(定義) 그 안을 들여다볼 수는 없기 때문에 엄밀한 의미에서 야스퍼스(Jaspers)의 '포괄'이라는 표현은 적합하지 않다. 마치 '의자'를 밖으로부터 볼 수는 있으나(定義) 안으로부터 볼 수 없듯이, 삶의 실천적 지평을 여는 의미는 다르다. 이는 시간을 밖으로부터 볼 수 있는 것을 넘어서 시간을 안으로부터 보는 것이 불가능하다는 말과 같은 뜻이다. 따라서 시간을 안으로부터 헤아려 볼 수 있는 새로운 지평이 요구된다. 그렇기 때문에 '어떤 인식'이 아닌 이 놀라운 모든 조건의 완전 집합에 대한 요구가 있는 것이고 또 있어야 한다. 그것 안에서 우리가 이미 있기 때문이다.

이와 같이 안으로부터 볼 수 없는 세계가 있다는 것은 인간이 시간의 神을 생각해 낸 것만큼 위대하며 그리고 이러한 사실은 "부정의 神, 선별의 神을 생각해 낸 것 못지않게 놀랄 만하다."[22] 《易經》의 세계에 나타는 數도 안으로부터의 數로 해석되어야 한다. 그만큼 畏敬과 조심에의 요청의 수로서, 아무래도 數이론을 넘어서는 영역과 만나는 것이라 하겠다. 오히려 이제는 外的인가 또는 내적인가 하는 시빗거리로부터 벗어나자.[23] 수는 엄격한 의미에서 단순한 기호가 아니라 셈하는 일이라는 새로운 영역을 열어주고 있기 때문이다. 그리고 이와 같은 비트겐슈타인의 말은 셈하는 일없이 수는 없고 합하는 일없이 합하는 수는 나오지 않듯이 합계가 아니라 합하는 일을 지시한다. 이 합하는 일은 명증의 감정(Gefühl)으로 연결되는 것이다. 과학적인 수학이 아니라 그 이전의 물음이다. 꼭 그렇게 맞아들어가야 할 셈이 아니다. 이 셈에는 그 속에 넘치는 것과 부족한 것을 그 셈에 맞게 노력하는 체험의 길이 없다. 이 노력하는 체험의 길은 수학의 법칙성에서 결코 찾아볼 수 없는 것이다. 체험으로서의 '표현'도 수에 있어서 중요한 개념이 되어야 하지 않을까.

이 체험으로서의 '표현'은 생각과 스스로 현재하는 것과의 체험으로

---

22) Vgl. Wittgenstein schriften Bd. 5.S.22.
23) Vgl. tractatus 6. 53.

있기 때문에 단순한 수적 합치가 아니다. 오히려 '명증의 감정'이다. 그만큼 명증의 감정은 체험이 되고 그 감정은 판단내용의 진리로서의 본질적 조건이 되는 것이다. 여기에서 '명증의 감정'에 주의를 돌려야 한다. 그 감정의 명증적 관계의 예시가 후설의 현상학 이해의 중요한 열쇠가 되기 때문이다. '원본적으로 주어져 있는 것'과 같은 맥락이라 하겠다. 그는 이것을 "자신으로서 현재하며 섬없이 파악되는 것이며 행위 안에 원본적으로 주어져 있는 것"이라고 표현한다.[24]

 이와 반대로 논리학과의 관계는 과학 인식의 기술학(技術學/Kunstlehre)이라는 의미에서 이해된다. 따라서 논리학은 기술학의 중요한 기초를 만들어준다. 인간인식의 기술적 방법으로 이념을 구성하는 것이며 그 방법은 유용성의 전문화를 본질적으로 도와 나가는 것이 된다. 이와 달리 심리학은 마지막으로 설명되는 이성적 원리가 아니라 한 집단의 적합사실을 단순히 요약하는 것에 지나지 않으며, 어떤 공통적인 요소 또는 요소의 법칙들로 요약해 버린다. 보편법칙으로서의 무조건적 원리가 중요한 것이 되는 것이다. 순수 영역에서 문제되는 논리학도 마찬가지로 그만큼 이론적인 필연성의 요구로 끝나기 때문에 어떤 가능한 한 많은 것(möglichstviel)을 이루려는 노력은 아예 문제되지 않는다. 즉 법칙성의 영역에서는 어떤 노력함(streben)이 필요 없다. 심리학도 그저 꼭 그만큼의 규정성으로 족할 뿐 더 이상은 필요 없다. 기껏해야 심리학은 근원적으로 아무런 의미가 없는 어떤 근원요소로부터 개별적인 경험을 형성해 버리면 끝난다. 심리학은 여러 경험들을 모아서 '하나의' 또는 '몇 개의' 배열된 경험의 통일을 만들어내면 족하다. 심리학은 우리 모두에게 하나의 공통된 세계를 만들어주는 학문적 체계화를 단지 문제삼을 뿐이다. 이러한 의미에서 순수 논리학도 같은 길을 가고 있다.

 그러나 이 세계는 모든 사람에게 꼭 같을 수는 없지 않은가. 그 공통적 생각, 공통적 행위의 가능성이 충분히 보장되는 지평을 어디에서 찾아

---

24) Hus. *Ibid.*, S.193.

야 하는가. 손쉽게 법칙성으로 수많은 우연을 꿰뚫어보려고 한다든지, 아주 엄격한 학문적 법칙성이나 획일적인 것 이외에 달리 답을 찾지 못한다면 궁극적인 의미를 어디에서 구할 것인가. 물론 실천적인 삶의 요구 또는 자기 보존에 충족될 이 세계 이념(diese für die Bedürfnisse des praktischen Lebens)[25]의 요구는 이와 같은 심리학이나 인식이론과는 거리가 멀다. 실천적인 삶의 요구는 이와 같은 법칙성을 뛰어넘는다. 달리 표현하자면 원본적으로 '봄 일반'은 언제나 법칙성을 넘어서는 영역이다. 이른바 경험적 직관이 요구된다. 즉 감각적 봄 일반(Sehen überhaupt) 또는 원본적으로 부여하는 봄 일반은 모든 이성적 주장의 궁극적 권리근원[26]으로 있듯이 바로 실천적 삶의 요구로 연결된다. 이와 같은 후설의 감각적 봄 일반의 명증적 직관은 법칙으로서의 진리가 아니라 다시금 비트겐슈타인의 '가능한 한 많이(Möglichsviel)' 노력하는 실천적 가능성으로서의 명증지평으로 열려야 하지 않을까.

다시금 이와 같은 맥락은 화이트헤드(Whitehead)의 시간이론이나 수의 개념과도 구별된다. 화이트헤드의 시간이론이나 수의 개념은 모두 생성과 소멸의 관계체계로부터 출발하고 있다. 이는 언뜻 보기에 화이트헤드가 모든 수학의 근거는 우리들 경험대상들의 가장 보편적인 관계이론이라고 주장하는 것 같지만, 사실상 잘 보면 양의 개념, 분류의 개념, 수의 개념 또는 명제의 개념으로도 사용할 수 없는 관계이론임을 주장한다. 이러한 관계이론의 기호를 화이트헤드는 사건(Ereignisse)이라고 명명한다.

화이트헤드는 수학 그리고 계량이론이 지각의 이론으로부터 발선하고 있다고 주장한다. 사건들간의 사태분석에서 화이트헤드는, 첫째로 지각하는 자의 사건으로부터 출발하며, 둘째로 어떤 것과의 부분존재라는 관계보다는 근본관계를 먼저 묻는다. 여기에서부터 모든 사건들간의 사태가 나온나. 이러한 입상에서 화이트헤드는 기하학을 통해서 우리늘이 경험의

---

25) für die der Selbsterhaltung(hinreichend Idee)(Hus. *Ibid.*, S.208).
26) Vgl. Ideen I, S.46.

직접적 데이터와 연관을 갖는다고 한다. 기하학은 우리들의 감각적 경험의 연장으로 볼 수 있고 우리들의 이 감각적 경험이 다시금 물질세계를 대상으로 가지게 한다. 따라서 뉴턴은 절대시간·절대공간으로서의 추상성, 즉 순간이나 점으로 성립되는 것이 아니라, 시간의 길이와 공간적 넓이를 가지는 지속을 강조하게 된다. 즉, "단순한 집합이 아니라 하나의 존재자(entity)로서 분할 불가능한 전체적 생성"[27]을 요구한다. 그는 이것을 사건(event)이라 부르며, 현실적 존재자(actual entity) 또는 현실적 경우(계기, actual occasion)라 부른다. 그 명제는 "현실적 존재자가 없으면 어떤 근거도 있을 수 없다"는 것을 강조한다.[28] 그 생성과정을 變移(transition)[29]를 일으키는 기능이라고 한다. 여기에서 實踐의 문제는 어떻게 설명되어야 할까? 이 문제는 화이트헤드의 경우와 같이 원자적이며 획기적 단위들(epochal units)로는 설명될 수 없을 듯하다. 화이트헤드에게는 영원한 대상도 "언제나 현실적 존재자에 대한 가능태"[30]일 뿐이며 따라서 "이 가능태는 소여성(giveness)의 상관개념"이 된다. 그것은 한정성을 확보하는 활동, 즉 결단(decision)이라는 합성과정의 현실적 존재자의 활동을 가져다주는 근거가 된다. 그래서 實踐的 倫理는 오히려 그의 말을 빌려 설명한다면 현실적 존재자가 소멸할 때 이루어지는 "존재(being)의 직접성이 비존재(non-being)로 계기가 달라지는" 것을 뜻한다. 그러나 "그것은 그것들이 비존재라는 것을 의미하지 않고 '환원 불가능의 사실(stubborn fact)'로 남는다"[31]는 정도 이상으로는 윤리의 문제가 설명되어 있지 않다. 이러한 의미에서 화이트헤드는 유기체의 철학 또는 感(feeling)을 수용하며, 적극적 파악(positive prehension)과 소극적 파악(negative prehension)으로 나누어 설명한다. 화이트헤드는 적극적

---

27) Ivor Leclerc, *Process and Ordes in Nature*, Leuven 1984, 27쪽.
28) A. N. Whitehead, *Process Reality*, The Free Press, N. Y., 1978. 3쪽.
29) *Ibid.*
30) *Process and Reality*, 44쪽.
31) A. N. whitehead, *Advanture of Ideas*, The Macmillan Company N. Y., 1967, 156쪽.

파악을 感이라 한다. 소극적 파악은 오히려 '感으로부터 배제되는 것'이 되고 있다. 이와 같은 분류기법은 오히려 '액추얼 엔티티(actual entity)'의 현실성을 감소시키는 것이 아닌가 생각된다. 화이트헤드의 소여성의 관계개념보다는 삶의 실천적 지평을 여는; 셈하는 일이라는 점에서 비트겐슈타인의 것은 오히려 동양의 感에 가깝다. 여기에 두 사람의 차이점이 있다고 생각한다. 이 문제는 뒷장에서 다시 문제삼도록 하겠다.

간단히 요약하자면 화이트헤드의 感은 "데이터의 객체성으로부터 문제의 현실적 존재자의 주체성으로 이해하는 기본적인 작용이며, 그리고 포괄적인 작용이며 주체 내에 변이를 일으키는 여러 가지 특수화된 작용들"[32]로 설명되고 있다. 그의 말에 의하면 영원한 대상도 상관적 기능에서 실현된 결정소(realized determinant)에 지나지 않는다. 그러나 화이트헤드의 중요한 업적은 "공간이 경험에 어떻게 닻을 내리고 있는가를 문제삼고" 있는 것이라 할 수 있다.[33] 지금까지의 후설의 표현을 빌려 말하자면, 감정의 명증으로서의 경험류의 문제와 많이 비교될 수 있고 또한 차이점을 밝혀볼 말미를 얻을 수 있다. 후설은 이것을 그의 《논리연구》에서 '순수한(선험적) 대상 자체의 이론'으로 설명한다. 이것이 이른바 후설의 존재론이기도 하다. 사실 그는 《논리연구》 초판에서 감히 존재론을 받아들이지 못했다. 그리하여 이러한 연구를 '대상자체의 순수한(선험적) 이론'으로 말하고 있다.[34] 후설은 〈Ideen I〉에서 옛날에 사용해 온 존재론을 다시 인정하는 것이 더 옳은 것 같다고 말한다.[35] 그만큼 지각의 본질통찰이 요구된 것이다. 사실 후설의 현상학은 지각, 판단, 감정 등등의 자체를 문제삼고 있다. 현상학은 무소선석 일반성, 즉 순수한 방법에 순수한 개별성으로, 선험적으로(a priori) 지각, 판단, 감정 등에 합당한 것을 문제삼고 있다. 달리 표현하자면 오로지 순수한 본질 직관을

---

32) P and R, 41쪽.
33) Prozess, *Gefühl und Raum-Zeit*, Suhrkamp Taschenbuch Stw. 920. 1991, S.243.
34) Vgl. LU. Bd.1, Einleitung der Herausgeber, XVIII.
35) Vgl., Hus., Ideen I, S.23. Anm.1 Husserliana III. I, S.28.

문제삼는다. 비유해서 말하자면, 순수수학이 수에 대해서 이념적인 일반성을, 그리고 기하학이 공간형태에 대해서 이념적 일반성을 순수직관하는 것이다. 그러므로 현상학은 순수논리학적으로 밝히는 기초가 되며, 동시에 전적으로 다른 기능을 가진다. 현상학은 정당성을 요구하는 엄격한 학문이라고 한다. 이를테면 마치 기하학적 통찰이 자연의 공간형태에 대한 통찰인 것처럼, 지각과 의지와 그 밖의 체험형태들에 대한 본질직관이 '지각이나 모든 경험형태에 일치하는' 경험적 상태에 대한 본질직관이 되기 때문이다.[36]

감정(feeling)의 물음에 대해, 화이트헤드의 경우는 사건(event)으로 그 맥락을 끌어가듯, 후설은 명증지평으로서의 감정으로 경험형태에 일치하는 명증성을 끌어낸다. 이렇듯 감각적 봄 일반 또는 원본적으로 부여하는 봄 일반은 모든 이성적 주장의 궁극적 권리근원[37]이 되고 있다. 바로 여기에서 우리는 감정의 지평을 실천적 가능성[38]의 물음으로 연결지으면서, 셈하는 일없이 수가 없고 합하는 일없이 합한 수는 나오지 않는다는 수의 새로운 영역을 열게 되는 것이다.

후설에 있어 이같이 순수수학이나 모든 체험들에 대한 본질직관은 순수체험이 되면서, 우리는 앞에서 문제삼았던 감(정)이 지향적 감(정)으로 설명될 수 있는가 또는 도대체 지향적 감정이 있느냐를 음미하게 된다. 즉 대상과의 지향적인 관계가 감(정)에도 적합한 것인가를 음미한다. 그러나 일반적으로 감정으로 얻은 경험은 아주 불확실하다고 생각한다. 그 '명증의 감정'은 이것 이전의 필증적 지평 또는 명증인 것으로서, 오히려 "생각과 스스로 현재하는 것의 합치의 체험이며 일정한 표현을 현실적으로 체험한 의미와 스스로 주어져 있는 사태의 합치의 체험"[39]이라 하겠

---

36) Vgl. LU. Bd.1, S.23.
37) 〈Ideen Ⅰ〉, S.46.
38) 拙稿,〈周易論理의 解釋學的 시도, *Eine Hermeneutik des Symbols im Buch des Wandlung*〉 중 "Die praktische Möglichkeit eine neuen Philosophie transzendentale Subjektivität" 참조.
39) Hus. LU. Bd.1, S.194.

다. 이를테면 음악에 대한 호감의 관계도 감정의 지향성을 밝히는 좋은 예가 된다. 지향성과 감정의 명증성은 후설에게는 같은 의미를 가진다. 그 어떤 표상에 대한 기쁨(감정)이 되고 역겨움(감정)이 되고 또 그렇게 현실로 경험되는 것이다. 여기에서 끌리는(좋아하는) 존재와 밀어내는(싫어하는) 존재가 있게 된다. 감정을 지향성으로 보지 않는 사람은 감정이 단순한 상태이지 지향적 행위가 아니라고 여긴다. 그리고 대상과 관계되는 경우 감정은 혼란한 관계만 가져온다고 생각한다.

감정의 志向性을 변호한 브렌타노(Brentano)는 모든 행위는 단순한 표상이 아니듯이 감정은 여러 표상들을 그 바닥에 가지고 있다고 말한다.[40] 그러나 우리는 대상에 대해서만은 감정으로 관계를 가지는 것이 아닐까. 브렌타노의 말처럼, 감정은 단순한 표상만을 그 바닥에 갖는 것이 아니며 단순한 연상적인 연결만 가지는 것도 아니다. 오히려 좋고 나쁜 것을 표상된 대상에 나타낼 뿐이다. 도대체 이러한 지향 없이 새로운 지향적 관계(eine neue intentionale Beziehung)가 어떻게 현재 체험될 수 있을까. 지향성이 있기 때문에 다른 項으로 지향되는 것이다. 여기에서 오히려 호감의 특수한 본질이 가지는 자유의 관계가 요구된다. 후설이 말하듯 이 모든 것은 지향적인 것들이며 우리들의 감각에 있어서의 순수한 행위[41]가 된다. 후설은 다시 비지향적 감정을 음미하면서 감정감각과 감정행위를 구분한다. 사실 감각적 감성에서는 지향적 성격을 조금도 찾아낼 수 없다. 화상을 입었을 때 감각적 아픔은 분명히 어떤 확신이나 추측, 소원 등과 같은 차원에서 주어지는 것이 아니라 아리고 붉고 물집이 잡히는 감각내용과 같다. 이와 같은 고통은 장미의 향기나 음식의 맛같이 감각적인 기호로 설명할 수 있고, 이것이 현재로 있을 때에는 感이 된다.

이때 감(정)은 지각행위(Wahrnehmungsakt)의 내용을 가져오는 기능을 한다. 느낌(Empfindungen)은 대상적인 해명(Deutung)과 파악(Auffassung)을 경험하게 된다. 그 감각 자신은 행위(Akte)는 아니지만

---

40) Brentano, *Psychologie*, I, S.107 ff. 다시 인용 LU. Bd.2, S.402.
41) Vergl. LU.Bd.1, S.404.

그 감각으로 구집되는 행위는 문제가 되며,[42] "지향적 체험으로 실현되는 것"이다.[43]

감정의 문제는 로스(A. Roth)의 저서 《후설의 倫理연구(Alois Roth, E. Husserls Ethische Unterschungen)》에 아주 잘 기술되어 있다. 그는 결론 부분에서 후설이 그 감정의 문제를 끝내 선험적으로 요구하고 있다고 말한다. 후설은 情感(Emotionales)의 영역에 있어서의 선험적(a priori)인 것을 요구하고 있다. 감정의 'apriori' 또는 정서(Gemüt)의 'apriori'는 후설의 윤리학의 본질적인 구성 부분이 되고 있다. 느낌과 원하는 것은 단순히 자연적으로 생각된 영혼의 자연적인 사실성(Tatsächlichkeit)이 아니라, 때로는 바르고 때로는 바르지 못한 생각의 성격을 지니는 행위(Akte)인 것이다. 인식하는 행위가 이성의 보편타당한 규범을 가지듯 그 행위도 보편타당한 규범 아래에 있다. 칸트처럼 이성도덕이 아닌 감정도덕을 반대한다면, 모든 사람이 어떻게 느끼고 있는가를 선험적으로 말할 수 있는 사람이 하나도 없으리라는 후설의 반증은 옳은 주장이 된다. 그래서 후설은 근대 가치론에 있어서 매우 중요한 의미를 가진 실질적 가치론(materiale Axiologie)의 영역 안에서도 'apriori'한 근거가 있다는 것이다.[44] 이러한 의미에서 후설은 감정의 선험성(Apriorität)을 열어놓고 있다. 이는 개별적인 것과 수의 관계에서도 타당하다.

지금까지 우리는 후설의 논리연구를 중심으로, 그의 감정에 대한 견해를 수의 개념과 같은 차원에서 문제삼아 왔다. 수의 'apriori'를 설명하면서 감정의 'apriori'를 끌어내고 이것이 필증적 필연성으로서의 'apriori'의 명증이 됨을 밝혔다. 윤리학도 후설에게는 앞에서 간단히 언급한 것처럼 같은 맥락에서 이해되고 있다. 후설의 말을 그대로 인용하자. "모든 경험의 실재성을 초월한 초경험적이며 초자연적인, 바로 그것은 자연과학적인 인과(因果)로 나타나지 않는 초실재성(Über-Realität)

---

42) Vgl. L.U. Bd.2-1, S.406.
43) L.U. Bd.2-1, *Ibid*.
44) Vgl. A. Roth. E. Husserl, *Ethische Untersuchungen Phaenomenologica*, Bd. 7. Den Haag, 1960. S.37 ff. und Schluß. II,III S.166 ff.

이다. 그러나 순수한 철학적 신학과 목적론이 철학적 원리를 지시하는 것은 주어진 현실의 문제임이 분명하다. 순수한 철학적 신학과 목적론으로 순수한 이념들, 즉 순수한 가능성의 영역에서 일어나는 모든 문제가 우선 해결되어야 한다."[45] 후설에 있어 철학적 윤리는 바로 그 '순수한' 가능성의 영역에서 성립한다. 순수한 철학적 신학의 영역 안에서 윤리가 설명되는 것이다. 철저한 필증적 필연성으로서의 'apriori'의 요구 안에서 윤리는 성립된다. 후설이 행위연관(in Aktkorrelaten), 즉 명증판단의 행위연관에서 이념적으로 파악하는 것처럼[46] 그리고 실재의 행위에서(im realen Akt) 체험하는 것처럼, 그리고 명증적 판단의 형태로 살아 있는 체험(aktuelles Erlebnis)[47]인 것처럼, 그는 행위로 원래 주어져 있음(im Akte originär gegeben)을 강조한다. 현실적으로 행위적(aktuell)인 것과 체험된(erlebten) 것이 B판과 A판에서 서로 바뀌어 있듯이 결국 '명증적 판단의 형태로 살아 있는 체험'과 '현실적으로 행위적인 것'은 같은 맥락으로 쓰여지고 있다.[48] 이러한 의미에서 명증의 감정(Gefühl)과 윤리가 문제된다. 그 명증의 감정은 체험이 된다. 이것은 "자신으로서 현재하며 섬없이 파악되는 것이고 행위 안에 원본적으로 주어져 있는 것"[49]이라고 말한다. 그리하여 감각적 봄 일반의 명증적 직관은 법칙으로서의 진리가 아니라 더 나아가서 비트겐슈타인처럼 '가능한 한 많은 것'(möglichstviel)으로 향하는 실천적 가능성으로서의 명증지평을 요구하게 된다.

이와 같은 후설의 명증의 감정은 실천적 가능성으로서의 명증지평을 얻는다. 이것이 다시금 비트겐슈타인의 수에 대한 해석과 비교될 때 매우 중요한 의미를 갖는다. 그러나 그보다 먼저 화이트헤드의 수의 개념을 선행적으로 비교할 때 화이트헤드의 수의 개념은 공간이 경험에 어떻게 닿

---

45) Husserl, Ms. F I 14, S.57, 다시 인용 S.168.
46) Huss. L.U. Bd.1. S.189.
47) Huss. L.U. Bd. S.193, Husserliana Bd. XVIII.
48) Vgl. Hus. *Ibid.*, S.194.
49) Hus. *Ibid.*, Bd. I, S.193.

을 내리고 있는가를 문제삼으면서 전개되었다. 앞에서 지적한 것처럼 이른바 "단순한 집합이 아니라 하나의 존재자로서 분할 불가능한 전체적 생성"[50]이라 했고 이것이 사건(event)이 된다. 이러한 의미에서 'actual entity'가 된다. 그러나 그가 말하는 영원한 대상도 상관적 기능에서 실현된 결정소(realized determination)에 지나지 않는다고 했는데 그 결정소는 단순히 '환원 불가능한 사실(stubborn fact)'[51]로만 남게 된다. 이 존재자는 "종교는 정서나 목적을 철학의 합리적 일반성(the rational generality of philosophy)과 결합"시켜야[52] 함을 요청한다. 또한 그것을 가능하게 하는 자리가 되어야 한다면 '결합시키는 것'과 그 '요청'은 아무래도 다른 시선이 되어야 한다. '자신의 특수한 개체성을 심화시키는 부가적인 형식적 요소들(its origin additional formative elements deepening its own peculiar individuality)'[53]을 제공하는 것이 현실적 계기(경우)라면[54] 그 형성적 요소는 결국 후설의 지향성으로 만나는 의식의 대상화와는 거리가 멀다.

화이트헤드의 철학의 '보편적인 개념(generic notion)'[55]은 아직 나의 윤리와는 거리가 있다. 화이트헤드에는 후설의 '情感의 영역에 있어서의 선험적 요구'[56]가 없다. 바로 情感이 후설 윤리학의 본질적인 구성부분이 되고 있다. .이것이 화이트헤드와 후설과의 결정적 차이점이다.

좌우간 화이트헤드의 감정(느낌/feeling)은 "지성적 느낌, 논리적 주어를 포함하고 있는 결합체에 대한 물리적 느낌과 명제적 느낌과의 통합"으로 설명되고 있고[57] "지성적 느낌(감정)의 여건은 결국 명제와의 유적

---

50) Ivor Leclerc, *Process and Order in Nature*, P.27. (필자 강조).
51) Whitehead, *Adventure of Ideas*, 156쪽.
52) P.R. chap.1, section 6.
53) Whitehead, P. R. chap.1, section 6.
54) *Ibid.*
55) P.R. *Ibid.*
56) A. Roth, *Husserls ethische Untersuchung*, 끝 결론.
57) Whitehead, P.R. chapt.5 section 2 ff. Whitehead의 원문의 이하 번역 구절은 오영환 역, 1991, 475쪽 이하 참조.

(類的)인 대비(contrast)"가 될 뿐이다.[58] 기능이 있기는 하되 그 기능은 "대비된 각 요인의 구성 요소들인 어떤 존재들의 양면적 기능"일 뿐이다. 결국 두 개의 느낌을 품고 있는 공통의 '주체'가 통합을 가져오며, 그리고 "주체 속에 실현된다."[59] 더욱이나 그것을 '對比(contrast)로 통일'되어 있을 뿐이다.[60] 이 대비가 '그 현실적 존재의 단순한 가능태간의 대비'[61]가 된다. 자기결단의 윤리적 요구와 하나로 묶여 있는 자기 창조의 역사성(역시 '현실적 존재'이기는 하지만)은 찾아볼 수 없다. 그저 단순한 '가능태간의 대비'로 수용되고 기술되는 것으로 현실적 존재는 끝나는 것일까. "명제적 느낌에서의 이 긍정에 대한 부정이라는 단순한 가능태와의 대비"[62]로 모두 설명이 가능한가. 그가 "이 현실 세계에서의 개별적인 사례와 관련된 '실재로(in fact)'라는 말을 쓰고는 있지만, '~일 수도 있다(might be)' 간의 대비로 끝난다."[63] 그러나 "이 대비에 대한 느낌의 주체적 형식"이 따로 있어야 하는 것이 아닌가? 여기에서 현실존재 그 자체로 있는 '명증으로서의 감정'과·같은 것은 생각할 수도 없다. 화이트헤드에게는 이 대비에 대한 느낌의 주체적 형식이 결국 의식된다.[64] 의식은 "느낌들의 다양성과 강도에 비례해서 생겨나는 것"[65]이다. 문제는 비례이다. 이것이 소위 지성적 느낌을 여는 열쇠가 되고 있다. 그러나 나의 존재에의 책임과 바로고침[訂正]은 여기에 없다. 나의 존재에의 책임과 바로고침을 고작 비례로 모두 풀어버릴 수는 없다. 현실존재 자체는 '비례'로 모두 풀어버릴 수 있다는 낙관성으로 설명될 수 없다. 물론 그도 전체적 통일 또는 현실적 존재로서의 행위로 이어지는 화이트헤드의 '주체적 조화의 범주' 또는 그의 '제7의 범주적 조건'을 설정하기는 한

---

58) *Ibid.*
59) *Ibid.*
60) *Ibid.*
61) *Ibid.*
62) *Ibid.*
63) *Ibid.*
64) *Ibid.*
65) *Ibid.*

다. 그러나 범주 또는 조건을 제시하는 것으로 끝나고 있다. 고작 "느낌은 조명(照明)의 몫을 의식에서 얻는다."[66]

　느낌은 의식에서 조성되고 있다. 그래서 주체적 지향이 있다 해도 그 지향성에는 의식의 조명, 의식으로의 가능존재에 꼭 수반되어야 할 주체적 형식이 있어야 하고 이는 "느낌들의 다양성과 강도에 비례해서 생겨나는"[67] "대비에 대한 느낌의 주체적 형식"이 된다. 결국 화이트헤드도 "임의의 한 느낌의 주체적 형식에서 정서적 패턴은 합성과정 전체를 지배하는 주체적 지향에서 생겨난다"[68]고 말하며, 또는 "정서적 패턴은 주체가 그 자신의 느낌 속에서 자신을 내세우는 독특한(필자강조) 방식"이라고 한다. 그러나 그 독특한 방식에 대한 현실존재에의 설명은 없다. 그 독특한 방식은 '정서적 패턴의 통일성'에서 요소들을 종합한다고 설명하고 있는 듯하다. 주체의 지향 그 자체로 있는 현실존재 안으로는 직접 들어가지 못하고 있다. 그는 수를 바탕으로 하는 '물리적 목적(physical purpose)'에서부터 '명증성으로서의 감정(느낌)'으로 넘어가는 '비교적인 느낌(comparative feeling)'[69]이라는 징검다리만 놓았을 뿐, 감정과 수의 명증적 지평을 결국 끌어내지 못하고 있다.

　바로 지금 우리가 지적한 입장에서 다시 후설의 수의 직관성과 비교하여 보자. 후설에게는 "지각과 의지와 그 밖의 체험형태들에 대한 본질직관은(지각이나 모든 경험형태에 일치하는) 경험적 사태에 대한 본질직관"이 되고 있다.[70] 그리하여 후설에게는 전술한 바와 같이 순수수학 또는 모든 체험들에 대한 본질직관은 순수체험이 되고 있다. 그러나 감정이 지향적 감정으로 설명될 수 있느냐 또는 도대체 지향적 감정이 있느냐는 문제는 화이트헤드에게는 낯설다. 바꾸어 말해서 대상과 지향적인 관계가 감정에도 적합한가를 음미하는 일은 화이트헤드에게는 중요한 것이 못

---

66) *Ibid.*
67) *Ibid.*
68) *Ibid.*, section 6.
69) *Ibid.*, section 7.
70) Vgl. L.U. Bd.1, S.23.

된다. 후설이 문제삼았던 그 '명증의 감정'은 화이트헤드의 '대비에 대한 느낌의 주체적 형식' 이전의 필증적 지평이 된다. 또는 명증적인 것으로서 오히려 "생각과 스스로 현재하는 것과의 합치의 체험이며 일정한 표현을 현실적으로 체험한 의미와 스스로 주어져 있는 사태와의 합치의 체험"[71]이 된다. 바로 이 점에서 '명증의 감정'과 지향성이 동일한 것이 되며 이와 같은 후설의 견해와 비교하여 본다면 화이트헤드는 아직 현실적 존재로 나오지 못하고 있다.

이와 같이 후설에게는 이념적 대상으로서의 셈하는 일, 즉 그 행위연관(in Aktkorreation)이 강조되듯이 그 행위는 바로 감정과 동일 지평으로서의 명증성을 확보하게 된다. 여기에서 우리는 다시 화이트헤드의 현실존재와는 다른 감정 지향성을 끌어낼 수 있게 되었다. 이러한 입장에서 감정記述과 행동記述을 같은 맥락에서 문제삼고 있다는 사실은 매우 중요한 것을 시사하고 있다. 이 행동기술을, 비트겐슈타인의 數가 가지는 셈하는 일로서의 行動記述과 화이트헤드의 보편수가 아닌 개인적인 경험으로서의 셈하는 일을 중심으로 보다 구체적으로 展開해 보도록 하자. 그러나 여기에서 설명하고 있는 감정기술은 판단을 넘어서는 지평임은 더 말할 나위가 없다.

IV. 비트겐슈타인의 數와 개인적 경험

후설의 합치의 '체험'은 판단 이전의 이른바 '몸짓'이며 행동이라 할 수 있다. 마치 美的인 것이 美的判斷과 다르듯이 '表情, 몸짓' 또는 행동은 판단으로 가름할 수 있는 것이 아니기 때문이다. 비트겐슈타인이 지적한 것처럼 美的인 말은 살아가는 것에 대한 기술의 영역을 지시한다. 다시 말해 우리가 "이것은 아름답다"고 할 때에는 美的判斷을 가지고 말하

---

71) Hus.(L.U.) Bd.7, S.194.

는 것 같지만 실제로는 몸짓과 같이 쓰는 복잡한 행동을 수반하는 말일 뿐이다.[72] 그리고 "그것은 하나의 판단으로는 표현될 수 없는 몸짓이라고 할 수 있다. 여기에는 몸짓 그리고 행위가 상황 전체 또는 그것의 文化와 직결되어"[73] 있는 것이다. 몸짓, 表情 그리고 행위가 상황 전체를 언제나 실감나게 지시하고 있다. 사실 우리들은 상황 전체를 잃어버리기가 쉽다. 이에 대해 비트겐슈타인은 다음과 같이 말하고 있다. "우리들의 문법은 무엇보다도 개활성(Übersichtlichkeit)이 없다."[74] 철학은 아주 단순하여야 하는데 철학은 왜 그렇게도 복잡하냐고 묻는다. 엉킨 매듭을 풀어야 하는 것이 철학이라면 매듭을 풀기 위하여 그 매듭만큼 엉킨 것을 푸는 운동을 하여야 하는데 단순한 철학으로 이르는 그 방법이 결국 단순하지 않는 것이 되어버렸다. 엉킨 오성의 복잡성(die Komplext unseres verknoteten Verstandes)을 풀어야만 한다. 즉 단순한 철학으로 그 엉킨 매듭을 풀어야 한다는 것이다. 논리학도 아주 단순한 우리들의(mit unserer-비트겐슈타인 강조) 언어와는 관계를 가지지 못하고, 이상적인 언어와(mit einer „idealen" Sprache) 관계를 가지고 있다고 비판한다.[75]

논리학은 일상적 언어를 연구하지 않으면 안 되며 개활적인 지극히 단순한 것을 연구하여야 한다. 우리들의 언어는 상황에 따라 문법적이지 않을 수도 있다. 우리들이 문법적으로 담을 수 없는 많은 것들도 실재로 사람들은 지금까지 말하여 왔지 않느냐고 비트겐슈타인은 반문하면서 문법적인 것이 아닌 개활적인 전체를 요구한다. 우리들은 문법의 表題(die Kapitelüberschriften unserer Grammatik)로서 色이나 數, 소리 등을 낱말로 나타낸다. 이를테면 靑은 하나의 색이고 赤은 하나의 색이다. 綠, 黃도 모두 색이라고 할 때 사실은 색에 대하여 아무것도 배우고 있는 것이 아니라고 비트겐슈타인은 지적한다. 단순히 文法의 문장表題로서 數,

---

72) cf. Wittgenstein, "Lecture and Conversation on Aesthetics", *Psychology and Religions Belief*, Basil,Blackwell, 1966, section 1~35.
73) *Ibid.*, Anm.
74) Phil.Bemerkungen Chapt. 1.
75) Vgl. *Ibid.*, Chapt 3.

色, 소리 등의 낱말로 나타낼 뿐이라고 한다. 그러나 여기에(문장의 표제 안에) 구조(상황)가 주어져 있다는 것을 알아야 한다. 아이들은 문장의 어떤 變項(Variables)의 의미를 배워서 "저 그림은 아름다운 빛깔이다" 등처럼 명제의 형태로 변항의 값(die Werte einer Variablen)을 볼 뿐이라고 한다.[76] 아주 단순하고 개활적인 것은 문법을 넘어서고 문법의 문장표제를 넘어선다.

그 단순한 것, 개활적인 것을 다 주워담을 수는 없다. 그래서 우리들은 언어의 어떤 부분이 겉돌아가는 바퀴인가를 인식하여야 한다. 문제는 문법적 언어구성이 아니라 '현상학적 언어에서 나온 구성(es kommt auf die Konstruktion einer phänomenologischen Sprache hinaus)'[77]이다. 이것은 상황 전체를 지시한다. 이 상황을 비트겐슈타인은 '~처럼 같다(the same)'는 等式으로 표현한다. '꽃처럼 아름답다'는 것은 분명히 等式(=)상 같다는 말이 아니라 어떤 表情, 몸짓, 상황지평에서 '~처럼 같은' 것을 지시한다. "모두 等式(=)의 용법을 배우고 있다. 그리고 갑자기 그들은 그 등식을 기묘한 방법으로 사용한다."[78] 더욱이 그들은 특별한 유사점이 없는데도 "꽃처럼 아름답다"고 말한다. 여기에는 어떤 '表情의 同等法'이라고 불리는 하나의 동등성이 있다. 비록 유사점이 없는 경우에도 우리는 자동적으로 '같다'는 말을 쓰고 있지 않은가. 이때 '같다'는 말은 等式이 아니라 合致이며 이러한 의미에서 '같다'는 뜻이다. 표정의 同等法이다. 같은 길이, 같은 넓이가 아니면서도 이것과 연관된 等式으로 자연스럽게 자동적으로 '합치'를 말한다. 그런데 이 '합치', '같다'의 精確한 記述은 느낌이라 하겠고 이 느낌의 가장 정확한 記述은 "아! 이것은 아름다운 꽃이다"고 말하는 것이다. 감정과 느낌의 地平이다. 이것은 이제 벌써 '같다' 또는 '합치'의 차원을 넘어서서 '느낌'인 것이다. 그 '느낌'은 合致의 현재를 모두 포괄한다. '이것은 그것과 같

---

76) Vgl. Wittgenstein. *Ibid*.
77) *Ibid*., Chapt.1.
78) Wittgenstein, "Lecture and Conversation on Aesthetics", *Psychology and Religions Belief*, Basil, Blackwell, 1966. section 4~6.

다'는 等式으로는 모든 것이 기술될 수 없는 다른 것도 있다. 내가 "배가 아플 때 왜 배가 아픈가 하는 느낌의 記述은 '아! 이것은 그것과 같다'고 말하는" 것과는 다른 것이다.[79]

'같다'는 것을 넘어서 그 '느낌'은 현재 행위로 있다는 것을 주목하여야 한다. 바로 여기에 행동주의의 論点이 있다. 감정이 존재하고 있음을 부정하고 있는 것은 아니다. '그러나…… 우리들의 行動記述이 바로 우리들의 감정기술인 것이다…… 무엇이 감정의 記述이며 무엇이 아픔의 記述인가…… 사람은 경험의 記述을 行為의 記述로는 생각하지 않고 아픔이나 有機的 느낌(근육의 긴장)의 기술인 것처럼 생각해 버린다."[80] 行動記述이 바로 우리들의 감정기술이라는 점에 주목할 필요가 있다. 행동과 감정은 하나의 地平이다. 이러한 연관에서 비트겐슈타인의 數의 개념은 사뭇 새롭다. 감정기술, 목적, 상황, 즉 행동과 감정의 하나의 지평에서 비트겐슈타인의 수의 문제는 전개되고 있다. 이러한 입장에서 개인적인 경험이 반복하여 문제되는 계기가 주어진다.

후설에게 이 감정지평은 "모든 경험의 실재성을 초월한 초경험적이며 초자연적인, 자연과학적 因果로 나타나지 않는 초실재성(überrealität)"이며 "철학적 원리론, 더욱이 순수한 철학적 신학과 목적론을 지시하는 것이 주어진 현실의 문제"가 아닌 "순수한 이념들의 영역이다. 즉 순수한 가능성의 영역에서 일어나며 모든 문제가 우선 해결"[81]되는 지평인 것이다. 후설에게는 이러한 관점에서 철저한 필증적 필연성으로서의 apriori의 요구가 언제나 강조되고 있다. 그러나 앞에서 지적한 것처럼 후설의 지향성이 가지는 구체적 현실의 지시가 아무래도 너무 소박하다는 것을 지적하지 않을 수 없다.

감각 여건의 사적(私的) 성격이라 할 프라이버시(privacy)의 관념은 아무래도 후설의 감정의 필증성만으로는 설명할 길이 없다. 과연 감각여건의 私的性格의 관념은 어디에서 나온 것일까? 이와 같은 입장에서 감

---

79) Witt. *Ibid.*, section. 4~6.
80) *Ibid.*, section. 4~7.
81) Hus. Ms. F114, S.57.

정의 문제를 필증성만이 아닌 구체적 현실 안으로 끌어들이고 있는 비트겐슈타인의 철학은 이 논제에서 새로운 의미를 주게 될 것이라고 믿는다. 즉 명제와 數를 넘어서 있는 구체성의 물음이다. 그러나 그것은 증명의 문제가 아니다. 사실 결과에 대한 의미 문제가 중요하며, 바로 그 증명의 문제가 중요하지 않다는 것에서부터 비트겐슈타인은 출발한다. 명제의 증명으로부터 읽어가는 것은 잘못이라고 말한다. 예를 들어 '증명'을 비판하면서 러셀(Russel)의 記號는 증명의 중요한 형식을 가지고 사람을 완전히 포장하여 버리고 만다고 말한다. 즉 사람을 判別할 수 없을 만큼 얽어매어 놓고 있다는 것이다.[82]

물론 수학은 우리들에게 文化的 命題를 납득시키는 것이라고 생각할 수 있겠고, 이와 같은 命題가 가지는 확신의 표현과 그 결과는 어떤 규칙을 받아들이는(강조, 비트겐슈타인) 것[83]을 의미하지만 이 규칙과는 다른 규칙의 무한한 영역도 '달리' 있다는 것을 간과해서는 안 된다. "수학적 증명의 결과를 말로 표현하는 것은 신화를 믿게끔 하는 것처럼"[84] 무한한 영역을 내포하는 것이다. 그는 그만큼 특정의 경험에 대해서 말할 수는 있으나, 그 위에는 무엇인가 묘사할 수는 없는 끊임없는 개연성이 있다. 따라서 어떤 대상의 분석이 중요한 것이 아니라 그것에 대한 의미가 중요하다. 그것은 증명이 될 수 없다. 예를 들어 1m의 길이라든지 어떤 빛깔의 경우, 이와 같은 것들이 어떻게 사용되며 어떠한 의미로 하나의 빛깔이며 1m인지에 대해서는 아무것도 설명되지 않는다고 그는 말한다. 수학에 관한 것과 개인적 경험에 관한 것 사이에는 많은 것이 얽혀 있다. 상황 안에 색이 있고 한 개의 물건이 있다. 이 상황 안에 있기 때문에 수학자 개인적인 경험이 平行으로 있는 것이 아니다. 平行的인 것을 넘어서, 수학과 개인적 경험 사이에 '가능한 한 많은(möglichstviel)' 色보기, 數 헤아리기, 물건보기에의 '노력'이 있는 것이다. 現實 안에서 가능한 한

---

82) Vgl. L. Wittgenstein, Schriften 6 "Bemerkungen über die Grundlagen der Meathematik," 1974. S.162.
83) *Ibid.*, S.162.
84) *Ibid.*

많이 보기가 있으며 이러한 의미에서 실재로 의미성을 가지는 것이다. 이를테면 數列 1, 5, 11, 19, 29라 할 때 쉽게 2, 4, 6, 8과 같은 연속으로 아는 사람도 있겠고 an=n2+n-1의 式으로 아는 사람도 있다. '할 수 있는' 길은 여러 가지 해석이 가능하다. 예를 들어 두 가지 경우를 생각할 수 있다. 첫째 'A가 일련의 수열(數列)을 쓴다'는 것과 둘째 'B는 수열을 이어서 쓸 수 있다'는 차이가 있다. B의 경우는 다른 상황 아래에서 다른 구별을 하기 위하여 사용된다. 그만큼 다른 상황 아래에는 다른 조건이 있다. '모든 조건에 있어서 총체성(eine Gesamtheit aller Bedingungen)'[85]이 있다. 일련의 수열을 여러 가지 조건으로 해석하는 조건의 집합도 있으려니와 이어서 '쓸 수 있는' 자기의 의미성에 대한 여러 조건의 집합도 있는 것이다. 그만큼 文章 B에는 첫째 文章 A를 참으로 하는 것과는 전혀 다른 상황의 요구가 있게 마련이다.

그래서 비트겐슈타인은 "프리게(Frege)와 러셀의 추상화 원리에 따르면 3이라는 數는 모든 셋을 짝짓는 집합(die klasse aller Trios)"[86]이라고 지적하면서 과연 이 定義가 검증에의 길을 언급하는 것이냐고 반문한다. 가령 "여기에 의자가 셋이 있다"는 언명은 그 의자의 집합을 이 世界에 있는 여러 가지 다른 셋의 조합과 비교한다는 방식으로 검증될 수 있는 것은 아니라고 꼬집는다. 셋을 짝짓는 집합의 일람표는 3이라는 수에서는 중요하지 않다고 말한다.[87] 이러한 검증 없이도 그 어떤 방식이든간에 "셋이라는 언명은 그 자체로서 이미 본질적인 모든 것을 포함하고 있다(……muß die Aussage allein schon alles Wesentliche enthalten)"고 그는 주장한다.

가령 "이 방에는 의자가 몇 개 있느냐?"고 물었을 때 "그 방에 있는 의자와 같은 짝수만큼"이라고 말하면 대답이 될 수 없는 것처럼, 셋을 짝짓는 집합만으로는 답이 될 수 없고 수를 언급할 때 그 "수에 도달하기

---

85) Wittgenstein Schriften 5. Eine philosophische Betracht ung, S.166.
86) Wittgenstein und Wiener Kreis. F Waismann, L. Wittgenstein Schriften 3. Schrkamp Verlag 1980. S.221.
87) Vgl. *Ibid.*

위한 어떤 방법을 내포하지 않으면 안 된다"고 비트겐슈타인은 말하면서 단순한 추상화에 따른 셋이라는 집합에 의해서 수를 정의하려는 것[88]은 참된 수가 아니라고 러셀을 비판한다.[89]

여기에서 주목하여야 할 것은 數는 一義的으로 모습을 묘사하는 모든 集合이 될 수 없다는 것과 그러한 수는 모두 같은 수의 요소를 가지는 것이라고 그는 규정짓는다. 또한 "수를 말하는 것은 분량의 문제이지 수가 같다는 것을 말하는 것이 아니다(Die Angabe der Zahl ist die Aufgabe des Wieviel und nicht die Angabe der Gleichzahlligkeit. : 비트겐슈타인이 이텔릭체로 강조)"[90]고 말한다. 여기에서 과제(Aufgabe)와 언급 또는 규정(Angabe)을 대립시키고 있다는 점 그리고 그 차이, 즉 과제(Aufgabe)와 규정(Angabe)의 차이에 주목할 필요가 있다.

수는 어떤 집합을 다른 어떤 집합으로 정의내리는 의미로 수의 모습을 묘사하는 것이 아니다. 수를 '제시하는 일'(ein Darstellen der Anzahl : 비트겐슈타인의 강조)[91]을 의미하는 것이며 상징으로, 즉 數記號에 의해 (비트겐슈타인의 강조)[92] 수를 묘사하는 것이다. 말하자면 내가 생각한 수기호는 종이 위에 쓰여진 사실적 수기호가 아니라 수의 상징인 것이다. 더욱이 수기호의 系列에서 우리는 '어떤 구성법칙(ein Konstruktionsgesetz[93] : 이태릭체로 비트겐슈타인이 강조)'을 가진다. 그 구성법칙에 의해서 일련의 수가 형성되는 것이라고(필자 강조) 할 수 있다. 그 구성법칙에 의해 '어떤' 수에 상징을 줌으로써(aus der Angabe) 모든 것은 이 상징보다 先行한다. 이 구성법칙에 의해서 모든 상징을 끌어내고 모든 수의 상징에 이르는 계열을 '완전히(비트겐슈타인 강조)' 재구성할 수 있게 된다.[94] 러셀처럼 어떤 集合을 어떤 다른 집합으로 정의를 내리는 의

---

88) *Ibid.*, S.222.
89) Vgl. *Ibid.*, S.221, S.222.
90) *Ibid.*, S.222.
91) *Ibid.*, S.222.
92) Vgl. S.223.
93) *Ibid.*, S.222.
94) Vgl. S.222.

미로 묘사하는 것이 수가 아니라고 말한다.

여기에서 비트겐슈타인의 수의 개념을 먼저 확실히 밝혀둘 필요가 있다. 비트겐슈타인은 수는 집합개념이 아니며 집합으로서의 수는 결국 서로 일의적으로 묘사하는 집합이라 말한다. 또한 이 집합은 같은 수의 요소를 가지는 식으로 '수가 같다는 것'을 뜻할 것이 아니라 "수의 사실적 특성의 外延을 기술하는 것을 가능하게 하는 것을 문제삼아야"(mit dem, was es möglich macht, sie zu beschreiben : Wittgensteigen 강조)[95] 하는 것이 중요하다고 강조한다. 비트겐슈타인은 바로 이것이 어떤 구성법칙에 의해서 구성하는 것이라고도 말하면서 '어떤 수의 상징을 주는 것으로부터"로 표현하기도 하며 "상징의 수기호에 의해서(durch, 비트겐슈타인 강조)" 또는 "수를 제시하는 일(ein Darstelen, 비트겐슈타인 강조)"이라고 표현하기도 한다.

이와 같은 의미에서 그는 러셀의 주장이 결국 기호와 상징을 혼돈하고 있다고 비판한다. 그는 "수는 형식이며 수의 표현은 명제 중에 나타나는 像"이라고 말하면서 위에서 설명한 '어떤 구성법칙' 또는 '수를 제시하는 일', '기술하는 것을 가능하게 하는 것 바로 그것' 등을 꾸준히 지시하며 강조하고 있다. 즉 "실재의 명제를 문제삼는 것이 아니라 명제를 구성하는 것을 가능하게 하는 바로 그것"을 문제삼는다(……, daß es hier nicht mit den tatsächlichen Sätzen zu tun haben, sondern mit dem, was es möglich macht, Sätze zu bilden).[96]

이것은 보편도 아니며 形式도 아니다. 보편화는 어떤 특성으로부터 어떤 다른 특성에 이르게 하는 것은 문제삼지 못한다. 그리고 그 가능성의 근거를 전혀 문제삼지 못한다. 定義도 마찬가지다. 定義가 그 가능성의 기초를 규정하려는 것은 무의미하다. 形式도 역시 명제의 定項부분을 變項으로 바꿔놓을 때 나오게 마련이다. 그러나 중요한 문제는 바꿔놓는 일이다. 이 바꿔놓는 일이야말로 보편화와는 전혀 다른 어떤 것이다. 이를

---

95) *Ibid.*, S.222.
96) *Ibid.*, S.224.

테면 수 3은 셋을 짝짓는(Trio) 공통된 형식이지만 셋을 짝짓는 공통된 특성은 될 수 없다. 3이라는 형식은 단지 말로 옮길 수 있을 뿐이다. 논리적 조작기호는 보편도 특수도 아니다. 論理學에는 어떤 일반적인 것도 없거니와 어떤 특수한 것도 없다.[97] 논리학에는 병립도 없고 분류도 있을 수 없다. 논리학에는 보다 일반적인 것도, 보다 특수한 것도 있을 수 없다.[98] 따라서 그 論理적 조작기호(die logische Operation szeichen)는 보편성과는 아무런 관계가 없다. 수학의 명제는 구체적인 경우에 쓰이는 보편적 법칙이 아니라고 한다. 비트겐슈타인은 프리게와 러셀이 개념과 형식을 혼돈하고 있다고 비판하고, 수는 개념이 아니며 사람은 보편화에 의해서 수에 도달하지 못한다고 잘라 말한다. 그는 러셀과 프리게가 수 3은 세 개의 의자와 세 개의 복숭아처럼 어떤 종류의 보편화의 결과라고 생각했으며 보편화의 특징을 표현하기 위하여 추상화의 원리를 만들어낸 것이라고 말한다. 그러면서 그것은 잘못된 방향에서 구한 것이라고 비판한다.[99] 세 개의 의자와 세 개의 복숭아는 3+3=6이지만 여기에서 3+3=6이라는 명제는 여러 가지 경우로 '사용한다'. 그러나 보편화는 "언제나 똑같은(dieselbe) 사용을 앞에 놓고 있는 것"[100]을 알아야 한다. 수학은 언제나 동일한 사용을 전제로 하고 있다. 그리하여 "수학적인 것은 어디에서나 동일한 것"이라고 규정(Das Mathematische ist überall dasselbe)[101]하면서 "수학에는 사용의 문제가 없다"[102]고 한다. 바로 사용의 문제가 중요한 것이다.

물론 이것은 계산과 이론의 차이에서도 설명할 수 있다. 이론은 어디에서나 동일한 것의 전제가 있다. 그리고 "이론은 무엇인가를 기술하지만 계산은 어떤 것을 기술하지 않으며 지금 있는 그것이다"(daß die

---

97) *Ibid.*, S.114.
98) Vgl. Wittgenstein, Tracktatus S.454.
99) *Ibid.*, S.224 ff.
100) *Ibid.*, S.225.
101) *Ibid.*
102) *Ibid.*

Theorieetwas beschreibt, der Kalkül aber nichts beschreibt, sondern ist).[103] 즉 이론과 같이 어떤 동일한 것의 전제를 넘어서서 또 무엇인가를 기술하는 이론을 넘어서서, 현재 있는 것(ist)은 앞에서 지적한 '명제를 구성하는 것을 가능하게 하는 바로 그것'[104]과 맥을 같이하는 것이며, 그는 명제에 대하여 말하는 것이 아니라 기초의 조작(Handhabung)을 문제삼는다는 것이라고 강조한다. 기호를 사용하는 방식은 계산이다. 언어로 우리말을 사용하는 것과 계산 사이에는 어떤 단순한 類比(Analogie)가 있는 것이 아니라, 그는 이것을 실재로 계산이라는 개념으로 설명한다. 그러면 비트겐슈타인은 계산의 개념을 어떻게 파악하고 있는가?[105]

내가 언어를 단어로 말하는 것, '내가 그것을 이해(verstehe, 비트겐슈타인이 이텔릭체로 강조)하면서' 있는 것은 기호를 가지고 내가 計算하는 일과 똑같은 일이다. 나는 그 말로 작업(operierie)을 하는 것이다. 내가 어떤 경우에는 행위(Handlungen ausführe)를 하고 또 다른 경우에는 기호를 내려쓰면서 취소하면서 있는 것이며 이 둘 사이에는 아무런 차이도 없는 것이다. 내가 계산으로 하는 일은 하나의 행위이기 때문이다(das, was ich im Kalkül, ist eine Handlung). 여기에는 확실한 구분의 경계는 전혀 없다(비트겐슈타인 강조).[106]

비트겐슈타인은 여기에서 단지 두 가지 가능성이 성립한다고 부연한다. 하나는 당신이 그 규칙에 따라 행동하느냐이고 또 하나는 그 규칙에 따르지 않는 행동을 하느냐라는 것이다. 그것에 따라 행동할 수 있는 규칙은 현실의 것이 된다고 한다.[107] 이것은 달리 표현하여 "명제를 가지고

---

103) *Ibid.*, S.168, Vgl. S.126,133.
104) *Ibid.*, S.224.
105) Vgl. *Ibid.*, S.168.
106) Wittgenstein und der Wiener Kreis. v. F. Waismann, Wittgenstein Schriften Bd.3. 1980, S.169, 170.

행위(operieren)——그리고 내가 행하는 것은 하나의 활동(operation)이다——하도록 하는 것이 명제"인 것이다(Der Satz ist dazu da, daß wir mit ihm operieren).[108] 따라서 이해(das Verstehen)는 결코 어떤 특수한 심리적 과정이 아니라 명제를 가지고 하는 작업(das Operation)인 것이다.[109]

계산과 작업, 일 또는 '하는 바의 바로 그것이라는 가능성' 또는 '어떤 구성규칙'으로 表現되는 것들이 비트겐슈타인에 있어 의도(志向, intention)와 생각(meinen)과 의미(Bedenten)를 모두 포괄해 버린다.

여기에서 행위(계산)와 어떤 구성규칙이 하나로 설명되면서 수의 개념이 전개되고 있는 점을 유념할 필요가 있다. 수는 말하자면 러셀처럼 추상적인 보편성의 요구가 아니라 행위차원이며, 말할 수 없는 어떤 구성규칙에 의하여 전개되는 바로 그것이다. 바로 여기에 수와 행위의 규합이 있다.

이러한 관점에서 비트겐슈타인의 윤리의 문제가 어떠한가를 밝혀보자. 비트겐슈타인의 倫理學의 출발을 다음 구절에서 찾아볼 수 있다. "나에게 있어 이론은 아무런 가치도 없다. 이론은 나에게 아무것도 주지 않는다."[110] 다음 구절도 이와 연관 있는 말이라고 생각한다. "만일에 사람이 나에게 이론이라는 어떤 것을 말한다면 나는 이렇게 말할 것입니다. '아니오 아니오. 그것엔 관심이 없습니다. 설령 이론이 참이라 하더라도 그 이론엔 아무런 흥미도 없습니다. 그 이론은 결코 내가 찾는 그것이 될 수 없습니다.'[111] 그러니까 윤리적인 것은 사람이 가르칠 수 없습니다. 만일에 다른 사람의 이론에 의해서 비로소 윤리적인 본질이 설명될 수 있다고 해서 그 윤리적인 것은 결코 가치를 갖지 못할 것입니다"라고 그는 말한다.[112] 결론적으로 말할 때 그는 1人稱을 쓴다. 나는 개인으로만 나타날

---

107) Vgl. *Ibid.*, S.168. 169.
108) Wittgenstein, *Ibid.*, S.167.
109) *Ibid.*
110) Wittgenstein, Schriften Bd.3, S.117.
111) *Ibid.*, S.116.

뿐이며 일인칭으로만 말할 수 있을 뿐이라고 한다. 설명될 수 있는 이론을 철저히 배제하면서 '일인칭으로서', '자기에 있어서'의 문제를 지시한다. 따라서 비트겐슈타인은 후설이 '일반성에의 갈망(streben nach Allgemeinheit)'을 갖고 있기 때문에 도리어 '개별적인 경우를 경멸하는 태도(Die verächtliche Haltung gegenüber dem Einzelfall)'[113]를 보인다고 주의를 환기시킨다. 사실 필자가 생각하기에도 이러한 限界가 후설에게 있다. 사실상 論理형태는 이를테면 사과 20개의 수는 있어도 여러 가지 종류의 사과맛과 그 수의 사이에 있는 미묘한 차이를 헤아릴 수 없다. 齒痛은 내가 다른 사람과 같이 사용하는 말이지만 나에 대해서는 전혀 다른 특수한 의미를 가지고 있는 것이다. 사람은 어떻게 해서 이러저러한 아픔을 경험하는 것일까. 그만큼 치통은 모든 조건의 총체성 안에서 수행되고 있는 것이다. 이를테면 "A는 치통을 앓고 있다"는 말은 무엇인가. "A는 치통을 앓고 있다"고 말을 하는 '그것뿐'인가. 그렇지 않으면 그 말은 무엇을 의미하고 있는 것인가. 먼저 어떤 조건의 총체성이 수행되고 있는 것을 문제삼아야 한다. 그만큼 그 모든 사건들에는 저마다 의미를 가지는 계산이 있다. 그 상황 안에서 의미가 주어지게 마련이다. 이것이 바로 '하는 바의 그것이라는 가능성', '행위자체'의 지평이 아닌가. 이것은 '명제를 가지고 하는 작업(operation)' 또는 '하는 바의 바로 그것이라는 가능성'이라고 할 수 있다. 종교도 그 자신은 '종교적 행위의 구성요소(ein Bestandteil der religiösen Handlung)'[114]이지 이론이 아니다. 비트겐슈타인은 가치에 대해서 다음과 같이 自問한다. 그는 가치란 어떤 일정한 정신상태일까 혹은 어떤 의식에 붙어 있는 형식일까를 묻고 나서, 사람들이 무엇이라고 하든 나는 그렇게 생각하지 않는다고 부인한다. 그 설명이 잘못이기 때문에 거부하는 것이 아니라, 그것이 하나의 설명(비트겐슈타인 강조)이기 때문에 부인하노라고 그는 말한다.[115] "善도

---

112) *Ibid.*
113) Wittgenstein, Schriften Bd.5. S.39.
114) *Ibid.*, S.117.
115) Vergl. S.116.

마찬가지이다. '善의 본질은 사실과 아무런 관계도 없고 그렇기 때문에 어떤 명제로도 설명될 수 없는 것"이라고 한다. 설명될 수 있는 것을 넘어서 있는 것이다. 굳이 명제로 쓰자면 "神이 명령하는 것이 선이다"라고나 할까.

그는 자아의 실천지평을 강조한다. 비트겐슈타인의 말로 하자면 '명제를 가지고 하는 작업(das Operation)' 또는 '하는 바의 바로 그것이라는 가능성', '어떤 구성규칙', '하나의 행위(eine Handlung)'를 강조하는 것이다. ── 그리고 그는 말한다. "내가 계산으로 하는 일은 하나의 행위이다."[116] 그 행위는 '사태(Sachverhält)가 되겠고, 바로 이러한 입장에서 우리는 '개인적 경험'과 감각여건(Sinnesdatum) 또는 '살아 있는 그림',[117] '행위', '운 좋은 우연(günstiger Zufall)',[118] '가변적인 것(die Variable)', '원초명제' 또는 '원초개념Grundbegriff)',[119] '말할 수 없는 것(das Unsagbare)',[120] '실재(Wirklichkeit)', '명제의 본질', '논리적 원형(ein logisches Urbild)', '가능성', '결합의 기능' 등을 이해하여야 할 것이다. 이 지평이 '윤리학과 미학이 하나'[121]가 되는 곳이다. 이것은 달리 표현하자면 "이 계산에 있어서의 하나의 발걸음(ein Schritt in diesem Kalkül)"[122]인 것이다. 그러나 "그런 행위는 나는 알 수 없는 것"[123]이다. "증명하는 것(증명하는 일)만을 증명하지, 증명하는 것을 넘어서면 아무것도 증명하지 못한다."[124] 이러한 의미에서 모든 행위는 계산이며 행위는 규칙에 따라 일어나는 일이 아니냐고 바이스만(Waismann)은 반문한다. 이때 비트겐슈타인은 아마도 행위는 그러한 것

---

116) *Ibid.*, S.169,170.
117) Tractatus, 4, 0311.
118) *Ibid.*, 6, 1232.
119) *Ibid.*, 4, 12721.
120) *Ibid.*, 4, 115.
121) *Ibid.*, 6, 421.
122) Wittgenstein, Schriften Bd.3, S.172.
123) Vgl. *Ibid.*, S.172. Anm.1.
124) *Ibid.*, S.172.

이라고 말할 수 있겠으나, 나는 그것을 모른다고 대답한다.[125] 행위 바로 그것에 바탕을 두고 행위로 끝나는 것이다. 행위에 대한 그 어떤 설명도 증명하는 일 그 자체를 따라갈 뿐이다. 그것을 넘어서면(행위를 넘어서면) 어떤 것도 알 수 없을 뿐이며 그 행위는 계산하는 행위요, 따로 떼어서 생각할 수 없는 것으로서의 하나인 것이다. 행위와 계산이 같이 하나가 되는 지평이다. "존재한다는 말은 계산에 속하는 것이며 그것은 일상생활 언어에 있어서 '존재한다' —— 이를테면 이 방에는 한 사람이 있다 —— 라는 말과는 달리 어떤 계산에 속한다"고 말한다.[126] 이래서 심지어 그는 "계산은 수학의 개념이 아니다(Der Kalkül ist kein Begriff der Mathematik)"[127]고 말한다. 계산을 사용한다는 것은 내가 무엇을 할 것인가를 나에게 말해 줄 규칙을 세우는 일(die Regeln aufgestellt)이라 한다.[128] 이 규칙을 세우는 일이 행위 전반에 대한 계산과 맞물린다. 바로 이와 같은 맞물림에서 동양의 根源經驗으로서의 《주역》의 數와 感의 地平은 열린다. 이른바 동양의 근원경험을, 다시 말하자면 주역에 있어서 수의 계산과 행위가 하나가 되는 지평을 현상학적 방법으로 새로이 해석하는 길이 열린다.

《주역》에서 倫理地平으로서의 象數와 數理는 서로 表裏하며 서로 輔相하며 易의 바탕이 된다. 數理를 떠난 象數가 없고 象數를 떠난 數理도 있을 수 없는 것이다. 바로 여기에서 天文, 地理, 氣象, 日暑, 測雨, 音律, 尺度의 해석도 있을 수 있다. 陰陽과 五行의 理致 또한 天地 鬼神 (歸伸)의 운행으로서 倫理와 하나로 설명된다. 陰陽은 어떤 것의 실체가 아니라 작용과 행위 자체를 가리킨다. 生과 克의 운동이며 肯定과 否定이라 해도 좋으나 이것은 헤겔에 있어서 '生의 운동'인 '개념'과는 거리가 멀다. 통일은 지양도 아니며 또는 단순한 통일이 아니라 調和다. 五蘊

---

125) *Ibid.*
126) *Ibid.*, S.173.
127) ibid. S.179. 그리고 〈手稿〉 MS. Bd. Ⅶ(1931), 〈哲學的 文法〉, PhGr. section. 66과 section. 109.
128) *Ibid.*, S.179.

(色, 受, 相, 行, 識)이다. 五行도 어떤 것의 독립된 실체가 아니라 서로의 운동 안에 주어지는 하나의 상징이다. 비트겐슈타인의 말을 빌리면 '어떤 조건의 총체성'이라 할까. 그렇다고 러셀의 말처럼 수의 집합도 아니다. 수의 기호 같은, 기호는 더구나 아니다. 상징과 기호는 비트겐슈타인의 말처럼 구별되어야 한다. 五는 五行歸類와 떨어져 있는 것이 아니라, 五色이며 五味이며 五臟·五畜이다. 그 五는 色과 方向과 대상도 같이 하나로 하는 수이다. 이를테면 五色 중에서 청색은 東方木으로서 五行의 木의 상징으로 五의 범주 안에 있다. 이 五行의 통일은 이를테면 五臟, 즉 肝·心·脾·肺·腎이 통일되는 나의 몸을 생각해 보면 족하다. 이 五臟의 經絡은 음양이라 할 수 있다. 이 통일은 生과 克의 운행과 떠난 논리가 아니다. 또는 靜과 動으로도 표현될 수 있다. 단순한 肯定과 否定, 그리고 그의 통일과 지양도 아니며 또는 추상수의 集合으로 설명될 수 없는 운동이자 활동의 生과 克이며 운동으로의 나의 몸이다. 추상수와 같은 수의 기호가 아니기 때문에 고정수가 될 수 없다. 더욱이 五行에 있어서 土는 자연의 非數理的인 중앙에서 그 시작과 종언을 다시 五로 상징한다. 그 五는 1의 태극, 2의 음양, 3의 三才, 4의 4象, 또는 계절, 5의 土로서 五行·五經·五倫의 마무리가 된다. 1과 9, 2와 8, 3과 7, 4와 6을 도는 축은 언제나 五며 10이다.

$$5 \frac{1 \quad 2 \quad 3 \quad 4}{9 \quad 8 \quad 7 \quad 6} 10$$

"天地之數 各五 五數相配 以合成 金 木 水 火 土"이다.[129]

2+3=5, 또는 1+2와 같은 시스템은 ||+|||=|||||이든지 |+|=|| 이지만 이와는 또 다른 시스템이 있다. 6 7 8 9로 표시되며 60 70 80이 되는 棒線體系도 있다. 五의 개념은 十進法과는 다른 질서이다. 이제 우리는 12支도 十進法과는 다른 질서라는 것을 지적하면서 비트겐슈타인의

---

129) 《周易正義》, 卷七, 153쪽 인용, 崔英辰, 《周易 數理論의 論理構造》 6쪽.

다음과 같은 설명에 주목할 필요가 있다. "그러나 이것은 물론, 捧線체계 (ⅠⅠⅠⅠⅠⅠⅠⅠⅠ와 같은)가 꼭 十進法으로 증명된다고는 말할 수 없다는 것이 밝혀졌다. 만일에 우리가 十進法의 증명이 없다고 가정한다면 그것이 같다는 것(das Gleiche)을 증명하기 위하여 그와 같은 捧線體系를 사용할 수도 있으리라." 여기에서 그 같은 것(das Gleiche)이 무엇일까? 그 捧線證明은 비록 같은 방법이 아니라 하더라도(10進法이 아니라 하더라도) 그 같은 것(das Gleiche)을 나에게 확신시켜 준다. 그러면 어떻게 확신을 줄 것인가? 만일에 "증명이 가능한 그 자리는 그 증명과 따로 떨어져서는 결정될 수 없다"고 내가 말한다면 어찌 될까? "10進法體系의 증명이 捧線體系에게 적용가능성을 준다. 그 적용가능성을 捧線體系 증명명제가 가지고 있다는 것을 捧線體系의 증명으로 확실하게 증명할 수 있을까"[130]라고 비트겐슈타인은 반문하면서 계산하는 일, 즉 계산하는 행위를 끌어내고 있다. 그는 또 "이를테면 바로 그 명제가 十進法體系로도 증명 가능하다는 사실이 捧線體系로 밝혀졌는가?"라고 反問하면서, 그 捧線體系를 넘어선 행위(계산)을 강조한다. 이러한 의미에서 10進法의 體系와는 다른 12支의 수의 개념체계에의 길도 비트겐슈타인은 열어놓고 있다. 그만큼 그는 '계산으로부터 독립한 分割할 수 있는 사실'이 아닌 바로 이 '계산의 사실(eine Faktum dieses Kalküls)'[131]로부터 다른 捧線의 體系를 수용할 수 있다는 것을 보여 준다. 봉선체계와 10進法體系 또는 그 이상의 체계를 묶는 행위(계산)지평을 여는 것이다. 이에 대해 비트겐슈타인은 다음과 같은 물음으로 표현하고 있다. "捧線體系로 하는 증명은 어떻게 十進法으로 하는 증명이 하나의 증명이라는 것을 증명할 수 있는가?"[132] 봉선체계는 그만큼 무한증명을(十進法만이 아닌) '계산의 사실'에 의해서 가질 수 있다는 것이다.

이러한 의미에서 수의 '구성법칙'은 다양함을 밝힌다. 論理學도 마찬가지이다. 이러한 시선에서 論理學을 비판한다.

---

130) Wittgenstein, Schriften Bd.6. S.188, 189.
131) Ibid., S.189.
132) Ibid., S.186.

먼저 "무엇보다도 일련의 ~P. ~ ~P. ~ ~ ~P. 등(etc)에 의하여 어떤 새로운 개념을 논리학 안에 끌어넣는다고 하자. 어디까지가 올바르다고 말할 수 있겠는가. 論理學에서는 무엇보다도 바로 이 등(etc), 등이 중요한 문제가 되었다고 말할 수 있는데, 그 이유는 바로 이 등, 등이 나에게는 새로운 기호형성의 법칙을 대신하고 있기 때문이다. 이러한 특징 때문에 어떤 回歸的 定義(eine rekursive〔비트겐슈타인 강조〕 Definition)가 10進法을 설명하는 데 꼭 필요하다."[133]

이 말을 이용하여 12支 또는 5行의 數의 체계를 설명한다면 10進法에서 定義의 體系가 아닌, 즉 10進法의 체계로 소화시킬 수 없는 비트겐슈타인이 규정한 回歸的 다른 체계를 가지고 있다고 보아야 하며 이 점을 주목하여야 한다. 하물며 그 捧線體系가 《주역》의 卦의 體系로 맥을 같이 하는 경우에는 그 수의 철학적 명제가 사뭇 달라진다 하겠다. 비트겐슈타인도 "捧線體系(Strichsystem)를 10進法(Dezimalsystem)으로 옮길 때의 전제는 어떤 回歸的 定義(eine rekursive Definition)라 했다."[134] 그러나 10進法에 있어서의 歸納的 증명은 捧線 기호를 가지고 있지 않기 때문에 回歸的 定義만으로는 捧線기호로 옮길 수 없다는 것이다.[135]

이는 10進法의 回歸的 증명으로는 卦의 수의 영역에 들어갈 수 없다는 말이다. 따라서 10進法에 의해서 계산의 중요한 결과를 얻는 것이 중요한 게 아니라 그의 경과의 그림(das Bild des Ablaufs)이 중요하다. "그리고 마음으로 공감(ein überzeugendes)하는 그림이 중요하고 이른바 효못한 심금을 울리는(Wohlklingendes, 비트겐슈타인이 강조) 그림이 중요하다. 어떤 실험의 결과로서가 아니라 하나의 道(ein Weg, 비트겐슈타인이 강조)가 중요한 것이다."[136] "定義는 길(道)의 표시(Weg-zeichen)이다. 定義는 검증에의 길(비트겐슈타인이 강조)을 지시하는 것

---

133) *Ibid.*, S.178.
134) Vgl. *Ibid.*, S.186.
135) *Ibid.*, S.186.
136) *Ibid.*, S.69, S.195.

이다. 검증가능성을 요청하는 것은 모든 상징을 검증하는 것의 요청이며 定義내릴 수 없는 상징의 의미를 이해하는 요청이다."[137]

여기에 우리가 주목하여야 할 사실이 있다. 《주역》에서도 다른 차원이기는 하지만 10進法의 回歸的 定義가 아닌 비트겐슈타인이 지적하고 있는 '경과의 그림(des überzeugendes Bild)' 또는 '하나의 道(ein Weg)'가 요구된다. 이러한 '경과의 그림'인 한, 數는 往者로서 順이라는 뜻도 된다. 그러나 언제나 결단하고 있는 자로서 자기가 선택하는 행위와 만나는 지평은 未知地平으로서 倫理의 절대적 要求가 있다. 殆와 두려움으로 만나는 倫理의 절대적 요구에 대한 인간 행위의 決斷이 있어야 한다. 聖人之憂 天下來世也(《易序》)이다. 주역에서는 이것을 "知는 來者로서 逆"이라 했다. "數 往者 順, 知來者逆 是故 易逆數也"[138]인 것이다. 易은 逆數다. 이것은 비트겐슈타인의 《數學의 기초》, 《數學의 기초강의》 또는 《어느 철학적 성찰》과 같은 책을 보아도 나오지 않는 단어다. 《주역》은 바로 이 逆數로부터 시작된다고 해도 과언이 아니다. 비트겐슈타인이 알지 못하는 자리에서 새로운 易의 進法이라는 전혀 다른 倫理法則을 가지고 順하면서, 그 저편의 倫理的 決斷의 자리를 구체적으로 내가 결단하는 자리로 요구한다. 결단의 자리는 두려움과 畏敬의 실천적 요구라 하겠고 이것은 아무래도 현상의 자리는 아니다. 知來者 逆의 자리다. 逆數로 來世의 行爲地平을 요구하고 있는 것이다.

V. 동양의 근원경험의 感과 數

과연 그러면 동양의 根源經驗으로서의 감정, 정서의 물음과 수의 관계는 어떠한가. 이것을 밝히기 전에 먼저 용어규정을 간단히 짚고 지나가야

---

137) Witt. Schriften Bd.3. S.221.
138) 《周易》,〈說2〉.

한다. 후설은 감정(Gefühl)과 감관(Sinne) 그리고 느낌(Empfindung), 정서(Gemüt), 정감(Emotion)의 구분을 엄밀하게 구별하지 않고 쓰고 있다. 그러나 동양의 근원경험으로서의 감(感)과 위에 표현된 느낌의 글귀에는 많은 차이가 있다. 이를테면 '感而逐通 天下之故'할 때의 感은 소박한 느낌이면서도 후설이 말하는 여러 가지 표현과는 사뭇 다르다. 'apriori'한 초실재성(über-realität)이 아닌, 合德의 자리로서의 物이다. 비트겐슈타인이 지적하였듯이 수는 回歸的 定義로 설명될 十進法이 아니다. 그것을 《주역》에서는 象數, 度數로 명명하고 있는 것이다. 후설처럼 대상과 주관의 동일성으로 있는 그 필증적 현상이로되 다시 후설을 넘어서서 이것이 律侶, 律動의 수로 있는 것이다. 1은 天이다. 그러나 이것은 윤리현상(Ethikphänomen)이 된다. 2는 地의 윤리현상이며 이 둘은 따로 있지 않은 지평이며 하나이다. 이는 비트겐슈타인이 '계산의 사실' 지평(계산의 행위)으로 열어놓은 그 지평에서 비로소 설명될 수 있는 하나이다. 이것을 易에서 설명하자면 對待관계를 가지는 하나라고 할 수 있다. 여기에서 天과 地는 對待관계로 이미 하나인 것이다. 그러한 의미에서 "天一地二⋯⋯天九 地十"[139]이 된다. 수는 법칙으로서의 어떤 절대적 필연성이 아니라 象의 옷을 입고 吉과 凶으로 나타난다. "聖人 立象 以盡意"[140]하는 것이다. 象의 수는 吉凶을 본다.[141] 후설이나 비트겐슈타인처럼 數에 대하여 明證地平으로서의 행위일 뿐만 아니라 8卦의 8은 卦와 誠의 연관에서 얻은 수이다. 卦를 卦象으로 보는 것이다. 倫理地平이며, 이미 현상이 현전하듯 卦로 짜여져 있다. 그것을 畏敬으로 보면 되는 것이다. 가능한 한 많이(möglichstviel) 노력(Streben)하는 명증이 감정지평이지만은, 吉凶의 결단의 요구는 후설 그리고 비트겐슈타인에게서 찾을 길이 없다. 그 法象은 莫大乎天地이다.[142] 天數(1 3 5 7 9)는 地數(2 4 6 8 10)와 합하여(천수 25, 지수 30) 55가 되고 이것이 바로 河圖의 수

---

139) 《周易》,〈繫辭〉上九 1.
140) 같은 책, 十二 2.
141) "天乘象 見 吉凶, 上同 十一 8".
142) 《周易》, 上同, 十一 7.

가 된다. 天地운행의 수다. 비트겐슈타인의 말을 적용하자면 이 수는 모두 상징의 요청 영역이다. 완성된 수의 짜임(數의 合理性)을 보여주는 것이 아니라, 天下 能事畢矣를 여기에서 구하여야 한다. 후설의 필증적 'apriori'로되, 그리고 비트겐슈타인의 倫理地平이로되 能事畢矣로서의 우리에 대한 '요구'가 있다.

이러한 입장에서 후설과 비트겐슈타인에 있어서 감정과 수를 行爲, 즉 倫理로 결합시킨 과제는 사뭇 많은 시사점을 주기는 하지만 바로 그 차이점에서 東西의 근원경험의 차이를 찾아볼 수 있다. 이제는 수를 순수행위로 바꾸어놓은 후설의 明證地平으로서의 指向性이든 또는 비트겐슈타인의 계산의 행위(계산의 사실)든 간에 다시 이것을 넘어 필증성에 대해서 새로운 나의 요구를 경험하게 되는 것이다. 이제 1은 太極으로 표현된다. 그러나 'apriori'한 초실재성으로서의 윤리요구가 아니라 가장 구체적인 物의 시작이 된다. 2는 兩儀로 포괄되고 3은 3才로 天地人의 合德이 된다. 이른바 비트겐슈타인의 절대적 中間項[143]의 요구이다. 후설의 '생각과 스스로 현재하는 것의 合致' 또는 '일정하게 표현된 의미와 스스로 주어져 있는 사태의 합치의 체험'[144]이 그저 명증뿐이 아니며, 그리고 비트겐슈타인의 '셈하는 일' 또는 '계산의 사실'뿐만이 아니라, 易에는 어떤 存在의 中間項의 요구가 있다. 즉 對待의 誠으로 있고 物로 있게 되는 것이다.

4는 四象으로서의 運行이며, 5는 이미 중심으로서의 萬物의 項이 된다. 五行이다. 6은 다시 수의 시작으로서 10進法이 아닌 다른 질서의 지시가 된다. 7은 七調라는 가락의 律數로, 8은 象의 기본 수가 된다. 기본 수로서의 나의 질서다. 서양에서는 8卦와 같은 기본수의 질서가 생소하다. 9는 九官 9室로, 無窮과 11歸體, 十五一言 등《주역》의 수가 의미하는 윤리지평은 無窮하다. 鬼神(歸神)이 행한 자취가 수로 나타난다. '수'와 '오는 것'은 하나다. 이것은 極 數 知 來[145]에서 알 수 있다. 占

---

143) Wittgenstein, Phil. Bemerkungen, 1971, S.225.
144) Husserl, L.U. Bd 1, S.194.
145) 《周易》,〈繫辭上〉五 8.

이 그것이다. 東洋의 古代 根源經驗은 감정의 명증으로 끝나지 않고 이 감정을 道로 끌고 간다. 그 行爲는 나에 대한 요구와 畏敬으로 가름(吉, 凶)하는 자리에 있는 현실이 된다. 이러한 의미에서 對待性으로 있게 된다. 지향성이 아닌 對待性이라 할 수 있다.

이제 《주역》 안에서 卦와 數를 중심으로 그 對待性을 밝혀보자. 《주역》의 수는 연속수의 정수가 아니라 志向數이며 對待數로서 고정지평, 즉 이론의 定數로는 이해할 수 없다. 《주역》의 象數는 이론지평이 아니라 윤리지평에서 파악된다.

동양의 수는 完全數로서 규정된 이론과 논리의 근거가 아니라, 일상성으로 언제나 헤아리며 살아가는 행위로 있는 數이다. 헤아리고 짜맞추면서 현재로 있는 지향수이다. 이러한 의미에서 운동 자체를 언제나 지시한다. 旣濟는 끝나는 것이 아니라 未濟로 있는 것이다. 수와 卦의 현상에는 언제나 이미 변화가 시작된 운동이 먼저 들어 있기 때문이다. 음양이 올 자리에 다 와 있으면, 旣濟는 亨이 小이고 初吉이지만 終亂이다. 좋은 것이 아니다. 차라리 올 자리에 제대로 다 와 있지 않은 未濟는 未濟亨이고 柔得中地이다. 그 未濟亨은 柔와 中을 얻는 것이다. 이처럼 이미 對待 또는 相須地平이 역의 바탕이 되고 있는 것이라 하겠다. 兩과 參이 그렇고, 4時, 4象, 4方이 모두 운동의 대대로 나타난 수이다. 六爻의 변화 용6, 용9도 그렇고, 天地之數 五數相配도 말할 것이 없다. 5행이나 5십의 선천, 후천의 가름도 다 대대지평이다. 이때 象數는 《주역》의 핵심적인 운동이라 하겠다. 數와 象이 언제나 義理와 相錯하여 있음을 뜻한다.

이같이 數와 象은 언제나 고정지평이 아니라 넓은 의미의 윤리지평에서 物을 문제삼는다. 物과 誠의 의미에서 상수 또는 對待로 보는 것이다. 先三 後三의 6효를 넘어서 更爲의 7이 의미하는 영역은 언제나 更爲의 자리인 것인 것이나. 단순한 記述, 세계의 자리가 아니다. 이러한 의미에서 仁爲이다. 진리는 合理가 아니라 合致인 것이다. "先三後三者六爻也 爻終于六七則 更爲之端矣 所謂終則有始天行也 七日 得七日 來復 皆其義"[146]이다.

VI. 《周易》의 卦와 數의 對待性

1. 數와 行爲

數를 행위지평에서 문제삼은 사람은 비트겐슈타인이다. 비트겐슈타인의 數에 대한 행위의 해석을 중심으로 지금까지의 論点을 간단히 요약해 볼 필요가 있다. 이 수와 행위가 《주역》의 괘와 수의 對待性으로 들어가는 지름길이 되기 때문이다. 비트겐슈타인은 아래와 같이 쓰고 있다.

내가 언어를 단어로 말하는 것, '내가 그것을 이해(verstehen, 비트겐슈타인 이탤릭체로 강조)하면서' 있는 것은 계산에 있어서 기호를 가지고 내가 하는 일과 똑같은 일이다. 나는 말을 하면서 작업(operiere)을 한다. 내가 어떤 경우에는 행위를 하고(Handlungen ausführe) 또 다른 경우에는 기호를 내려쓰면서 취소하면서 있는 것이며 이 둘 사이에는 아무런 차이도 없다. 내가 계산을 하는 일은 하나의 행위이기 때문이다(das, was ich im Kalkül mache, ist eine Handlung). 여기에는 계산과 행위의 확실한 구별의 경계는 전혀 없다(비트겐슈타인 강조).[147]

비트겐슈타인이 지적한 것처럼

哲學者의 눈은 언제나 科學의 方法에 매달려 있기 때문에 문제를 과학과 같은 방법으로 묻고 대답하려는 유혹에 빠져 있다. 이러한 경향이 철학자를 아주 어두운 곳으로 몰아넣고 말았다. 나는 여기에서 분명히 말하고 싶다. 그 어떤 것을 어떤 것으로 끌어낸다거나 또는 어떤 것을 어떤 것으로 설명하는 것은 철학자의 일이 결코 아니라는 것을. 철학은 사실적으로 '순전히 記述的(deskription)'으로 있는(IST) 것이다(각각의 여건——

---

146) 崔英辰,《周易 傳義大全小註》(1076),《周易數理論의 論理構造》, 16쪽.
147) Wittgenstein und der Wiener Kreis v. F. Waismann. Wittgenstein Schriften Bd.3. 1980, S.169, S.170.

Sinnesdaten —— 은 어떻게 있는 것인가 하는 물음을 생각해 보자. 그리고 그것을 규정할 수 있는 어떠한 방법이 있는가를 물어보라).[148]

우리들은 언어의 논리를 신격화하는 경향(Die Logik unserer Sprache zu sublimieren)에서 벗어나야 한다. 우리가 '이름'이라고 부르는 것은 엄밀히 확실한 것이 아니고 근사적(近似的)인 의미로서만 이름이 있을 뿐이다. 명사가 있으면 꼭 그것에 대응하는 무엇인가를 찾아내야만 확실한 것이라 할 수 있는가를 물어야 한다. 그렇게 의미가 찾아진 것 안에 사실상 모든 것이 함유되어 있는 것일까. 언어에 의한 정의는 단지 하나의 언어표현으로부터 다른 언어표현으로 옮아가는 것이 아니다. 그래서 記述的인 것이라 했다.

그러나 '하나', '수', '없다'는 말들은 결코 기술될 수 있는 것이 아니며 정의될 말도 아니다. 비트겐슈타인의 말을 빌리면, 다른 상황 아래서 다른 구별을 위한 '조건의 완전집합(eine Gesamtheit aller Bedingungen)'[149]이 요구되는 것이다. 그러한 '조건의 완전집합'이 어디에서 想定될 수 있을까. 밖으로부터 보는 것은 가능하나(定義) 그 안을 들여다볼 수는 없다. 밖에서 의자를 볼 수는 있으나(定義) 의자의 안을 볼 수 없다. 이러한 의미에서 '時間'도 마찬가지이다. 시간은 밖으로부터 헤아려 볼 수 있으나 안에서 헤아려 볼 수는 없다. 우리가 알고 싶은 것은 '時間'에 대한 밖으로부터의 새로운 사실이 아니다. 우리들이 문제삼는 모든 사실은 우리 앞에 다 열려 있기 때문이다. 안으로부터의 시간이 문제다. 그래서 시간이라는 표현이 놀라운 것이다. "그리고 우리를 알지 못하게 하는 것은 '시간'이라는 명사 사용이다. 이 말의 문법을 자세히 살펴보면 인간이 시간의 神을 생각해 냈다는 것은 부정의 神, 선별의 神을 생각해 낸 것 못지않게 놀랄 만한 일이라 할 수 있다."[150] 이러한 사실은 '밖에서'와 '안에서'의 차이를 구하는 것을 뜻하지 않는다. 문제는 '밖'과

---

148) Wittgenstein Schriften Bd.5. S.39.
149) Wittgenstein Schriften, Bd.5. S.166.
150) Wittgenstein Scheiften Bd.5. das blaue Buch, S.22.

'안'의 어떤 것의 사이 문제이다. 그것이 안으로부터의 시간을 지시한다 하더라도 우리들에게는 어떤 것과의 사이 문제만이 늘 남아 있을 뿐이다. 안으로부터의 시간은 알 수 없기 때문이다.

분명히 '밖의 것'과 '안으로 향하는 그 사이'는 구별되어야만 한다. '밖의 것'이 아닌 안으로 향하는 그 사이는 단순한 '記述'로 끝나지 않는다. 그러나 어디로 들어가는 것일까? 이것은 명증으로 끝나는 門前의 記述이 아니라 거기에는 그 어떤 '참여'가 있다. 바로 여기에서 '感覺與件의 私的性格'이 문제될 수 있다. 비트겐슈타인은 "(우리가 철학을 하고 있는 경우에는) 놀라운 경험을 '外的 動作'의 배후에 있는 어떤 모양 없는 '내적'경험처럼 생각한다…… 그러나 '놀라운'이라는 말이 사람을 오류에 빠뜨리게 한다는 것만은 말해 두고 싶다"고 지적하면서, 놀라움 이전에 밖의 것에서 안의 것 사이로 들어가는 것, 즉 안으로 향하는 그 사이가 문제라고 한다. 반드시 정상적인 경우, 즉 이를테면 공식적인 조건 아래에서만 200개의 사과와 200개의 사과가 한 개도 더하거나 덜하지 않은 상태에서 400개를 끌어내는 것을 넘어서[151] 어떤 '사이'에서 이루어지는 그 결과를 문제삼을 줄 알아야 한다. 결과에서 읽어야지 증명에서 읽어서는 안 된다. 200개와 200개를 합하면 400개라는 답을 얻는다. 400이라는 증명은 그 조건의 집합인 경우에만 가능하다. 도중에 손실도 없고 썩어서 추려내는 것도 없고 꼭 완전한 그 상태에서 400이 된다. 그러나 그 400이라는 증명의 문제보다도 오히려 400이 되는 조건의 완전집합이 문제되어야 한다. 덜하지도 않고 더하지도 않는 어떤 노력의 조건집합도 생각되어야 한다. "내가 200개의 사과와 200개의 사과를 같이 혼합하여 세어보면 400개가 된다. 그러나 그것은 200+200=400의 증명이 아니다. 즉 우리들은 이 사실을 類似한 상황의 전부를 판단하는 규범(Paradigma)으로서 사용하려고 생각하는 것이 아니기 때문이다."[152] 아무리 해 보아도 유사한 상황의 전부를 판단하는 규범이 될 수는 없다. 왜냐하면

---

151) Vgl. Wittgenstein Schriften Bd.6, S.161.
152) *Ibid.*; 160.

사과 200과 감 200의 조건집합도 있겠고, 200과 200의 같은 분량이라는 조건집합도 달리 있을 수 있기 때문이다. 사과 200과 사과 200에는 너무나 많은 조건집합이 있다. 즉 200+200=400의 증명만으로는 바꿔버릴 수 없는 조건집합이 있다. 그 사잇길에서 조건의 완전집합을 주워 나가야 한다. 그 중간에 있는 것을 화이트헤드의 과정이라도 해도 좋고 좀 아쉽기는 하나 후설의 감정의 명증이라 해도 좋지만, 그 사이에서 홀린 것을 주워 모은(私的인 것) '경험의 사실'과 '개인적 경험'과 '감각여건'이 있어야 한다. 바로 여기에 동양의 근원경험으로서의 感과 物의 사이에서 주워 모으는 새로운 지평이 열리지 않을까 생각된다. 근원적인 의미에서 수는, 말을 바꾸어 비트겐슈타인의 조건 완전집합으로서의 수는 단순히 개인적인 경험이 있어야 수학의 기초가 주어진다든지 또는 그와 반대로 數學이 어떤 이성적인 근거를 제시하는 것만으로 끝나는 것이 아니다. 또한 다시 이성적인 것이 도덕적 이성과 보편성으로 접목되는 기초를 제공하는 것도 아니다. 비트겐슈타인의 數의 의미는 삶에서 홀리기 쉬운 일을 주워 모으며 수학적 명제를 다시 새로이 하는 조건의 완전집합의 의미를 규명하는 것이라고 생각한다. 그리고 그 낙수가 그 안을 들여다볼 수 있는 길을 예비한다. 그래서 數를 통해서 실재로부터(현실적인 안으로부터) 오고 있다는 확신에서 출발하게 된다. 그런데 그렇게 이루어지는 바로 그 것은 무엇인가? 그것은 아는 것을 넘어선다. 이 경우에만 비로소 "글을 이해하는 경우에 언어를 이해"할 수 있게 되는 것이다.[153]

비트겐슈타인은 "동어반복과 모순(Kontradiktion)은 실재(현실성, Wirklichkeit)의 그림이 아니다"고 말한다.[154] 사실상 동어반복과 모순은 그것들이 아무것도 말하지 않는다는 것을 보여주며, 비트겐슈타인에게는 "동어반복과 모순이 무의미한"[155] 것이 되어버린다. 따라서 "물론 모든 관계들이 內的인가 外的인가 하는 是非거리"[156]는 문제가 되지 않는다. 가

---

153) Wittgenstein Schriften, Bd.5, S.21.
154) Wittgenstein Tractatus Logico Philosophicus, 6.53.
155) *Ibid.*, 4.461.
156) *Ibid.*, 4. 1251.

능한 한 그 사이에서 주위 모을 조건의 완전 집합을 구하여야 한다. 《주역》의 논리로 말하자면 어떤 誠實과 만나는 사이가 된다. 비트겐슈타인은 이것을 "유일하게 올바른 정확한 방법(Die einzig streng richtige Methode)"이라고 보고 있다 그가 평생 동안 철학에 노력을 기울인 것은 바로 이것 이외는 아무것도 아니라고 생각한다. 하나의 방법과 다른 방법, 하나의 사태와 다른 사태를 내어 보이며 "그림은 사태들의 존립(Bestehen)과 비존립(Nichtbestehen)의 가능성을 제시함으로써 실재(Wirklichkeit)를 그리는 것"[157]이어야 하는 것이다. 그림은 가능성을 보유하고 있을 때 실재인 것이다. 이러한 의미에서 그에게는 가능성, 실재성, 보유의 지평이 중요하다. 區別의 命題가 중요한 것이 아니다. 이 점에서 東洋思想에서 誠으로 설명될 수 있는 地平이 열린다. 이 地平은 풍요이며 이른바 존재자신의 開示라고 설명할 수 있으며, 合理와 證明은 아니다. 合致이며 始作이다. 이러한 의미에서 東洋의 세계를 올바로 볼 줄 알아야 한다. 그래서 서구의 그 명제들을 극복하고 구체적이며 실제적인 우리의 상황으로 들어가야 한다. 이는 "그 명제들을 극복하여야 하며 세계를 올바로 보아야 한다"[158]는 비트겐슈타인의 말과 같은 뜻이 된다. 바로 이것을 根源現象地平이라고 이름짓도록 한다. 바로 여기가 "미학과 윤리학이 하나"[159]가 되는 곳이며 "세계와 삶이 하나"[160]가 되는 곳이다.

이 근원현상이 비트겐슈타인의 경우에는 어떠한 표현으로 묘사되어 있는지를 예거해 보겠다. 根源現象은 명제를 넘어서는 것으로 '사태'(Sachverhalt), '사실'(Tatsache), 특히 '개인적 경험', '결과'(사건 Ereignisse),[161] 실재적 형식과 위치,[162] 세계, 본성(Natur), 행위, 운좋은 우연(günstiger Zufall),[163] 가변적인 것(Die Variable), 원초명제 또

---

157) Ibid., 2.201.
158) Ibid., 6.53.
159) Ibid., 5.621.
160) Ibid., 5.621.
161) Tractatus, 6.422.
162) Ibid., 4.0311.
163) Ibid., 6.1232.

는 일반적 명제형식,[164] 형식개념의 존재,[165] 원초개념(Grundbegriff),[166] 말할 수 없는 것(Der Unsagbare, ibid.4.115), 실재(Wirklichkeit), 명제의 본질, 논리적 원형(ein logisches Urbild) 내용, 가능성, 결합의 기능 등이다. 이 표현들은 주로 Tractatus를 중심으로 인용한 것이다.

이렇게 볼 때 결론적으로 "현상 자체가 명제를 검증하는 것"이 된다. 현상은 어떤 기호나 기표가 아니다. 이를테면 "명제의 眞僞를 처음으로 정하는 것과 같은 다른 어떤 기호나 기표"가 아니다.[167] 그러한 기호, 기표가 아닌 實在가 현상이며 그 실재는 비트겐슈타인의 '中間項'이 된다.[168]

바로 이 실재로서의 현상인 중간항으로서의 철학적 전개에서 易의 數와 卦와 象을 서양철학의 사유를 통해서 새로이 조명할 수 있는 근거를 얻게 된 셈이다. 후설의 경우처럼 끝내 모든 방법을 괄호에 넣은 명증이로되 이것을 넘어서서 실재의 현상으로서 차라리 그 命題는 象으로 結集되는 것이다. 후설의 "생각과 스스로 현재하는 것과의 합치", "일정하게 표현된 의미와 스스로 주어져 있는 사태와의 합치의 체험"[169]은 이제는 明證뿐만이 아니라 그 어떤 中間項의 요구로 존재하는 것이다. 이것이《周易》에서 誠地平으로서의 對待關係이며 數는 이제는 數가 아니라 象數가 되는 것이다.

《주역》의 易理와 對待性의 문제로 들어가서《周易》의 數의 개념을 규명해 보자. 비트겐슈타인의 '실재로서의 현상, 중간항으로서의 철학적 전개'는 이 論考의 先行연구로 앞의 章에서 규명한 바 있다.

---

164) *Ibid.*, 4.53.
165) *Ibid.*, 4.1274.
166) *Ibid.*, 4.12721.
167) Wittgenstein, *Philosophische Bemerkungen*, 1971, 225쪽.
168) Vgl. *Ibid.*
169) Husserl, L.U. Bd, S.194.

2. 數와 對待

卦에 있어서 生命은 對待性이라 할 수 있다. 卦의 變化가 모두 이것에 의하여 展開되고 있기 때문이다. 一卦 三爻의 變化가 八卦로 형성되는 小成卦가 그렇고, 이 小成卦가 다시 一卦六爻의 大成卦가 되지만 이것은 모두 對待의 시작이며 완성이다. 여기에서 易의 變化는 展開되고 있다. 그 對待性을 卦의 內情에서 살펴보자.

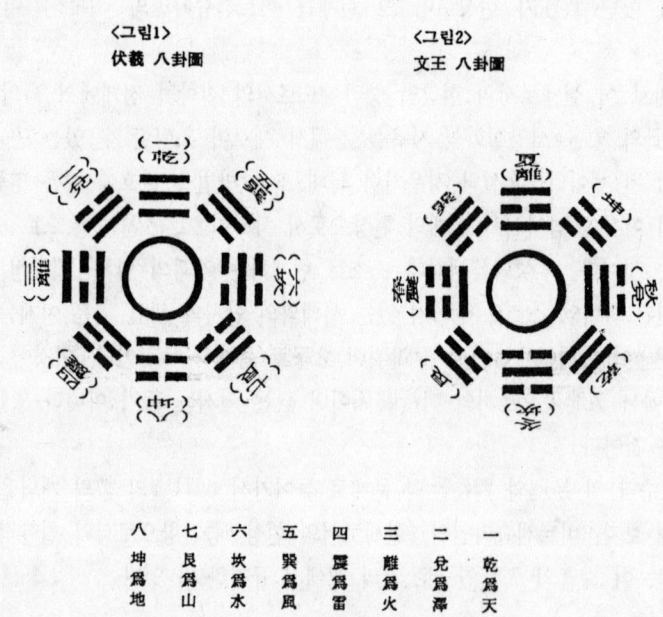

<그림1> 伏羲 八卦圖
<그림2> 文王 八卦圖

一 乾爲天
二 兌爲澤
三 離爲火
四 震爲雷
五 巽爲風
六 坎爲水
七 艮爲山
八 坤爲地

伏羲八卦(그림1)는 外象으로 乾上坤下라는 上下(空間)의 對待를 가지지만(그림 1 참조) 文王八卦(그림 2)는 乾上坤下의 자리에 內情의 對待를 가지면서 春夏秋冬 四時寒署로 배치되어 있다.

文王八卦에서 東方震卦와 西方兌卦를 考察해 보면 震은 太陽이 東方으로부터 오며, 方位는 春節의 萬物生氣를 뜻하며, 兌卦는 秋節에 萬物 吸收, 結實로 西方이다. 震卦下爻一陽이며 兌卦는 上爻의 一陰이 下에

있어야 하나 上에 있다. 陰은 吸收降下를 뜻하기 때문이다. 春生, 夏長, 冬藏이 모두 卦象의 對待이다. 또한 離坎의 卦가 그렇고, 震兌卦도 역시 對待關係라고 할 수 있다. 陰陽二氣中의 陽剛의 氣를 帝로 神하듯이 萬物始生하는 봄으로서의 震은 對待地平이다. 旣生의 萬物을 整齋하는 對待地平은 巽이다. 勞役으로 萬物을 養成하는 對待地平은 坤이며, 萬物成熟한 기쁨으로서의 對待地平은 兌이며, 成熟의 기쁨과 休息, 歸藏(坎) 사이에서 相戰하는 對待地平은 乾이다.

여기에서 잠시 對待의 문제를 짚고 지나가야 한다. 對待는 對立의 관계가 아니라 倫理地平의 對待이다. 끝내 行爲地平이다. 그러므로 對待는 陰陽의 對立에서 보는 對待가 아니라 이미 對待地平에서 하나가 되고 있는 生命地平이다. 陰陽도 倫理의 시작이 되고 있을 뿐이다. 陰陽도 그저 단순히 對立論理나 對應의 관계로 문제삼아서는 안 된다.

"先天之學 心也, 後天之學 迹也, 出入有無生死者 道也…… 先天之學 心法也, 故圖皆自中起, 萬化萬事, 生于心也"[170]에서 보듯이 河圖, 洛書는 모두 가운데에서부터 시작되고 있다. 心이든 迹이든 간에 有無生死를 出入하는 자가 道인 것이다. 그 가운데에서 시작하는 것이지만 有無生死를 出入하는 道는 모두 철저한 倫理의 절대지평으로서 八卦 가운데 있는 圓이다. 이것을 對待地平에서의 하나라고 할 수 있으리라. 이와 달리 心은 인간의 中心이며 太極이라고 표현한다. 太極,一也이며 二則神也이며, 神生數이며, 數生象이다. 發則神, 神則數, 數則象, 象則器이다.[171]

數에 있어서 "一二는 數이고 壹貳는 數가 아니다. 壹은 專壹이고 貳는 間貳이다…… 無息, 不貳, 不己는 같은 의미이다 〈章句〉에서 "誠故不息"이라고 朱子가 말한 것은 不息으로서 不貳를 대신한 것이 분명하다. 蔡節齋는 그것을 引伸하여 더욱 분명히 하였으나 陳氏는 살피지 못하고 不貳와 誠을 混合하여 一이라 하고 一과 不貳를 對로 하였다"(一二 者 數也, 壹貳者 非數也, 壹專一也, 貳間貳也……無息也, 不貳也,

---

170) 〈觀物外篇〉 인용; 崔一凡, 〈河圖. 落書에 관한 연구〉, 5쪽.
171) 〈外篇〉, 上同, 5쪽.

不己也, 其義一也. 章句云,'誠故不息' 明以不息代不貳 蔡節齋 爲引伸之, 尤極分曉 陳氏不察 乃混不貳與誠爲一, 而以一與不貳作對).[172] 一과 대립이 아니라 壹과 間貳는 하나로 보아야 한다. 이때 不貳는 間貳이며 專一과 間貳는 其義一也인 것이다 對待가 壹로서 이른바 誠이라 할 수 있으리라. 그러나 新安陳氏가 "不貳는 一"이라 했던 것과는 달리 "不貳는 壹"이라고 해야 할 것이다. 一이 아니라 壹이 誠인 것이다.

그리고 不二가 아니라 間貳가 無息으로서 誠이라 할 수 있으리라. 여기에서 朱子의 '誠故不息'도 이해할 수 있으리라 생각된다. "天地의 道를 一言으로 다할 수 있다는 것은 誠을 말하는 것일 뿐이니 不貳가 誠한 所以이다. 誠하므로 끊임이 없다(天地之道 可一言而盡 不過曰誠而己 不貳所以誠也 誠故不息)."[173] 바로 이것이 對待地平이라고 말할 수 있다.

一動一靜 間者가 時中이 된다 할 때 이것을 다시《주역》에서 살펴보면 內卦와 外卦에서 2爻와 5爻가 中으로서 時와 位의 中이 된다. 행위의 中正의 자리를 지시한다. 따라서 대개 2爻와 5爻는 吉, 無不利, 元吉·無咎의 자리가 되고 있다. 이를테면 乾卦에서 九二와 九五는 時中의 가름의 자리가 된다. 그러나 乾卦 九二는 陰의 자리에 陽이 와 있으니 正中은 아니다. 그래도 "見龍在田 利見大人"이다. 그러나 九五는 5의 자리에 陽이 와 있으니 正中으로 "飛龍在天 利見大人"이다. 正中의 극치이다. 그러나 갈 때까지 가버린(上九上六) 對待의 마감은 亢龍有悔로서 龍은 후회가 있게 마련이다. 對待는 마감의 자리가 아니기 때문이다.

이와 같은 中이 역의 논리적 전개에 있어서 가장 중요한 자리가 된다. "天地設位 而易行乎其中矣"[174]이다. 그리고 음양의 전개, 즉 四象의 펼침도 5와 10의 中으로 이루어져 있다. 이를테면 乾과 兌는 四象에 있어서 太陽이 되고(그림 3) 그 太陽은 "九四之中有一爲太陽(그림 4)"이 된다. 또는 "十減九爲一太陽"이 된다. 이것은 또 "五減四爲一太陽"이다.

---

172)《讀四書大全說》, 169쪽, 최일범,〈유자의 중용사상과 불교의 중도사상에 관한 연구〉, 박사논문(1991) 128, 129쪽 참조.
173)《中庸章句》제26장; 최일범, 上同 220쪽 참조.
174)〈繫辭〉, 7장.

離와 震은 四象에서 少陰이다. 이것은 "三八之中 有二爲少陰"이 된다. 또는 "十減八爲二小陰"이 된다. 이것은 또 "五減三爲二小陰"으로 표현된다.

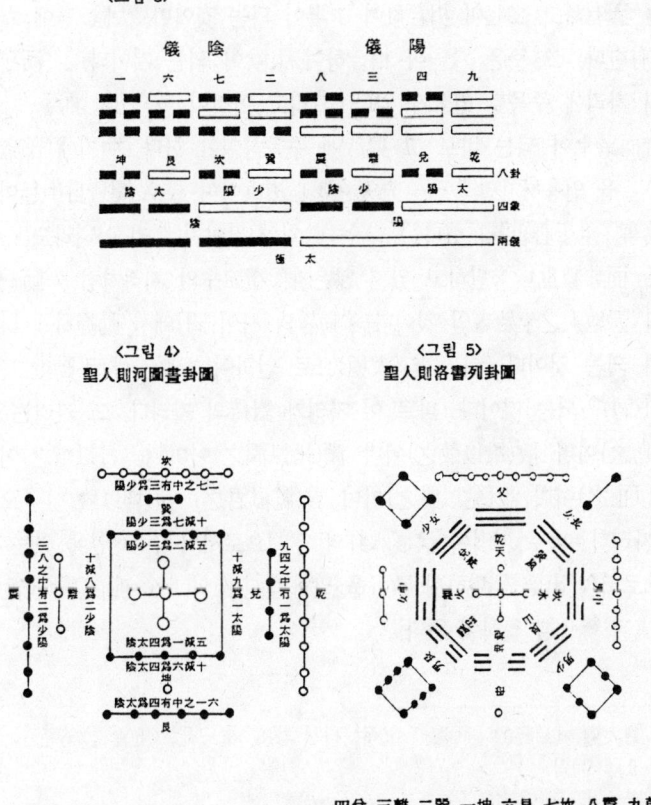

〈그림 3〉

〈그림 4〉 聖人則河圖畫卦圖

〈그림 5〉 聖人則洛書列卦圖

다시 巽坎의 少陽은 "二七之中有三爲少陽"이거나 "十減七爲三少陽"이다. 이것은 또 "五減二爲三少陽"이기도 하다. 艮坤의 太陰은 "六一之中有四爲太陰"이거나 또는 "十減六爲四太陰"이 되고 또는 "五減一爲四太陰"이 된다. 이와 같이 五와 十의 中에서 四象이 펼쳐지고 있는 것이다(그림 4 참조).[175]

따라서 바로 이 5와 10이 對待의 근거가 된다. 太陽 안에 九四를 涵有한다. 그 뜻은 九四가 相合하여 太陽이 되는 것이다. 마찬가지로 少陰 안에 三八을 涵有하고 三八이 相合하여 少陰이 되는 것이다. 小陽 안에 二七을 涵有하고 二七이 相合하여 少陽이 되는 것이며, 太陰 안에 六一을 涵有한다. 그 뜻은 六一이 相合하여 太陰이 되는 것이다.[176] 涵有와 相合의 자리에 주목할 필요가 있다. 그리고 이것이 乾爲九, 坤爲一, 乾坤對合而爲十이 되는 바로 그 對待에 주목하여야 한다. 여기에 邵雍의 〈外篇〉[177]을 인용하자면 "…… 先天之學心法也이며 故로 圖皆自中起이며 萬化萬事, 生于心也"라 했다. 一者는 數의 시작이지 數가 아니라고(一者 數之始 而非數也)[178] 말하고 있지 않은가! 崔교수의 지적처럼 一動一靜 間者가 天地人之至始者인 것이다. "動靜의 사이[間]에서 動靜하게 하는 中心이 되는 것이다. 이 中心(太極)으로 인하여 一動一靜(不動生二)이 있게(上同)"되는 것이다. 바로 이 자리가 對待의 자리다. 그 자리는 動(雷以動之)이며 散(風以散之)이며 潤(雨以潤之)이며 恒(日以烜之)이며 止(艮以止之)이며 說(兌以說之)이며 君(乾以君之) 藏(坤以藏之)[179]으로 있는 자리다. 바로 이것이 伏羲八卦의 空間으로서의 上下 안에 있는 對待性으로서의 出處를 말하며 數目을 말하며 方位와 時念과 氣類와 性情과 生成과 變化를 말하여 준다.[180]

---

175) 劉大鏞,《易經的 圖與卦》95쪽; 다시 참조, 崔一凡,〈上論文〉6쪽.
176) 上同 94쪽.
177) 崔一凡,〈上論文〉, 5쪽.
178) 上同.
179) 〈說卦〉 4.
180) 劉大鏞,《易經的 圖與卦》, 83쪽.

다시 돌아가서 文王八卦(그림 2)의 離·震의 자리는 四正位의 卦로서의 對待이다. 乾卦와 대치되어 있는 東南巽卦는 萬物의 눈이 터서 發育함을 뜻한다. 乾은 强健하게 싸우는 뜻이 있어 時節로는 秋冬間이다. 이미 '변화'의 자리에 있는 乾이다. 앞에서 이것을 內情의 對待라 했다. 方位는 西北間이다. 坤卦와 대치되는 東北艮卦는 止字의 뜻이 있다. 坤과 對待關係로서의 止로서 初이며 末이다. 萬物化生의 初이며 또 末이다. 萬物始生의 飽和狀態이다. 艮卦는 冬春間이다. 坤은 西南方의 뜻이며 地道 萬物生育에서 제일 많은 일을 한다. 夏節에 長成한 植物이 秋節에 이르러 結實하려는 夏秋間이며 가장 勞役의 時節이다. 文王의 변화 卦에서만 보더라도 中의 자리와 生과 長과 成으로 이어지는 운동이 文王八卦에서 잘 나타나 있다. 그러나 여기에서 주목할 것은 伏羲八卦의 乾坤의 자리에 文王八卦의 경우는 離坎이 대신 와 있다. 〈說卦〉五章 "帝出乎震 齊乎巽 相見乎離 致役乎坤, 說言乎兌, 戰言乎乾, 勞言乎坎, 成言乎艮"을 음미해 보자.

離는 中女이며 坎은 中男이 된다(그림 5). 中女中男이 축이 되어 生, 長, 成한다. 이른바 震에서 出하고(震은 東方, 계절은 春, 萬物은 出生), 巽에서 整齊하고 潔齊하여 鮮明整齊한다(東南方, 계절은 봄과 여름 사이, 萬物이 모두 선명하게 整齊된다). 離에서 相見한다(相見은 物이 모두 成長하여 완성한 모습을 보여주고 明이다. 南方이다). 그리하여 嚮明이다. 坤은 地이다. 萬物은 이것으로 養育된다. 거두어야 할 일이 많다. 兌는 正秋이며 萬物이 기뻐하는 자리다. 결실의 時期다. 乾은 西北으로 秋冬의 사이이다. 西北의 陰에 있으면서 純陽의 卦가 있기 때문에 陰陽相薄으로 戰하는 相이다. 坎은 水이다. 그리하여 天上의 月을 상징하며 地上의 水, 正北方으로 正冬이다. 萬物이 所藏되는 時期이며 苦와 努를 수렴한다. 艮에 있어서 萬物은 成한다. 成終이다. 東北方位이며 冬과 春 사이이다. 그러니까 비로 成終이며 成始한다.

여기에서 주목할 점이 있다. 시작이 三震雷에서 시작하여 八艮山으로 끝나면서 萬物之所成終而所成始가 되고 있다. 乾과 坤은 있으되 이것은 變化의 과정 안에 있을 뿐, 오히려 生, 長, 成의 강조가 있고 所成終, 所

成始의 變化가 두드러지게 강조되고 있다. 生, 長, 成의 卦가 이른바 文王八卦라 하겠고 離坎의 南北 軸은 伏羲八卦의 乾坤 대신에 들어가 있다. 父母가 아니라 中女와 中男이다. 對待는 이러한 變化의 中으로 있으며 이러한 變化 안에서 어디에서나 볼 수 있는 中의 이른바 間貳로서의 壹을 간과해서는 안 된다. 이것은 비트겐슈타인의 中間項의 자리와 다를 바 없다.[181]

따라서 4間卦(乾巽坤艮)는 변화의 體이다. 4正位로서의 離(南), 坎(北), 震(東), 兌(西)는 十字의 模樣이며 四間卦는 口字 모양이다. 乾坤과 같이 口字 모양 안에 伏羲八卦 역시 같은 짝으로 巽, 艮이 그대로 文王에 옮겨져 있다. 伏羲八卦의 對待性은 그 數가 상징하듯이 운동의 흐름과 卦爻의 對待가 하나(九)로 융해되어 있다. 그 運動(易)으로서의 對待, 즉 中으로서 體와 用의 새로운 철학적 해석이 요구된다.

東洋은 體와 用의 自己同一性으로 있다. 西洋哲學같이 對象과 主觀의 同一性은 아니다. 體用만이 아니라 理·氣의 문제도 역시 같다. "流行者氣 主宰者理 對待者數"라고 할 때 理·氣의 문제는 현상학적으로 매우 조심스러운 해석을 요구할 것이며 바로 이와 같은 선행연구 없이 理·氣의 현대철학적 규명은 불가능하다. 그러나 數에 관한 한 바로 이 數를 통해서 西洋哲學과 비교할 수 있는 근거를 쉽게 얻을 수 있으리라 생각한다.

동양의 수는 西洋의 數字에서처럼 基數(對象)와 變數(無限)의 關係와 같은 數學의 抽象概念이 아니다. 東洋의 數의 철학은 東洋思想의 根源經驗과 하나로 되어 있다. 이러한 차이를 東西로 규명할 때 비로소 서양 사유와의 어떤 만남도 가능할 수 있으리라는 확신을 가진다. 그 數의 차이점은 《주역》논리를 밝히는 관건이 된다. 《주역》의 수는 기수와 변수의 관계인 수학으로서의 수가 아니라, 窮理之人性의 數이다. 이를테면 그 수는 1~9까지의 數를 완성하는 수이다. 10은 1~9까지의 것의 全體로서 律侶, 律動의 數이며 度數와 曆數를 가능하게 하는 道의 數이다. 道의

---

181) Wittgenstein, phil. Bemerkungen 1971, S. 225 참조.

極致이다. 1과 9도 10으로, 즉 道의 全體 地平에서만 說明될 수 있는 變數이다. 달리 표현해서 九는 數이다. 그러나 그 數는 엄밀한 의미에서 數의 시작이지 수가 아니다. 十은 道이다. 觀其所感而, 天地萬物之情 可見矣이며 感而遂通天下之故의 境地이다. 律侶, 律動, 同聲相應이며 鼓舞盡神의 境地를 뜻한다.

對待와 數의 關係를 보자. 이를테면 5는 2와 3의 數다. 이것은 陰과 陽의 基本數이다. 5는 추상수가 아니다. '5답다'는 것이다. 물론 5는 1×5, 4와 6 사이, 2.5+2.5 등등으로 또는 數學的 內的 必然性의 論理展開로도 說明할 수 있다. 그러나 '5답다'는 것은 그와 같은 수의 規定(數學)으로 설명할 수 없다. '5답다'는 充全性(對待性)을 요구한다. 1~9의 次元의 벽을 뚫는 10이라는 數의 次元처럼 5가 가지는 個別的 絶對値는 다른 차원의 것이어야 한다. 간단히 말하여 5의 추상성이 아니라 5의 구체성이 요구된다. "至哉易乎 其爲至大而无不包, 其用至神而 无不存"이다.[182] 도리어 易의 世界는 "默而成之하며 不言而信"이다(상동).[183] 時固라는 글자가 時間과 空間이 합쳐서 뜻이 '진실로'의 의미로 쓰이는 것도 바로 그 때문이다. 時間·空間을 넘어서는 人道에의 要求다. 그렇게 합쳐져 있다. 즉 人道의 具體化된 象으로 象인 것이다. 날[經]을 太陽으로, 씨[緯]를 月로 하여 하늘의 경륜은 能彌倫의 地平을 비로소 연다. 得而成位乎 其中矣의 中의 地平이기도 하다.

이 경지는 "그러므로 精神之運에서 얻고 心術之動에서 얻어 天地와 더불어 그 德을 合하고 日月과 더불어 그 밝음을 合하고 四時와 더불어 그 秩序를 合하고 鬼神과 더불어 그 吉凶을 合한 후에 가히 易을 안다고 말할 만하다."[184] 이때 天地의 德, 日月의 明, 四時의 序, 鬼神의 吉凶은 對待關係로서의 합함이다. 對待關係, 相須論理는 단순한 대립일 뿐 아니라 對極的 對待도 넘어서는 이른바 후설의 실천적 가능(praktische Möglichkeit)지평이로되, 다시 이것을 넘어서 德, 明, 序, 吉凶의 對合

---

182) 〈繫辭 上〉 2.
183) 위의 책.
184) 〈易序〉.

爲十의 對待이어야 한다. 바로 이것이 東洋思惟의 가장 중요한 哲學地平이라고 생각한다. 즉 실천으로 가름하는 '志向'이며 어둠과 밝음의 가름이며 '豊饒와 收藏의 시간'이며 이루어짐과 이루어지지 않음(吉과 凶)의 가름의 對待이다. 이러한 意味에서 合하는 變化 神妙의 世界가 易이라 하겠다.

"末形末見者, 不可以名求則, 所謂易者, 果何如哉, 此學者 所當知也", 즉 形도 見도 없는 이름지어 구할 수 없는 것, 이른바 易이 과연 어떤 것인가 하는 것을 배우는 이가 마땅히 알아야 하는 바는 서양의 形而上學이 문제삼는 '意識'의 地平이 아니라 道라고 할 때, 이는 否定과 對立의 綜合이라는 辨證法과도 다르다. 合致이며 豊饒이며 生이다. 東洋《周易》의 論理는 散之在理則하고 有萬殊하고 統之在道則한즉 二致가 될 리 없고 所以易有大極하여 是生兩儀하는 생의 對待이어야 한다. 對待 相須의 地平이 아니고는 兩儀는 설명될 수 없다. 이 對待 相須는 "神无方而易无體"이며 헤겔의 自己意識의 經驗과 論理의 운동과는 사뭇 다르다. 論理로는 이것을 담을 수 없다.

이것을 《周易》의 數의 概念에서 생각해 보자. 먼저 數의 意味를 살펴보면 一은 天이다. 그러나 이것은 倫理現象(Ethikphänomen)으로서의 天이다. 二는 地의 倫理現象이며 이제 이 둘은 따로 있지 않은 對待相須로 이미 하나이다. 一者 數之始而 非數也이다. 그러한 의미에서 "天一 地二·天九 地十"(《周易》,〈繫辭上〉, 九1)[185]이 된다. 수는 법칙으로서의 어떤 절대적 필연성이 아니라 象의 옷을 입고 吉과 凶으로 나타난다. "聖人立象 以盡意(上同 十二2)"[186] 하는 것이다. 象의 수는 吉凶을 보는 것이다. "天垂象見吉凶(上同 十一8)"[187]이다. 一은 太極이며 二는 太陰이다. 三은 一의 伸張이며 四는 二의 伸張이다. 生命數 一이 三에서 生命構成의 作用數가 된다. 相對數 二는 四에서 生命分派의 形式의 數가 된다. 三은 動, 四는 靜, 三은 上中下, 四는 左右前後, 三은 變動, 四는

---

185) 위의 책.
186) 위의 책.
187) 위의 책.

分立, 一支에 三節이로되 四肢가 있다. 頭軀幹은 三이나 耳目口鼻는 四다. 三個月이 一節이나 春夏秋冬은 四節이다. 三十日은 三의 延長이다. 五는 生成變化의 基本이며 五行의 性이며 五臟의 理이다. 六은 五의 表裏·體用이다. 五陽이니 動이며 六은 靜이다. 三·四는 內的이나 五·六은 外的이다. 五臟은 內的血脈循環이며 六腑는 外的作用으로 氣力調節이다. 七은 七曜(日·月+五)이며 八은 地上의 八方, 七은 七情, 八은 八識이다.

九는 三의 三倍數로 三의 伸張數이며, 十은 壹과 같다. 十은 數로 關係되지 않음이 없으나 나타남이 없는 數다. 前述한 바와 같이 壹이며 十이다. 시작이며 완성의 數다. 道의 數이다. 九는 구멍 耳2, 目2, 鼻2, 口1, 大小便2이며, 七情은 七竅에 相應하며 太陽의 七色이며 北斗의 七星이며 週期의 七曜이다. 이것을 四常數로써 東洋의 數의 槪念을 說明할 수도 있다. 六은 太陰數, 七은 少陽, 八은 少陰, 九는 太陽數이며, 이 순서는 陰逆陽順되어 六이 太陰(坤)이 된다. 太陽(乾)은 3×3=9, 太陰(坤)은 2×3=6, 少陰의 離는 3+2+3=8이며 少陽의 坎은 2+3+2=7로 설명된다. 이 六, 七, 八, 九의 數는 각각 四象의 理를 가지고 있어서 太陽 9×4=36, 太陰 6×4=24, 少陰 8×4=32, 少陽 7×4=28이다. 時季의 四時節처럼 四象의 理致추구다. 그러나 각 一卦가 六爻의 變化를 基礎로 하기 때문에 太陽數 36×6=216이며 이것을《周易》의 乾의 策이라 한다. 坤의 策은 24×6=144이다. 다시 말하자면 四의 乘은 數의 具體的 現象의 對象의 면이며, 六의 乘은 數의 變化의 作用이다. 爻는 變化卦다.

數는 이제는 數가 아니다. 다시 乾의 策과 坤의 策 216+144=360은 1年이 되고 이것은 圓의 度數와 같다. 太陽數 36과 太陰數 24를 合하면 60이 된다. 60은 60甲子의 法이라 할까. 그리고 天數는 1, 3, 5, 7, 9의 合인 25이며 地數는 2, 4, 6, 8, 10의 合인 30이다. 25+30=55는 河圖의 數이다. 55에서 5라는 陰陽의 基本數를 떼어내어 50을 大衍之數라고 하며 "大衍之數 50이니 基用은 49"라고 易에서 설명되고 있다. 양재학은 〈朱子의 易學 사상에 관한 연구〉[188] 에서 대연지수에 대하여 간결하게 잘 밝히고 있다. 아래에 인용하면 다음과 같다.

1. 京房 : 대연지수 50=10日(10)+12辰(12)+28宿(28)
   《주역정의》 권7, 12쪽.

2. 馬融 : 대연지수 50=太極(北辰)의 (1)+兩儀(2)+日月(2)+四時(4)+
   같은 곳   五行(5)+十二月(12)+二十四氣(24)

3. 鄭玄 : 대연지수 50=天地之數(55)-五行(5)
   같은 곳

4. 筍爽 : 대연지수 50=六爻(6)×八卦(8)+乾坤二卦

5. 姚信·董遇 : 대연지수(50)의 작용수(49)=天地之數(55)-六爻(6)

이외에도 청대의 吳大年(1755~1821)은 태극 양의 사상팔괘를 토대로 하여 대연지수를 太極(1)+兩儀{陰儀(2)}+四象{太陽(1)+少陰(2)+少陽(3)+太陰(4)}+八卦{乾(1)+悅(2)+離(3)+震(4)+선(5)+(6)+艮(7)+坤(8)}로 풀이하고 있다.

河圖의 體性과 洛書의 用性을 數로도 표시하기도 한다.
河圖 : 1, 2, 3, 4, 5, 6, 7, 8, 9, 10=55 - 5+5=10(體)
洛書 : 1, 2, 3, 4, 5, 6, 7, 8, 9,=45 - 4+5=9(用)
그러므로 河圖 洛書의 합은 100이다.

55는 天地의 體數와 用數를 가진다. 5는 體數로 河圖의 中央數이다. 49는 1의 體數를 떼어낸 數이며 體는 不用으로 太極數 1과 같다. 用數 49는 奇數로 變化作用을 뜻한다. 이것은 5와 6의 관계에서도 같다.

5(2+3)의 운동변화의 主役에 있어서 6은 그 基盤이 되고 體이다. 또

---

188) 양재학, 박사논문, 1992, 92쪽.

는 變化의 節이라 할 수 있다. 5와 6의 관계는 十干(天干)과 十二支(地支)에서도 볼 수 있다. 甲乙丙丁戊己庚辛壬癸의 十干과 子丑寅卯辰巳午未申酉戌亥의 十二支이다. 5의 體象와 6의 用事이다. 天干은 十이 一週이며 地支는 十二가 一週가 된다. 양자의 만남은 天干 6回, 地支 5回에서 出發點에서 다시 만난다. 10×6=60, 즉 60日이 걸려야 만난다. 이것이 60의 6甲이 된다. 60日은 1個月陰陽兩面에 해당되며 360과 同類의 數이다. 그리고 64卦도 6爻로 變化의 一週를 가져오려면 64×6=384이다. 이것은 360+24 季節과 合한 數이다. 60卦+4卦(乾 坤, 坎, 離로, 體卦라 한다)의 64이니 體卦를 빼고 60×6爻=360으로, 이는 人體의 關節數와 같다.

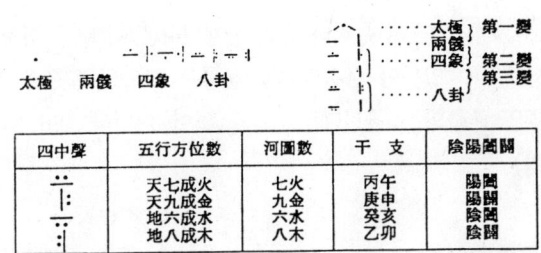

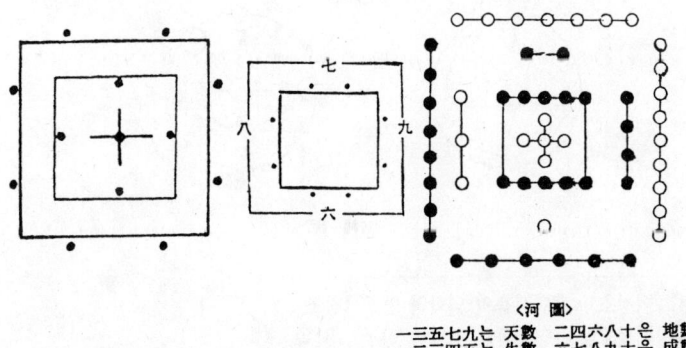

다시 先天數의 參天(1, 3, 5)의 合은 九이고 先天數의 兩地의 合은 六으로 《周易》의 〈爻辭〉에는 陽九 陰六으로 쓰이고 있다. 그러므로 洛書의 不變數는 9+6=15이다. 즉 先天數 1, 2, 3, 4, 5 의 合數=15와 같다. 이것을 한글의 역학적 시각으로도 설명할 수 있다. 그 수를 모두 조합하면 15의 수가 된다.[189]

이와 같이 數의 개념은 太極, 兩儀, 四象, 八卦의 개념에서 우리들의 언어 字句에까지 전개된다.[190]

또는 그 數는 5行과도 交絡한다. 河圖에 있어서 1과 6(水), 3과 8(木), 2와 7(火)은 4와 9(金), 3과 8, 5와 10(土), 그리고 다시 4와 9(金)로 이어지며, 4와 9(金)는 1과 6으로 다시 돌아온다. 이것은 水生木, 木生火, 火生土, 土生金, 金生水의 生의 關係다. 다시 洛書에서 1과 6은 2와 7(火), 다시 2와 7(火)은 4와 9(金)로, 또 4와 9(金)는 3과 8(木)로, 5와 10(土)에 이어 1과 6(水)으로 이어지나 이것은 水克火, 火克金, 金克木, 木克土, 土克水의 克의 관계이다(그림 6, 7 참조).

여기에서 알 수 있듯이 洛書의 변화운동은 河圖의 順數에 대해서 逆數이다. 易은 逆數와 맞물린다. 往者의 順이 아니라 知來者의 逆이다 (〈설괘〉 3장).[191]

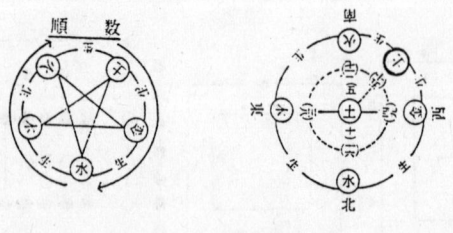

〈그림6〉 五行의 相生(水生木, 木生火, 火生土, 土生金, 金生水)

---

189) 이정호, 《훈민정음의 역학적 연구》 참조.
190) 이정호, 《훈민정음의 역학적 연구》, 31쪽.
191) 위의 책.

이와 같이 자연의 生의 관계와 克의 관계가 數로 표시되지만 數學의 數는 아니다. 易의 知來者의 결단(吉凶)과 행위지평 위에서의 對待數이다. 수의 시작(洛書)이며 완성(河圖)이다.

朱子의 《易學啓蒙》에도 "天以一生水而 地以六成之 天以三生木而 地以八成之 地以二生火而 天以七成之 地以四生金而 天以九成之 天以五生土而 地以生十成之 此又其所謂 各有會 焉者也"라 했다(그림 4, 5, 9, 10 참조). 五行도 數와의 交合이다. 理性에 바탕을 둔 數學의 전개와는 다르다.

<그림7> 五行의 相克(金克木, 木克土, 土克水, 水克火, 火克金)

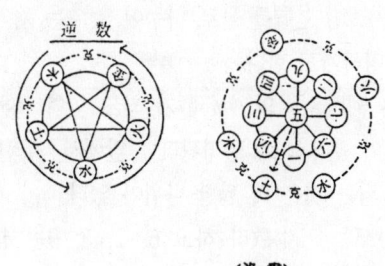

<洛書>

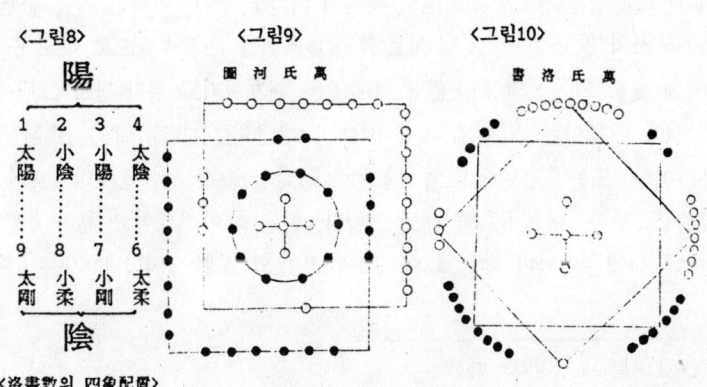

또한 陰爻와 陽爻를 用九用六數로 표현한 爻卦는 天地의 曆數의 變化原理와 物의 변화와 人倫의 交合을 가져오기도 한다. "昔者에 聖人之作易也에 幽贊於神明生著하고 參天兩地而綺數하며 觀變於陰陽而立卦하고 發輝於剛柔而生爻하니 和順於道德而理於義하며 窮理盡性하여 以之於命하니라."[192] 다시금 "昔者는 聖人之作易也하니 將以順性命之理하고 是以立天之道曰陰與陽이며 立地之道曰柔與剛이고 立人之道曰仁與義이니 兼參才而兩之라 故로 易이 六劃而成卦하고 分陰分陽하며 迭用柔剛이니 故로 易이 六位而成章한다"[193]에서 兼三才而兩之를 앞에서 인용한 "參天兩地而綺數"의 數로도 견주어 해석할 수 있다. 그만큼 自然의 陰陽으로 立卦하고 剛柔로 生爻하고 道德으로 理於義하며 窮理盡性하여 以至於命하는 物의 變化다. 人倫의 交絡을 하나로 하고 있는 數의 運行이다. 따라서 參天兩地는 參才之道를 둘로 나누어 天道는 陰陽, 地道는 剛柔, 人道는 仁義로 설명하기도 한다.

이와 같이 5의 수는 河圖洛書의 中心數가 되고 있다(물론 河圖는 10, 洛書는 5의 運動變化의 基本數로 설명된다). 앞에서 지적한 바와 같이 參天兩地의 基本數가 되는 것은 더 말할 나위가 없다.

그리고 1, 2, 3, 4, 5는 五生數라 하고 6, 7, 8, 9는 4成數라 한다. 또는 1, 2, 3, 4, 5와 6, 7, 8, 9(老少陰陽) 그리고 10은 소위 先五의 天道와 後五의 地德의 관계로 설명된다. 1, 3, 5는 度天이 되고 7, 9는 數地로도 설명하여 三天兩地의 해설이 되기도 한다. 이와 같이 5의 基本數를 쓰지 않고 1, 2, 3, 4 度數의 天地曆數를 四曆生成으로 하고 6, 7, 8, 9 度數를 人道의 仁義禮智 四德으로 전개하기도 한다(참조 그림 8). 그런데 四曆이란 原曆(375도), 閏曆 1, 2(366도, 365.25도), 正曆(360도)이다. 또는 '元亨利貞'의 4象으로 64卦의 根據로서 乾坤의 〈卦辭〉가 되기도 한다. 用九用六만 해도 그렇다. 乾은 陽이 3爻이고 陽의 基數 3이니 3×3은 9이며 坤은 陰이 3爻이고 陰의 基數 2이니 3×2는 6으로

---

192) 《周易》, 〈說卦〉, 제1장.
193) 《周易》, 〈說卦〉, 제2장.

설명할 때 河圖洛書가 각기 10과 5를 體로 하여 9와 6을 運動展開의 用으로 보는 견해도 있다. 따라서 用九用六은 易은 逆數이기 때문에("天地定位, 山澤通氣, 雷風相薄, 水火不相射 八卦相錯, 數往者順, 知來者逆, 是故易逆數也")[194] 陽은 逆으로 7이 아니라 9부터 시작해 用九用六으로 설명하기도 한다.

또는 벽괘(sovereign hexagram)라 하여 12개월 月曆의 相應하는 卦를 두어 卦의 하나가 그 달에 일어난 일을 주도하는 역할로 交絡한다. 月數는 常數가 아닌 象數가 된다. 그만큼 수는 春生夏長秋收冬藏의 의미를 가진 象數가 된다.

復䷗ 臨䷒ 泰䷊ 大壯䷡ 夬䷪ 乾䷀

姤䷫ 遯䷠ 否䷋ 觀䷓ 剝䷖ 坤䷁

復卦는 음력 11월이며 冬至가 들어 있는 달이다. 乾卦는 陽이 極한 곳에 있고 4월의 벽괘이다. 후괘는 5월의 벽괘이며 陰의 再生으로 夏至가 들어 있다. 冬至에 이미 陽이 움직이고 夏至에 이미 陰이 움직이고 있는 것을 주목하여야 한다. 변화괘(문왕괘)에서 극한의 자리, 즉 夏秋間에 坤이 있고 秋冬間에 乾이 들어 있는 것과 맞물린다. 文王卦에서는 乾이 時節로는 秋冬間이며 方位는 西北間이다. 坤도 夏秋間으로 가장 勞役의 時節이다. 方位는 西南間이다. 乾坤은 旺盛한 일(乾)과 勞役(坤)과의 時節과 方位에서 그 변화의 의미를 가진다. 象數의 변화나 卦爻의 변화에서도 지시하는 바는 여전히 數의 계산과 행위가 하나가 되는 지평이다. 그 運動變化의 發育과 收藏의 움직임이 언제나 이미 들어 있다. 坤卦는 10월인데 陰이 極度에 달한 冬至의 前月이 되고 있다. 冬至에는 이미 陽爻가 들기 시작하기 때문이다.[195]

數와 卦의 現象에는 언제나 변화가 시작되는 운동이 먼저 들어 있다. "수는 시작이지 數가 아닌 것이다(一者 數之始而 非數也)."

---

194) 〈說卦〉, 제3장.
195) 復卦.

음양이 올 자리에 다 와 있으면 旣濟는 亨이 小이고 初吉이지만 終亂이 되고 만다. 좋은 것은 아니다. 차라리 올 자리에 제대로 다 와 있지 않은 未濟는 未濟亨이고 柔得中也이다. 이것이 오히려 中을 얻는다. 그 未濟亨은 柔와 中을 얻는 것이다. 이처럼 이미 운동이 시작되고 있는 변화를 前提로 하고 있는 것이 易이다. 그렇기 때문에 固定數의 定數가 아니라 志向數이며 對待數이다. 固定地平, 즉 理論의 定數로는 이해할 수 없다. 對待 또는 相須地平이 易의 바탕이 되고 있다 하겠다. 兩과 參이 그렇고, 四時, 四象, 四方이 모두 운동의 對待로 나타난 數이다. 六爻의 변화도 그렇고 天地之數 五數相配도 말할 것이 없다. 五行이나 五와 十의 先天, 後天의 가름도 이른바 다 對待地平이다. 이때 對待, 相須는 《周易》의 핵심적인 운동이라 하겠다. 數와 象이 언제나 義理와 相錯하여 있다는 것을 뜻한다. 固定地平이 아니라, 物을 넓은 의미의 倫理地平으로 문제삼는다는 物과 誠의 의미에서 誠地平을 相須 또는 對待로 보는 연유도 여기에 있다. 그리고 先三 後三의 六爻를 넘어서 更位의 7이 의미하는 영역은 언제나 更位의 자리이며, 단순한 記述의 자리가 아니다. 이러한 의미에서 仁義이다. 결론적으로 眞理는 合理가 아니라 合致이다. "先三後三者六爻也 爻終于六七則 更爲之端矣 所謂終則有始天行也 七日 得七日 來復 皆其義."[196]

易의 終則有始의 終始論에는 이미 對待의 論理 그 자체가 있다. 〈蠱卦象傳〉에도 "先甲三日 後甲三日 終則有始天行也"라 하여 先甲과 後甲의 관계를 이미 對待로 설명하고 있다. 그 안에서 易의 天道運行의 뜻을 묻고 있다. 甲子가 아니다. 辛酉로의 歸依이다. 다시 復卦에서 "反復其道 七日來復 天行也"[197]라고 하면서 上爻가 끝나고 七爻一陽과의 對待를 통하여 다른 세계로의 變化를 지시한다. 이렇듯 易의 論理는 對待로 자기 전개가 있다.

이와 같이 象數의 對待關係는 《周易》의 근원개념이며 더욱이 서구의

---

196) 《周易 傳義大全》, 小註, 1076; 崔英辰, 《周易數理論의 論理構造》, 16쪽.
197) 《周易》 上, 復卦.

形而上學과 비교할 수 있는 易의 論理의 근거를 제시해 주고 있는 것이다.

현상으로서의 數의 이념(후설)과, 數와 개인적 경험을 문제삼는 행위지평에서의 數(Wittgenstin), 그리고 이 두 가지를 통한 對待地平에서의 數(《周易》)의 문제는 서양철학의 비판과 그 비교에 새로운 방법론을 제시해 주리라 확신한다.

《周易》에 나타난 '體用'과 '一'의 관계
―王弼을 중심으로

金周昌*

차 례

Ⅰ. 서 언
Ⅱ. '體用'이론의 철학적 근거와 '一'의 관계
Ⅲ. '體用'이론의 철학적 배경과 우주 실체로서의 '一'
Ⅳ. '體用'이론의 실제적 例
Ⅴ. 결 어

Ⅰ. 서 언

주역은 본래 미분화된 절대의 '一'에서 분화되어 드러난 것(萬物)으로부터 다시 본래의 '一'로 회귀시켜 나갈 수 있도록 체계화한 '統一' 철학이다.[1] 이 '一'은 언제 어디서나 '分化된 一'에 내재되어 있다. 상대적으로 '分化된 一'을 궁구하면 '未分化된 절대의 一'을 알 수 있다고 한다. 즉, '分化된 一'의 원리를 알면 '未分化된 一'의 원리를 알 수 있다는 것이다. 왜냐하면 이는 '未分化된 一'에서 나온 일관된 존재 원리이기 때문이다. 《주역》은 이같은 기본적 전제 위에서 우주 만물을 일관되게 해석하고 있는데, 왕필은 이 기본적 전제를 '體用'으로 구조화하여 우주 만물을 해석한다.[2]

---
*熊津專門大學 女性敎養科 敎授
1) 왕필,《주역노자왕필주교석》(대북 화정서국 민국 70년), 591쪽 참조.
2) 張岱年,《玄濡評林》(湖南人民出版社, 1985년), 1쪽 참조.

II. '體用'이론의 철학적 근거와 '一'의 관계

왕필의 주역 사상에서 가장 정미한 이론이 바로 '體用'이론이다. 이 이론을 고찰하려면 반드시 '體用'의 관념부터 살펴야 한다. 우선 이 관념을 살피기에 앞서 '體用'의 이론적 근거가 어디에 있는가부터 검토하고자 한다.

왕필은 사상을 전개하면서 그 이론적 근거를 '一'에다 두고 있는데, 주역의 주를 다는 데 있어 기본적인 원칙과 강령을 주역 약례 명단편에 가장 정확하게 제시하고 있다.

무리는 근본적으로 무리들을 다스릴 수 없다. 무리를 다스릴 수 있는 것은 반드시 가장 적은 것이라야 한다. 또한 움직이는 것은 결코 움직이는 것을 통제할 수 없다. 천하에 움직이는 것을 통제할 수 있는 것은 오직 '一'뿐이다. 그러므로 무리들이 스스로의 존재를 보존시킬 수 있는 까닭은 바로 그들의 중심이 반드시 '一'에 맞물려 있기 때문이다. 움직이는 것들이 운동을 계속할 수 있는 까닭은 그 근원이 반드시 둘이 아니기 때문이다. 또한 만물의 운동 변화가 맹목적이지 않은 것은 반드시 필연의 이치가 내재하고 있기 때문이다. 통솔하는 데는 宗主로 하여금 하게 하고, 회합하는 데는 元首로 하여금 하게 한다. 그러면 빈번해도 혼란스럽지 않고 아무리 많아도 곤혹스럽지 않게 한다. 그러므로 6爻가 서로 섞여 있어도 그 가운데 중심이 되는 하나를 통하여 그 의미를 소상히 밝힐 수 있다. 剛과 柔가 서로 겹쳐 있어도 그 주도하는 것을 움직이면 안정을 이룰 수 있다. 이렇기 때문에 만물을 서로 잘 어울리게 하고 바른 가치관을 세울 수 있으며 또 옳은 것과 그른 것을 정확히 판단하는 데 있어 만약 그들(6爻) 가운데 中爻를 모르면 전혀 알 수가 없다. 근본에서부터 그 단서를 찾아들어가면 만물이 아무리 많다 해도 '一'을 잡아서[執一] 통제할 수 있다는 것을 안다. 또한 근본에서 사물을 바라보기만 한다면 그 의미하는 바가 아무리 넓어도 한 명칭[一名]으로 집약할 수 있다는 것을 안다. 이것은 마치 璇璣를 설치해서 천체의 운행을 관측하게 되면 천지의 움직임이 전혀 이상하지 않은 것과 같다. 강령으로 미래의 변화를 관찰할 것 같으면 우주가 중심을 향해 모여 있는 것이 결코 많다는 생각이 들지 않는다(《주역》〈약례명단〉).[3]

우리는 여기서 왕필이 피력하고 있는 宗旨를 크게 두 가지로 나누어 설명할 수 있다.

첫째 일체 사물은 그 존재 형식과 방식이 달라도 반드시 '一'에 근원하고 있으며 그 존재의 원인까지도 역시 '一'에 의하여 부여받으며, 둘째 그 존재에 내재되어 있는 宗主를 중심으로 운용해 나가면 반드시 한 이치로 꿰어질 수 있다는 것이다.

왕필이 파악한 우주는 '一'에 의해서 통제되고 있고 다시 우주는 만물을 '一'로써 통제한다. 일체가 '一'에 근원을 두고 있기 때문에 모든 존재가 '一'에서 나왔다가 다시 '一'로 회귀하고 있다. 그 동안에 모든 존재는 '一'을 잡고 스스로 운작하면서 존재하고 있다. 그렇기 때문에 우주의 만상은 정연한 것이 질서 있고 혼란스럽지 않다. 그래서 우리는 '執一'하여 통솔하기만 하면 우주 만물이 행하고 있는 변화의 실체를 알 수 있게 된다는 것이다. 萬千之變은 본래 有本有理하기 때문에, 우리가 執宗執元하면 우주 자연에서 나타나는 변화와 불변의 원리를 파악할 수 있다. 그러면 변화 그 자체에 대하여 두려움이나 의혹이 완전히 사라질 것은 물론, 우주 자연 그 자체는 진실 무망하다는 믿음이 더욱 확고해지게 된다.

---

3) 왕필,《주역노자왕필주교석》(대북 화정서국, 민국 70년), 591쪽.
  "夫衆不能治衆,治衆者,至寡者也. 夫動不能制動,制天下之動者,貞夫一者也.故衆之所以得咸存者,主必致一也. 動之所以得咸運者,原必无二也.物無妄然,必由其理.統之有宗,會之有元,故繁而不亂,衆而不惑. 故六爻相錯,可舉一以明也. 剛柔相乘,可以主以定也. 是故雜物撰德,辯是與非, 則非其中爻,莫之備矣! 故自統而尋之,物雖衆, 則知可以執一御也.由本以觀之,義雖博, 則知可以一名舉也. 故處璇璣以觀大運, 則天地之動, 未足怪也. 據會要以觀方來, 則六合輻湊, 未足多也."

여기서의 문제는 우리가 '一'을 어떻게 알 수 있느냐 하는 것이다. 왕필의 논리대로 만약 '一'을 파악했다면 이는 곧 '宇宙'를 파악한 것이 된다. 또한 '宇宙'를 파악했다고 하면 이는 역시 '一'을 파악한 것이 된다. 그러므로 '一'을 파악하는 것은 '宇宙'를 파악한 것이고, 그래서 '一'을 장악했다면 '宇宙'를 장악한 것이다. 궁극적으로는 '一'은 우주이고, 우주는 '一'이다. 이 말은 다시 우주는 '一物'이고, 또 천지 만물은 '一體'임을 말하는 것이다. 이는 곧 '一物'이 분화해 나가서 '萬物'이 되었지만 결국은 떨어질 수 없는 '一體'임을 전제로 한 것이다.

지금 우리들 눈앞에 전개되어 있는 만물은 이 순간에도 계속 분화하는 과정에 있다. 이것이 우리들에게는 변화로 받아들여진다. 이 분화를 주도하고 있는 주체를 왕필은 바로 '宗'과 '元'이라고 했으며, 이 '宗'과 '元'을 잡고 좇아가면 '一'을 알 수 있는 방법까지 제시하고 있다. 즉 매 개체를 주도하고 있는 '宗'과 '元'의 줄기를 타고 가면 종극에는 '一'과 만난다는 논리이다. 이는 또한 《주역》을 파악하는 방법이기도 하다. 《주역》에서는 매 괘마다 매 상황을 나타내고 있다. 그것을 알려면 우선 그 괘의 6爻에서 중심 역할을 하는 中爻를 통해야만 가능하다. 또한 64卦에서도 가장 중심 역할을 하는 乾·坤卦를 근간으로 해야만 궁극적으로 태극을 파악할 수 있다.

사실 《주역》이란 우주를 간략하게 도식화한 우주의 축소판이다. 그렇기 때문에 《주역》을 안다는 것은 곧 우주를 아는 것이 되며, 또한 우주의 원리를 안다면 이미 《주역》의 원리를 안다는 것이 된다. 그러므로 《주역》의 원리를 알아 나가는 것은 곧 우주의 원리를 알아 나가는 것이 된다.

앞서 왕필이 지적했듯이 《주역》의 괘는 반드시 中爻를 통해서 알아 나가듯, 우주 만물은 그 중심이 되는 '宗'과 '元'을 통해서 알아 나가야 한다. 왜냐하면 이들은 본래 '一'에서 분화된 '分一'이기 때문이다. 그렇다고 해서 이 '分一'이 '離一'이 된 것은 아니다.

이 '執一'로 운작해 가면 만물이 한 질서에 움직이고 있는 것을 알 수 있음은 물론, 만물이 조화와 균형을 갖춘 정연한 질서를 발견할 수 있다. 이것은 마치 璇璣를 통해 우주의 대운을 관측하면 천지의 변동이 일정한 법칙에 의해 움직이고 있음을 알 수 있으며 동시에 그것들의 조화와 균형을 유지하는 질서가 있다는 사실을 아는 것과 꼭 같은 이치이다.

왕필의 이러한 견해는 역시 〈論語解〉와 〈老子注〉에서도 그대로 나타나고 있다.

관통되었다는 것은 마치 통솔되었다는 것과 같다. 세상 만사는 반드시 제자리로 돌아가게 마련이듯, 이치도 항상 한 맥으로 모아지게 되어 있다. 그러므로 그 돌아가는 바를 알기만 한다면, 그 규모가 아무리 큰 것일지라도 한 명칭으로 집약할 수 있다. 바로 그 한 맥으로 모아진 것을 종합하기만 한다면, 이론이 제아무리 많다 해도 가장 간략한 방법을 찾아낼 수 있다. 이것은 마치 임금이 백성을 다스리는 데 '一'을 잡아 그들을 다스리는 방법과 같다(《논어》, 〈里仁章〉).[4]

사건에는 핵심이 있는 법이고 물건에는 중심이 있게 마련이다. 방법은 달라도 귀결점은 같듯이, 생각이 아무리 복잡해도 궁극적으로는 '一'로 귀결된다(《노자》 47장).[5]

여기서도 역시 왕필은 '一'에 의거하여 논리를 전개시켜 나간다. 보다시피 그의 모든 저서는 한결같이 이 '一'의 개념을 가지고 서로 다른 구조 체계를 가진 儒·道사상을 통괄적으로 해석하고 있다.

---

4) 왕필,《주역노자왕필주교석》, 622쪽.
  "貫猶統也. 夫事有歸, 理有會. 故得其歸, 事雖殷大, 可以一名擧. 總其會, 理雖博, 可以至約窮也. 譬猶以君御民, 執一統擧之道也."
5) 왕필,《주역노자왕필주교석》, 125~126쪽.
  "事有宗而物有主. 途雖殊而同歸也, 慮雖百而致一也."

III. '體用'이론의 철학적 배경과 우주 실체로서의 '一'

이 '一'에 의거하여 해석하는 논리는 과연 어디로부터 연유하는지 궁금하다. 이것은 바로 그의 '執一 思想'에서 비롯된다. 그러면 이 執一思想이란 무엇인가? 이 이론은 우주의 근원인 '一'의 실체와 그 실재성을 확실히 밝혀 기반을 공고히 한 후, 다시 그 '一'에 입각하여 구체적인 방법을 제시하는 논리로 전개된다.

우리는 여기에서 하나의 의문을 갖게 된다. 과연 그렇다면 '一'이 실재하고 있다는 사실을 어떻게 증명할 수 있는가? 이 의문의 '一'에 대하여 왕필은 《주역》, 〈계사전〉, 상편 9장 주에서 분명하게 시사하고 있다.

> 왕필 선생께서 말씀하시기를, 천지의 數가 제아무리 많아도 50에 의거해 있다. 그 중 49는 用하고 1은 不用한다. 한데 이 不用을 用하게 되면 형통하게 되고, 非數를 數하게 되면 완성을 이루게 된다. 이것이 易의 태극인 것이다. 49는 數의 極이다. 대저 無는 無로써 밝힐 수 없고 반드시 有에 因하여야 하므로, 항상 物의 極에 있게 되면 반드시 그 원인이 되는 宗을 밝힐 수 있게 된다(한강백주).[6]

이 문장은 왕필의 제자인 한강백이 스승의 말씀을 그대로 옮긴 것으로, "大衍之數五十, 其用四十有九"[7]라는 문구를 해석한 내용이다. 여기에서 '其用'은 '四十九'요, '不用'은 '一'이라고 하였다. 왕필은 바로 이 '不用'의 '一'에 주목하지 않을 수 없었다. '不用'이라면서도 그것 없이는 결코 '用'이 아무런 작용을 하지 못하는 바로 그 '一'에 의문을

---

6) 왕필, 《주역노가주교서》, 547~548쪽.
"王弼曰, 演天地之數, 所賴者五十也. 其用四十有九, 則其一不用也. 不用而用之以通, 非數而數以之成, 斯易之太極也. 四十有九, 數之極也. 夫无不可以无明, 必因於有, 故常於有物之極, 而必明其所由之宗也."
7) 《주역》, 〈계사〉 상편 9장 3절.

가졌던 것이다. 그 '一'의 비밀은 과연 무엇인가. 천재 사상가 왕필에게는 도저히 그냥 넘어갈 수 없는 절박한 문제였다. 왕필은 이 불가사의한 '一'의 실체를 바로 '體'로 바꾸어놓음으로써 그 난제를 절묘히 해결할 수 있었다. 여기에는 그렇게 될 수밖에 없는 충분한 이유와 근거가 있었다. 이 '一'을 '體'로 바꾸지 않을 수 없는 이유는 무엇이며, 또 '一'이 '體'가 되지 않을 수 없는 이유는 무엇인가. 왕필에게는 분명한 근거와 이유가 있었는데 그에 관해서는 다음에 다시 토론하기로 한다. 어떻든 이렇게 해서 드디어 '體用理論'이 탄생하게 되는 것이다.

앞의 주에서 보았듯이 왕필은 만물이 형통되고 완성되게 하는 존재 근거가 바로 태극인 '一'에 있다고 규정했다. 즉 존재하는 일체는 모두 '一'에 근거하며, 바로 '一'의 원리와 법칙에 의하여 만물이 생성되었다는 것이다. 때문에 '一'은 곧 만물의 본원이자 고향이 된다.

왕필은 우주 만상을 모두 이 '一'의 원리와 법칙에 의하여 나타난 현상으로 파악하였다. 그래서 만물에 나타나고 있는 현상을 관찰하고 궁구하면 마침내 그 현상이 있게 하는 원인인 '一'을 알 수 있다고 하였다. 마치 현상 속에 움직이는 '宗'과 '元'을 좇아들어가면, 궁극적으로 소이연이 되는 '一'과 만날 수밖에 없다는 말이다.

왕필은 이와 같이 '萬物'을 '一'에서 파생되어 새롭게 완성된 존재로 파악했으며, 또한 '一'을 만물이 존재하게 하는 이유와 근거인 '體'로 규정했다.

뿐만 아니라 그는 수로서 그 논리를 입증해 나가고 있다. 즉 만물의 수를 압축하면 '50'이 되는데, 공교로운 것은 '其用'은 오직 '49'뿐인데 그 수가 '一'에 매여 있다는 사실이다. '49'는 움직이고 있으나(作用) '一'은 움직이지 않으면서도(현상적으로는 작용하지 않으면서) 그 '49'를 '작용하게 만드는 역할'을 하고 있다. 왕필은 단지 '작용으로서의 작용'을 하고 있으면서도 그것(49)을 작용하게 할 수 있는 것은 바로 '一'이 그것(49)의 주재자가 아니면 불가능하다고 생각했다. 여기에서 그는 서슴없이 이 '一'이야말로 실로 만물의 '本體'라는 신념을 더욱 공고히 하였다.

따라서 왕필은 만물 만상의 본체인 '一'이 오직 할 수 있는 방법(用)으로 '無用之用'으로서의 '大用' 밖에는 달리 생각할 것이 없었다. 물론 이것이 장자의 계시에서 얻어진 것임은 말할 나위도 없다. 장자는 왕필에게 해답을 풀어주기라도 하듯, "'쓰지 않는 것(無用)'을 쓰는 것(用)이야말로 실제로 이 이상 더 큰 쓰임새는 없다"[8]고 하였다. 장자는 왕필이 사고를 계발하는 데 어느 누구보다도 견인차적 역할을 했다. 왕필의 사상적 회통의 방법은 장자로부터 많은 계시를 받고 배운 것이다.

왕필은 이런 일련의 논리적 과정을 통하여 얻어진 '一'의 실재성을 다시 논리적으로 구성하고 또한 그 '一'의 존재 방식까지 정확히 구명해야만 했다. 그렇게 하지 못하면 실재적으로나 논리적으로 '用'을 알지 못하는 것은 물론 '一'까지 불명한 것이 되기 때문이었다.

사실 '用'과 '體'는 나누어서는 생각할 수 있지만 절대로 따로 존재할 수 없는 '表裏' 관계에 있다. 이것은 왕필의 체용설에 있어 기본 원칙으로, 錢穆 선생도 이 점은 필자와 견해를 같이한다.

《주역》에 있어 64卦 그리고 384爻는 모두 '體'를 말하고 있음은 물론 동시에 '用'을 말하고 있지 않음이 없다.[9]

이같은 견해는 《주역》의 본질을 사실 그대로 정확히 표명한 동시에 왕필의 견해에 전폭적인 동의를 표시한 것이기도 하다.

---

8) 《장자》(대북, 하락출판사, 민국 69년간) 소요유편, 39~42쪽, "無用之用, 是爲大用."
9) 전목, 《장자통변(하)》(대북, 大東圖書公司, 민국 65년간), 381쪽, "周易六十四卦, 三百八十四爻皆言體, 亦莫不皆有用."

IV. '體用'이론의 실제적 例

왕필이 사용하고 있는 '體'와 '用'에 관한 이론적 근거는 본질적으로 《주역》 속에 있었다. 이전에는 아무도 이를 거론한 적이 없었는데, 오직 왕필만이 그 이론을 체계적으로 정립하였다. 이 이론으로 왕필은 《주역》을 해석하게 되는데, 우선 '體'와 '用'이 함께 나와 있는 몇 가지 실례를 열거해 본다.

    泰九二注 : '體'가 강건하니 큰 것을 사용토록 한다. 그러면 더러운 찌꺼기까지 모두 포용할 수 있다. 그렇다고 큰 물을 건너갈 때의 어려움까지 면할 수 있는 것은 아니다.[10]

    同人九五注 : '體'가 유약하기 때문에 여러 사람들과 더불어 같이 일한다. 이때 너무 강직하게 행동하면 사람들은 따라오지 않는다.[11]

    謙初六注 : '體'가 겸손한 군자이다. 그래서 아무리 어려운 일을 처리한다 해도 다른 것에 절대 해를 끼치지는 않는다.[12]

위의 예문에서 보면, 오직 개별(things)의 體만 거론되고 있는 것이 아닌가 하는 의혹을 가질 수 있다. 그러나 간과해서 안 될 것은, 개별의 體가 보편(universals)의 體에 종속되어 있다는 사실이다. 즉 본래 개체가 스스로 존재 형식과 방식을 갖고 있다 해서 전체로부터 독립되어 존재

---

10) 왕필, 《주역노자왕필주교석》, 277쪽, "體健居中, 而用乎泰, 能包含荒穢, 受納憑河著也."
11) 왕필, 《주역노자왕필주교석》, 286쪽, "體柔居中, 衆之所與. 執剛用直, 衆所未從."
12) 왕필, 《주역노자왕필교석》, 295쪽, "能體謙謙, 其唯君子, 用涉大難, 物無害也."

하지 못하는 것이다. 보편으로서의 體와 개별로서의 體가 표면적으로 떨어졌다고 해서, 그 이면에 내재된 본질적인 연계까지 끊어진 것은 아니다.

'體用'이론은 유독 《주역》을 해석하는 공식으로만 국한되지 않고 《노자》와 《논어》까지도 통괄적으로 해석한 주석 이론으로서, 왕필 철학의 기본적인 틀(範疇)이다. 《老子》에서는 본래 '體'에 대해서 一句의 언급조차 없을 뿐 아니라 오직 '道'와 '用'의 관계만 논하고 있다. 노자의 '道'를 《주역》에서 얻은 '體'와 같은 개념으로 이해한 왕필은 노자의 이론을 '體用'의 틀 속으로 끌어들여 해석함으로써 한 학설의 창시자가 되었다. 그 예는 무수히 많지만 《노자 주》 4장, 17장, 24장을 보기로 한다.

비우면서 사용(用)하면 그 사용은 항상 궁핍함이 없게 된다. 또한 가득하면서도 계속 결실을 채우려 하면 그 결실은 결국 넘쳐 흐를 도리밖에 없다. 그러니 항상 비우면서 사용하고 또 다시는 가득 채우려 하지 말아야 한다. 그러면 하고 또 하여도 끝이 없게 되니 사실 이것이야말로 바로 우리들이 실행해야 할 궁극적인 목적이 아니던가. 형상이 아무리 크다 해도 그 '體'까지 속박할 수는 없다(4장 주).[13]

아무리 '體'에 근거한다 할지라도 그 타고난 성질에 따르지 않으면 질병은 자연히 발생하게 된다. 또한 물건을 보호하는 데 있어서도 진실로 하지 않으면 하자가 나타나게 마련이다(17장 주).[14]

도는 본래 형상을 갖추고 있지도 않고 행위하지도 않는다. 그러면서도 만물을 스스로 성품에 맞게 완성시켜 준다. 그러므로 도를 본받아 행하

---

13) 왕필, 《수역노자왕필주교석》, 11쪽, "沖而用之, 用乃不能窮, 滿以造實, 實則溢來, 故沖而用之, 又復不盈, 其爲無窮, 亦已極矣. 形雖大, 不能累其體."
14) 왕필, 《주역노자왕필주교석》, 41쪽, "夫御體失性, 則疾病生. 輔物失眞, 則疵釁作."

려고 하는 자는…… 이것은 도와 더불어 그 '體'를 같이한다고 하는 것이 므로 이것을 일컬어 '도에 합치된 것이다'고 말했다(23장 주).[15]

여기서도 분명한 것은 왕필이 '道'를 우주 만물의 體로 설정한 것이다. 그 體의 성질을 또한 진실 그 자체로 이해하고 있다.

그렇다면 여기에서 '用'을 과연 어떻게 보고 있는가가 궁금하다. 그것에 관하여 그는 앞에서 분명히 "도란 본래 형상을 갖추고 있지도 않고 행위하지도 않는다. 그러면서도 만물을 스스로 성품에 맞게 완성시켜 준다"[16]고 밝히고 있다. 그에게 분명한 것은 도의 作'用'이 곧 체의 作'用'이라는 사실이다.

왕필의 사유 구조에서 '體'와 '道'가 본래 둘이 아니고 떨어질 수 없는 것은, 단지 언사로만 나누어진 '一'의 또 다른 표현이기 때문이다. 그러므로 그것의 作'用'도 역시 필연적으로 같은 것이 될 수밖에 없다. 〈論語解〉와 〈周易注〉에서도 그러했듯이 〈노자 주〉 역시 '體'와 '用'의 관계를 정립하여 설명하지 않았다. 단지 그 이론에 입각하여 노자가 표현하려 했던 현상의 본질과 원리들을 분명하게 해석하고 있을 뿐이다.

문(門), 성숙한 암컷이 존재케 하는 이유가 된다. 이것으로 말미암아 태극과 그 '體'를 같이하는 것이니, 우리는 이것을 천지의 뿌리라고 부른다. 만약 자연스러움에 거역하면 그곳에서 어떤 열매도 보이지 않는다. 그러나 자연스러움에 따라가면 만물은 그곳에서 생장하게 된다. 이 원리에 의해서 우주 만물은 면면히 생존한다. 그러므로 우주 만물은 스스로 타고난 자기의 성품에 맞게 완성해 나가는 데 전혀 수고로움을 느끼지 않는다. 그러므로 그 원리를 쓰고 또 쓰더라도 전혀 피로하지 않다(노자 주 6장).[17]

---

15) 왕필, 《주역노자왕필주교석》, 58쪽, "道以無形無爲成濟萬物, 故從事於道者以無爲爲君, 不言爲敎, 綿綿若存, 而物得其眞. 與道同體, 故曰同於道."
16) 왕필, 《주역노자왕필주교석》, 58쪽, "道以無形無爲, 成濟萬物."
17) 왕필, 《주역노자왕필주교석》, 17쪽, "門, 玄牝之所由也. 本其所由, 與極同

왕필에게 있어 '體'와 '用'을 빼놓고는 어느 것도 설명하지 못할 것이다. 天下의 만물이 이 '體用'의 용광로로 들어갔다 하면 '體'와 '用'으로 분리되어 나오고 있다. 그러나 우주 만물이 본래가 '體用'으로 구분된 것은 아니고, '一' 그 자체인 것뿐이다.

V. 결 어

왕필이 창출시킨 '體用'이론은 전적으로 주역의 '一'에 근거하고 있다. 천하의 모든 만물을 해석함에 있어 '一'로 해석하지 않은 것이 없다. 그에게 있어 우주 만물은 '一' 그 자체였다. '一'은 우주 만물의 시작이며 끝이었다. 여기에 바로 모든 방법과 근거와 이유 등 모든 것이 들어있는 것이다. 그래서 우리는 그를 '執一 思想'[18]의 창시자라고 부른다.

體, 故謂之天地之根也. 欲言存邪, 綿綿若存也, 無物不成, 用而不勞也. 故曰用而不勤也."

18) 본인은 왕필을 執一思想家라고 처음으로 命名하였다. 그의 사상 전반에 보이는 형이상학과 인식론에서 나타나는 특징은 '一'이다. 이 우주가 운행하는 원칙인 '一'이 행하고 있는 '執'과 우리가 우주의 실체인 '一'을 인식해 나가는 '執'이, 왕필의 전부이다. 이 두 가지를 합하여 '執一'이라고 하였다. 이것은 《왕필 주역 약례》,〈명단〉편에서 근거한 것이다. 왕필, 《주역노자왕필주교석》(대북 화정서국, 민국 70년), 591쪽 참고.

제2장
韓國의 易學思想

韓國易學思想의 特質과 그 文化的 影響

柳承國*

차 례

Ⅰ. 序
Ⅱ. 韓國易學의 特質
Ⅲ. 韓國易學의 緣由와 歷史的 理解
Ⅳ. 韓國易學의 文化的 影響
Ⅴ. 韓國易學의 現代的 意義와 展望

Ⅰ. 序

韓國易學思想을 간단하게 설명하기는 지극히 어려운 일이다. 오랜 역사를 통하여 경험과 사상의 복합적인 내용이 易學思想 속에 반영되어 있기 때문이다. 그러나 본고에서는 한국역학의 思想的 特徵과 本質을 지적하고자 하며, 또한 易學이 한국의 민족문화 형성 발전에 어떻게 영향을 주었는가를 중점적으로 고찰하려 한다.

韓國 思想史에 있어서 易學의 위치는 哲學的·倫理的 내지 宗敎的 차원에서 최고의 원리로 인식되어 동양제국의 어느 나라보다도 최상의 경전으로 취급되어 왔다. 한국민족의 역사와 이념을 상징하는 국기가 '太極旗'로 된 것도 한국에 있어서 易理를 얼마나 소중히 여겼는가를 단적으로 보여주는 것이며, 이는 우연한 것이 아니라 역사적 배경과 사상적 흐름에 있어서 역학사상이 매우 중요한 위치를 차지하고 있는 증거라 하겠다.

---
*學術院 會員

易學이라 하면, 일반으로 중국의 고전인 《周易》을 지칭하고, 중국사상임을 연상하지만, 본고에서는 중국고전의 특정서인 《주역》만을 한정하는 것이 아니라, 連山, 歸藏, 周易을 三易이라 하듯이 여러 가지 易이 있을 수 있는 易理를 보고자 하는 것이며, 특히 《주역》이 전래하기 이전부터 내려오는 한국 상대로부터의 신앙과 사유방식의 발상을 역리와 관련하여 고찰하고, 그 발전과정에 있어서 한국적 특성을 고찰하려는 것이다.

韓國易學은 시대적으로 내용을 달리하여 古代의 占術, 中世의 神秘主義 自然論 내지 天文, 曆法, 醫藥 등의 科學思想으로 나타났으며, 朱子學 수용 이후에는 주로 倫理的·哲學的 원리로서 발달을 보았다. 이를테면, 世宗大王의 訓民正音 창제라든지 李濟馬의 四象醫學 등은 역리가 한국민족 문화창달에 지대한 역할을 한 뚜렷한 사례이다.

이와 같이 철학적으로 심화된 역학사상의 한국적 전개를 살펴보고, 현대적 의의를 전망하려는 것이 이 논문의 主旨이다.

II. 韓國易學의 特質

《周易》은 中國을 위시하여 한자를 사용하는 東方 諸民族이 과거 수천년 동안 읽어온 최고의 경전이다. 특히 韓國은 삼국시대 이래로 五經, 三史 등 학술사상의 중심으로 삼아왔지만, 그 가운데서도 《주역》을 타 경전에 비하여 최고의 원리가 담긴 최상의 경전으로 여겨왔다.

中國도 《주역》을 十三經의 首位로 두었지만 이는 宋明代에 이르러서의 일이고, 秦의 焚詩書에서도 《주역》은 占書로 보아 화를 면하였으며, 당의 국학에서 경전을 大經, 中經, 小經으로 분류할 때도 《주역》은 小經으로 취급하였음을 볼 수 있다.[1] 日本의 경우에도 대체로 《주역》은 占術로 응용되는 경향이 짙다. 《주역》이 본래 고대에서는 占書였다가 후대에

---

1) 그림 1 참조.

와서 倫理·哲學書로서 면모를 바꾸게 됨은 중국과 한국이 마찬가지이지만, 특히 韓國의 경우 타국에 비하여 《주역》의 經學史的 위치는 고대부터 항시 그 사상사의 주류를 이루어왔다.

한국의 역학사상은 朱子學이 전래한 이후 크게 전환한다. 종래의 신비적 요소를 지양하고 倫理的이고 合理的 사유가 易思想 理解의 중심을 이룬다. 조선조 학자들은 呪術的 점술을 배제하는 입장을 취한다. 이들은 이론적 性理學的 입장에서 역리를 고려하게 되었으니 이는 宋學의 전래와 관련이 있다. 송학의 성립 자체가 易과 中庸을 바탕으로 하여 형성되었으므로, 성리학의 기본이 되는 주요문헌인 《近思錄》, 《性理大全》 또는 한국의 《聖學十圖》 및 《聖學輯要》 등이 모두 《周易》과 '太極圖說'을 학술의 연원으로 삼고 있다. 주자도 《주역》과 '태극도설'은 '道理의 大頭腦處'라고 하였다.

이와 같이 한국성리학이 상하 500년 학술사상의 중심을 이루어 오지만, 근본에 있어서는 易理의 이해가 그 기본을 이루고 있다. 성리학의 理氣說이나 心性情論은 《周易》의 '易有太極, 是生兩儀……'라 한 기본명제에 대한 해석과 이론이며, 그것을 어떻게 전개하는가 하는 입장과 학설에 따라 학파가 갈라진다. '따라서, 太極을 '理'로, 그리고 陰陽을 氣로 보아 양자의 관계를 어떻게 보느냐에 따라 易思想의 차이가 생긴다.

易에 三義가 있다. 즉 變易, 不易, 易簡이 그것이다. 그러나 어느 면을 강조하느냐에 따라 사상도 달라진다. 한국에서는 變易의 측면을 강조하는 氣학파의 대표로서 徐花潭을 들 수 있다. 화담은 陰陽之氣를 철저히 하여 太虛之氣 또는 湛一淸虛之氣의 唯氣論을 제창하였다. 形而上을 理(道)라 하고 形而下를 氣(器)라 함은 程朱性理學의 일반적 견해이다. 화담은 有形無形간에 氣가 있을 뿐이라 하며, 氣의 聚散이 있을 뿐이고 氣의 增減은 없다고 본다. 聚하여 物이 形化하고, 散하여 淸虛之氣로 환원된다는 것이다.[2] 이는 易의 二義에 있어서 變易의 입장을 심화한 것으로, 화담의 경우 萬物 중의 個物도 物이며 天地도 物의 한 형태인 것이

---

2) 《花潭集》, 券2, 原理氣.

다. 개물만이 흩어져 虛氣로 돌아가고 新氣로 生來하는 것이 아니라, 또한 此天地도 변하여 太虛之氣로 돌아가 後天地로 개벽되는 것이며, 이것은 氣의 升降聚散의 기능이라고 본 것이다.

화담은 氣가 그 所以然을 잃지 않은 것을 理라고 생각했다. 화담의 易理에 의하면 天地는 萬古不變하는 것이 아니다. 此천지가 生하기 이전을 '前天地'라 한다면, 此천지가 滅한 이후를 '後天地'라 일컬을 수 있다.[3] 이러한 사상은 花潭哲學의 특징이요, 또한 탁견이라 할 수 있다.

여기에 문제를 제기한 것은 人間의 主體性과 創意性의 문제이다. 花潭의 氣論이 아무리 자연의 이법을 통찰할 수 있는 것이라 할지라도, 인간의 주체적 능동성과 자유로운 권능을 말하지 않는다 하여 일종의 氣數之學으로 간주하여 理학파는 이를 비판한다.[4] 그 대표적 학자를 말하면 退溪 李滉이다. 퇴계는 太極을 강조하여, 그것은 지극히 존귀한 것으로 物을 명하되 물에 命을 받지 않는 것이라 생각했다.

퇴계는, 萬物 가운데의 太極을 다시 人心 가운데의 太極으로 강조하여, 自我의 人格과 生命의 主體性으로 파악하고, 또 이것이 眞理의 根本이 된다고 생각했다.[5] 太極은 不易之理로서 萬古不變의 人倫綱常을 扶植하려는 입장이며, 易 三義 중 不易의 입장을 취한 것이라 하겠다. 과학이 아무리 발달한다 하더라도 인간은 컴퓨터와 구별되며, 이러한 所以를 알게 하는 것이 퇴계철학의 특징이다. 그러나 天理를 지극히 높인다 하여도 이 천리가 구체적 현실과 어떻게 매개되는가 하는 점이 문제이다. 즉 無에서 有가 나오게 되는 논리적 비약을 설명하기 어렵다. 다시 말하여, 易에 있어서 太極之理와 陰陽之氣의 상호 관계성이 문제되기 때문이다.

客觀的 事實의 '氣'의 세계와 主觀的 觀念의 '理'의 세계를 모순 없이 이해하고 융합할 수 있는 것은 主體의 認識能力에 연유한다. '無極而

---

3) 앞의 책, 卷1, 詩 有物, 卷2, 雜著, 鬼神死生論;《栗谷全書》, 卷9, '答朴和叔' 참조.
4) 《栗谷全書》, 卷33, 부록.
5) 《退溪全書》, 卷 13, 答李達李天機.

太極'임을 이해하기 위해서는 '人極'을 성취해야만 한다.《周易》과 '太極圖說'에 의하면 '人極', 즉 '皇極'이 확립될 수 있다면 사물을 달관하고 처리할 수 있는 능력이 생기며, 천지, 일월, 사시, 귀신과 더불어 합일하여 天下之理를 易簡하게 해득할 수 있다고 한다.《周易》에 있어서 '易簡之善, 配至德'이라 한 것이 이를 말함이며, 易三義에 있어 易簡이라 함은 '易簡而天下之理得矣'라든지, '易簡之善, 配至德'과 연관된 것이며, 진리 인식의 주체인 盛德 또는 明德(해탈)의 극치를 의미하는 것이라 하겠다. 객관에 대한 주관의 뜻이 아니라, 主客未分의 根源的 主體를 확립하는 人極인 것이다.《正易》에 "天地匪日月空殼"[6]이라 함이 그것이다.

한국역학의 특질이 人間의 진리에 근원을 두고 '人極'을 추구했다는 것은 역학사상뿐만 아니라 한국사상의 본령이며 특질이라 아니할 수 없다. 檀君의 탄생이 天神(天·陽)과 熊女(地·陰)가 화합하여 이루어졌다고 보는 中(人間)사상과 그 이념이 '弘益人間'으로 인간을 강조한 점,[7] 그리고 신라 대승불교사상으로서 聖과 俗을 一元化하고 有와 空을 圓融하는 元曉의 '十門和諍論'과 栗谷哲學에 있어서 이상적 理와 현실적 氣를 妙用하는 '理氣之妙'[8]論, 그리고 천도교의 人乃天 사상 등이 모두 人間을 根本으로 하는 한국사상의 일관된 맥락이라 하겠다.

III. 韓國易學의 緣由와 歷史的 理解

위에서 韓國易學의 본질을 인간을 근본으로 하는 人極論으로 집약하였다. 이 인간중심의 사상은 역사적으로 그 근원이 매우 오래되었다.《주역》이 한국에 전래하기 이전부터 古來로 陰陽思想과 人道精神은 한국사

---

6) 金恒,《正易》, 十八面.
7) 《三國遺史》, 古朝鮮條.
8) 《栗谷全書》, 卷10, 書2 答成浩原, 卷 20;《聖學輯要》2.

상의 원류를 이루어왔다. 《漢書》, 〈地理志〉에 보면, "東夷는 천성이 유순하여 三方族(북방족, 남방족, 서방족)과는 다르므로 공자도 道가 실행되지 않는 것을 슬퍼하여 뗏목을 타고 바다를 건너 九夷로 가서 살고 싶다고 한 것은 그럴 듯하다"라 하였으니, 일찍부터 東夷族은 천성이 특이하다고 일컬었다. 《山海經》, 第十四篇, 〈大荒東經〉에서는 "바다 건너 동쪽에 君子國이 있는데, 그들은 의관을 하고 검을 찾으며 사양하기를 좋아하고 다투지를 않는다"고 하였다. 古代 金文에 보면 동이족을 東人이라 하였으니, 원래 夷가 아니고 人이다.[9] 뿐만 아니라, 甲骨에서는 동이족을 人으로만 표시하였다. 이 人은 사람이라는 뜻이 아니라 人方族을 가리킨 것이다. 이 人은 후기에 와서 인간이라는 뜻으로 轉用하게 되었다.[10] 《中庸》이나 《孟子》에서 仁은 人이라고 하였고, 또 《論語》에서 孔子가 '殷有三仁'이라 할 때 이 三仁은 三人을 말함이다. 《後漢書》 光武帝紀 二十年條를 보면 '東夷는 韓國人'이라 하였다. 이 같은 일련의 사실은 고대 동방한국인이 인도주의적 인간중심 사상을 일찍부터 가지고 있었음을 알게 한다. 그리하여 '東方禮儀之國'이니 '君子國'이니 하는 칭호를 붙이게 된 것이다. 《周易》에 '遠取諸物하고 近取諸身'이라 하였는데, 특히 한국 易學은 易理를 인간 자신에서 간취하였으며, 《人易》[11]이라는 저술도 있다.

《周易》은 周代에 이루어진 《역경》이라 하지만, 그 형성 과정을 살펴보면 殷왕조에 성행하던 甲骨卜辭와 《周易》은 밀접한 관계가 있다. 神意에 의하여 吉凶을 판단하고 중대사를 결행하는 占法이 같을 뿐 아니라, 《周易》, 괘효사에 나오는 문구나 사건들과 卜辭에 나오는 문구나 사건은 동일한 내용이 자주 나온다.[12]

龜卜과 蓍筮은 占卜하는 방식이 다르다 하더라도 인간의 의지로 좌우하지 않고 신탁을 따르는 것은 동일하다. 洪範九疇의 稽疑條를 보면 龜

---

9) 二玄社, 《金文集》, 西周, 小臣諫殷銘文宗周鐘銘文.
10) 勞榦, 《中國文化論集(二)》.
11) 成以心, 《人易》共 5卷.
12) 圖2 참조.

卜과 筮法을 동시에 묻는 것으로 되어있으니 《주역》은 筮法의 古占法을 繼承한다. 이같이 《주역》과 甲骨卜辭는 不可分의 관련이 있다. 甲骨卜辭는 殷武丁 이후의 것이 대부분으로서 龜甲이나 獸骨로 점을 치는 것이지만, 대개 龜甲에는 卜辭를 刻하고 牛骨에는 사건을 기록한 것이 많다.[13] 그러나 殷武丁 이전으로 소급해 올라가면 은민족의 기원이 동부에서 발전해 온 것을 알 수 있고,[14] 고고학적 발굴에 의하면, 山東省, 龍山鎭과 兩城鎭을 중심으로 하여 요동반도 河南 동부 일대에 퍼진 黑陶文化 遺地 중에는 卜骨이 발견되고 卜龜는 발견되지 않는다고 한다. 갑골학자 胡厚宣은 "오직 지하에서 발굴된 것과 고문헌에서 말한 바를 보면 이 東夷民族은 骨卜만을 쓰고 龜卜을 절대로 쓰지 않았으니 이는 실로 극히 주의할 만한 일이다"[15]라 하고, 또 "殷 이전의 黑陶시기에는 이미 占卜이 널리 알려졌다. 그러나 모두 牛骨을 쓰고 절대로 龜는 쓰지 않았다. 殷人이 동방의 흑도문화를 承襲함에 이르러 역시 점복을 행하게 되었다. 아울러 남방과 교통이 번성함으로 인하여 널리 龜甲을 취하여 쓰는 대변혁이 일어났다. 그 후로 龜靈의 관념이 생겼다"고 하였다. 이같이 보면 《周易》의 占法이 殷代의 龜卜을 계승한 것이요, 은대의 구복은 동방의 골복을 계승한 것을 알 수 있다.[16] 《太平禦覽》, 七二六에서도 "東夷之人은 以牛骨占辭"라 하고 《魏志》, 〈東夷傳〉, 夫餘條에 "有軍事亦祭天, 殺牛觀蹄以占吉凶, 蹄解者爲凶, 合者爲吉"이라고 한 것을 보면 인간의 지혜로 알기 어려운 중대사를 占의 방식을 통하여 길흉을 판단한 것이다. 긍정적 (吉)과 부정적(凶)의 상대성은 陰과 陽의 상대적 형식인 兩儀로도 이해된다. 牛蹄(소발굽)가 벌어지면 凶히고, 牛蹄가 합하면 吉하다고 한 것은 分하면 둘이 되고 합하면 하나가 된다는 뜻이니, 陰陽이 和合하면 吉하고 陰陽이 不和하면 凶하다는 것을 말한다. 여기에서 고대의 신비적 점술은 인간의 자주적 노력을 배제하고 단순히 숙명적으로 복종만을 뜻

---

13) 董作賓, 《甲骨文斷代硏究例》, 24~32쪽.
14) 陳夢家, 《殷虛卜辭綜述》, 方國地理條.
15) 胡厚宣, 《甲骨學商史論叢》, 初集(下), 〈殷代卜龜之來源〉.
16) 위의 책.

하는 것이 아니라, 인간의 사욕과 편견과 오만성을 버리고 허심탄회하게 마음을 비우고 神明의 가르침을 받겠다는 眞實無妄한 순수성을 가지게 하는 것이며, 더 나아가 음이나 양이 편벽되게 극단화하는 兩極化現象을 中道로서 화합함이 吉하다는, 避凶趨吉의 人間의 노력을 요구하는 人道의 法則을 암시하는 것으로 이해된다. 그리하여 분열과 화합의 길흉론은 고대인의 세계관, 인간관이라 할 수 있으며, 兩極을 화합하는 '中'사상은 고대로부터 존중되어 왔다. 骨卜이나 龜卜이나 《周易》 六爻의 占法이 모두 極을 피하고 中을 취하는 원리이며 이론이다. 이 '中' 사상은 갑골 복사에 있어서 이미 발견된다. 中商이라 하여 은왕조의 수도이자 나라인 商을 중심하여 동토, 서토, 남토, 북토를 갈라서 占하는 卜辭가 여러 번 나오며, 또는 동방, 서방, 남방, 북방이라 하는 卜辭가 보인다. 西方의 隸屬國 또는 人國을 中商과 대비하여 말한 것은 中心과 主體를 같이 본 것이라 하겠다. 이것이 후대에 '中國'이란 칭호가 생기게 된 연원이며, '華夏'라는 용어는 周代부터 사용된 것이다.[17]

陰陽思想은 古代부터 있었으나 五行思想은 秦漢時代의 비교적 後期의 것으로 보는 것이 통설이다. 그러나 이 오행사상의 근원은 殷虛卜辭에 나오는 五方·五土, 四方風名에서 이미 있는 것을 증명할 수 있다. 음양을 太陰, 太陽, 少陰, 少陽, 四象으로 分할 수 있고, 이를 四方, 四維, 八方으로 나누어 八卦가 된다. 四象에 중심을 놓으면 五行이 되고 八卦에 중심을 놓으면 九宮이 된다. 따라서, 陰陽과 五行이 다를 바 없고 八卦와 九宮이 상통한다. 《漢書》,〈五行志〉에 "河圖洛書相爲經緯, 八卦九章相爲表裏"라 하였다.[18]

殷의 中思想은 공간이나 시간개념으로부터 思想的 中槪念으로도 연역될 수 있으니 堯舜의 '允執厥中'의 中이 바로 이것이다. 이 '中'은 후기에 와서 中庸 내지 中華思想으로 발전하였으며, 이 '中'은 天(上), 地(下), 人(中) 三才에 있어 人에 해당한다. '中'을 소중히 하는 것은 다름

---

17) 田倩君述,《大陸雜誌》, 31卷, 第1期, "'中國'與'華夏'稱謂之尋源".
18) 《漢書》, 卷27上, 五行志 第7(上).

아닌 人間尊重思想이 된다. 다시 말하여, 한국역학뿐 아니라 한국사상 전반이 人極·人間論으로 중심을 이루어 일관하게 발전한 것은 首尾가 相應하는 것이라 하겠다.

이 '中'은 主와 人의 뜻을 가지는 동시에 인간에 있어서 마음이 中이고, 마음에서도 지극한 중심을 지칭하게 된다. 이 지극한 마음을 恒性, 本性으로 연역한 것이 宋學이다. 이 恒性恒心은 不變이며, 不易이다. 物慾과 感情에 交蔽된 산란한 放心을 본심으로 복귀케 하는 것이 수행하는 길이요, 학문하는 도리라 하였다. 역학에서 凶禍를 피하고 吉卜을 얻는 길을 알고 그 길을 따르려는 것이 그 본지라 한다면 그것은 '中道'를 알아서 행하는 것이라 하겠다. 이 '中'은 事物의 中과 人心의 中을 합하게 하는 길이나, 먼저 人心의 中을 얻어야 한다.

《抱朴子》에 의하면 "黃帝가 동쪽의 靑丘에 이르러 紫府先生을 만나 三皇內文을 받았다"고 하였으며, 《莊子》, 〈外篇〉에는 黃帝가 崆峒山에 이르러 廣成子를 만나 보았다고 하였는데 崆峒山은 〈陳子昻註〉에 보면 靑丘에 있다고 하였다. 이 같은 설화는 역사적 사실로 믿기 어렵다 하겠지만, 이 중에서 靑丘라는 지역과 黃帝는 간단히 부정할 수 없다.

《金文》중 陳侯因資殷의 銘文을 보면 "因資揚皇考紹統高祖黃帝"라 하여 '黃帝'가 나온다.

陳侯因資는 齊威王이며 丁山氏는 考定에 의하면 舜이 黃帝의 八世孫이라 하였으니, 陳은 舜의 후손이며 黃帝의 후손이다.[19] 舜의 실재에 대하여는 甲骨學者 王襄氏가 《孟子》에 기록된 "舜은 東夷之人으로 鳴條에서 卒하였다"의 鳴條의 古地名을 논증하였다.[20] 董作賓氏는 舜이 卒한 鳴條가 원래 東夷의 땅에 속한다고 추단하였다.[21] 舜이 실재했던 東夷之人으로 논증이 가능하고 또한 黃帝가 金文銘에 나오는 것은 중요한 기록으로 黃帝가 실재의 인물이라는 신빙성을 높이는 것이라 하겠다. 黃帝가

---

19) 郭沫若, 《兩周金文辭大系》, 巧釋, 因資鎬.
   董作賓, 《大陸雜誌》 3卷, 第 12期 〈中國古代文化之認識〉, 31쪽.
20) 董作賓, 《甲骨文斷代研究例》, 58~59쪽.
21) 위의 책.

齊의 조상이며 舜의 조상이므로 東夷와 연관이 깊다고 볼 수 있다.
　靑丘國은 동해의 古國으로 魯에 가깝다고 하였으며(竹書紀年徐氏註), 靑丘國은 齊나라에서 바다 건너 삼백 리 거리에 있다(漢代 服虔註)고 하였으니, 齊에서 삼백 리라 하면 遼東반도의 끝에 닿으므로 청구국은 요동반도에 있음이 실증되며, 《山海經》에 보면 청구국 사람들은 '柔樸'하다고 하였다. 전술한 대로 군자국과 청구국의 사람들이 柔順하고 樸實하며 謙下하고 不爭한다 한 것은 바람직한 인간상이라 하겠다. 《抱朴子》나 《莊子》의 자연주의가 이 같은 것이라 아니할 수 없고, 《周易》六十四卦 중 어느 괘도 六爻가 모두 吉한 것은 없으나, 오직 第十五 謙卦만 六爻가 모두 吉하고 利한 것은 周易思想이 勞謙君子를 이상적 인간상으로 여기는 것과 흡사하다. 南北朝 시대에 玄學派들은 《老子》와 《莊子》와 《周易》을 '三玄'라고 불렀던 것이다. 韓國의 易學思想이 古代의 神秘的 信仰에서 發源하여 후기에 전래하여 온 《周易》의 人文主義思想과 融合하여, 韓國 易學의 特質을 産出케 한 것이라 볼 수 있다.

IV. 韓國易學의 文化的 影響

　한국 고대문화의 흔적 속에는 陰陽思想이 내포되어 있음을 무수히 볼 수 있다. 前述한 바와 같이 역사적으로 한국은 음양이 不通不和하는 天地否卦(䷋)의 相이 되지 않고 음양이 相通相合하는 地天泰卦(䷊)의 相으로 되는 것을 이상으로 여겼으니, 牛蹄가 '合者爲吉'이라고 한 화합의 사상은 후기에도 일관하게 흘러온 것이다. 고구려 광개토대왕비(A.D. 414立)에는 陰을 상징하는 龜와 陽을 상징하는 龍이 보인다. 龍과 龜가 始祖 동명왕이 생사의 위급함에 처할 때마다 그를 위하여 역할하고 있으며,[22] 고구려 고분벽화에서 보이는 四神圖에서 靑龍(東), 白虎(西), 朱雀

---

22) 圖3 參照.

(南), 玄武(北)의 守護神은 四象을 나타내고, 중앙에는 亡者를 주인으로 안치함으로써 五行相을 나타낸다. 특히 북극은 不動의 중심이므로 북벽의 玄武圖는 그 자체가 음양을 화합한 형상으로 되어 있다.[23] 이 화합한 상태가 다름 아닌 太極이다. 공간적 구조로서는 화합이라 하지만, 시간적 운용에 있어서는 영원을 의미한다. 咸卦와 恒卦가 화합과 영원의 상을 보이듯이, 고분벽화에는 학을 탄 사람과 용을 탄 사람의 그림이 있다. 이는 세상을 하직하고 他界로 가는 모습이다. 陰 중에 陽이 있고 陽 중에 陰이 있어 단절되지 않고 영속하는 것은 死者가 멸망한 것이 아니라 변화하는 것이며 다시 환생한다는 영원 불멸의 신앙이 있었으므로, 亡者에 대한 제사와 조상숭배의 관념이 있게 된 것이다.

신라시대 태종무열왕비의 형태를 보면 龜趺에다 碑身을 세우고 상부에는 용을 조각하였다. 이 거북이와 용이 음양을 상징하고 그 사이에 주인공의 행적을 기록한 비문이 있는 것도 中(人)을 소중히 여기는 사유방식이다. 특히 六龍을 조각한 것은 乾卦六爻의 六龍을 표현한 것이며, 乾道는 곧 天道를 상징한 것이라 하겠다. 그 이전의 진흥왕순수비(A.D. 555)에도 "紹太祖之基, 纂承王位, 兢身自愼, 恐違乾道"라 하였으니, 이것은 乾道, 즉 天道를 어김이 있을까 두려워한다는 《周易》의 문구이다. 조선조의 왕업을 기리는 《용비어천가》의 제1장에도 "海東六龍이 ᄂᆞᄅᆞ샤 일마다 天福이시니 古聖이 同符ᄒᆞ시니"라 했는데, 海東六龍이 날아 일마다 天福이라 한 것은 〈乾卦象傳〉에 나오는 '時乘六龍以御天'을 원용한 것이다. 신라 神文王 2년(A.D. 682)에 준공한 感恩寺址石에서 太極圖形이 새겨져 있음이 발견되었다.[24] 이는 宋代 性理學 전래보다 632년이나 앞선 것으로 한국의 태극사상은 그 연유가 오래되었음을 알게 된다. 신문왕시대의 '萬波息笛'에 얽힌 일화는 한국적 정서를 담고 있다.[25] 화평한 소리로 천하를 감화시켰다는 만파식적은 신비한 대나무로 만든 것이다. 신문왕이 동해의 용에게 "이 海中의 山과 竹이 혹 둘로 갈라지기도 하고

---

23) 圖4 參照.
24) 圖5 參照.
25) 《三國遺事》, 卷2, 紀異 第2, 萬波息笛.

혹 합하기도 하는 것은 무슨 연고인가?"라고 물었을 때, 용이 이르기를 "이는 마치 한 손으로 치면 소리가 없고, 두 손으로 치면 소리가 있는 것이니, 이 대나무의 물건됨이 합한 연후에 소리가 있느니라"고 하였다. 합한 연후에 소리가 있다 함은 骨卜에 牛蹄가 合하면 吉하고 解하면 凶하다는 뜻과 상통하는 것이라 하겠다. 이것이 다름 아닌 中和의 太極思想이라 하겠다.

태극문양은 고려시대의 銅鏡이나 石燈의 문양에서도 雙龍太極形으로 된 것을 흔히 볼 수 있고,[26] 고려 戶部尙書 許載(1144년에 사망)의 石棺 天板에도 雙鳳太極이 환연하게 보인다.[27]

이와 같이 태극 음양 사상은 한민족의 신앙과 민속예술 또는 윤리관의 형성발전에 있어서 지대한 영향을 끼쳤을 뿐만 아니라, 정치제도와 官制 그리고 軍制에 이르기까지 태극·음양·오행사상은 사고 유형의 기반을 이루고 있다. 삼국시대에 五部五方制로 郡縣을 나눈다든지, 文武 兩班으로 官制를 가른다든지, 도시 설계의 원칙이나 건축에서 四大門을 설치하고 정부청사를 중심에 둔다든지, 宗廟(左)와 社稷(右)을 왕궁의 좌우에 설치한다든지, 文廟에서 동서에 齋와 廡를 짓는다든지, 조선조의 雅樂이 五聲(宮·商·角·徵·羽)과 六律六呂로 구성된다든지, 심지어 관혼상제의 모든 禮俗이 음양법으로 구성되어 있는 것 등은 易理가 암암리에 한국 문화전반에 침투되어 있는 증거이다.

그 중에서 역리가 민족문화 창달에 크게 활용된 몇 가지 사례를 들어 본다면, 첫째로, 훈민정음의 창제(A.D. 1443)를 들 수 있다. 《訓民正音解例》의 〈制字解〉를 보면, 벽두에 "天地之道는 一陰陽五行뿐이라" 하고, "坤卦(☷)와 乾卦(☰)의 사이가 太極이 되며 動하고 靜한 후에 陰陽이 되느니라"[28] 하였다. 훈민정음의 구조 원리가 易理를 바탕으로 한 것임을 알 수 있다. 특히, 正音의 初聲(子音)과 中聲(母音)의 구조가 五行의 易理와 太極, 兩儀, 四象, 八卦로 이루어진 것에 대하여는 각별한 주의와

---

26) 圖6 參照.
27) 圖7 參照; 圖8 '太極旗 圖形'과 比較할 것.
28) 圖9 參照.

관심을 가져야 할 것이다.[29] 훈민정음은 무리한 인위적 조작으로 된 것이 아니라, 천지자연의 이법에 근거하여 천지자연의 聲音을 따라서 천지자연의 文을 지은 것이라 하였다.[30]

둘째로, 李濟馬의 저술인 《東醫壽世保元》에 보이는 四象醫學을 들 수 있다. 지금까지 漢醫나 洋醫를 막론하고 질병을 치료함에 있어 대개 病理와 藥理에 치료의 주안목을 두었지만, 李濟馬의 四象醫學에서는 같은 병에 같은 약을 쓰더라도 치료가 되는 것도 있고 되지 않는 것도 있다고 한다. 그 이유는 환자에 따라 체질의 유형이 다르기 때문이다. 사람의 체질을 四象, 즉 太陰人, 太陽人, 少陰人, 少陽人으로 구별하여, 그 체질에 따라 알맞은 약을 써야 하며, 음식도 체질에 맞도록 먹어야 하고, 직업도 체질에 맞도록 가져야 한다고 한다. 이것은 醫學史에 있어서 획기적 창안이라 하겠으며,[31] 太極, 陰陽, 四象, 八卦의 易理를 의약 방면의 자연과학으로 활용한 것이라고 하겠다.

셋째로, 한국의 국기를 태극기로 만든 사실이다. 국기는 국가와 민족을 상징하는 숭고하고 신성한 표지이다. 국기의 제작은 개인의 의사로 결정할 수 없다. 따라서 그 나라 국기는 그 나라를 대표한다. 대한민국의 국기를 '태극기'라고 부른다. '태극'이라는 용어는 《周易》,〈繫辭上〉에 나오는 말이지만, 《周易》 본문에 태극도형이 그려져 있는 것은 아니다. 宋代 周敦頤(1017~1073)가 太極圖를 그린 바 있지만, 한국에 있어서는 삼국시대와 고려시대를 통하여 태극문양이 산재해 나타난다. 태극기는 백색 바탕의 중심에 太極兩儀가 있고, 乾坤坎離의 四卦가 四維에 배치되어 있다. 여기서 백색 바탕은 한국 민족이 고대부터 백색을 숭상한 순수성과 민족성과 민족적 동질감을 표상하고, 一圓相의 太極은 우주만상의 근원이요 인간생명의 원천으로 영구불멸의 진리를 뜻한다. 태극은 물질이 아니며 사멸하지 않고, 그것은 인간 주체로 말미암아 파악되므로 人道의 극치로서의 人極인 것이다. 乾坤坎離는 四象으로서, 동서남북 사방의 광

---

29) 圖10 參照.
30) 鄭麟趾,〈訓民正音序〉.
31) 李濟馬,《東醫壽世保元》, 四端論, 擴充論.

대무변함과 춘하추동 四時의 盈虛消長을 상징하여 진리의 영원무궁함을 나타내고 있다.[32] 이와 같이 태극으로 제작된 한국의 국기는 한국민족의 역사와 이념과 易理가 융합되어 표현된 것임을 보여주고 있다.

V. 韓國易學의 現代的 意義와 展望

이제까지 韓國易學思想을 약술했는데, 각 시대와 학자에 따라 그 학설은 相異하다. 朱子에 의하면, 孔子의 易은 文王의 易이 아니며, 文王의 易은 伏羲의 易이 아니고, 〈伊川〉의 易傳은 伊川 자신의 易이라 하였다. 이와 같이 易이란 보는 이의 입장과 견해에 따라서 易理를 이해한 그 나름의 세계가 있다. 朱子가 伊川의 학문을 계승했다 할지라도 朱子의 《周易本義》는 程伊川의 《易傳》과 동일하지 않다.

한국의 歷代 易學者들도 그들의 논지가 相異함은 물론이다. 그러나 그 성격을 대체로 분류하면 두 가지 방향으로 고찰할 수 있겠다. 그 하나는 向外的으로 관심을 가지는 역학자들이요, 다른 하나는 向內的인 경우이다. 향외적으로 관심을 가진다 함은 현실의 사태를 정확히 파악하고 그 변동의 양상을 예견하여 이에 대처할 수 있는 능력을 가질 때, 易을 배우는 본의가 있다고 보는 것이다. 조선왕조 초기의 金時習은 "易은 變易이다. 그 변함을 관찰해서 時宜를 살피는 것이니, '時'의 一字는 易의 요령이며, '宜'의 一字는 易의 총설이다"고 하였다. 이와 같이 易을 배워 현실에 능동적으로 대처할 수 있는 것이 易의 기능이라고 보는 입장이다.

이와 반대로 향내적으로 문제삼는 학파는 感應之理를 易道라고 보는 것이다. 感應하는 길은 오직 誠과 信에서 이루어지고, 誠信이 없으면 天人之際(天과 人과의 관계)와 人物之際(나와 남의 관계)에 있어 서로 막히고 떨어져 어긋나게 된다는 견해이다. 그러므로 주체적으로 至誠 篤實

---

32) 大韓民國學術院, 《太極旗原理註解》.

하여 윤리적으로 至善하고 종교적으로 신성해야 易理가 통한다고 보는 것이다. 또한 朝鮮 英祖時의 陽明學者인 鄭齊斗는 말하기를 "대개 誠이란 것은 둘이 되지 않으며 그치지도 않는 것이며, 가려질 수도 없는 것이다. 그것은 감응하여 통하는 道이다"[33]라 하여, 感通의 원리로서의 誠을 높였다. 그는 다시 "朱子는 治道를 極論하였고 기강을 근본으로 삼았다. 천하만사가 기강이 없으면 성립될 수 없다. 그러나 그 근본은 正心에 있으며 正心은 또한 愼獨에 있는 것이다"라 하여, '徹頭徹尾 天理人心'이란 여덟 자의 성취처가 바로 '愼獨' 두 자에 있다고 하였다. 또한 길흉을 神明으로 점치는 것도 至誠으로 靈通하는 데 있다고 하였다.

그리고 근대한국의 儒學者 李炳憲은 觀卦(䷓)의 〈象傳〉에 "聖人, 以神道設敎, 而天下服矣"라 한 데 대하여, 이곳에서의 '敎'字는 泛然히 볼 수 없고 여기서의 聖人은 평범한 호칭이 아니니, 神道를 설교하는 聖人이 救世의 敎主가 됨을 알아야만 한다고 하였다. 특히 '神而明之 存乎其人'이라 한 여덟 자는 독자가 마땅히 살펴야 할 것이라고 하였다. 이같이 易理를 向內의 方向에서 考究하여 종교적 차원에서 이해하려 하였다.

그러나 向外的으로 관심을 가지고 대상적 사물의 본질과 천지자연의 변화를 탐구하였던 易學者들이 있다. 花潭에 의하면, 太虛는 "虛而不虛하니, 虛라는 것은 곧 氣이다. 虛가 無窮無外하니 氣도 또한 무궁무외하다"고 하였으며, 太虛의 淡然無形함을 일러 '先天'이라 하였다. 一氣가 分하여 陰陽이 되고, 陽氣가 鼓極하여 天이 되고, 陰氣가 聚極하여 地가 되며, 陽이 鼓極하여 結精한 것이 日이 되고, 陰이 聚極하여 結精한 것이 月이 되고, 餘精이 散하여 星辰이 되며, 땅에 있어서는 水火가 되는 것이니 이를 일러 後天이라고 하였다. 그는 "有物來來不盡來, 有物歸歸不盡歸"라 하여 先天에서 後天으로, 後天에서 先天으로 무수히 오고가서 끊이지 않는다고 보는 것이다. 비록 一片의 香燭이 눈앞에서 다 타버렸다 하더라도 그 남은 기운은 없어지는 것이 아니라[34]고 하였다. 이와 같

---

33) 《霞谷集》 卷4, 〈存言〉, 23쪽.
34) 《花潭集》, 卷2, 鬼神死生論.

이 花潭은 종래의 氣개념을 탈피하고 太虛의 독창적 경지를 갈파했다.

花潭의 氣哲學을 가장 잘 이해한 학자는 栗谷이라고 하겠다. 栗谷과 제자와의 문답[35]에서 그의 易哲學思想을 간취할 수 있다.

그 일례를 소개하면 아래와 같다.

  弟子問曰 : 天地의 生함은 元氣 중의 一氣를 받은 것이니, 天地의 氣는 有限有時하여 끝남이 있지만, 元氣란 無限無時하여 끝이 없는 것입니까?

  栗谷答曰 : 그렇다. 天地가 비록 크지만, 元氣 중의 一物에 불과하니 天地 중의 物은 또한 大物 中의 一小物일 뿐이다. 학자가 이 이치를 해득한다면 천하의 物이 어찌 내 마음에 累가 되랴?

  問 曰 : 元氣의 數量이 비록 加減은 없더라도, 항상 生生하는 새로운 것이니, 비유컨대 潭水와 같아서 비록 盈縮은 없지만, 往者가 지나가고 來者는 잇달아서 날로 항상 새로워 옛것이 아닙니다. 사람이 다만 그 盈縮이 없음만을 보고 一定不易이라고 한다면 그것은 理이요 氣가 아닙니다. 무릇 元氣가 生生하여 마지 않으므로, 이 천지가 비록 끝난다 하더라도 後天地가 또한 따라 나올 것입니다.

  答 曰 : 그 말이 옳다.

  問 曰 : 後天地의 度數가 此天地의 度數와 합치하여 다름이 없겠습니까?

  答 曰 : 氣의 不齊함은 物의 實情이니 此天地의 度數가 실로 三百六十五度 四分度之一이지만, 後天地의 度數에 있어서는 어찌 이것과 일일이 꼭 맞아서 차이가 없다 하랴?

앞에서 살펴본 바와 같이, 花潭은 그 先後天觀에서 '此天地'가 멸한 후에는 '後天地'가 生함을 말하였으며 栗谷은 더 나아가 '後天地'의 度

---

35) 《栗谷全書》, 卷31, 〈語錄〉, 17쪽.

數는 365¼日이 아니라는 것을 確言하였던 것이다.

앞에서 본 바와 같이 栗谷은 花潭의 氣哲學에 대하여 創見處가 있다고 높이 평하였음에 반하여 退溪는 花潭의 학설이 성현의 말씀과는 하나도 부합하는 곳이 없으며, 花潭 스스로 窮深極妙했다고 여기지만, 끝내 理字를 투철하게 보지 못하였다고 논변하였다. 栗谷 역시 花潭哲學을 전반적으로 반성할 때에는 "花潭則有所見, 而見一隅者也"라 하여 氣一邊에 치우침을 지칭했다.

栗谷은 理의 源도 一이고, 氣의 源도 一이라 하였으며, '理氣之妙'는 難見亦難說이라 하였다. 花潭의 難知處는 '太虛의 氣'에 있고 退溪의 難知處는 '太極의 理'에 있다. 그러나 栗谷哲學의 難解處는 '理氣之妙'에 있음을 주의할 필요가 있다.

앞에서 韓國易學을 向內·向外로 대별하여 논하였거니와, 栗谷은 "易之爲道, 體用一源, 顯微無間, 苟非格物致知, 則不得見其理; 苟非誠意正心, 則不得踐其實"이라 하여 體와 用, 顯과 微, 本과 末, 그리고 格致와 誠正 등 向內와 向外의 양면이 융합되어야 함을 강조했다. 이와 같은 견해는 16세기의 한국철학이라 하지만, 현대철학의 입장에서 조명해 볼 때 중요한 시사와 의미를 발견할 수 있다.

우리가 韓國易學을 미래전망적으로 고찰할 때, 종전의 易學思想과 다른 획기적인 차원을 開創한 것을 볼 수 있으니, 이는 다름 아닌《正易》의 출현이다. 과거의 전근대화적 봉건사회로부터 근대사회로 변혁함에 따라 종래의 가치관과 철학사상은 어떻게 전환할 것인가 하는 심각한 문제를 안고 있다. 이와 관련하여 한국역학을 미래선망석으로 고찰하고자 한다.

易은 開物成務하여 冒天下之道하는 것이라 한 바와 같이 단편적 지식이 아니라, 가장 근본적이고 포괄적 원리를 제시하는 것이라 하겠다. 지금부터 90여 년 전에 한국의 金一夫(名은 恒, 1826~1898)에 의하여 완성된《正易》은 현대와 미래를 전망할 수 있는 포괄적이고 근본적인 원리를 제시하였다.《正易》에서는 '天道'로서의 자연의 변화와 '人事'로서의 인간의 변화를 예견하고 인류의 새로운 방향을 열어놓았다. 앞에서 본 바와 같이 天道變化에 대하여는 花潭이 後天地의 탄생가능성을 논하고, 栗谷이 後天地의 度數가 반드시 365¼日은 아니라고까지 말한 바 있지만, 《正易》에서는 360일의 正曆이 도래한다고 明言하였다.

천지도수가 360일이 될 때에는 기후가 변화하여 혹한과 혹서가 緩和되고, 춘분, 추분과 같이 되며, 《正易》의 '十二月二十四節氣候度數'[36]에 보인 바와 같이 小寒, 大寒이 아니라 元和, 中化, 大和, 布化 등 '和'와 '化'로 되어 있다. 조석의 변화와 더불어 수륙의 변동이 온다고 하였다.

다음, 이러한 천도변화에 따르는 인간사회의 변혁에 대하여 살펴보자.

《正易》에서는, 첫째로 봉건적 군주가 만민을 지배한다든지 가부장제도에서와 같은 상하의 예속관계가 아니라, 인권과 자유가 보장된 '개인의 완성'을 말하였다. 《正易》에서는 皇極[37]이라 함은 제왕을 가리킴이 아니라 개개인의 독립된 人極으로서의 皇極을 뜻한다.

둘째로, 이 같은 인간의 변화는 상호간에 愛護하고 인격을 존중하여 형평의 원리가 작용하는 세계를 구성한다.

셋째로, 《正易》에서는 종래의 '抑陰尊陽'하는 君上臣下나 男尊女卑가 아니라, '調陽律陰'[38]으로서의 만민평등과 남녀평등을 명시하였다.

넷째로, 《正易》에서는 다양한 종교를 一道[39]라고 일컬어, 종교간의 대립과 분열을 지양하는 원리를 제시하였다.

이와 같은 《正易》의 진리는 일조일석의 것이 아니라 동방의 유구한 道學의 연원을 계승하여 이룩된 것이라 함을 《正易》의 첫머리에 있는 '十五一言'[40]에서 볼 수 있다. 그리고 현대와 미래를 전망하는 '後天'의 원리를 집약하여 나타낸 것이 바로 '正易卦圖'이다.

종래 邵康節을 위시하여 伏羲八卦를 '先天'이라 하고 文王八卦를 '後

---

36) 金恒, 《正易》, 31~32쪽, 十二月二十四節氣候度數.
37) 李正浩, 《正易硏究》第5章, 皇極論.
　　金恒 原著, 《大易序》(李正浩, 《正易硏究》, 附錄 66~67쪽).
38) 金恒, 《正易》, 18쪽.
39) 金恒, 《正易》, 20쪽.
40) 金恒, 《正易》, 1쪽, 十五一言.

天'이라 하였다. 또 河圖는 '先天'이고 '洛書'는 '後天'이라고 보았다. 따라서 後天이라고 하면 文王八卦나 洛書를 가리킨다.
 그러나 金一夫는 文王 이후 2800년간의 문명을 '先天'이라 부르고 미래세계를 '後天'이라 하여 역사의 대전환을 正易度數로 명시하였다.
 이에 대하여 한국의 李正浩 박사는 다음과 같이 기술하였다.[41]

正易은 지금으로부터 약 90년 전인 1880년대에 連山의 儒士 金一夫 선생에 의하여 완성된 것이다. 당시 주위 사람들은 선생이 易理를 推衍하여 畫卦 作易하였다고 하지만, 사실은 단순한 추리에 의하여 임의로 조작된 것이 아니라, 窮理盡性의 合理論과 鼓舞盡神의 神秘境을 통하여 時命을 받들어 이룩한 것이다. 대개 易은 세 가지가 있으니 伏羲易과 文王易과 一夫易이 그것이다. 伏羲易은 原易이요 生易이요 部族의 易이요 文字 以前의 易이며, 文王易은 周易이요 長易이요 民族의 易이요 文字의 易이며, 一夫易은 正易이요 成易이요 世界의 易이요 神化의 易이다. 伏羲易이 無爲自然의 소박한 易이라면 文王易은 人爲造作의 文巧한 易이요, 一夫易은 自然과 人文이 극도로 조화된 우주의 이상과 인간완성의 극치를 보여주는 초탈의 易이라 하겠다.[42]

---

41) 李正浩,《正易硏究》.
42) 李正浩,〈韓國易學의 人間學的 照明〉,《國際大學 論文集》第7輯.
  * 위의 正易卦圖에서 二天은 西方, 七地는 東方에 놓여 있으나, 遯巖書院 板《正易》에는 二天은 北方, 七地는 南方에 위치해 있음.

韓國人名年代

廣開土王	高句麗 19 代王 (在位 391—413)	
眞興王	新羅 24 代王 (在位 540—576)	
太宗武烈王	新羅 29 代王 (在位 654—661)	
神文王	新羅 31 代王 (在位 681—692)	
許載	(1062—1144) 高麗文臣, 戶部尙書檢校大尉	
世宗大王	朝鮮 4 代王 (在位 1418—1450)	
鄭麟趾	(1396—1478) 朝鮮朝文臣, 學者	
金時習	(1435—1493) 號, 梅月堂, 朝鮮朝文臣	
徐花潭	(1489—1546) 名, 敬德, 朝鮮朝學者	
李退溪	(1501—1570) 名, 滉, 朝鮮朝學者	
李栗谷	(1536—1584) 名, 珥, 朝鮮朝學者	
鄭齊斗	(1649—1736) 號, 霞谷, 朝鮮朝學者	
丁茶山	(1762—1836) 名, 若鏞, 朝鮮朝實學者	
金一夫	(1826—1898) 名, 恒, 朝鮮朝道學者	
李濟馬	(1838—1900) 朝鮮朝漢醫學者	
李正浩	(1913—) 哲學博士, 前忠南大學校總長	

(圖 1) 韓中國學敎科內容

區分出處＼國名	新 羅	高 麗	唐	宋
	三國史記 職官志	高麗史 選擧志	新唐書 選擧志	宋史 選擧志
先修科目 (旁經)		論語 孝經	論語 孝經	
第一選擇 上 級 (大經)	禮記 周易 論語 孝經	禮記 左傳	禮記 左傳	毛詩 禮記 周禮 左傳
第二選擇 中 級 (中經)	左傳 毛詩 論語 孝經	周易 毛詩 周禮 儀禮	毛詩 周禮 儀禮	尙書 周易 公羊傳 穀梁傳 儀禮
第三選擇 下 級 (小經)	尙書 文選 論語 孝經	尙書 公羊傳 穀梁傳	周易 尙書 公羊傳 穀梁傳	

韓國易學思想의 特質과 그 文化的 影響 219

圖 2-1) 鬼方甲骨
拓版(乙 6684)

圖 2-2) 呂方
甲骨圖版 ↓

220 제2장 韓國의 易學思想

圖 3) 廣開土大王碑

廣開土大王碑

[第一面]

惟昔始祖鄒牟王之創基也出自北夫余天帝之子母河伯女郞剖卵降世生而有聖 ☐☐☐☐命駕
巡幸南下路由夫余奄利大水王臨津言曰我是皇天之子母河伯女郞鄒牟王爲我連葭浮龜應聲卽爲
連葭浮龜然後造渡於沸流谷忽本西城山上而建都焉不樂世位因遣黃龍來下迎王王於忽本東岡履
龍首昇天顧命世子儒留王以道輿治大朱留王紹承基業遝至十七世孫國罡上廣開土境平安好太王
二九登祚號爲永樂太王恩澤☐皇天威武振被四海掃除☐☐庶寧其業國富民殷五穀豊熟昊天不
弔卅有九寔駕棄國以甲寅年九月廿九日乙酉遷就山陵於是立碑銘記勳績以示後世焉其詞曰
永樂五年歲在乙未王以稗麗不息☐躬率往討過富山負山至鹽水上破其丘部洛六七百營牛馬群
羊不可稱數於是旋駕因過襄平道東來☐城力城北豊五備☐遊觀土境田獵而還百殘新羅舊是屬民
由來朝貢而倭以辛卯年來渡海破百殘☐☐新羅以爲臣民以六年丙申王躬率水軍討滅殘國軍
☐攻取壹八城臼模盧城各模盧城幹氐利☐☐城閣彌城牟盧城彌沙城☐舍蔦城阿旦城古利城☐
利城雜珍城奧利城勾牟城古須耶羅城莫☐☐城☐而耶羅瑑城☐城☐豆奴城沸☐

韓國易學思想의 特質과 그 文化的 影響 221

圖 4) 玄武圖

圖 5) 感恩寺址石太極圖形

222 제2장 韓國의 易學思想

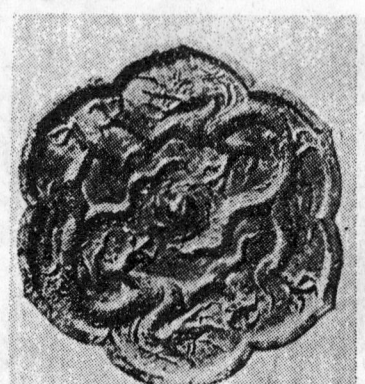

圖 6 1) 雙龍六稜鏡(高麗時代)

圖 6 2) 雙龍鏡

圖 7) 許載石棺上太極圖形

許載石棺에서 發見된 太極圖形

圖 8-1) 訓民正音解例 制字解

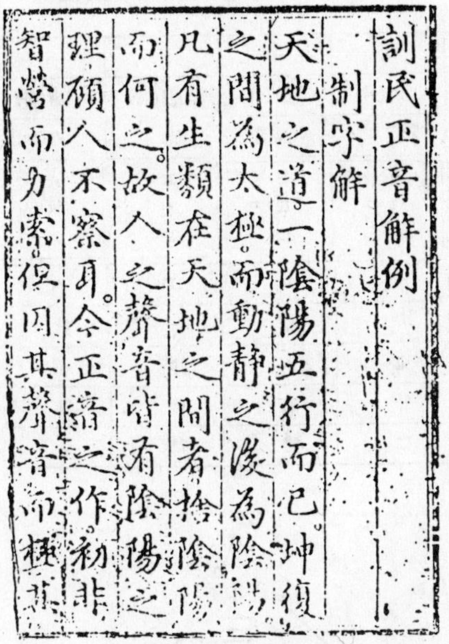

訓民正音解例

制字解

天地之道一陰陽五行而已。坤復之間爲太極。而動靜之後爲陰陽。凡有生類在天地之間者。捨陰陽而何之。故人之聲音。皆有陰陽之理。顧人不察耳。今正音之作。初非智營而力索。但因其聲音而極其

圖 8-2) 訓民正音解例 制字解

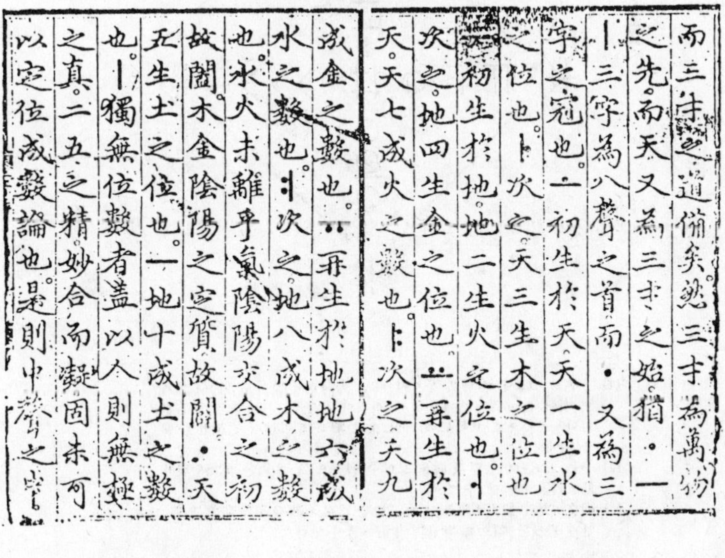

而三才之道備矣。然三才爲萬物之先。而天又爲三才之始。猶・ㅡㅣ三字爲八聲之首。而・又爲三字之冠也。ㅗ初生於天。天一生水之位也。ㅏ次之。天三生木之位也。ㅜ初生於地。地二生火之位也。ㅓ次之。地四生金之位也。ㅛ再生於天。天七成火之數也。ㅑ次之。天九成金之數也。ㅠ再生於地。地六成水之數也。ㅕ次之。地八成木之數也。水火未離乎氣。陰陽交合之初故闔。木金陰陽之定質。故闢。・天五生土之位也。ㅡ地十成土之數也。ㅣ獨無位數者。蓋以人則無極之眞。二五之精。妙合而凝。固未可以定位成數論也。是則中聲之中

224 제2장 韓國의 易學思想

圖 9-1) 訓民正音(初聲, 子音) 五行配列圖

五 行	木	火	土	金	水
五 聲	角(어)	徵(이)	宮(음)	商(아)	羽(우)
五 音	牙	舌(半舌)	脣	齒(半齒)	喉
初聲十七字	ㅋ ㄱ ㆁ	ㅌ ㄷ ㄴ ㄹ	ㅍ ㅂ ㅁ	ㅊ ㅈ ㅅ ㅿ	ㅎ ㆆ ㅇ
基 本 音	ㄱ	ㄴ	ㅁ	ㅅ	ㅇ
四 時	春	夏	旺季	秋	冬
四 方	東	南	中	西	北
五 臟	肝	心	脾	肺	腎
五 常	仁	禮	信	義	智

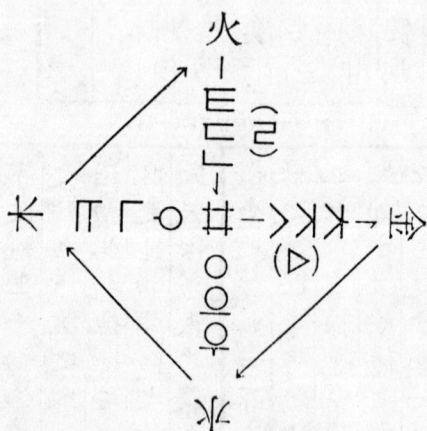

〔注意〕 (1) 온 ㅁㅂㅍ을 하나로 뭉치서 어느 方向에서 보아도 알 수 있게 한 것이다. 初聲十七字中에서 이것이 可能한 것은 오직 脣音뿐이다. 이것으로 보아도 脣音이 土에 屬하고 따라서 宮調임을 알 수 있다.
(2) →는 五五行相生의 方向을 보이주는 것으로, 水火가 萬物生成의 基本要素임을 알 수 있다.
(3) 國文初聲의 排列順序를 ㆁㄱㄴㄷㄹㅁㅂㅅㅿㅇㅋㅌㅍㅊㅈ과 같이 인과 다섯의 順으로 하면 十五一音이 된다.

韓國易學思想의 特質과 그 文化的 影響 225

圖 9-2) 訓民正音(中聲, 母音) 河圖, 八卦配列圖

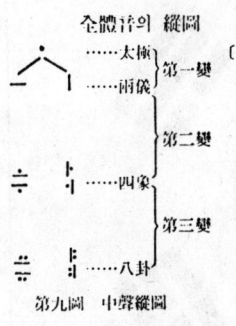

第九圖 中聲縱圖

(1) •는 ㅡㅣ의 갓(冠)이요, ㅡㅣ는 八聲의 머리다.
  •가 八聲에 다 들어 있다.
(2) ㅡ와 ㅣ는 陰과 陽 즉 兩儀로 볼 수 있다.
(3) ㅗㅏㅛㅑㅜㅓㅠㅕ에 각각 ㅣ의 積約形 •가 들
  이 있으므로 八卦數로 볼 수 있다.
(4) 이 그림은 伏羲八卦圖 生成過程과 一致한다.
(5) 中聲十一字는 十一一言에 該當한다.
(6) 國文 中聲의 排列順序를 •ㅡㅣㅗㅜㅓㅑㅠㅕ
  로 하면 自然스럽다.

全體音의 平面圖

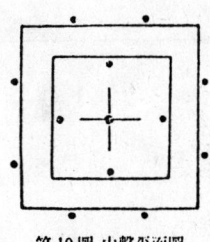

第10圖 中聲平面圖

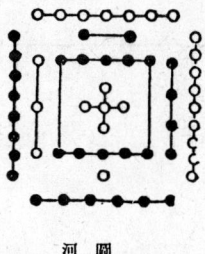

河 圖

〔注意〕(1) 中聲의 平面圖는 河圖와 恰似하다.
  河圖는 左圖와 같다.
(2) 點으로 된 字가 아홉이고, 圈으로 만
  된 字가 둘이니, 中聲平面圖에서 "九
  二錯綜의 原理를 볼 수 있다.

一三五七九는 天數
二四六八十은 地數
一二三四五는 生位
六七八九十은 成數

226 제2장 韓國의 易學思想

圖 10) 太極旗圖形

圖 11) 八卦圖

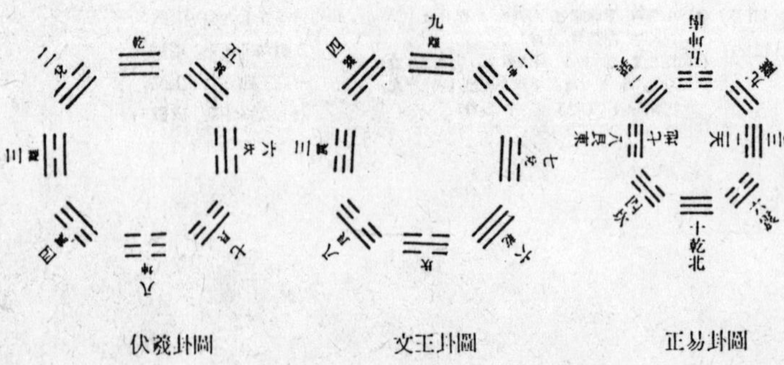

伏羲卦圖　　　文王卦圖　　　正易卦圖

花潭 徐敬德의 易學思想
―易學的 世界觀에 대한 氣一元論的 解釋을 中心으로

정병석*

―――― 차 례 ――――

I. 문제의 제기
II. 화담의 《주역》철학에 대한 인식과 수용
III. 역학적 세계관의 형이상학적 사유와 이기적 해석의 가능성
IV. 《주역》의 세계관에 대한 화담의 기철학적 해석
V. 화담의 역학적 세계관에 대한 기일원론적 해석과 주자의 이기이원론적 해석
VI. 맺음말

I. 문제의 제기

일반적으로 사람들은 '세계'라는 말을 그의 생활공간, 그의 교양 및 이해의 지평과 관련하여 설명한다. 즉 세계는 근본적으로 자기이해와 존재이해의 場으로 자리하는 것이다. 우리는 동서양의 철학사를 통하여 '세계'를 해석하려는 수많은 시도를 접할 수 있다. 물론 '세계가 무엇인가?' 라는 것을 묻자마자 발생하는 多義的이고 다층적인 의미를 먼저 생각해야 하지만, 적어도 우리는 일정한 고려하에서 세계라는 개념을 통일성을 형성하는 존재자의 총체성으로 말할 수 있을 것이다.[1] 이런 통일성을 형

―――――――
*嶺南大學校 哲學科 敎授
1) 에머리히 코레트, 신귀현 역, 《해석학》, 종로서적, 1988, 69쪽 참조.

성하는 존재자의 총체적인 세계에 대한 해석은 동서를 막론하고 수없이 시도되어 왔다. 그 중에서 특히 한국과 중국을 포함한 동양철학의 가장 대표적인 세계관을 드러내 주는 것이 바로《周易》의 세계관이다.《주역》의 세계관은 한마디로 유가와 도가를 포함한 전체 중국철학의 세계관과 그 맥을 공유하는 것이라고 말하여도 크게 무리는 아닐 것이다. 그 중에서도 이른바 신유학이라고 불리는 송명시대의 유학은 완전히 역학적 세계관을 골간으로 하여 성립하고 있다.[2)]

신유가들은 도가와 불가에 의해서 해결하지 못한 현실적 혼란과 모순이 그들의 현실 부정적인 本體論 때문에 생긴 것으로 파악하여, 유기적으로 살아 움직이는, 즉 生生의 力動的인 현실긍정적인 天道觀을 제시하고 있다. 현실세계 속의 천지만물은 假有나 空한 것이 아니라, 천도 혹은 天理의 살아 움직이는 운행임을 강조하고 있다. 이것에 가장 적절한 이론체계를 제공해 주는 것이 바로《주역》이다. 이로부터 인간을 둘러싸고 있는 세계는 더 이상 소극적이고 부정적인 의미만을 가지지 않고, 부단히 살아서 움직이는 적극적이고도 긍정적인, 생명으로 충만한 세계로 나타난다. 큰 생명의 흐름으로 나타나는《주역》의 세계관에서 자연(天)과 인간, 본체와 현상, 주체와 객체는 서로 분리되어 있지 않고 하나의 상관하는 전체로 드러난다. 이런 대립적인 것들의 조화를 가능하게 해주는 것이 바로 '生'의 개념이다.

신유가들은《역전》의 형이상학에 근거하는 太極이나 理氣 등의 개념으로 새로운 차원의 우주본체론을 정립하였을 뿐만 아니라, 또한 그것들을 통하여 다시《주역》을 해석하기도 한다. 그들이 강조하고 있는 우주본체론은 물론 도가와 불가의 영향을 받은 점도 분명히 있지만 그러나 그것은 그들의《주역》의 이해라는 문제와 연결되어 있음을 발견할 수 있다. 좀더 구체적으로 말하면 伊川이나 朱喜는 理와 氣라는 二元論을 가지고 그들의 형이상학적 체계를 구성하고, 張載는 氣一元論의인 해석을 한다.

---

2) 이 문제에 대해서는 사광, 정인재 역,《중국철학사》(송명편), 45~83쪽에서 잘 다루고 있고, 李澤厚의《중국고대사상사론》(臺北 : 漢京文化, 1987)의 211~231쪽에서도 다루고 있다.

이러한 사실은 그들이 《주역》의 세계관을 이기이원론으로 혹은 기일원론으로 이해하고 있다는 사실을 충분히 유추하게 만든다.

이러한 관점에 따라서 문제를 좀더 분명하게 압축시켜 보도록 하자. 신유가들이 주장하는 형이상학적 체계는 다름 아닌 역학적 세계관의 해석이라는 맥락에서, 徐敬德의 氣一元論적인 관점과 연결시켜 보려고 한다. '이러한 방법적인 적용이 가능한 것인가라는 문제는 좀더 상세히 분석하여야겠지만 무엇보다도 화담의 철학적 출발점 역시 《주역》에 있다는 사실에 주목하여야 할 것이다. 본 논문에서는 먼저 《주역》에서 말하는 세계관의 구조와 의의를 분석하여 그것이 신유가가 말하는 본체론의 범주들, 즉 太極, 太虛, 理, 氣 등과 어떤 연관성을 가지고 있는가를 검토하려 한다. 이런 분석과 검토를 통하여 화담의 역학적 세계관의 기철학적인 해석내용이 가지는 의의를 중점적으로 다룰 것이다. 아울러 주희의 이기이원론적인 관점과 비교되는 시각을 통하여 화담철학의 진의가 어디에 있는가를 찾아보려 한다.

II. 화담의 《주역》철학에 대한 인식과 수용

1. 화담의 철학적 태도와 출발점

화담 서경덕의 철학적 태도는 한마디로 '以物觀物(사물을 있는 그대로의 입장에서 본다)'의 입장이다. 이 말은 邵康節의 《觀物篇》에서 나온 것으로 '物'의 세계를 인간과 다른 사물이 함께 있는 그대로, 근원성, 전체성에서 보려는 시도이다.

> 대저 물을 본다고 말하는 것은 눈으로써 보는 것이 아니다. 눈으로 본다는 것이 아니라 마음으로 보는 것이다. 마음으로써 보는 것이 아니라 理로써 보는 것이다 …… 성인이 만물의 본성을 파악할 수 있는 까닭은 그가 반성적으로 볼 수 있기 때문이다. 반성적으로 본다는 것은 나의 관점으

로써 사물을 보는 것이 아니다. 나의 관점으로 사물을 보지 않는다는 것은 물의 관점으로 물을 보는 것을 말한다. 이미 사물의 관점에서 사물을 본다면 또한 어찌 내가 그 사이에 있을 수 있겠는가?[3]

여기에서는 사물을 객관화하고 대상화하는 主客二分의 방법은 찾아볼 수 없고, 주객의 대립을 넘어선, 사물을 있는 그대로 인식하기 위한 관점이 드러난다. 그가 관찰한 자연세계는 인간과 사물을 포함한 物의 세계이다. 그러나 이 物을 단순히 물리적 대상으로 말하는 생명력이 없는 죽어 있는 것이 아니라, 생명력을 가지고 살아 있는 것으로 표현하고 있다. 이런 '物'의 존재론적인 힘을 그는 陰陽의 氣로 파악하는 것이다. 바꾸어 말하면 물의 세계를 입체적·다차원적 종횡으로 설명하기 위한 것이 바로 그의 기철학적 체계이다.

화담의 물의 세계를 종횡으로 설명하기 위한 시도는 바로 통일성을 형성하는 존재자의 총체성으로 말하는 세계에 대한 해석, 즉 세계관에 대한 문제이다. 그의 세계해석에 있어서 가장 중요한 범주는 다름 아닌 '氣'이다. 물의 세계를 전체성에서 파악할 때 물의 근원성은 드러나고, 현상을 있는 그대로 설명하면 물리적 신비는 벗겨지는 것이다. 여기에서 '氣'는 형이상학적·본원적인 것으로까지 확장되고 심화된다.

2. 화담철학에 나타난 《주역》철학의 영향과 수용

화담의 철학적 출발점은 物의 세계가 부단히 生生不息해 가는 과정중에 있다는 전제에 있다. 생명력을 가지고 활동하는 자연이야말로 화담철학의 가장 직접적인 대상이다. 그는 자연현상의 관찰에서 시작하여 그 현상배후의 참된 진상을 규명하는 철학적 사유체계를 전개해 나가고 있다. 이러한 물로 구성되어 있는 자연세계의 탐구를 통하여 인간의 규범적 원

---

3) 邵雍撰,《皇極經世》, 冊二, 觀物篇之六十二, 26쪽(臺灣: 中華書局, 1982년 4月, 제5판). "夫所以謂之觀物者非以目觀之也, 非觀之以目而觀之以心也. 非觀之以心而觀之以理也…… 聖人之所以能觀萬物之情者謂其能反觀也. 所以謂之反觀者不以我觀物也. 旣能以物觀物又安有於其間哉"

리와 도덕성을 자각할 수 있는 근거들까지 찾을 수 있다는 것이다.

이런 입장에서 우리는 화담철학의 근본적 사유는 대부분《주역》철학의 입장을 바탕으로 하고 있음을 알 수 있을 것이다.《花潭集》을 펴보았을 때, 가장 분명하게 드러나는 것이 바로〈皇極經世數解〉,〈六十四卦方圓之圖解〉,〈卦變解〉,〈聲音解〉등의 '易'의 象數學 혹은 역학적 사유에 바탕을 둔 일련의 논문들일 것이다. 이런 논문들은 표면적으로 드러나지만, 사실상 그외 다른 논문들은 더욱더 철저하게 易의 논리와 사유체계에 근거하고 있다. 이런 화담의 철학적 태도는〈觀易吟〉이라는 시에서 잘 나타난다.

> 坎과 離의 감추고 쓰이는 원리는 만물의 형체에 앞서서 존재하고,
> 그 원리가 두루 작용하고서야 道가 바로 전해지네.
> 伏羲氏가 그린 괘는 참된 象을 간략히 묘사하는 것이고,
> 周의 文王이 지은 經文은 또한 현상에 드러나는 천의 뜻을 말하네.
> 만물을 따라 연구하면 변화를 중히 알 수 있고
> 근원에서 찾아보면 그 오묘함을 깨칠 수 있으리라.
> 총명한 성인이 세상에 나오지 않았다면
> 점 가치와 易에 의거하여 근본원리를 찾아보기 어려웠을 것이다.[4]

화담은 위의 시에서《주역》의 철학적 원리에 근거하여 세계의 근본원리를 발견할 수 있다고 말한다. 위에서 인용한〈관역음〉이외에도 여러 문장 속에서 이런 유사한 내용이 발견된다. 이런 역학적 사유체계는 화담철학에서는 '知止(머무름을 앎)'라는 철학적 명제로 나타난다. 바꾸어 말하면 화담철학에서 역학적 사유체계는 '知止'라는 철학적 지혜로 집약되고, 그의 철학의 진면목은 '知止'라는 것에 놓여 있다고 해도 과언이 아닐 것이다. 그가 평생에 걸쳐서 추구한 진리 역시 여기에 있다.

---

4) 서경덕,《花潭集》, 卷一〈觀易吟〉, 291쪽;《韓國文集叢刊》24, "坎離藏用有形先, 到得流行道始傳. 羲畵略O眞底象, 用經且說影中天. 硏從物上能知化, 搜自源頭可破玄. 不是聰明間世出, 難憑竹易討蹄筌."

천하의 만물과 모든 일은 각기 모두 그 머무름[止]이 있다. 하늘은 위에 머물러 있음을 우리는 알고, 땅은 아래에 머물러 있음을 우리는 알고 있다. 산천이 솟아 있고, 흐르고 있으며, 새와 짐승은 날고 있고 기고 있는데, 그것은 각각 그것들의 머무름에서 不亂하게 있는 현상임을 우리는 알 수 있다. 사람에게는 더욱이 그 머무름이 없을 수 없으며, 또한 머무름은 한 가지 발단만은 아닌 것이다. 그러므로 마땅히 각각 올바른 위치에 머무를 줄을 알아야 할 것이다. 예를 들면 아버지와 아들은 은혜에 머무르게 되고, 임금과 신하는 의로움에 머무르게 되고, 이것들은 모두가 타고난 성품이며 만물의 법칙인 것이다.[5]

화담은 '止'를 만물존재의 가장 본질적인 보편적 특성으로 파악하고 있다. 즉 현상세계의 통찰을 통하여 얻은 통일적 세계관에서 나타나는 '止'의 의미는 모든 존재질서의 기본적 근거가 되는 것이다. 이것은 자연세계뿐만 아니라 인간의 도덕세계가 모두 성실히 근거하여야 할 요체요, 〈관역음〉에서 말하는 만물의 근본원리라고 보는 것이다.

'止'라는 말은 《주역》의 艮卦〈象傳〉에서 말하는 "時止則止, 時行則行, 動靜不失其時, 其道光明"이라는 말에서 나온 것이다. '止'라는 말은 결코 머물러 있다는 의미만을 가지고 있는 것이 아니라, 오히려 '動'에 더 큰 강조점을 두고 있다. 여기에서 止를 말하는 것은 존재세계의 자연스런 질서에 바탕하여 근원적이고 전체적이면서도 통일적인 세계와 인간에 대한 파악을 강조하기 위함인 것이다. 즉 그것은 가시적인 현상세계를 관찰하는 가운데에서 그 현상을 가능하게 하는 非可視的인 근원에 대한 형이상학적인 사유를 불러일으키게 하고, 이것이 가능하기 위해서는 體用과 動靜을 통일적·전체적으로 通觀하여야 하는 '知止'의 철학적 세계관을 필요로 하기 때문이다. 여기에서 화담은 형이상의 세계와 형이하의 세

---

5) 앞의 책,〈送沈敎授義序〉, 316쪽, "夫天下之萬物庶事, 莫不各有其止, 天吾知其止於上, 地吾止其地於下. 山川之流峙, 鳥獸之飛伏, 吾知各一其止而不亂. 其在吾人, 尤不能無其止, 而止且非一端. 當知各於其所而止之. 如父子之止於恩, 吾臣之止於義, 皆所性而物之則也."

계, 본체계와 현상계를 모두 관통하는 연속적인 세계관을 '氣'라는 철학적 개념을 통하여 설명하고 있다. 화담은 이런 기철학적 세계관을 통하여 존재의 연속성과 유기적 전체성, 변증법적 발전관을 설명하는 것이다.

III. 역학적 세계관의 형이상학적 사유와 이기적 해석의 가능성

1. 《주역》세계관의 형이상학적 사유

일반적으로 《주역》은 중국철학의 세계관을 서술하고 있는 가장 대표적인 경전이라고 말한다. 그러나 처음부터 《주역》이 오늘날과 같은 지위와 가치를 가진 것은 아니었다. 가장 뚜렷한 특징으로 나타나는 八卦라는 상징부호의 연결을 통해서 알 수 있는 것처럼, 《주역》은 다만 占書라는 지극히 제한적인 범위 속에만 머물러 있었다. 기껏해야 단편적으로나마 고대인들의 자연과 역사적 체험에 대한 이해와 기술이 섞여 있을 뿐이었다. 이후 《역전》의 철학적 해석을 통하여 세계관과 인생관을 말하는 심오한 철학서로 대변신을 하게 되는 것이다.

《주역》에서는 우주와 인간이 하나의 조화로운 통일체로 구성되는 거대한 생명활동의 場을 말하고 있다. 바꾸어 말하면, 모든 존재는 統合的 全體로서 상호관련되는 유기적 체계를 형성하고 있다는 것이다. 생명의 동태적인 과정 속에서 세계를 존재의 연속성, 유기적 전체성, 존재의 다양성과 근원성을 화해라는 합일성 속에서 표현하고 있다. 그러므로 《역전》은 '人道'와 '天道'와 '地道', 즉 인생관과 세계관을 합하여 말하는데, 그것이 가능한 것은 생명력에 의하여 연결되기 때문이다. 《역전》에서는 천, 지, 인의 二極을 '乾坤' 혹은 '陰陽'의 상호작용 속에서 통일시키고 있다. 즉 건곤 혹은 음양의 상호작용에 의해서 운동과 변화라는 생명활동이 생겨나는 것이다. 이런 부단한 운동과 변화의 모습이 다름 아닌 '易'의 개념이다.

'易'이란 개념이야말로 세계의 모습을 추상적이면서도 구체적으로 가장 잘 표현한 것으로 볼 수 있다. 왜냐하면 '易'의 개념이 가지는 多義性, 즉 '易一名而含三義(역은 하나의 이름으로 세 가지의 의미를 가진다)'라는 말에서 보는 것처럼 세계의 실제적인 변화과정을 설명하고 있기 때문이다. 또 한편으로는 그 변화가 가지고 있는 원리 혹은 원칙을 동시에 설명하고 있다. 여기에서 세계의 실제적인 변화를 말하는 것이 바로 變易(change)이고, 변화가 가지고 있는 원리 혹은 법칙은 不易(permanent)이다. 사실상 서양철학에서는 자연계의 변화문제를 다룰 때 주로 變과 不變에 관해서만 언급한다. 특이하게도 《주역》은 '簡易' 하나를 더하여 '易'의 세 가지 의미를 말하고 있다.

여기에서 말하는 '簡易'의 의미는 단순히 간단이나 容易하다는 말이 아니다. 조금 앞질러서 말한다면 '簡易'은 전체 《주역》을 이루는 가장 중요한 건곤 혹은 음양을 가리키는 것이다. '簡易'은 변역을 관찰하여 얻은 것으로 변역의 내재적 특성을 가리킨다. 변역의 내재적 성질인 음양 혹은 건곤이라는, 서로 상반하면서도 화합하는 특성에 의하여 변화와 운동의 생명활동은 가능하게 된다.

《주역》에서는 음양 혹은 건곤을 의미하는 '--'과 '—'라는 가장 기본적인 부호로 이루어지는 八卦와 64卦를 통하여, 인간을 포함한 우주자연의 모든 변화와 현상들을 상징적으로 표현하고 있다. 〈繫辭傳〉에서 "易에는 太極이 있고, 이것이 陰陽의 兩儀를 生하고, 兩儀가 四象을 生하고, 四象이 八卦를 生한다"고 말하는 것처럼, 음양이라는 상반되는 두 요소의 논리적 추론, 배열과 조합과정을 통하여 기본적인 팔괘가 형성된다. 그러나 팔괘 자체만으로는 변화와 운동이라는 동태적 과정을 설명하지 못한다. 그것들의 결합을 통한 64괘가 있어야 비로소 우주 내의 모든 존재들을 동태적으로 설명할 수 있기 때문이다.

옛날 성인이 《역경》을 지은 것은 性命의 이치에 따르게 하여, 천도를 세워서 음과 양이라 하고, 땅의 도를 세워서 유와 강이라 하고, 사람의 도를 세워서 인과 의라 하여 각각 삼재를 겸하여 둘로 하였다. 그러므로 역

은 六爻로 괘를 만든다.[6]

즉, 팔괘를 중첩한 64괘에서 비로소 전체 우주의 모든 것들, 특히 도덕세계를 함께 드러낼 수 있게 된다. 이런 우주내의 모든 사태와 현상을 표현하고 있는 《주역》의 생명적 세계관이 가지고 있는 몇 가지 특성들을 정리해 보면 아래와 같다.

우선 첫째로, 우리가 지적할 수 있는 것은 모든 존재가 相關的 一者로 구성되어 있는 연속성이다. 무기물 혹은 유기물, 동식물, 인간 등 모든 존재들은 상호의존적으로 연결되어 있는 전체적 일자이다. 여기에는 이것들을 있게 하는 外在的 혹은 超越的 創造主에 대한 사색은 보이지 않고, 주관과 객관, 聖俗의 구분도 있을 수 없다.

둘째 특징은, 모든 존재는 단순히 물리적으로만 연결되어 있는 것이 아니라, 생명의 흐름으로 연결되어 있는 유기적 전체라는 것이다. 천과 인간 등 모든 천지만물은 유기적 생명의 흐름 속에 놓여 있는 것이다.

셋째, 유기적인 생명의 연속체로서의 세계는 변증법적으로 발전하여 나가는 동태적이고도 구체적인 과정을 말한다는 점이다. 이것을 가능하게 하는 것은 바로 음양의 대립과 통일이다. 음양이라는 대립적인 면의 통일이라는 측면을 통하여 '生生不息'을 강조한다. 이것은 강유, 동정, 開合이라는 交配와 交合이라는 기본적인 현상으로 존재의 형성과 변화를 말하는 것이다.

2. 《주역》의 세계관에 대한 理氣的 解釋의 가능성

《주역》에서는 생명의 변화가 흘러 넘치는 통합적 전체 그리고 그것의 창조적 근원을 '태극' 혹은 '도'라고 말한다. '태극' 혹은 '도'의 생생불식하는 변화과정을 《주역》에서는 독특하게 상징체계를 이용하여 표현하고 있다. 64괘는 변화와 운동의 잠재적 동태질서를 전체적으로 표현하려

---

6) 〈說卦傳〉, "昔者聖人之作易也, 將以順性命之理, 是以立天之道曰陰與陽, 立地之道曰柔與剛, 立人之道曰仁與義, 兼三才而兩之, 故易六畫而成卦."

는 시도로서 어떤 하나의 '實在'가 무수한 가능성으로 무한 확장하여 가는 것을 말한다. 그러나 이것은 마치 세포가 분열(cell division)하는 것처럼 하나의 세포가 같은 64개의 세포로 분열하는 의미가 아니라, 한 존재의 다른 측면과 구조를 동시에 설명하려는 시도이다. 이런 측면에서 거꾸로 단일한 통합체로 환원이 가능한 것이다. 즉 64괘-八卦-四象-兩儀-太極의 경우이다.

위에서 말한 관점에 근거하여, 송대의 유학자들은 여기에 理氣的 해석을 가할 수 있는 가능성을 발견하고 있다. 상징체계가 드러내고 있는 음양의 변화현상은 바로 '氣'로, 그리고 그 변화현상의 형식과 질서를 '理'로 표현하려는 것이다. 그러나 그 두 가지 특성은 분리되어 있지 않다. 왜냐하면 기는 자연현상의 질서와 형식을 구성하는 내용이기 때문에, 질서와 형식은 내용을 떠나서 독립적으로 존재할 수 없다. 《주역》에서는 理와 氣에 속하는 양자를 한꺼번에 드러내고 있는데, 그것이 바로 상징의 체계이다.

'역'은 하나의 통합적 전체일 뿐만 아니라 창조의 근원이기 때문에 '태극' 혹은 '도'라고 말한다. 또한 '역'은 무수한 개체의 집합이고 또한 변화의 과정으로서, 음양의 변증법적 활동에 의해서 가능한 것이다. 이런 《주역》이 가지는 다층성, 즉 이기적 성격에 속하는 것을 한꺼번에 어떻게 드러낼 수 있는가? 음양의 기본적 부호를 사용하여 64괘의 정돈된 형식으로 나타나는 상징체계는 한마디로 세계의 동태적인 변화를 그리고 있다. 그러나 그것은 결코 자연사물의 외형만을 모사하려는 것은 아니다.

> (作易者로서의) 성인은 천하의 잡다한 것들을 보고 그 모습에 비기어 자연사물을 알맞게 상징하였기에 象이라 하였다.[7]

단순히 사물의 외형만을 상징적으로 드러내려는 것이 아니라, 일체의 모든 존재자가 가지는 이치를 발휘하려는 것이다. 이 때문에 〈설괘전〉에서,

---

7) 〈계사전〉, "聖人有以見天下之賾 而擬諸其形容, 象其物宜, 是故謂之象."

옛날 성인이 易을 지은 것은…… 음양에서의 변화를 관찰하여 괘를 만들고, 강한 것과 부드러운 것에서부터 爻를 드러낸다. 도덕에 거슬리는 일이 없이 하여 그것이 가지는 뜻에 易理를 적용한 것이다. 이치를 다하고, 본성을 완전히 실현하면 천명에 이르게 된다.[8]

라고 했다. 즉 현상세계의 변화를 관찰하여 인간의 도덕문제에까지 적용하려는 것이다. 이런 맥락에서 '상징(象)'하려는 것은 단순히 기화적 세계에 대한 형용만이 아니라, 이치(理)를 동시에 드러내려는 것이다. 바로 李光地가 말하는 의미이다.

그 외형만을 그리려고 해서는 안 되고, 더불어 그 이치를 온전하게 그리려 한다.[9]

氣化하는 세계의 모습을 관찰한 것에 근거하여 그것이 가지고 있는 이치까지 드러내고 있는 것이 바로 상징의 체계인 것이다. 理야말로 《주역》이 상징하려는 궁극적 목적이라고 말할 수 있다. 그러나 여기에서 말하는 '理'가 결코 자체적인 독립성을 가지고 있는 것은 아니다. 《주역》이 말하려는 '이치'는 어디까지나 동태적인 세계의 변화과정을 그리고 있는 變易을 통하여 생겨나는 것이다. 이는 변역하는 기화적 세계의 모습에서 나온 최후의 산물이다. 理를 기의 이차적 산물로서, 독립적으로 존재하거나 기에 앞서 先在하는 것으로 말하지 않는다.

《주역》에서 말하는 이는 기를 떠나서 독존할 수 없다. 이는 다만 기의 과정중의 내부적 구조와 형식이며 결코 독립적인 창조주체는 아니다. 理는 기화과정중 생겨난 내재적인 고유질서와 조리인 것이다. 그러므로 《주역》의 상징체계가 드러내는 변화는 '기'이고, 그 변화과정의 질서와 조리

---

8) 〈설괘전〉, "昔者聖人之作易也…… 觀變於陰陽而立卦, 發揮於剛柔而生爻, 和順於道德而理於義, 窮理盡性以至於命."
9) 李光地,《周易折中》(臺北 : 眞善美出版社, 1971), "宜不獨肖其形, 兼欲盡其理."

는 '理'라고 말할 수 있을 것이다. 즉 기는 변화의 모습인 '易'이고, '理'는 바로 '象'이다. 이것이 바로 상징체계가 드러내려는 두 가지 성질로서, 《주역》의 전체적인 모습이다. 양자는 결코 분리할 수 없는 不可分의 관계를 가지고 있다.

IV. 《주역》의 세계관에 대한 화담의 기철학적 해석

1. 生生不已한 '復'의 세계관

서경덕은 감각적인 현상세계의 관찰을 통하여 그 현상의 원인 혹은 근거를 밝히려 한다. 그는 현상세계의 만물이 끊임없이 변화하면서도 그침함이 없는 '生生不已'의 까닭 혹은 원인이 무엇인가라는 문제를 제기하고 있다. 화담은 만물의 始原이며 근원이 되는 것을 '氣'라 하여 그것에 대한 해명을 주된 사색의 대상으로 삼았다.

> 존재하는 만물은 오고 또 와도 다 오지 못하고, 다 왔는가 하면 또 오네.
> 오고 또 오는 것은 시작이 없는 곳에서부터 오니,
> 그대에게 묻노니 처음에 어디에서부터 오는가?
> 존재하는 만물은 돌아가고 또 돌아가고 다 돌아가지 못하고,
> 다 돌아갔는가 하고 보면 아직 다 돌아가지 않았네.
> 돌아가고 또 돌아가고 끝까지 해도 돌아감은 끝나지 않는 것이지,
> 그대에게 묻노니, 어디로 돌아갈 것인가?[10]

화담은 위의 시에서 만물존재의 끊임없는 생멸변화를, 그것들의 '終'과 '始'라는 본체론 혹은 형이상학적인 관점에서부터 끄집어내고 있다.

---

10) 서경덕, 앞의 책, 〈有物吟〉, 292쪽, "有物來來不盡來. 來在盡處又從來. 來來本自來無始, 爲問君初何所來. 有物歸歸不盡歸, 歸才盡處未曾歸. 歸歸到底歸無了, 爲問君從何所歸."

'物'이 나오는 始原이 어디고, 돌아가는 귀착지가 어디인가 하는 물음은 철학에서 기본적으로 다루는 문제들이기 때문에 별로 놀랄 만한 일이 되지 못할지도 모른다. 그러나 위의 〈유물음〉이란 시에서 우리는 화담철학의 특색을 발견할 수 있다. 화담은 만물이 항구불멸적으로 無始無終하게 운동변화를 영원히 거듭하고 있는 것으로 본다. 물의 영원한 운동변화라는 것, 즉 오고가고 하는 것을 단순히 기계적인 순환과 반복으로만 보지 않는다. 그것은 생명의 영원한 움직임이 단절없이 일어나는 '復'의 세계관을 말한다.

'復'이란 말은《주역》의 復卦의 복에서 나온 말이다. 화담 역시 이 점을 중시하여 〈復其見天地之心說〉이란 글을 통하여 말하고 있다. "복이란 것은 하늘과 땅의 마음을 나타낸다"는 말은 복괘의 〈단전〉에서 나온 말이다.

> 음양의 도가 반복하여 일곱 단계를 거쳐 다시 돌아오는 것은 자연의 운행법칙이다. 앞으로 나아가기에 유리한데 剛, 즉 양이란 것은 자라나는 의미를 가지고 있기 때문이다. 이런 복괘를 통하여 천지의 마음을 볼 수가 있다.[11]

여기에서 "음양의 도가 반복하여 일곱 단계를 거쳐 다시 돌아온다"는 말은 9월의 괘인 剝卦(䷖)의 上九爻가 10월의 괘인 坤卦(䷁)의 六陰卦를 거쳐 일곱번째만에 陽爻가 돌아온다는 말이다. 이것은 곧 음양의 근본법칙의 하나인 '物極必反'의 원리에 해당하는 것으로 陰陽消息의 순환을 말한다. 이런 음양의 반복 혹은 상호작용이라는 復을 통하여 천지의 마음을 읽을 수 있다는 뜻이다. 여기에서 '天地之心'이라는 말은 아마도 음양의 상호작용에 의해서 생기는 '생생불식'의 마음으로 볼 수 있을 것이다.

---

11) 복괘 〈象傳〉, "反復其道, 七日來復, 天行也. 利有所往, 剛長也, 復其見天地之心."

천지는 만물을 生하는 것을 그 마음으로 삼는다. 그리고 인간과 만물을 생하여 그 천지의 마음으로 삼는다…… 이 마음은 어떠한 마음인가? 천지에 있어서는 만물을 생하는 마음이고, 인간에게는 다른 사람을 사랑하고 이롭게 하는 마음이다"[12]

여기에서 '天地之心'이란 것은 바로 '生'이란 개념과 연결된다. 〈계사전〉에는 이런 생의 개념이 자주 나타난다.

天地感而萬物化生.
生生之謂易.
天地之大德曰生.

이런 음양의 순환에 의해서 생겨나는 자연의 생생불이를 말하는 '복'의 진리에 대해서 화담은 말한다.

동지일이란 곧 하늘과 땅이 회전을 시작하고, 음과 양이 처음으로 변화하는 날인 것이다. 그러므로 '복은 천지의 마음을 나타낸다'고 말하는 것이다…… "一陰一陽之謂道, 繼之者善"이란 말은 동짓날의 이치를 모두 말하는 것이다. 一陰一陽, 一動一靜이란 것들은 본래 두 가지의 다른 것이 아니라, 다만 하늘이 한 가지임을 말할 뿐이다. 음과 양은 한 가지로 작용을 하고, 움직임과 고요함은 한 가지 기틀을 지녔는데, 이것이야말로 두루 돌면서 스스로 멈추지 못하고 있는 까닭인 것이다.[13]

---

12) 朱喜,《朱子語類》上,〈仁說〉(臺北 : 漢京文化, 1980. 7), "天地以生物爲心者也. 而人物之生, 又各得夫天地之心, 以爲心者也…… 此心河心也. 在天地則塊然 生物之心, 在人則溫然愛人利物之心."
13) 서경덕, 앞의 책,〈復其見天地之心說〉, "至日乃天地始回旋, 陰陽初變化之日也. 故曰, 復其見天地之心乎…… 一陰一陽之謂道, 繼之者善, 此語盡至日之理也. 一陰一陽, 一動一靜, 此本非兩事, 只是天地一事. 陰陽一用, 動靜一氣, 此所以流行循環, 不能自已者也."

화담은 복의 법칙을 통하여 물의 세계가 음양의 상호작용을 통하여 영원히 생성변화하고 있음을 말한다. 여기에서 천지뿐만 아니라 그 사이에 존재하는 모든 존재자들 역시 '生生'이라는 무시무종의 항구불멸의 생성변화의 흐름과 과정 속에 놓이게 되는 것이다. 이런 생생불이의 역동적인 세계를 화담은 '기'라는 일관된 체계로 해설해 내고 있다.

2. 만물의 시원으로서의 기

앞에서 우리는 화담이 말하는 복의 세계관이 가지는 의의에 대하여 분석해 보았다. '復'이라는 세계관에 대한 화담의 기철학적 분석은 한마디로 '生'이라는 문제에 대한 기철학적 해석이다. 천지와 인물이 부단히 창조발전하여 나가는 보편적 현상을 《주역》에서는 '생'이라고 하여 '易'이란 개념으로 표현하고 있다. '역'이란 개념은 음양이라는 상반상성하는 두 가지 원인에 의해서 지지된다. 음양, 즉 기에 의해서 세계는 부단히 생성변화해 가는 것이다. 《주역》에서와 마찬가지로 화담 역시 기 이외의 어떤 다른 존재를 설정하지 않는다. 앞에서 인용한 〈유물음〉이란 시에서도 말했듯이 화담은 만물존재의 변화와 생성이 가능한 근거를 시작이 없는 '無始'라고 말한다. 無始라는 개념을 화담은 어떻게 사용하고 있는가?

　　바깥이 없이 무한하게 큰것을 일러 太虛라 하고, 시작이 없는 것을 氣라고 하는데, 虛가 바로 氣이다. 허는 본래 무궁하며 기 역시 무궁하다. 기의 근원은 그 처음이 一이다. 이미 기라고 한다면 一은 곧 二를 포함하고 있으며, 태허도 一이 되니 그 가운데에는 二를 품고 있는 것이다. 이미 二가 되면 이것에는 열림과 닫힘, 동정과 生克이 없을 수가 없는 것이다.[14]

---

14) 앞의 책, 〈理氣說〉, "無外曰太虛, 無始者曰氣, 虛則氣也. 虛本無窮, 氣亦無窮. 氣之源其初一也. 旣曰氣, 一便涵二, 太虛爲一, 其中涵二, 旣二也, 斯不能無闔闢無動靜無生克也."

화담은 '無始'를 기로 규정하고 있다. 만물존재의 변화와 생성 및 시원을 기에 의한 것으로 보고 있다. 즉 기 가운데에 開合, 동정과 생극이라는 변화를 가능하게 해주는 운동요인이 들어 있다는 말이다. 이런 운동 변화를 가능하게 해주는 기는 바로 生氣와 活力을 생기게 하는 生命力의 근원이다. 그런데 왜 화담은 만물변화의 근원처 혹은 시작을 말하면서 시작이 없는 '無始'라고 말하는가? '시작' 혹은 '시원'이라는 말을, 없는 것에서 새로이 있는 것으로의 변화라는 의미로 본다면, '始'라고 말하는 것은 '無'에서 '有'로의 변화를 말하는 것이라고 해도 무방할 것이다. 화담철학에서는 절대적 의미의 무라는 것은 말하고 있지 않다. 그는 '無'라는 것을 어디까지나 '有' 속에서 말한다. 이런 각도에서 우리는 화담이 말하는 '無始'로서의 기라는 것이 恒久不滅의 존재라는 사실을 발견할 수 있을 것이다. 여기에서 유와 무를 종합적으로 해결하고, 설명하는 형이상학적 체계를 지탱시켜 주는 중요한 개념으로서 기 이외에 '무'에 해당하는 다른 개념을 등장시키는 것이다. 이것이 바로 태허의 개념이다.

太虛는 맑고 형체가 없는 것으로 이름하여 先天이라고 말한다. 그것은 크기가 한이 없고, 시원에 있어서도 시작이 없어서 그 유래를 헤아리기가 어렵다. 그 담연하고 허정함이 바로 기의 근원이다. 그것은 널리 꽉 차 있어서 비어 있는 부분이 없어 한 가닥의 터럭이 들어갈 틈도 용납하지 않는다. 그러나 그것은 끌어내고자 하나 텅 비어 있고, 잡으려 하나 아무 것도 없다. 그렇지만 그것은 차 있는 것이어서 아무것도 없는 無라고는 말할 수 없는 것이다.[15]

화담은 위에서 인용한 〈原理氣〉편에서 만물존재의 형체가 있기 전이나, 운동과 변화가 일어나기 전의 시원적 상태를 역시 기의 상태로 말하고 있다. 특히 이런 기의 본래적 상태를 그는 선천 혹은 태허의 세계라고

---

15) 앞의 책, 〈原理氣〉, "太虛湛然無形, 號之曰先天. 其大無外, 其先無始, 其來不可究. 其湛然虛靜, 氣之原也. 彌滿無外之遠, 逼塞充實, 無有空闕, 無一毫可容間也. 然把之則虛, 執之則無, 然而却實, 不得謂之無也."

규정하여 그것들은 시간적으로 시초와 종말을, 공간적으로는 그 크기를 측정할 수 없는 무한한 항구불멸의 존재로 규정하고 있다. 더욱이 화담은 선천 혹은 태허 상태의 기는 아무런 운동변화가 없기 때문에 인간의 감각적 인식으로는 무라고 간주하기 쉬우나, 결코 무가 아니라 기의 본래적 속성일 뿐(其湛然虛靜者, 氣之原也)이라고 말한다.

　　태허는 허하면서도 허하지 아니한 것이다. 虛는 바로 기이다. 기는 무궁하고 무한하다. 허라고 말하면서, 어찌 또 기라고 말하는가? 말하자면 허정함이 곧 기의 본체이고, 聚散하는 것은 기의 작용이다. 허가 단순히 비어 있지 않다는 것을 알면 무라고 말할 수는 없을 것이다.[16]

　　화담은 태허의 고요함을 기의 본체로, 기가 모였다 흩어지는 취산의 운동상태를 기의 작용으로 말하고 있다. 태허야말로 구체적인 형질을 가지고 있지 않지만, 오히려 그 허한 본질이 바로 기가 내재하는 가능근거인 것이다. 이 기의 본체에서부터 靜態에서 動態로, 一에서 多로, 所産的 物과 후천적 기의 다양성이 잉태되는 것이다. 그러나 그 다양성의 잉태도 결국 태허의 原一性 속으로 다시 모인다. 이런 태허의 원일성, 통일성은 모든 다양성을 확산하고 또 수렴하는 우주의 궁극적인 존재론적인 범위에 속하는 것이다.[17] 그러므로 기의 본체인 태허에서 말하는 허는 결코 도가와 불가에서 말하는 虛無나 寂滅과는 다른 것이다. 화담은 그들이 허가 바로 기임을 알지 못하고 있다고 비판한다.[18] 허는 결코 무가 아니리, 오히려 참된 실제로서의 有리고 보는 것이다. 이런 참된 실제로서의 虛, 즉 담연한 본체를 하나의 기(一氣)로서 모두 해석하여 '有生於

---

16) 앞의 책, 〈太虛說〉, "太虛虛而不虛, 虛卽氣. 虛無窮無外, 氣亦無窮無外. 旣曰虛, 安得謂之氣? 曰虛靜卽氣之體, 聚散氣用也. 知虛之不爲虛則不謂得之無."
17) 김교빈, 〈화담 서경덕의 기철학에 대한 고찰〉, 《조선조 유학사상의 탐구》(여강출판사, 1988, 3), 53쪽.
18) 〈태허설〉 참조.

無'라는 입장을 반박하는 것이다. 화담은 태허와 기라는 입장에 근거하여 존재하는 일체의 만물은 기의 상호교감작용을 통하여 生化하는 크나큰 大生命體로 해석하고 있다. 여기에서 기라는 것은 형이상과 형이하의 양 세계를 동시에 관통하고 있는 초월과 보편의 양면을 동시에 共有하고 있다. 그는 生化의 본체를 기로 보고, 기의 취산작용을 통해서 세계를 설명하고 있다.

3. '機自爾'와 '生'의 실현과정

화담은 기로써 體와 用, 즉 본체와 현상이라는 관점을 동시에 말하고 있다. 특히 화담은 만물변화의 현상을 기가 모이고 흩어지는 취산의 작용으로 설명하고 있다. 이러한 기의 취산작용이 가능한 것은 무엇 때문인가? 이는 바꾸어 말하면 물의 세계가 부단히 변화생성해 가는 원인 혹은 근거는 어디에 있는가의 문제이다. 앞에서 말한 것처럼 기의 운동, 즉 취산작용에서는 기 이외의 어떤 다른 창조주나 운동을 유발시키는 原動者라는 것은 말하지 않는다. 다만 기 자체의 본성 속에 운동성을 내재하고 있는 것이다. 기의 작용은 그 자체내에 自己原因의인 자율적 운동인을 가지고 있는 것으로 보고 있기 때문에 외부의 어떠한 힘에도 원인하지 않는다고 말한다.

갑자기 뛰어오르기도 하고 갑자기 열리기도 하였는데, 누가 그렇게 만든 것일까? 스스로 그렇게 할 수 있었던 것이고, 또한 스스로 그렇게 되지 않을 수 없었던 것이니, 이것은 理가 발휘된 때라 한다. 《역》에서 말하는 "느낌이 있으면 마침내 두루 통한다"는 것과 《中庸》에서 말하는 "도는 스스로 이끌어 나아간다"는 것, 그리고 주돈이가 말하는 "태극은 움직여 양을 낳는다"는 것이 그것이다. 움직임과 고요함, 닫힘과 열림이 없을 수 없는데, 그것은 무슨 까닭인가? 운동의 계기인 機가 스스로 그렇게 되는 것이다.[19]

---

19) 서화담, 앞의 책,〈原理氣〉,"孰爾躍, 忽爾闢, 孰使之乎? 自能爾也, 易自

화담은 기의 운동과 작용이 결코 다른 원인이나 존재에 의해서 생기는 것이 아니라, 기 속에 자체적으로 내재한 내적 필연성에 의한 것으로 본다. 모든 변화 자체를 기의 취산으로 설명하면서, 변화의 필연성은 다름 아닌 자체내에서 저절로 발생하는 것으로 말한다. 이런 문제들은 이기론을 다룰 때에 상세하게 설명하겠지만, 여기에서는 다만 기의 작용이 그것 자체의 내재적 법칙에 의해서 생겨나고 있다는 근거를 《주역》에서 말하는 생의 발생근거에서 찾고 있다는 사실을 중점적으로 다루려 한다.

화담은 자신의 기철학적 체계 속에서 기의 작용을 설명하면서, 《주역》이 강조하는 "一陰一陽之謂道"나 '太極' 등의 개념들을 가지고 전개해 나간다.

    동정이 서로 번갈아 하지 않을 수 없고, 작용의 틀이 스스로 그러한 것은 소위 《역》에서 말하는 "일음일양지위도"라는 바로 이것이다.[20]

    개폐할 수 있고 동정할 수 있고 생극할 수 있는 까닭을 이름하자면 태극이라고 할 수 있다.[21]

화담은 도와 태극이라는 《주역》의 개념들을 가지고 기의 작용을 설명한다. 그런데 도나 태극의 개념이란 것이 기에 내재하는가 혹은 달리 형이상학적인 독립성을 가지고 自存하는가라는 문제는 매우 중요하다. 화담은 동정, 개합, 생극이란 것이 모두 "一陰一陽之謂道"의 도와 태극이라는 원인에 의해서 생기는 것으로 본다. 화담은 위에서 말하는 동정이나, 생극, 도나 태극 등의 개념을 모두 기의 허정한 본체와 취산의 작용을 함께 함축하는 자율적이고 역동적인 운동인의 의미로 사용하고 있다.[22] 즉

    不得不爾, 是謂理之時也. 易所謂感而遂通, 庸所謂道自道, 周所謂太極動而生陽者也. 不能無動靜, 無闔闢, 其何故哉? 機自爾也?."
20) 위의 책, 〈原理氣〉, "動靜之不能不相禪, 而用事之機自爾, 所謂一陰一陽之謂道是也."
21) 위의 책, 〈原氣說〉, "原其所以能闔闢, 能動靜. 能生克者而名之曰太極."

기라는 것은 본체와 현상이라는 양면을 동시에 가지고 있기 때문에, 본체와 현상의 차이는 어떤 면에서는 隱과 顯 혹은 微와 費의 차이일 수도 있다. '은'과 '미' 양자는 같은 의미로 아직 현상계에 드러나지 않은 인간의 감각적 인식을 초월한 형이상학적인 영역에 속한다. '현'과 '비'는 이미 현상세계 속에서 활동력을 가지고 작용하는 것을 말한다.

혼돈하게 세상 시작되던 때로 거슬러올라 보건대, 음양과 오행은 누가 움직이게 했을까? 이들이 상응하여 주고받고 작용하는 곳에 환히 하늘의 기밀이 보인다. 태일이 움직임과 고요함을 주관하며…… 도는 어짊을 드러내지만, 작용은 숨겨지니 극히 드러난 것 위에 은미함이 있음을 알겠는가? 보려고 하여도 볼 수 없고, 찾아보아도 찾지 못하네. 만약 능히 사물의 이치를 미루어 나가면 현상이 오묘한 근원에 의존하고 있음을 보게 되리라.[23]

화담은 위의 시에서 세계가 음양과 오행의 상호작용에 의하여 생겨나고, 그것을 주관하는 것은 바로 '太一'의 一氣라고 보고 있다. 우주와 세계의 근원이 바로 태일의 태허이고, 허는 아직 순수하고 작용이 없는 은미한 기이다. 이 은미한 氣 속에 음양으로 전개될 계기가 포함되어 있는 것이다. 그렇기 때문에 이것이 닫히고 열리며, 동정하는 것에 의해서 현상의 작용이 드러나게 된다.

강과 유가 서로 밀어서 변화가 그 속에 있게 되고…… 운동이 그 속에 있게 된다(剛柔相推, 變在其中矣…… 動在其中矣).

---

22) 최동희,〈서경덕의 철학사상〉,《한국철학사》(중권), (한국철학회편, 동명사, 1987), 181쪽.
23) 서경덕, 앞의 책,〈天機〉, "遡觀混沌始, 二五誰發揮? 惟應酬酢處, 洞然見天機. 太一幹動靜…… 顯仁藏諸用, 誰知費上微? 看時看不得, 覓處覓還非. 若能推事物, 端見依稀."

《역전》에서 말하는 현상적 변화는 隱에서 顯으로 나타나는 과정이다. 즉 태극이 본체에 속하는 것이라면 그것은 가능성으로서의 잠재태에 해당하고, 이것에서부터 乾元과 坤元의 음양과 동정이 작용하는 현상계로 들어서는 것이다. 이것이 바로 가능태에서 실현태로 이르는 운동의 과정이다. 그러나 여기에서 운동발생의 과정은 음양 상호간의 자율적인 작용일 뿐이며, 운동을 하게 만드는 다른 원인은 아주 찾아보기 힘들다. 바로 《주역》에서 말하는 "寂然不動, 感而遂通"의 의미이다. 〈계사전〉에서 말하기를,

한 번 열고 닫히는 것을 일러 變이라 하고, 가고 오는 것이 무궁한 것을 일러 通이라 한다. 변통하여 드러나서 볼 수 있는 것을 일러 象이라고 한다.[24]

음양동정에 의해서 현상으로 드러나는 것, 즉 가능태로서의 은미한 본체에서 구체적인 현상으로 실현되는 것이 바로 '生'의 과정이다. 이런 생의 실현이 무궁하게 전개되는 곳이 바로 物의 세계이다. 화담이 은미한 본체를 一氣로 해석하고 있고, 기가 본체와 현상의 양면을 동시에 함축하고 있는 것으로 보고 있음을 우리는 눈여겨보아야 할 것이다.

V. 화담의 역학적 세계관에 대한 기일원론적 해석과 주자의 이기이원론적 해석

1. 화담의 理와 氣

앞에서 화담의 세계관이 대부분 《주역》의 세계관에서 나온 것임을 알 수 있었다. 특히 그는 기의 작용을 설명하면서 역학의 개념과 학설을 가

---

24) "一闔一閉謂之變, 往來不窮謂之通, 見乃謂之象."

장 권위 있는 논증근거로 삼고 있다. 한마디로 그가 인용하는 역학의 개념과 의미 내용이 모두 자신의 기철학적 체계를 설명하는 데 부합되는 논증자료로서 이용되고 있다는 것이다.[25] 이런 맥락에서 화담의 기일원론적 체계는 곧바로 《주역》에 대한 기일원론적 해석이라고 말할 수 있다.

그러면 화담은 理를 어떤 의미로 사용하는가? 화담은 기뿐만 아니라 理 역시 매우 중요한 것으로 다루고 있다. 기일원론이라 하여 기만 중시하는 것 같지만 理 역시 중요한 의미를 가진다.

> 갑자기 뛰어오르기도 하고 갑자기 열리기도 하는데, 누가 그렇게 만든 것일까? 스스로 그렇게 할 수 있었던 것이고, 또한 스스로 그렇게 되지 않을 수 없었던 것이니, 이것을 理의 時라고 한다. 《역》의 이른바 '감이수통'이요, 《중용》의 '道自道'요, 염계의 "太極動而生陽"이다. 동정과 개합이 없을 수 없는데, 그것은 무슨 까닭인가? 운동의 계기인 機가 스스로 그렇게 되는 것이다.[26]

화담은 理를 氣가 구체화되어 드러나는 시간적 계기와 관계를 가지는 존재로 파악하고 있다. 그러면 여기에서 말하는 시간적 계기, 즉 기가 구체화되어 드러나는 '理之時'라는 것은 무엇을 의미하고 있는가? 화담은 그것을 '감이수통', '太虛動而生陽'의 의미로 해석하고 있다. '理之時'라는 말은 바로 선천기에서 후천기, 가능태에서 실현태로, 一에서 多로의 전개가 구체적으로 드러나는 순간에 의미를 가지는 것으로, 결코 기에 앞서서 존재하는 理를 가리켜 말하는 것은 아니다.

> 기 밖에 따로 理가 있는 것이 아니다. 理라는 것은 기의 主宰다. 이른바 主宰는 스스로 기의 바깥에 와서 기를 주재하는 것이 아니다. 기의 작용이 그런 까닭에 바름을 잃지 않음을 가리켜 주재라 한다. 理는 기에

---

25) 최동희, 앞의 책, 180쪽 참조.
26) 위의 주와 같음.

앞서는 것이 아니기 때문에, 기가 시작이 없으면 理도 진실로 시작이 없는 것이다.[27]

理라는 것은 어디까지나 그의 활동영역을 기 속에만 한정시키고 있다. 이는 결코 기와 상대적인 관계가 아니라, 내재적인 관계를 가진다. 때문에 기가 존재하지 않으면 이 역시 존재하지 않는 것이다. 이는 기에 대하여 외재적, 기초적 이법이 아니고, 기의 작용(用事)에 의하여 개합하고, 취산하는 모든 음양의 질서와 항구적 제일성과 규칙성을 본질적으로 지니고 있는 내재적 합리성을 뜻한다. 이런 의미에서 이는 '태허즉기'의 오묘함(妙)이 변화하는 것의 時中이다. 화담은 시중개념을 자연질서의 운행이 제자리를 이탈하지 않는 것으로 보았기 때문에 '理之時'라고 말하는 것이다.[28] 즉 생의 발생이라는 것에서 필연적으로 요청되는 것은 바로 음양의 대립을 통한 통일성인 것이다. 여기에서 말하는 통일성이라는 것은 《주역》에서 말하는 '中'의 개념이고, 그것이 시간적 계기를 따라서 나오는 것이 바로 '시중'으로 '理之時'인 것이다. 〈계사전〉에서 말하기를,

건곤의 음양에 의해서 천하의 理를 얻게 된다. 천하의 이치를 얻어서 올바른 中에 자리하게 된다.[29]

위에서 말하는 易簡은 바로 음양이라는 서로 반대되는 개념의 合成을 말한다. 음양의 상반하면서도 相成하는 것들의 합일에 의하여 가장 보편적인 만물의 도리가 생겨나는 것이다. 이런 '天下之理'라는 것이 '中'이고, 만물의 보편적 원리로서의 理가 제자리를 벗어나지 않는 것(成立乎其中矣)이 바로 '시중'이다. 이 때문에 理라는 것은 어디까지나 후천기

---

27) 서경덕, 앞의 책, 〈原氣說〉, "氣外無理, 理者氣之宰也. 所謂宰非自外來而宰之, 指其氣之用事能不失所以然之正者而謂之宰. 理不先於氣, 氣無始理固無始."
28) 김형효, 앞의 책, 103~104쪽 참조.
29) 〈계사전〉上, "易簡而天下之理得矣. 天下之理得, 而成位乎其中矣."

의 변화를 통하여 드러나는 형식과 이법인 것이다.

또 말하기를 역이란 것은 음양의 변화이고 음양은 二氣이며, 一陰이라는 것은 太一이다. 二이기 때문에 化하고 一이기 때문에 妙하다. 변화 밖에 따로 묘함이 있는 것은 아니다. 이 두 기가 능히 生生化化하여 그침이 없는 소이가 바로 태극의 妙이다. 만약 화를 떠나 다른 곳에서 妙를 말한다면 이것은 《주역》을 모르는 사람이다.[30]

화담은 변화의 주체인 태극이나 理 혹은 易이란 것은 모두 음양의 변화 속에서만 妙를 드러내는 것으로 말하고 있다. 여기에서 말하는 묘의 개념은 바로 이와 기의 합일상태, 즉 통일성인 묘이다. 〈原理氣〉편에서 말하는 것과 같다.

一이란 수가 아니요, 수의 體이다. 理의 一은 虛이고, 氣의 一은 성긴 것(粗)인데, 이 둘을 합치면 오묘하고 오묘해진다.[31]

'妙'라는 것은 이와 기의 합일에서 나온 것으로 말하고 있다. 그러므로 一은 수량적 의미가 아니라, '그것 자체'라는 의미에 가깝다. 이런 이유에서 기라는 실체가 없는 이나, 이라는 법칙이 없는 기로서는 만물의 존재와 작용을 설명할 수 없을 것이다. 여기에서 '理氣不相離'란 입장이 나올 수밖에 없다. 음양의 二氣는 생성변화의 실체이고, 태극은 생성변화가 전개되는 원인으로서의 묘한 기능을 발휘하고 있다. 그러나 여기에서 화담은 분명히 태극의 妙, 즉 所以라는 것도 음양의 변화 곧 所然에서 말하여야 하는 '이기불상리'의 기철학적 관심을 주장하고 있다. 만약 이

---

30) 서경덕, 앞의 책, 〈理氣說〉, "又曰易者陰陽之變, 陰陽二氣也, 一陰一陽, 太一也. 二故化, 一故妙, 非化之外有所謂妙者, 二氣之所以能生生化化而不已者, 卽其太極之妙. 若外化而於妙, 非知易者也."
31) 서경덕, 위의 책, 〈原理氣〉, "一非數也, 氣之體也. 又曰, 理之一其虛, 氣之一其粗, 合之則妙乎妙."

러한 사실을 간과할 때에는 '化를 떠나서 妙를 말하는 것은 易을 알지 못하는 사람'이 되어버리는 것이다.

2. 역학적 세계관에 대한 화담의 기일원론적 해석과 주자의 이기이원론

화담은 기의 개념을 가지고 세계와 인간을 해석하고 있으며 세상의 만물과 천지, 心性을 모두 氣化에 의한 것으로 본다. 이런 관점에서 그는 理를 다만 기화과정 가운데에서 생겨나는 기의 내재적인 고유질서, 형식적 원리 내지는 적어도 기화의 실질내용에 근거해야만 하는 것으로 해석해 理의 독립적인 자존성을 부정하고 있다. 이런 이유에서 理 자체는 氣처럼 생성의 작용과 활동력을 가지지 못하는 것으로 말한다.

이에 비해서 주자는 이를 우주론과 본체론의 중심개념으로 말한다. 그는 이기의 관계를 主從의 상대적이고 종속적인 관계로 바꾸어놓고 있다. 즉 이를 순수한 형식원리로 보기 때문에 기를 資料的인 것으로 요청할 수밖에 없는 것이다.

> 천지 사이에는 이도 있고 기도 있다. 이란 것은 형이상의 道이며, 만물을 생성하는 근본이다. 기는 형이하의 器이며, 物을 생하는 도구이다. 그러므로 사람과 만물의 생성됨은 반드시 理를 품수한 후에야 성을 가지게 되며, 반드시 이 氣를 품수한 후에야 형체를 가지게 되는 것이다.[32]

주희는 理를 현실적 時空의 규정을 넘어서는 법칙 혹은 형식외 외미로서 형이상자에 속하는 道로, 기는 현상 속의 질료를 의미하는 형이하자의 器로 보고 있다. 이런 관점에서 주희는 《주역》에서 말하는 태극을 理로, 음양을 기로 파악한다. 즉 "태극은 다만 하나의 기일 뿐이다(太極只是一

---

32) 주희,《朱子文集》, 卷58,〈答黃道夫書〉,《주자학대계》제15권(東京; 明德出版社, 昭化58년), 335쪽, "天地之間, 有理有氣. 理也者, 形而上之道也, 生物之本也. 氣也者, 形而下之氣也, 生物之具也. 是以人物之生, 必稟此理, 然後有性, 必稟此氣, 然後有形."

個理)"라 하고, 또 理를 순수한 형식적 원리로 사용하고 있다.

> 천지가 있기 전에 분명히 이가 먼저 있었으며, 그리고 곧 천지가 있게 된다. 만약 이가 없었다면 이 천지도 없었을 것이다.[33]

여기에서 주희가 강조하려는 것은 하나의 사물마다 그 배후에 반드시 그 존재를 결정하는 하나의 이가 있다는 것이다. 이러한 주자의 말은 당연히 논리적인 순서라는 관점(在理上看)에서 나온 것이다. 여기에 대해서 화담은 선천영역의 태허를 태일의 一氣로 규정하고 있다. 만약 화담 역시 기를 주자와 같은 의미로 제한하였다면, 그 또한 변화의 원리 혹은 운동원리를 기 이외의 다른 곳에서 구할 수밖에 없었을 것이다. 그러나 화담은 형이상의 본체계 역시 기로 보아 그것을 선천기 혹은 태허로 규정하고, 기가 스스로 능동적(自能)이고, 필연적인(自不得不) 운동원리를 자체내에 내재하는 것으로 본다. 여기에서 '理先氣後'의 관점은 내세울 수 없게 되는 것이다.

앞에서도 이미 말하였지만, 〈상전〉에서는 인간이 관찰하고 경험한 환경이나 자연세계의 서술을 통하여, 상징의 궁극적 의미를 전달하고 있다. 즉 현상세계에 대한 기술이라는 것은 바로 기의 부분, 즉 기화적인 현상세계에 대한 부분이고, 현상세계의 기술을 통하여 드러내려는 상황적 구조나 형식, 원리는 모두 기를 통해서 나타내는 것이다. 기의 활동을 통하여 나타난 변화의 구조나 원리는 인간들로 하여금 그들이 가져야 할 이치를 반성적으로 확립하게 만든다. 이런 의미에서 《주역》에서 보이는 이는 바로 기 속에서 스스로 변화하여 전환된 것들이다. 즉 형식 혹은 질서의 이라는 것은 모두 기의 활동에 의해서 성립된 것들이다. 〈계사전〉에서,

> 한 번 음하고 한 번 양하는 것을 일러 道라고 한다. 이것을 계승하는

---

33) 주희, 《주자어류》, 卷一, "未有天地之先, 畢竟也只是先有此理. 便有此天理. 若無此理, 便亦無天地."

것은 善이고, 이것을 이루는 것은 性이다.

라고 말했다. 즉 음양이라는 것은 바로 氣化的 활동의 양면을 말하며, 현상변화와 운동을 일으키게 한다. 여기에서 말하는 모든 기화활동은 바로 생명의 흐름으로 가득 찬 단일한 전체, 즉 大全 혹은 全一로서의 道, 혹은 태극이기 때문에 화담은 태극을 기로 규정한다. 음양의 교호활동은 바로 기 혹은 기의 활동을 가리켜 말한다. 이런 기가 창생해 낸 善과 性이 바로 理이고 그것에 의해서 사물들은 변화하고 스스로를 만들어 나가는 것이다. 이 때문에 理는 결코 氣를 떠나서 독립적으로 존재하는 형이상학적 지위를 가지고 있지 못하고, 다만 기의 활동 가운데에서 형성되는 것으로 말하고 있다.

이런 관점에서 우리는 화담의 기일원론적 해석이 《주역》에 대한 정확한 이해에서 기인하고 있다는 사실을 알 수 있을 것이다. 주자가 태극을 理로 보고, 기를 질료적인 것으로 보는 것에 대해 화담은 태허를 태극에 해당하는 것으로 놓고 그것이 氣임을 말한다. 변화와 활동, 分殊의 원천이 기라는 것은 어떤 특정한 사물에 묶이는 것이 아니라 무한하다. 또 그것은 특정한 질료적 형식에 제한받지 않고 인간의 감각적 인식능력을 넘어서서 존재하기 때문에 '虛'하다고 표현하는 것이다. 기는 다만 사물(物)의 변화와 생명의 흐름 속에서만 면목이 드러난다. 이런 무한과 허로 나타나는 것이 바로 태허로서의 기이다.

VI. 맺음말

화담은 '物卽自然'이라는 현상세계기 부단히 운동하는 근원 혹은 시원을 기라고 본다. 그는 기의 개념을 통하여 이기뿐만 아니라, 有와 無, 一과 多, 天과 人을 종합한다. 중국철학이나 한국철학에서 有無, 理氣, 一多, 天人의 형이상학적 문제들을 종합하려는 경향들은 대부분 《주역》에 근거하거나 그렇지 않으면 적어도 역학적 사유체계와 밀접한 관련을 가지고 있다. 특히 역학적 세계관에 대한 화담의 기일원론적 해석이라는 문제 속에서도 우리는 화담이 시도하려는 형이상학의 종합적 경향을 충분히 발견할 수 있을 것이다. 여기에서 종합의 의미는 결코 절충이나 혼합의 의미가 아니라, 서로 대립 혹은 對比(contrast)되는 형이상학적 난문제들을 어떻게 합리적인 방식으로 조화시키고 해결하고 있는가 하는 것이다.

대부분의 중국철학이 그러하지만 화담 역시 기일원론적 철학체계 속에서 방법론상으로 종합적 경향을 가지고 있다. 특히 有無와 理氣의 문제를 종합적으로 설명하려고 시도한다. 그는 태극을 기로 보아 태허라는 개념을 태극에 상당하는 것으로 말하고, 이라는 개념은 다만 기의 변화와 운동이 드러내는 가운데 내재하는 것으로 본다. 이런 입장에서 후천기에 의해서 드러나는 有는 기의 운동과 변화과정이고, 초감각적인 태허는 기의 무궁한 잠재적 역량으로 無에 속하는 것으로 본다. 그러나 화담이 말하는 태허는 無가 아니라, 참된 有이다. 즉 태허는 기이지만 그것은 아직 음양미분의 상태에 있기 때문에 현상으로는 드러나지 않는 무이다. 이와 같이 화담은 유와 무의 종합을 기의 체계 속에서 설명하고 있고, 이 역시 기의 속에 내재시켜 이기의 종합을 시도하고 있다.

화담의 기철학의 체계에서 형이상학의 종합이 가능한 것은 바로《주역》의 생명적 세계관을 氣一元論의 관점으로 해석하고 있기 때문이다. 여기에서 기는 전체성과 和諧性의 형이상학적 체계를 완전히 지탱시킬 수 있는 근거를 주고 있다. 이런 의미에서 유나 무, 이와 기, 일과 다, 인간과 자연 역시 같은 근원에서 나온 동일한 실재의 표현일 뿐인 것이다.

《周易淺見錄》과 陽村 權近의 易學

郭信煥*

―― 차 례 ――

I. 머리말
II. 陽村易學의 先河 : 圃隱과 三峯 의 易思想
III. 陽村易學의 基本立場
IV. 《周易淺見錄》의 佛教批判
V. 《程傳》·《本義》에 대한 批判과 發微
VI. 맺는 말

I. 머리말

성리학의 형성배경에 있어 가장 주요한 역할을 한 경전이 《周易》과 四書라는 데는 아무도 이의를 제기하지 않을 것이다. 특히 《周易》의 〈繫辭傳〉이나 濂溪의 太極圖說 등은 朱子, 退溪, 栗谷 등 先賢에 의해 道理의 大頭腦處 혹은 理學之源本으로 규정되었고, 程子의 《易傳》과 朱子의 《本義》는 성리학자들이나 기타 易學을 배우고자 하는 학자들에게 必須의 書로서 가히 入道之門이었다고 할 수 있다.

麗末에 수입된 新儒學으로서의 성리학이 고려의 士大夫 계층에 폭넓게 수용되고 사회 현실 속의 제반 부조리의 척결과 구조적 모순을 해결할 수 있는 새로운 이네올로기로서의 기능을 확대해 갈 때, 중국 성리학이 그러했듯 《周易》은 매우 重且大한 역할을 했던 것으로 보인다. 성리학

* 崇實大學校 哲學科 敎授

발흥의 외적 요인의 하나가 분명 이단으로 지칭되는 불교의 盛勢와 道敎의 팽창이었음은 부인할 필요가 없을 것이다. 고려에서 성리학이 담지하고 있던 주요 과제 역시 老佛, 특히 불교의 제반 폐해 구축이었다고 할 수 있다. 그런데 우리는 성리학자의 排佛論 내지 斥邪的 理論이 거의 易理를 근거로 하여 꾸며져 있고, 혹독한 비판과 禁壓에 대한 불교 측의 護敎論인 三敎의 회통론이나 혹은 佛法도 하나의 인정할 수 있는 敎라는 것을 《周易》을 통해 입증하려 했다. 조선조 초기의 涵虛의 '顯正論'이나 그의 저술로 추정되는 《儒釋質疑論》이 그러하며 이후 抑佛策下의 조선의 승려들이 대체로 《주역》만큼은 精讀했다는 사실을 통하여 이를 확인할 수 있다.[1]

실상 고려시대에는 易學이 비교적 활발했다. 성리학적 역학서인 《程傳》과 《本義》가 들어오기 전에도 易學은 매우 깊은 관심 속에 연구되었음을 확인할 수 있다. 신라의 국학(748년)에서 《周易》을 最高級의 교과로 교수했을 뿐 아니라, 고려 선종 때 李資義 등이 宋에서 귀국하면서 《荀爽 周周》 10卷, 《京房周易》 10卷, 《鄭康成周易》 9卷, 《陸績註周易》 14卷, 《虞飜註周易》 9卷을 들여왔다는 기록이 있으며, 예종·인종 때는 淸讌閣, 麒麟閣, 崇文殿, 壽樂堂 등에서 韓皦如, 韓安仁, 金富軾, 尹彦頤, 鄭之常 등으로 하여금 乾, 泰, 復, 大畜卦 등을 講하게 하고 서로 問難케 하는 등 활발한 강의와 세미나가 개최되었음을 역사의 기록이 전한다.[2] 1263년에는 易東이라 불리는 禹倬이 태어났는데, 이미 易學에 深通해 있던 그는 때마침 《程傳》이 初來하자 閉門月餘에 깨쳐 생도를 교수하기 시작하니 이 義理易이 비로소 東國에 행하게 되었다고 한다.[3] 月

---

1) 《虛應堂集》, "余曾看盡大藏經 今正晴窓坐讀易 淨法界身與乾元 無淺無深無適無莫 車書天下一軌文 至道何曾有二域."
   《仁嶽集序》, "師曰無所癖 癖惟看書 酷好者羲易朱書 每把卷玩索 殆忘此身之爲儒爲禪."
2) 《東國通鑑》과 《高麗史》.
3) 《高麗史列傳》, "倬通史 尤深於易學 卜筮無不中 程傳初來東方 倬閉門月餘, 敎授生徒 理學始行."

餘의 잠심 공부 끝에 《程傳》을 깨칠 수 있었다 함은 이미 이전에 易學에 대하여 상당한 수준의 이해와 연구가 있었음을 암시하는 것이기도 하다. 우리는 여말 성리학의 大家인 牧隱 李穡이나 圃隱 鄭夢周, 三峯 鄭道傳, 陽村 權近 등의 易學이 易東 禹倬의 영향하에 성취한 것이라 미루어 짐작할 수 있다. 그러나 불행하게도 禹倬의 성리학적 역학의 내용을 究明할 수 있는 저술이 현존하지 않으며, 양촌의 스승인 圃隱이나 三峯에게서도 체계적인 《周易》 關係 저술은 찾을 수 없다. 三峯의 《經濟文鑑別集》 末尾에 議論을 덧붙여 《程傳》에서 64卦의 제5爻(君位, 君道에 대한 내용)의 辭와 내용을 萃錄한 것이 있을 뿐이며 다소 체계적인 易學關係 저술은 陽村의 《周易淺見錄》이 그 효시가 된다고 할 수 있을 것이다. 理學의 本源 혹은 道理의 大頭腦處의 위치에 있는 《周易》, 특히 성리학적 역학에 대한 麗末鮮初 성리학자들의 이해의 수준을 가늠하는 데는 현재로서는 《주역천견록》이 가장 적절한 문헌이라고 할 수 있다. 本稿에서는 이 점에 착안하여 양촌의 易學을 밝혀 당시 팽배해 있던 배불론이 易學的으로 어떻게 전개되었으며 조선초 성리학에 어떤 영향을 주었는가 등을 고찰해 보고자 한다.

II. 陽村易學의 先河-圃隱과 三峯의 易思想

東方理學의 祖宗으로 추숭되며 조선조 유학 흐름의 향방과 특성을 형성하는 데 가장 결정적 영향을 끼친 圃隱의 易學은 어떠한가? 젊어서는 가장 절친한 친구의 한 사람이었던 三峯은 圃隱이 東方 500年에 四書三經의 이치를 가장 깊이 있게 講明한 학자로서 특히 易學에 정통했으며 先後天이 體用關係임을 알았다고 전하고 있다.[4] 이로 미루어보아 포은의 易學이 상당한 수준일 것으로 짐작되나 불행히 포은의 문집 대다수가 인

---

4) 《三峯集》, 圃隱奉使藁序 參照.

멸되었고 남은 것도 약간의 詩文에 불과하여 연구에 있어 만족한 성과를 거두기가 어렵다. 그러나 詩文을 통해 그의 易學의 윤곽은 잡을 수 있다. 〈讀易〉이란 題下의 詩를 보면 매우 주목할 내용이 들어 있다.

　　　　以我方村包乾坤 優遊三十六宮春 眼前認取畫前易 回首包羲跡已陳.[5]

위 詩에서 주목을 끄는 것은 畫前易이란 표현이다. 畫前易이란 伏羲易이나 文王易처럼 卦圖로 나타내기 이전의 易을 말한다. 易이라 하면 伏羲易이나 文王易 혹은 連山 歸藏易을 생각하는 것이 통례이지만, 伏羲氏가 畫卦하기 이전에도 易은 이미 있었고 아직 나타나지 않은 이른바 未形未見易도 있는 것이다. 일찍이 栗谷도 "천지자연의 易이 있고 伏羲氏의 易이 있고 文王·周公의 易이 있고 孔子의 易이 있다…… 복희씨가 8卦를 그려 易圖가 나타나기 이전에는 易이 없었다고 할 수 없음을 알아야 한다"[6]고 하였는데 天地自然의 易이 이른바 포은이 말하고 있는 畫前易인 것이다. 그러나 이 畫前易과 伏羲文王의 卦圖易, 孔子의 文字易 그리고 아직 나타나지는 않았으나 장차 나타날 易(未見易)은 서로 별개가 아닌 일관성을 지닌 것이다. 이것이 이른바 詩의 末句 "回首包羲跡已陣"이다. 卦圖文字의 제약을 넘어서 易의 原型이라 할 畫前易을 認取한 포은은 다시 그 속에서 일단 부정했던 卦爻文字易의 의미를 찾은 것이다. 뿐만 아니라 포은이 畫前易을 認取한 자리는 '以我方村包乾坤'과 '優遊三十六宮春'의 우주적 초탈의 경계에서임을 놓칠 수 없다. 그런 경계에서 보면 伏羲易과 文王易이 先後天體用關係이듯 畫前易과 伏羲易, 文王孔子易과 未形未見易의 관계 또한 그러한 體用關係일 것이다.

天道와 人道, 自然之道와 人間의 當爲問題에 관한 포은의 견해는 冬至吟과 惕若齋銘에서 잘 나타난다. 〈冬至吟〉이란 題下의 두 편의 詩를 보자.

---

5) 《圃隱文集》, 卷2, 詩.
6) 《栗谷全書》, 卷14, 易數策.

乾道未嘗息 坤爻純是陰 一陽初動處 可以見天心.

造化無偏氣 聖人猶抑陰 一陽初動處 可以驗吾心.[7]

이는 自彊不息하는 天道를 冬至에서 보는 것이다. 동지는 陰의 極處인 동시에 새로운 一陽이 막 생겨나는 때로서 卦로는 復卦(☷)에 해당한다. 復卦는 卦象과 같이 흑암의 밑창에서 한 줄기 광명이 솟아나는 것을 상징한다. 詩에서는 '一陽初動處'라 하고 循環不已, 生生不窮하는 것을 천지의 마음으로 보았고, 易에서는 "復其見天地之心乎"라 하고 있다. 그런데 天道, 즉 천지의 마음은 眞實無妄하여 치우침이 없이(造化無偏氣) 완전하지만 온전하지 못한 인간은 일찍부터 抑陰尊陽의 윤리를 지켜왔다. 자연의 세계에 빛이 있음으로 어둠이 물러가듯 어진 마음의 빛이 자라나도록 우리 마음의 어두움인 人欲을 억제하자는 것이다. 그래서 冬至의 一陽初動處를 통하여 見天心 驗吾心하게 되는 것이다. '惕若齋銘'에서는 보다 구체적으로 유가 철학의 본령이 되는 敬思想을 나타내 보인다.

惟天之行 日九萬程 須臾有間 物便不生 逝者如斯 袞袞無已 一陰作病 血脈中否 君子畏之 夕惕乾乾 積力之極 對越在天.[8]

天行, 곧 자연의 도는 부단히 생성을 계속한다. 이 부단한 지속에서 須臾라도 단절이 생긴다면 그것은 곧 존재의 否定이 된다. 生生之謂易이라 하듯 존재하는 것은 끊임없는 생성의 작업, 창조, 생명활동에 참여하지 않을 수 없다. 따라서 포은이 '天行健 君子以自彊不息'이라 했듯, 군자의 수행은 天行처럼 단절이 있어서는 아니 됨을 강조하고 있고 이것의 표현이 畏惕乾乾이다.

포은 역시 철저한 排佛論者였고 그의 排佛論도 易理에 근거한 것이

---

7) 《圃隱集》, 卷2, 詩, 〈冬至吟〉.
8) 《圃隱集》, 卷3, 〈惕若齋銘〉.

많다. 〈讀易寄子安大臨兩先生有感世道故云〉이란 題下의 두 편의 詩를 보자.

　　　　紛紛邪說誤生靈 首唱何人爲喚醒 聞道君子매欲動 相從更讀洗心經.

　　　　固識此心虛且靈 洗來更覺已全醒 細看艮卦六畵耳 勝讀華嚴一部經.[9]

위 시에서 볼 수 있듯 그는 《周易》을 洗心經, 즉 마음을 씻어내는 經이라 부르고 있다. 이는 《週易》, 〈繫辭上〉 12장에 나오는 "聖人以此洗心退藏於密"에서 취한 것이다. 분분한 邪說이 生靈을 迷誤시키고 있으니 서로 권하여 《주역》을 읽자는 것이며, 治人을 주내용으로 하는 불교에 대하여 오히려 《주역》이야말로 洗心경전이요, 〈艮卦六畵〉을 읽는 것이 불교의 가장 殊勝한 경전인 〈화엄경〉을 읽는 것보다 훨씬 낫다고까지 하였다. 艮卦의 내용이 때가 머물 만한 때이면 머물고 행할 만하면 행하는 것으로 止와 行 어느 일편에 집착됨이 없음이라고 본다면[10] 이는 곧 화엄경의 一心法界思想을 염두에 둔 것으로 생각된다. 〈圃隱卷子〉는 포은의 화엄학에 대한 비판이다.

　　　　하늘이 둥글듯이 廣大無邊하며 거울의 비추임같이 微妙를 통달하였구나. 이것이 浮圖가 道와 心을 깨우쳐 준 것으로 吾儒家에서도 近理한 것으로 인정한다. 그러나 그 원만한 것이 만사에 응할 수 있으며, 그 비추는 것이 精義를 다할 수 있는가? 내가 때를 얻어 靈山의 모임에서 黃面老子에게 한마디 물어볼 수 없음을 恨한다.[11]

이것은 곧 〈화엄경〉에서의 廣大無邊과 了達微妙는 인정하지만 그 원만한 진리가 구체적 사실 하나하나에 상응할 수 있느냐 하는 것과, 그 마

---

9) 《圃隱文集》, 卷2, "讀易寄子安大臨兩先生有感世道故云."
10) 《周易》, 〈艮卦象辭〉, 《本義》 參照.
11) 《圃隱文集》, 卷3, 雜著, 圓照卷子.

음의 경지가 변화하는 현실적 사건에 작용하여 義理를 다할 수 있느냐는 것이니, 요컨대 體用一源이 과연 가능하냐고 묻는 것이다. 상대적인 中은 있을지 모르나 時中으로 살아 나오지 못한다는 점에서 〈艮卦六畫〉을 화엄경보다 낫다고 한 듯하다.

실천면에 있어서나 理論的인 측면에 있어 가장 적극적이고 철저한 排佛論者였던 三峯도 그 排佛理論의 전개에 있어 易學을 원용하고 있다. 排佛의 生死輪廻因果說에 대한 그의 비판·배척은 易理에 근거하고 있다. 그리고 이것은 三峯 排佛理論에 있어 가장 중요한 위치에 있다.[12] 이 내용이《佛氏雜辨》의 序說的 位置에 있다는 것과, 心問天答이나 心氣理論에서의 비중으로 미루어보아도 알 수 있다. 사람이 죽어도 정신은 不滅하며 다시 形體를 받게 된다는 說에 의하여 윤회설이 있게 되었다고 하고, 太極에 動靜이 있어 음양이 생기고, 태극·무극의 眞과 음양오행의 精이 妙合하여 人物이 生生한다고 하는 유가의 이론을 소개한 후《주역》의 "原始反終 故知死生之說"과 "精氣爲物 遊魂爲變"을 들어 비판하고 있다. 因果說에 대해서도 유가의 生生之理를 알면 輪廻說은 저절로 辨破되고 말며, 윤회설이 변파되면 因果說도 辨破된다[13]고 한 후 易의 乾道變化 各定性命이 곧 이를 대체한다고 하였다.

佛의 心跡에 대하여는 坤六二의 '敬以直內 義以方外'에 대한 程子의 해석과 학설도 비판하고 있으니 곧 敬以直內는 있어도 義以方外는 없다는 것이다. 그런데 義以方外가 없는 敬以直內는 참다운 敬以直內가 아니라고 하여 이른바 體는 있어도 用이 없다고 비판한 것이다.[14] 또한 道器의 分別에 대한 비판을 통하여 器를 道로 여겨 道가 器에서 떨어지지 않음을 모르고 있다고 지적한 후, 善惡이 모두 마음이며 萬法唯識이라 하고 隨順一切 任用無爲라 하나 猖狂放恣하여 하지 않음이 없는데, 이

---

12)《三峯集》, 卷6,〈佛氏雜辨序〉; 양촌이 佛의 世界說, 輪廻說에 대하여 음양오행 및 의원의 處方 등을 들어 변파했는데 三峯이 같은 내용으로 佛氏雜辨에 기록하였다고 하였다.
13) 위의 책,《佛氏雜辨》, "佛氏因果之辨."
14) 위의 책, 佛氏 心跡之辨.

는 정자가 말한 대로 滯固者는 枯陋에 빠지고 疏通者는 恣肆에 귀결되고 마는 것이라고 하였다.[15] 滯固者란 道가 器에 있음을 모르는 자이며, 疏通者란 道가 器에서 떠나지 않는다고 하는 자를 지칭한다.

이처럼 여말선초 사상계의 二大巨峯인 포은과 삼봉이 모두 그들의 理學이나 排佛論에서 易學을 바탕으로 하였는데 이것은 양촌에게도 그대로 전승되어 갔다. 삼봉의 心氣理와 心問天答에 양촌이 註를 가했다는 사실이 이러한 주장을 뒷받침한다.

III. 陽村易學의 基本立場

1. 五經의 全體로서의 《周易》

양촌은 나이 40세(1391년)에 충주 陽村에 偶居하면서 儒家의 기본 경전인 《易》, 《春秋》, 《詩》, 《書》, 《禮記》의 내용 중 중요하고 難解한 부분에 대한 先儒의 학설을 소개·비판하고 자신의 창견을 덧붙여 기록한, 이른바 《五經淺見錄》을 저술하였다.[16] 이 가운데 〈禮記淺見錄〉은 그의 스승 牧隱의 委囑을 받아 錯簡을 정리·考定하고, 元代의 학자 陳澔의 禮記集說을 합친 26권 1책의 大著로서 기고한 지 14년 만인 1404년에야 완성되었다. 《五經淺見錄》은 이보다 1년 앞서 저술한 《入學圖說》과 함께 양촌의 學問的 깊이와 精緻함을 보여주는 二大著作으로 일컬어진다. 門人 卞季良의 祭文에 의하면 "《入學圖說》과 《五經淺見錄》은 聖經에 羽翼한 바가 많고 후학들을 發揮케 하니 사람들이 모두 칭송한다"[17]고 하였듯이 《입학도설》, 《오경천견록》은 삼봉의 《불씨잡변》, 《심기리편》과 함께 여말선초의 대표적인 성리학적 저술이라고 할 수 있다.

---

15) 앞의 책, 佛氏昧於道器之辨.
16) 《增補文獻備考》, 卷246, 藝文考5, 儒家類 《五經淺見錄》."
17) 卞季良, 〈祭陽村先生文忠公文〉, "入學之圖見淺之錄, 羽翼聖經 發揮事業 人率膾炙."

序文을 포함하여 26개의 圖說로 꾸며져 있는 初版本〈입학도설〉속에 五經體用合一之圖와 五經各分體用之圖가 들어 있어 양촌의 五經觀을 짐작할 수 있다. 양촌은《주역》을 五經의 全體,《春秋》를 五經의 大用이라고 보고,《書經》은 政事,《詩經》은 性情,《禮記》는 節文 등 각기 전담분야가 있지만,《易》과《春秋》의 全體大用 속에 포괄되지 않음이 없다고 하였다. 뿐만 아니라 양촌은 聖人은 五經의 全體요, 五經은 聖人의 大用이라고 하였으며《易》은 天地의 道를 성인이 체득한 것이요,《春秋》는 성인의 道는 천지도 감히 거스를 수 없음을 나타낸 것이니 河圖가 나옴에 성인이 이를 본받아《易》을 그렸고,《春秋》가 지어짐에 麒麟이 이르렀음이 이를 증명한다고 하였다.[18]

양촌은 다시 易을 體用으로 나누어 全體는 理, 大用은 道라 하였으며 易의 大用으로서의 道는 그대로 춘추의 全體가 된다고 하였다. 그리고 춘추의 大用은 聖人의 마음에서 나오는 權道라고 하였듯이 실로《周易》은 양촌에 있어 經典中의 經典의 위치에 있다.[19] 26개의 圖說 가운데 河圖五行相生之圖, 洛書五行相克之圖 등《周易》에 관계되는 圖說이 15개나 되는 등 그 비중으로 미루어보아서도 양촌이 얼마나《주역》을 중시했는지 알 수 있다. 현존하는 淺見錄 중에서 그 노력의 量과 功은 스승의 유촉에 의해 완성한《예기천견록》에 가장 집중되었다고 하겠으나, 그 중요성과 독자적 관심은 오히려《주역천견록》에 있다 할 것이다.《춘추》나《시경》,《서경천견록》은《주역》에 비하여 그 量이 많지 않고 학문적 공로도 뒤진다고 할 수 있다.

---

18) 《入學圖說》, 五經體用合一之圖, "愚按 易五經之全體也 春秋五經之大用也 書以道政事 詩以言性情 禮以謹節文 雖各傳其一事 而易春秋之體用於各無所不備焉 嗚呼大哉 聖人五經之全體 而五經 聖人之大用也 易者道在天地而聖人體之 春秋者道在聖人而天地不能違者 故河出圖而易畫 春秋作而麟至也."
19) 위의 책, 五經各分體用之圖 參照.

2. 象數와 義理는 相補關係

앞에서 이미 양촌이 《易》의 全體를 理, 大用을 道라 했으며 《易》의 大用으로서의 道는 그대로 《春秋》의 全體가 되며 《春秋》의 大用은 權道라고 보았음을 지적하였다. 성리학의 기본입장이 體用一源 顯微無間이라 한다면 陽村에 있어서 《易》과 《春秋》는 一源의 관계가 된다. 주지하는 바와 같이 《易》은 天道를 미루어서 人事를 밝히는 책이다. 공자가 말한 바와 같이 그것은 지극히 精微하므로 極深할 수가 있고, 至變하므로 硏幾할 수 있는 것이며, 능히 天下人의 心志를 소통하고, 능히 天下의 事務를 완성하며, 不疾而速 不行而至의 神妙를 체현할 수 있는 것이다.[20] 또한 陰陽의 天道와 剛柔의 地道와 仁義의 人道로서 性命의 理致를 좇게 하며 神明의 德을 통하고 萬物의 情을 헤아리게 하는 것이다. 그가 스스로 "加我數年 五十以學易 可以無過矣"[21]라 한 것과 "晩而喜易……緯編三絶"[22]이라 한 역사의 기록으로 보아 《易》에 대한 그의 關心度를 추단할 수 있다. 《춘추》 또한 공자가 만년에 가장 심혈을 기울인 저작으로 스스로 "나를 알아줄 자가 있다면 오직 《春秋》 때문일 것이며 만일 나에게 죄를 줄 자가 있다 해도 역시 《春秋》 때문일 것이다"고 하여 자신의 一生의 功過를 이 한 권의 책에 결부시킨 데서 우리는 《춘추》에 대한 공자의 관심도를 헤아릴 수 있을 것이다.[23] 《주역》이 한갓 占書에 그치는 것이 아닌 君子之學을 내용으로 한 경서요, 시대와 상황에 따라 변화해 가면서 道를 구현하는 것이며, 《춘추》는 한갓 역사서가 아니라 구체적 인간의 역사 속에서 直의 정신으로 是·非 正邪를 엄정히 판가름한 것인 만큼 兩者를 表裏나 體用의 관계로 보고자 하는 견해는 정당하다고 할 것이다.[24]

---

20) 《周易》, 〈繫辭上〉, 10章, "夫易 聖人之所以極深而硏幾也 唯心也故能通天下之志 唯幾也 故能成天下之務 唯神也 故不疾而速 不行而至."
21) 《論語》, 〈述而〉.
22) 《史記》, 〈孔子世家〉.
23) 《孟子》, 〈滕文公下〉, "知我者 其惟春秋乎 罪我者 其惟春秋乎."
24) 司馬遷도 "易本隱以致顯 春秋推顯以知微"라 했고, 錢穆은 "易春秋 一言天道 一言人事(論孔子與六經)"라 했다.

양촌의 《주역》사상이 《입학도설》에 소개된 도설만 보면 象數易學에 기울어 있다고 속단하기 쉽지만, 실상 《천견록》을 보면 그를 단순하게 象數易의 계보에 넣기가 곤란하다. 그러나 성리학적 易學者 대다수가 그러하듯 그가 宋代의 圖書易學을 도외시하지 않은 易學者에는 틀림없다.

양촌은 漢·唐代의 易學이 寥寥히 千年을 흘렀다고 하여 오히려 漢唐代의 象數易을 宋代의 象數易과 구별하여 이를 부정하는 태도를 취한다. 宋代의 濂溪, 二程, 邵에 의하여 易大傳의 妙意가 밝혀졌고 끊어진 統緖가 이어졌으며 伊川이 易理를 풀이하여 그 깊은 뜻을 드러냈고, 邵雍이 伏羲의 卦圖와 象數를 통하여 그 精深한 뜻을 다 파헤쳤으며 朱子는 이 모든 업적을 集大成하여 《本義》를 저술하고 또한 《啓蒙》을 지어 남긴 뜻을 드러내되 특히 象數를 탐구함으로써 義理의 分析이 더욱 분명해지게 되었다는 양촌의 견해는, 그가 易을 이해함에 있어 성리학적 易學의 계열에서 일탈하고 있지 않음을 확인시켜 준다.[25]

義理易學과 象數易學을 相互發明의 관계로 파악하는 것이 양촌이 지닌 기본 입장이다. 文王·周公의 卦爻辭는 卦爻의 象으로 말미암아 나온 것이며 그로 인하여 占筮之法을 말한 것이고, 彖·象·繫辭 등 공자의 十翼은 그 卦·爻辭로 인하여 占筮에 吉凶之理가 있음을 밝힌 것이며, 程子는 공자의 大傳, 즉 十翼에 근거하여 義理를 推明했고, 朱子는 文王·周公의 卦·爻辭를 근거로 하여 占法을 밝힌 것이니 前後聖人의 相互發明의 功이 참으로 크다 하여, 《程傳》과 《本義》 어느 일방에 치우치지 않으려는 자세를 견지하였다.[26]

---

25) 《周易淺見錄》,〈易說 上經〉,"自漢迄唐 寥寥千載 圖隱於方伎之家 理晦於 象數之末……晦庵朱子又集 大成本義 以附於經文有啓蒙以盡其餘意 其窮 象數也, 輒稍其析義理也益明……."
26) 《淺見錄》,〈易說 上經〉,"文王周公之辭 直因卦爻之象 以言占筮之法 孔子 之傳又因其辭以明 占筮所以有吉凶之理 程子本孔傳以演義理 朱子本文王 周公之意 以明占法 前後聖 互相發明也."

3. 天道의 變易으로서의 誠과 人道의 變易으로서의 中

《淺見錄》에서 규찰할 수 있는 양촌易學의 가장 두드러진 특성은 역시 推天理以明人事의 天人合一思想이다. 이것은 《入學圖說》의 天人心性合一之道, 天人心性分釋圖, 洪範九疇天人合一圖 上, 下에서도 강조되었지만 《易》의 〈上下經〉에 대한 分釋에서도 그대로 나타난다. 《淺見錄》의 〈易說 上經篇〉에서 양촌은 다음과 같이 말한다.

> 易이란 變易이다. 무릇 天道의 變易은 誠이요, 人道의 變易은 中이다. 誠은 恒而無息之理요, 中은 變而從道之義이니 이것이 易의 體와 用이다. 卦爻가 그려지기 전에도 이는 참으로 있었고 易經이 湮晦한 후에도 사라짐이 없었다. 수렴되어 한마음에 있어도 속이 없으며 上下四方 우주에 가득 차서 밖이 없다. 天은 존귀하고 地는 卑賤하여 上下에 자리잡았는데 인간이 그 가운데서 참여하여 더불어 三才가 되었다. 人心의 體는 곧 天理의 本然이요, 人心의 用은 곧 天理의 當然이다.[27]

입학도설에서는 易의 體·用을 理와 道라고 했는데 여기서는 誠과 中이라 하고 恒而無息之理나 變而從道之義라 하여 理와 義로 대비시키고 있음을 볼 수 있다. 또한 卦爻文字는 易에 局限되지 않고 그 以前의 易, 즉 天地自然의 易을 상정하고 있으며, 이로 미루어 이른바 未形未見之易도 인정하고 있었다고 할 수 있다. 뿐만 아니라 天理의 本然과 當然을 人心의 體와 用으로 보고 이것이 그대로 易의 體用이라 하였으니 易이 곧 天人合一을 본령으로 하고 있음을 밝힌 것이라 하겠다.

乾·坤에서 시작하여 坎離로 끝나는 〈上經〉은 天地定位와 日月代明을 내용으로 하여 天道流行의 극치를 나타낸 것이며, 咸·恒에서 시작하여

---

27) 《淺見錄》,〈易說 上經〉, "易者變易也 蓋天道之變易者 誠也 人道之變易者 中也 誠則恒而無息之理 中則變而從道之義也 此易之體用也 卦爻未畵之前 而固有 斯文湮晦之後而無墜 歙在乎方村而無內 彌滿乎六合而無外者也 天尊地卑上下以位 人參其中并爲三才 人心之體卽天理之本然也 人心之用 卽天理之當然也."

旣未濟로 끝나는 〈下經〉은 夫婦成家 男女著代를 내용으로 한 것으로서 곧 人道更變의 至라고 하였다. 그런데 〈上下經〉이 모두 坎離로 끝맺음한데 그 공통점이 있다고 지적하고, 〈上經〉 天道에 있어서는 水火 始交가 生生之本이요, 〈下經〉 人道에 있어서는 水火相濟가 역시 生生之本이라 하여 始交와 相濟를 구별하고 있다. 이는 곧 〈上經〉의 마지막 두 卦인 坎卦와 離卦가 각각 重水(☵)와 重火(☲)인 것과는 달리 〈下經〉의 마지막 두 卦인 旣濟와 未濟卦가 각각 水火(☵), 火水(☲)로 되어 있기에 始交·相濟라 했던 것이다.[28]

《淺見錄》의 〈易說 下經篇〉에서는 다시 다음과 같이 말한다.

〈上經〉은 乾·坤을 머리로 하고 있고 〈下經〉은 咸을 머리로 하고 恒으로 이어가고 있는데 이에 대하여는 〈序卦傳〉에서 상세히 설명하고 있다. 그러나 〈說卦傳〉에 이르기를 天地定位, 山澤通氣, 雷風相薄, 水火不相射을 八卦의 象이라 하였다. 〈上經〉은 乾坤을 머리로 하고 坎離로 끝났는데 乾은 남쪽 坤은 북쪽 離는 동쪽 坎은 서쪽에 자리하여 天地四方에 자리를 정한 것이니 侍對의 體요 天道이다. 그런데 〈下經〉은 兌艮의 咸卦(☱)와 震巽의 恒卦(☳)로 머리를 삼고 있으니 山澤의 通氣이며 雷風의 相薄이니 流行의 用이요, 人道이다. 天道는 體이므로 〈上經〉에서는 純卦로 終始하였고 人道는 用이므로 〈下經〉에서는 咸咸之卦로 終始하였다. 인간은 만물의 으뜸으로 천지에 參與하여 三才가 되었다. 그러므로 咸咸의 卦는 咸恒에 기대어 人道를 세웠다. 그런데 人道는 夫婦관계로 시작되는 것이니 咸은 곧 夫婦관계의 始初이요, 恒은 居室之常이다. 능히 그 시작이 바르면 居室之道의 허물이 없게 되며 능히 그 마침을 바로 할 수가 있다. 咸卦에서는 利貞 取女去라 하였으나 恒卦에서는 먼저 無咎를 말한 후 利貞을 말했는데 이미 그 시초가 바르기에 無咎이며 또한 그 居室之道가 바르게 된 후에야

---

28) 앞의 책, "上經 首乾坤而至坎離 天地定位而日月代明 天道流行之極也 下經始咸恒而終旣未濟夫婦成家而男女著代 人道更變之至也 然皆以坎離爲終則同 在天道則水火始交生生之本也 在人道則水火相濟亦生生之本也 終而復始變化無窮 斯其所以爲易也."

利有攸往하게 되고 그 마침을 바르게 할 수 있는 것이다.[29]

요컨대, 양촌의 〈周易上下篇〉에 대한 예를 정리하면 다음과 같다.

上經-天道之變易-誠-理體-侍對-天地定位水火不相射-純卦始交.
下經-人道之變易-中-道用-流行-山澤通氣雷風相薄-咸成卦相濟.

IV. 《周易淺見錄》의 佛敎批判

여말선초의 시대적 상황이 유학자 양촌에게 부과한 과제는 그의 스승이었던 圃隱이나 三峯의 경우와 마찬가지로 불교의 교단적 폐단 제거와 불교교리의 이론적 극복이었다. 그는 당대 가장 적극적인 排佛論者였던 三峯의 排佛理論書인 《心氣理論》과 《心問天答篇》에 상세한 주석을 가하여 合編해 놓기까지 하는 등 이론적인 면에서는 스승을 능가할 정도로 批判的이었다.

포은이나 삼봉의 불교 교리비판의 근거가 宋儒들의 辨異端說이었듯이 양촌의 배불론도 이를 바탕으로 하고 있다. 그리고 宋儒나 포은, 삼봉이 易理를 바탕으로 불교의 교리를 비판하듯 양촌도 《易》의 〈卦爻辭〉의 해석을 통하여 불교를 비판·배척하고 있다. 《주역천견록》을 저술하기 전에 그는 元代의 학자 草盧 吳澄[30]이 쓴 《易纂言》을 읽었으며, 그 책의 내용을 《천견록》에서 비판하고 있다. 양촌은 《易纂言》이 卦爻互體取象에 다소 發明한 바가 있어 《易經》의 이해에 도움이 많지만, 초려의 학설이 奇異한 것에 힘쓰고 견강부회가 많아 先儒의 학설에 배반되며 異端에 빠진 것이 있다고 하였다.[31] 여기서 말한 異端이 老·佛임은 말할 것도 없다.

---

29) 《淺見錄》,〈易說 下經〉 參照.
30) 元 崇仁人, 《易》, 《書》, 《春秋》, 《禮記》의 纂言 및 그 밖에 《學基》, 《學統》 二篇의 저술을 남김. 草屋에 살았기에 草盧先生이라 칭하였음.

실제로 그 자신이 "大本에 있어 老·佛에 빠지는 폐단이 있음을 면하지 못하므로 뭣초려의 글을 읽는 자 마땅히 이를 알아 잘 선택해야 한다"고 하였다.[32] 老·佛이라 했지만 실제로 《淺見錄》에 보이는 초려의 견해에 대한 비판은 주로 불교적 해석에 집중되고 있다.

1. 謙卦 象辭인 稱物平施에 대한 佛敎的 해석 비판

양촌은 釋者가 稱物平施를 平等無差別로 해석하는 것에 반대한다. 비판의 내용인즉, 稱物平施란 저울을 가지고 물건의 무게를 다는 것과 같은데, 우리는 물건의 무게에 따라 저울의 추를 움직여 저울을 수평되게 해야 그 물건의 무게를 가늠할 수 있게 되듯이 平施라 하여 平等無差別로 베푸는 것으로 보면 안 된다는 것이다.[33] 양촌은 전통적인 견해와 같이 儒家의 道는 理一而分殊인 데 반하여 異端은 兼愛而無分이라고 규정하였다.[34] 부모를 섬기고 사랑하는 것은 본질상 같지만 父는 重하여 섬김의 道가 많고 母는 輕하여 섬김의 道가 적으며, 父母의 섬김이나 임금 섬김에 있어 敬虔해야 함은 한 가지이지만 부모는 항시 가까이 있고 임금은 가까이 모시기 어려우므로 자연히 부모께 경건할 때는 많고 임금에 경건할 때는 적다. 그 부모에의 많은 것에서 덜어서 임금에게 보태면 그 敬虔은 같아진다. 그러나 받은 은혜가 다르므로 부모 섬김에는 제약이 없으나 임금 섬김에는 제약이 있다. 이것이 바로 敬虔히 섬긴다는 점에서는 같지만 그 恩義를 저울질하여 平하게 베푸는 것이다. 이것이 바로 親親

---

31) 《淺見錄》,〈易說 上經〉, "草廬吳氏澄 所著纂言其於卦爻互體取象 多所發明 亦有功於此經者也 然其說 務立奇異容有牽強 又培先儒之說 而淫於異端者 亦或有焉."
32) 《淺見錄》, 邱卦六四條, "大抵吳說於卦爻象例 多所發明 自謂庶乎文王周公之心 然務爲新論 以異先學 故往往亦多附會奇巧之病 又於大本上未免有淫於老佛之弊 此觀吳說者 所當知而自擇也."
33) 위의 책,〈上經 謙卦〉, "謙象曰地中有山謙 君子以稱物平施 愚嘗與釋徒論此象 釋者曰此卽 平等無差別之法 予曰非也 稱者 錘之稱 所謂稱物平施者 如待衡以稱物隨其物之錘重 而爲其權之進退以其衡之平也."
34) 위의 책, "吾道理一而分殊 異端愛而無分……."

之殺와 尊賢之等에서 나아가 親親과 仁民과 愛物에 각기 마땅한 질서를 두어 어지럽혀서는 아니 되는 까닭이 된다.

　양촌은 平施의 平을 해석하여 피차 각기 마땅함을 얻어 남거나 부족함이 없는 것이라 하였다. 비유하면, 그릇에는 大小가 있어 그 量이 같지 않다. 그 그릇 크기의 大小에 따라 많고 적게 베풀어 각각 그 量에 알맞게 하면 그것이 곧 平이 된다. 무릇 많이 베풀어도 남음이 없고 적게 베풀어도 부족하지 않은 것에 平이 있으니 어찌 이를 天下의 至平이라 하지 않겠는가? 異端처럼 分이 없으면 多寡의 분별이 없게 되어 큰 것을 기준으로 똑같이 준다면 큰 것은 겨우 찰 것이요, 작은 것은 이미 넘치고 만다. 넘치고 넘치지 못함이 있음은 平이 아니라 不平이다. 적은 그릇을 기준하여 많이 쏟아부어도 작은 그릇에는 넘칠지 모르나 큰 그릇에는 역시 부족할 것이다. 하나는 가득 차서 넘치고 다른 하나는 차지 않았다면 이 역시 不平이다. 따라서 異端처럼 兼愛하여 差別의 分이 없게 되면 비록 平等이라 하지만 도리어 不平이 되고 만다는 것이 양촌의 주장이다.[35] 그는,

　　萬物의 서로 같지 아니함은 바로 物의 실정이다. 친함과 소루함, 멀고 가까움, 작고 큼, 가볍고 무거움 등의 차이가 있음은 物理의 自然이다. 유가의 성인은 바로 物理의 自然을 따라서 베풀기 때문에 그 分이 비록 다르지만 각기 마땅함을 얻게 하니 결과에 있어 지나침과 모자람이 없다. 그런데 불교는 도무지 親疎, 遠邇, 小大, 輕重의 차이가 없으며 오직 吾心의 不平으로 한 가지로 베풀고자 하는데 이것은 마치 거울이 고운 것, 추한 것을 가리지 않고 비추는 것과 같고 저울에 있어 가볍고 무거움의 차

---

35) 앞의 책, "夫平者 彼此各得其宜 而無有餘不足之謂也 以物喩之 器有大小 其量不同 隨其大小而施有多寡 於各適其量 而皆在大施多而非有餘 在小施小而非不足 豈非天下之至平乎 無分則無多寡之別 從大而往小 則大者僅滿而小者已溢 有溢有不溢是不平也 從小而往大則小者旣溢而大者不足 有盈有不盈 是亦不平也 於兼愛而無差別之分者雖曰平等 反以爲不平也."

이가 없다는 것과 같다. 마음에는 차별이 없다고 할지라도 이치에 있어 심한 差謬가 있으니 이 또한 着意를 면하려 하지만 끝내 그렇게 되지 못함과 같다. 유가의 聖人은 이치를 좇되 오히려 마음에 邪私가 없다

라고 주장한다.[36]

이 같은 對比와 批判은 유불의 실천 윤리와 세계관의 근본적 차이로 인해 빚어진 것으로 매우 중대한 의의를 갖는 비판이라 할 수 있다. 그가 人道의 變易을 中이라 했고 中은 變易而從道之義라 규정했는데 謙卦 象辭인 稱物平施의 平 또한 無過不及의 뜻으로 보았으니 이 卦에서의 양촌의 견해는 곧 그의 易學의 核을 이루는 것이라 할 수 있다.

2. 〈艮卦 象辭〉의 해석과 時中之道

變易而從道之義로서의 中에 대한 견해는 〈艮卦 象辭〉인 "艮其背 不獲其身 行其庭不見其人 無咎"에 대한 해석에서도 드러난다. 양촌은 艮其背을 立體, 行其庭을 致用, 不獲其身은 忘我之私, 不見其人은 忘人之私으로 해석하고 釋徒가 이를 無我相 無人之相과 동일시하는 것에 반대한다. 왜냐하면 釋氏의 心無所住란 物我가 모두 空蕩하여 分別이 없는 것이지만《周易》의 艮其背는 物과 我가 모두 각기 마땅히 머물러야 할 자리가 있음을 말한 것이니 곧 私를 잊고 理를 좇아 확고부동하여 움직이지 않는 것이다. 양촌은 程明道가 말한 內外兩忘이란 곧 私를 두지 않음을 뜻하며, 결코 釋氏가 말하는 物我가 전혀 없다는 것과 같지 않다고 주장한다.[37] 일찍이 程子는《화엄경》을 읽는 것이 〈艮卦〉 하나를 보는 것만도 못하다고 말한 바 있다.《화엄경》의 要諦는 止觀이며, 萬法이 圓融하여 偏見이 있어서는 아니 된다는 것이지만 〈艮卦〉은 天理가 物物에 周遍하여 모두 터럭만큼의 私欲도 없음을 말하고 있다.《화엄경》은 無差

---

36) 앞의 책, "異端者 都无親遠疏邇小大輕重之差 欲以吾心之平等而一施之 是猶欲鑑無姸媸之異照衡無 輕重之異形也 雖其心都无差別 而於理甚多差謬 亦未免着義而終爲未若 聖人之心循理而無私也."

37)《淺見錄》,〈下經〉, 艮卦條 參照.

等이요, 《周易》은 定分의 긍정이니 그 실상은 같은 듯하나 크게 다르다고 양촌은 주장한다.

〈艮卦〉에 대한 해석은 朱子에서도 躍如하게 드러난다. 朱子는 '艮其背 不獲其身'은 머무를 만한 곳에 머무른 것이요, '行其庭而不見其人'은 행함으로써 머문 것이라 하였다. 또한 때가 머무를 만한 때에 머무는 것이 머무름이며 때가 행할 만할 때에 행하는 것 역시 머물음이라 하여 머물음(止) 속에 상대적 止와 行을 포섭한다. 行과 止를 다 포섭하면서도 止로 말하는 것은 수행에 있어 고요한 것을 위주로 하기 때문이다.[38] 요컨대 〈艮卦〉는 《大學》의 止於至善의 뜻으로서 時中之道를 말한 것이다.

3. 〈歸妹卦 彖辭〉의 해석과 佛敎의 非人倫性 批判

양촌은 〈歸妹卦 彖辭〉인 '歸妹 天地之大義也 天地不交而萬物不興'의 해석을 통하여 佛敎의 男女觀을 통박한다. 天地가 不交하면 萬物이 일어나지 못하고 남녀가 不交하면 人道는 저절로 滅絶되고 만다고 하여 夫婦之倫을 滅絶시킴에 대하여 批判하고, 天地에서 태어나 天地의 뜻을 거스르고 부모에게서 태어나 스스로 부모의 제사를 끊고 마는데 남의 후사가 되어 生生의 理를 없애고 마니 대체 이게 무슨 道인가 하며 탄식에 가까운 공박을 하고 있다.[39] 뿐만 아니라 양촌은 蠱卦上九爻의 '不事王侯高尙之事'를 吳초려가 세간에 처하면서 有爲하는 것은 모두 卑下之事요, 세간을 떠나 无爲함은 高尙之事라고 해석한 것에 대하여, 이 말은 결코 儒者의 말일 수 없다고 하였다. 만일 伊尹이 밭갈이·낚시질한 것이 어찌 천하가 작은 일이라 하여 홀로 그 몸을 깨끗이 한 것이겠으며, 그가 湯王을 만나 조정에 나아갔으니 어찌 고상한 것을 버리고 卑下에 나아간 것이랴 하면서, 비록 그 몸의 出處는 달랐어도 그 道는 하나였음을 알아야 한다고 강변하였다. 양촌은 또한 蠱卦下三爻를 모두 幹父之蠱로서 일가

---

38) 《周易》, 〈艮卦 彖辭〉, 〈本義〉 參照.
39) 《淺見錄》, 歸妹卦條 參照.

의 일로 가벼이 보아 족히 道라고 할 수 없으며 부모를 버리고 滅倫한 후에야 可하다고 한다면 이것이야말로 邪道이며, 만일 無位之地에 居하는 곳이 고상하다고 한다면 비록 王侯를 섬기지 않더라도 不幹父蠱일 터이니 이는 바로 無君無父의 道라 하였다. 심지어 양촌은 佛敎에서 그렇게 出世間을 말하는데 과연 群居과 屋處, 著衣와 喫飯이 과연 출세간인가 아닌가를 묻기도 하였다.[40]

4. 无妄之疾에 대한 해석과 儒·佛의 應物

吳초려는 无妄卦 九五爻의 无妄之疾 勿藥有喜에 대하여 疾을 外物之應於心이라 하고 聖人의 應物은 心의 動도 无動도 아니며 비록 應했다 하나 應한 것이 아니니 이것은 愼物用藥으로 理療이며, 釋氏는 息滅人倫하고 違棄世故함을 不佳相으로 삼는데 이는 拒勿藥之戒라 하여 儒佛의 차이를 愼勿과 拒勿로 구별하였다. 이에 대하여 양촌은 이른바 疾이란 不順而爲害를 말하며, 心과 物이 비록 內外라는 차이가 있다 하더라도 그 理는 一致하는 것이며, 저것이 와서 이것을 感할 때 마음에 있는 것이 體가 되고 物에 應하는 것이 用이 되는데 각기 그 이치에 따라 順應하는 것이니 어찌 不順하여 疾이 되겠는가 했다. 또한 聖人의 마음은 渾然天理하여 그 應物에 天으로 動하여 희노애락이 모두 中節하니 이른바 공자가 말한 "마음이 원하는 바를 좇았어도 법도를 넘어가지 않았다" 함이 바로 그것이라고 하였다. 이것은 곧 내안의 實心이 자연히 저쪽에 있는 實理와 합하는 것으로 비록 千變萬化하여도 吳초려의 주장대로라면 성인의 마음에 內外의 간극이 있으며 日用之事 酬酌萬變에 誠心의 하는 바가 없고 단지 구차히 물에 좇아 心과 跡의 다름이 있게 되니 이것은 告子의 冥然과 釋氏의 寂滅의 疾에서 벗어나지 못하게 된다고 비판하고 있다.

뿐만 아니라 卦爻의 象에서 應物의 뜻을 찾을 수 없으니 억지 주장에 지나지 않는다고 辨駁하였다. 대체로 吳초려는 外物을 絶去하고자 하여

---

40) 앞의 책, 蠱卦條 參照.

도 心에 累됨이 없을 수 없음을 일컬어 疾이라 하고 또한 사물을 절거하려 해도 절거되지 못함이 있으니 비록 절거하려는 마음을 지니나 안으로 累가 없을 수 없으며 밖으로 그 마음에 응하지 않을 수 없으니 항시 불안한 뜻이 있다고 하였는데 바로 이것이 釋氏가 말하는 心無所佳而能應變의 뜻으로 先儒들에 의하여 일찍이 變駁된 것이다. 그리하여 성리학에서의 敬思想으로 이를 다음과 같이 정리한다.

만일 主敬하면 天理는 常存하며 人欲은 저절로 끊어져서 未感일 때에는 保存하는 바가 지극히 고요하고 안정되며 이미 感應했을 때에는 그 움직임이 이치를 따라 행하니 안으로 마음에 累가 없고 밖으로 物에 따라 생겨나지 않는다. 마음은 넓고 안정되니 至樂이 그 속에 있다. 어찌 마음에 病이 되겠는가? 이 원리야말로 理의 本原이다. 조그만 차이가 千里만큼 그릇지게 되므로 分辨치 아니할 수 없다.[41]

5. 離卦 九三爻의 해석과 死生觀에 대한 批判

양촌은 離卦 九三爻의 '日昃之離 不鼓缶而歌則大耋之嗟凶' 대하여 "대저 군자는 原始反終하여 死生의 道를 알게 되니 壽夭가 不貳요 그 바름을 따른다. 죽음을 끝이라 하여 두려워하지 않고 온전히 돌아감을 편안히 여긴다. 修身하여 죽음을 기다리고 樂天으로 근심하지 않으며 항시 장구도 두드리지 않고 노래하니 그 生을 즐김이다"라 하였다. 오초려는 이를 해석하여 늙어서 죽는 것이니 凶한 것이라 하고 또한 능히 死生 밖으로 초탈하면 不凶할 수 있다고 하였는데 이러한 해석에 대하여 양촌은 결코 儒者의 말이 아니라고 하였다. 생명이 있으면 죽음이 있는 법이니 이것이 곧 晝夜의 道이다. 生死를 능히 초탈한다면 佛陀요 神仙일 터이지만, 이는 실로 怪誕의 說일 뿐 아무런 실상이 없다고 하고 이에 대한

---

41) 《淺見錄》, 无妄卦條, "若夫主敬則 天理常存 人欲自絶 未感之前 所存至靜而安 旣應之時 其動循理而行 內无爲累於心 外不隨生於物 心廣體胖 浩然自得 至樂存焉 寧有爲心之疾者哉此義 理之本源 差之豪釐 謬以千里 故不得以不辨."

논의는 先儒의 說에 자세하다고 하였다. 또한 양촌은 〈繫辭傳〉의 仰觀天文 俯察地理條의 해석을 통하여 이르기를 천문과 지리를 살피면 능히 천지에 幽明의 까닭이 있는 이유를 알게 되고 幽明의 까닭을 알게 되면 그 시초를 推原하고 그 終局을 反究하여 만물에 死生이 있음을 알게 되며, 死生의 說을 알게 되면 精氣가 物이 되고 生의 시초가 되며, 游魂이 變이 되어 死의 끝이 됨을 알게 된다고 하고 死生說은 귀신의 情狀이니 이 세 가지, 즉 幽明, 死生, 鬼神은 서로 원인이 되는 것이며, 그 가운데 하나라도 알게 되면 나머지는 모두 通하게 된다 하였다. 그러나 양촌은 幽明之故란 천지의 이치를 汎言한 것이요, 死生說은 만물의 일을 專言한 것이라고 구별하기도 하였다.[42]

〈계사전〉에 나오는 성인의 憂患에 대하여 양촌은 이것은 佛의 无心과는 달리 天地의 无心과 그 차원을 같이한다고 해석하였다.[43] 또한 "天地之大德曰生…… 以佃以魚"를 해석함에 있어 佛家의 不殺生의 교리를 비판하고 있다. 요컨대 동물을 죽이지 말라거나 男女관계를 끊으라는 것은 生生之理를 滅하는 것으로 그들의 주장대로 한다면 짐승은 늘어나고 인간은 줄어들게 되어 맹자가 말한 짐승을 끌어다가 사람을 잡아먹게 한다거나 人倫을 해치는 지경에 이르고야 말 것이라고 하였다.[44]

V. 《程傳》·《本義》에 대한 批判과 發微

양촌은 《易》을 이해함에 있어 象數와 義理를 모두 취하고 있다. 그러나 그가 象數를 존중한다 해도 이른바 漢代의 京房이나 焦贛類의 象數易學을 취한 것은 아니다. 오히려 성리학자 일반이 漢代의 경학에 대하여 지니고 있는 비판적 태도와 같이 양촌도 "漢唐代에 易學이 寥寥히 千年

---

42) 《淺見錄》, 〈離卦〉, 九三爻條, 〈繫辭傳〉, 仰觀天文條 參照.
43) 위의 책, 〈繫辭傳〉 聖人同憂條 參照.
44) 위의 책, 天地之大德曰生條 參照.

을 흘렸다"고 하여 부정적이다.[45] 그러나 邵康節을 推崇하고 朱子의《本義》를 존중하는 태도를 보이고 있어 宋代의 圖書易에 대하여는 매우 긍정적이다. 양촌은 《程傳》과 《本義》를 相補的인 관계로 파악하고 있다. 그것은 곧 象數와 義理의 관계이기도 하다. 文王·周公의 辭가 卦爻의 象에서 나왔으며 卦爻의 象을 통하여 占筮之法을 말한 것이라 한 것과, 孔子의 十翼이 바로 卦爻辭로 인하여 吉凶之理가 있음을 밝힌 것인데 《程傳》은 바로 공자의 大傳에 근거하여 義理를 밝힌 것이라 함은 양자의 어느 쪽에 기울어서는 아니 됨을 밝히려는 의도에서 나온 발언이라 할 수 있다. 그러나 역시 朱子의《本義》가 이전의 濂溪, 二程, 邵의 易學을 集大成한 것이며 상수의 탐구를 통해 義理의 分析이 더욱 밝아지게 되었다 했으니 항간의 인식처럼 단순한 상수역학으로 주자의 입장이나 《本義》를 규정한 것이 아님을 알 수 있다.[46]

《천견록》에는 실로 《程傳》과 《本義》와 吳초려의 해석이나 견해를 비판하거나 자가의 창견을 내놓은 곳이 不小하다. 이제 그중 중요한 것을 소개해 본다.

乾

九二爻의 '閑邪存其誠'은 以心而言이고 九三爻의 '修辭立其誠'은 以事而言'으로 內外가 相養한다고 하였다. 心으로 말하면 實理는 본디 간직되어 있으므로 存誠이라 했고 事로 말하면 實德이란 마땅히 힘써야 하는 것이기에 立誠이라 했다. 보존(存)이란 이미 있는 본래의 것을 지키는 것이요, 세운다〔立〕는 것은 당연한 것을 다하는 것이라 했는데 이는 율곡이 誠을 實理之誠과 實心之誠으로 나누어 본 것과 흡사하며 誠을 존재와 當然으로 해석한 것이라 할 수 있다. 九四의 '上下無常······ 欲及時也 故無咎'에 대하여 上下無常과 進退無恒이란 것은 或躍의 뜻을 나타낸 것이며, 欲及時也란 뛸 만하면 때에 따라 나아가서 恩澤을 베풀되 그 나

---

45) 위의 책, 〈易說上經〉 參照.
46) 註 25, 26 參照.

아감이 윗사람을 범하거나 아래의 무리를 떠나는 것이 아니고 때에 맞추어서 일을 하고자 하는 것일 뿐이므로 無咎라 했다고 하였다. 이 〈辭〉의 해석에 있어 吳초려는 "舜임금이 匹夫의 천한 자리에서 帝位에 올랐고 湯武王이 제후의 지위에서 천자가 되었는데 이는 때가 가능했기 때문이니 舜과 湯·武가 어떠한 마음을 지녔기에 邪慝하게 그 무리를 떠났겠는가"고 하였는데 이러한 해석은 무리가 많고 이 爻가 나타내는 象의 本旨가 아닌 듯하다고 하였다. 그 근거로는, 이미 못에 있으니 허물이 없다고 하였고 또 무리를 떠나지 않음이라 했으니 그 뜀(躍)이 연못을 벗어남이 아니며 그 떠나감이 무리를 떠남이 아니기 때문에 舜과 湯武의 일로 말할 수는 없다는 것이다. 〈爻辭〉에서 그저 或躍이라고만 하고 龍을 말하지 않은 뜻이 거기 있는 것 같다고도 하였다.

"大哉 乾乎 剛建中正 純粹精也"는 乾道의 큼[大]을 統言한 것이며 卦 전체로 말한 것이고, '六爻發揮旁通情也'는 각 爻에서 말한 것이며, '時乘六龍以御天也雲行雨施天下平也'는 성인이 乾道를 체득한 效用으로 말한 것이라 하였다. 또한 剛建中正 純粹精의 乾道는 卦爻가 그려지기 이전에도 이미 있었고, 六爻發揮旁通情也는 이미 卦爻가 그려진 이후에 나타난 것을 말함이며, 時乘六龍은 在己之德, 雲行雨施는 及物之澤이라 하였다.[47]

屯

六二의 "屯如邅如 乘馬班如"에서 吳초려가 乘을 四馬로 보아 四陰四馬之象으로 보는 것에 반대하고 乘馬는 象辭에 六二之動 乘剛이라 했으니 마땅히 乘陽의 뜻으로 보아야 한다고 하였다.[48]

需

六四象辭의 해석에 있어 군자는 患難에 처했을 때 마땅히 이치를 좇

---

47) 《淺見錄》,〈乾卦〉參照.
48) 위의 책,〈屯卦〉參照.

아 天命을 들어야 하고 死生이나 禍福은 계산할 바 아니니 아첨하여 면하기를 구해서도 아니 되며 공포에 질려 지키려고 해도 아니 된다고 하여 儒者의 死生觀을 분명히 밝히고 있다.[49]

小畜

오초려가 上九의 幾望을 旣望으로 고치거나 尙德의 德字를 京房의 例를 따라 得으로 고친 것을 양촌은 뚜렷한 이유가 없다 하여 거부한다. 이러한 例는 허다하니 屯六三의 鹿을 麓으로, 幾를 機로 고친 것이나 訟上九의 䄔를 摅로 고치는 등 경전의 해석에 있어 신기한 것을 힘써 先儒와 달리 널리 雜說을 인용하여 경전의 本字를 고치는 것에 비판을 가하고 있다. 그러나 履卦 九五爻에 대하여는 程子의 설명이 완벽하다고 주자가 칭송했지만 오히려 오초려의 해석이 더욱 훌륭하다고 하여 결코 치우친 태도를 가진 것이 아님을 보여주고 있다.[50]

比

彖의 辭인 "比吉也 比輔也 下順從也"에 대하여 주자의 《本義》는 '比吉也' 三字가 衍文인 듯하다고 했으나 양촌은 '比輔也 下順從也'가 比字만 해석한 것이 아니라 比吉也를 모두 풀이한 것, 즉 比가 왜 吉한지를 밝힌 것이라고 하였다. 주자의 설이라 하여 맹종한 것이 아님을 알 수 있다.[51]

同人

彖에서 "文明以剛建中正 而應君子正也 唯君子能通天下之志"에 대하여 말했는데 《程傳》에서, "군자는 明理하므로 능히 천하의 뜻을 통한다. 성인은 억조창생의 마음을 一心처럼 여기니 理에 통한 것이다. 文明하면 능히 理를 밝히니 大同의 뜻을 밝힐 수 있다. 剛健하면 능히 克己하여

---

49) 위의 책, 〈需卦〉 參照.
50) 앞의 책, 〈小畜卦〉 參照.
51) 위의 책, 〈比卦〉 參照.

大同의 道를 밝힐 수 있다"고 하였는데 주자도 이 說이 매우 좋다고 한 바 있다. 그러나 양촌은 通天下之志라 할 때의 通은 스스로 알아 천하만민의 뜻을 통하는 것만이 아니라 천하사람 모두가 그 뜻을 통하게 하는 것이라고 하여 明明德於天下의 뜻으로 해석하였다.[52]

蠱

이 卦에서도《程傳》과《本義》의 差를 극복하려는 양촌의 노력이 돋보인다. 즉《程傳》에서는 治蠱之道라 하였고《本義》에서는 폐단이 쌓여 蠱에 이르렀다 하여 두 주장이 다르다. 양촌은 이를 剛은 위에 있고 柔는 아래에 있어 마치 天地 否와 같아 막혀 交通이 없으며, 아래가 비록 柔巽하나 위를 위할 수 없어 단지 그치고 말 뿐이어서 폐가 쌓이고 그래서 蠱가 된다 하였다. 그러나 亂이 극에 이르면 반드시 다스려지는 법이라고 하였다. 또 象에서 산 밑에 바람 부는 것이 蠱이니 군자는 이를 보아 振民育德한다고 하였는데 양촌은 이를 산 밑에 바람이 부니 초목을 진동시켜 양육함이 마치 맹자의 振德의 振과 같이 백성을 고무시켜 일어나게 함과 같다고 하고, 덕 있는 자가 백성을 양육하여 성취시킴이 마치 山이 物을 키움과 같아서 초목이 무성해지면 산 또한 深尉해지듯 民德이 새로워지면 자기의 덕 역시 커지는 것이니 남과 나를 대립시켜 볼 필요가 없다고 하였다. 이것은 곧《程傳》에서 바람이 불면 만물이 散亂하게 되어 일이 생긴다고 해석하였고《本義》에서는 산 밑에 바람이 불면 物이 壞亂하여 일이 생기고 만다는 데 대한 양촌의 창견이다.[53]

觀

〈象辭〉의 "觀天之神道 而四時不忒 聖人以神道說敎 而天下治"에 대하여 양촌은 神道란 곧 至誠無息으로 自然의 妙用이며 修道之敎로서 성인이 心思智力으로 억지로 만든 것이 아니라 단지 자연의 이치를 좇아 品

---

52) 위의 책,〈同人卦〉參照.
53) 앞의 책,〈蠱卦〉參照.

節한 것일 뿐이라고 하였다.[54]

噬嗑

象의 '雷電噬嗑'에 대하여 《程傳》에서는 象은 倒置되는 법이 없다고 하였음을 들어 양촌은 象에서의 雷電合而章에서 보면 잘못된 것이라 했다. 즉 〈彖辭〉는 內卦에서 外卦로 말하고 〈象辭〉는 外卦에서 內卦로 말하는 것이니 屯(䷂)卦의 象은 '雷雨之動滿盈'이라 하여 內에서 外로 말했고 象에서는 雲雷屯이라 하여 外에서 內로 말한 것이 그 좋은 예이다. 이렇게 본다면 恒象의 雷風은 마땅히 風雷가 되어야 하며 噬嗑象은 雷電噬嗑이 아니라 電雷噬嗑이 되어야 한다.[55]

大畜

象의 "剛健篤實 輝光日親其德"에 대하여 양촌은 강건독실의 덕이 몸에 온축되면 그 휘장이 밖으로 발현되는데 날로 그 덕을 가까이 하여 맞지 않으면 乾建하여 쉬임 없는 誠이 있게 된다고 해석했다. 外卦인 艮은 그쳐 도달하지 않는다는 뜻이 있는데 이는 明明德의 至善에 머무름을 뜻하고, 이미 明明德하고 또 마땅히 親民하므로 不家食吉이라 했다. 그런데 艮이 乾 위에 있으니 이 또한 나아가 天位에 머무는 象이 된다. 天位에 居하여 天祿을 먹으며 천하의 모든 艱險을 건져내니 그래서 利涉大用이라 한다 하였고, 이것이 明明德於天下라 했다. 즉 明明德은 大畜於身이고 明明德於天下는 大畜於天下인 것이다. 象數와 義理를 조화시킨 양촌의 力量을 짐작할 수 있는 해석이다.[56]

頤

象의 "觀頤 觀其所養 自求口實 親其自養也"에 대하여 《程傳》에서는 所養은 養人이요, 自養은 養身이라 했고, 《本義》에서는 所養之道와 養

---

54) 위의 책, 〈觀卦〉 參照.
55) 앞의 책, 〈噬嗑卦〉 參照.
56) 위의 책, 〈大畜卦〉 參照.

身之行을 나누어 말했는데 양촌은 이에 대하여 象에서 所와 自를 상대로 놓은 것은 마치 불교의 所·能과 같다고 하였다. 또한 養道의 큰 것을 養物과 養人으로 말했으니 〈象辭〉 역시 人과 己를 겸한 것으로 보아야 하며 自求口實은 단순히 口體를 위한 것이 아니라 養德과 養道가 그 속에 있는 것이니 본디 〈卦辭〉에서는 自養을 위주로 말했던 것을 공자가 人·己로 나누어 말했으니 마치 乾이라 하면 될 것을 元·亨·利·貞으로 나눈 것과 같다 하였다.[57]

大過

象의 "剛過而中"에 대하여 過나 不及이 모두 中이 아닌데 剛過而中이라 함은 무슨 까닭인가 묻고 이에 대하여 양촌은 해석하기를 剛過의 過는 陽의 過盛이요, 中은 자리가 得中했다는 것이니 事로 말하면 비록 常에서 지나쳤으되 時中을 잃지 않았으니 堯·舜·湯武의 일이 이에 해당한다고 하여, 過而中은 때를 가리킨 것이라 했다. 그러나 常에서 벗어나되 時中에 不合하면 그것은 한낱 悖亂之道일 뿐이라 하여 단순한 산술적 過不及이나 中庸觀을 탈피한 것을 일깨우고 있다.[58]

咸

象의 "天地感而萬物化生 聖人感人心而天下和平"에 대하여 천지의 道와 성인의 마음이 동일한 至誠이며 성인이 人心을 감동시키는 것, 즉 感之의 道는 결코 作爲로써가 아니라 마치 공자가 늙은이를 편안하게 하고 朋友를 믿게 하며 어린이를 품고자 한다고 했듯이 자연스러운 性情의 발로라 하였다.[59]

大壯

象의 "正大而天地之情 可見矣"에 대하여 우레가 땅 속에 있는 것이

---

57) 앞의 책, 〈頤卦〉 參照.
58) 위의 책, 〈大過卦〉 參照.
59) 위의 책, 〈咸卦〉 參照.

復卦이며, 復卦에서는 '其見天地之心乎'라 하였고, 우레가 하늘 위에 행하는 것이 大壯卦인데 여기서는 '天生之情可見矣'라고 하였음을 지적한 후, 心은 이제 막 動하는 시초로서 말한 것이며 隱微하여 보기가 어렵기에 其乎라는 의문사를 썼으며, 情은 이미 發한 후를 말하며 드러나 보기가 쉬우므로 決辭인 可矣라는 표현을 썼다고 하였다. 또한 咸·恒·萃卦에서는 모두 '天地萬物之情'이라 했는데 여기서는 그냥 '天地之情'이라고만 하고 萬物을 뺀 것은 萬物에는 大·小, 正·不正이 있는데 그 가운데 가장 正大한 것이 오직 天地이기 때문이라 하고 만약 咸이 능히 感通하고 恒의 能久 萃의 能聚면 천지와 만물의 情이 비록 高下散殊, 洪織異類가 있으나 그 理는 같음을 알 수 있다고 하였다.[60]

家人

九三의 "家人嗃嗃悔厲吉 婦子嘻嘻終吝"에서 程·朱가 모두 嘻嘻를 喜笑의 뜻으로 보고 嗃嗃의 반대라고 풀이하며 가정을 다스림에 절도가 없고 寬縱에 빠지면 마침내 吝한다고 하였는데 오초려는 오히려 嘻嘻를 歎聲, 즉 治家가 너무 엄하여 婦子 사이에 항시 수심과 한스런 소리가 들리므로 마침내 吝한다고 하여 程·朱와 대립되는 해석을 하였다. 이에 대하여 양촌은 九三이 剛이 剛에 居한 것이니 治家에 있어 過剛한 象이라 하고, 治家에 있어 너무 嚴威로 하면 傷恩하게 되니 悔厲의 경계가 있는 것이며, 嘻嘻는 또한 寬縱에서 지나침이니 그러므로 程子가 이 卦에 이런 象은 없다고 하였다. 그러나 오초려의 주장과 같이 본다면 嘻嘻역시 過剛이니 이 爻의 象과 부합된다. 그러나 治家에 있어 따르는 근심은 항시 恩을 가리는 데 있고 義가 오히려 恩을 이기는 데 있지는 않으니 그래서 家人卦는 전혀 嚴威로써 윤리를 바로 잡으려 하며 그것이 지나쳐 恩을 傷할까 회려의 경계가 있는 것이며 이를 또다시 경계하여 終吝이라 한 것이니 두 가지 주장이 모두 親切하다 하였다.[61]

---

60) 앞의 책, 〈大壯卦〉 參照.
61) 앞의 책, 〈家人卦〉 參照.

益

　上九의 "莫益之而或擊之 立心勿恒凶"에 대하여 《程傳》에서는 勿恒의 勿을 禁戒之辭라 하였고, 本義에서는 설명이 간략하여 알 수는 없으나 語錄에 따르면 勿은 '不'字와 같아 禁止辭가 아니라고 하였는데 양촌은 주자의 견해에 동조하여 勿을 不로 보고 이것은 九五爻辭의 勿問이 不問인 것과 같다고 하여 그 이유를 다음과 같이 제시한다. 즉 理란 천하의 至公이며 利는 모든 사람이 다같이 원하는 것인데 진실로 그 마음을 公되게 하고 그 正理를 잃지 않으면 세상 모든 사람과 利를 같이하게 되어 남에게 침해받지 아니하며 남들 역시 더불어 함께 하고자 하는 법이다. 만약 好利가 지나쳐 自私에 가리고 자기에게만 보태고(益) 남에게서는 덜어내기만 하면 남들 역시 더불어 힘껏 싸운다. 그러므로 남에게 주고자 않으면 擊奪하려는 자가 생기는데 자기만 덧붙이지 말라는 것은 곧 偏己하지 말라는 말이다. 만약 偏己하지 않아 公道에 합하면 남들도 보태주게 되니 어찌 치려 하겠는가. 남에게서 이익을 취함이 극심하면 남들 역시 모두 미워하여 공격하려고 한다고 했다. 〈계사하〉 5장의 해석에서도 양촌은 위태로운데 움직이고 두려워하며 말하고 교제가 없는데 요구하는 것은 모두 그 마음의 不恒을 나타낸 것이라 하고 立心이 不恒하기에 그 몸을 안정하지 못하며 위태롭게 움직이므로 그 마음을 편안히 못하며 두려워하며 말하기에 그 交際를 정립시키지 못하고, 교제가 없는 데서 구하니 그 心志가 안정되지 못하게 되어 凶하다고 하고, 따라서 勿恒으로는 맥락이 통하지 않는다고 하였다.[62]

夬

　九三의 "壯于頄有凶 君子夬夬 獨行遇雨若濡有慍 无咎"에 대하여 〈卦辭〉와 그 내용이 대략 같고 따라서 그만큼 비중이 높은 爻인데 그 대체의 뜻이 군자가 小人을 斥去함이 過剛해서는 안 되며 마땅히 寬和하여 決然한 후에야 无咎하게 된다 하였다. 그런데 胡安定은 壯于頄有凶 獨

---

62) 앞의 책, 〈益卦〉 參照.

行遇雨 若濡有慍 君子夬夬无啓라 고쳤는데 정자는 이를 未安하게 여겨 다시 壯于頄有凶 獨行遇雨 君子夬夬 若濡有慍 无咎로 하였는데 양촌은 주자와 같이 정자의 견해를 옳다고 여겼다.[63]

漸

九三 象의 "夫征不復 離群類也"를 《程傳》에서는 群類를 떠남이 추한 것이라고 해석하였으나 양촌은 醜가 곧 類이니 부당하게 글자를 풀이하여 句節을 끊어서는 아니 된다고 하였다. 즉 '남편이 나가서 돌아오지 않으니 같은 무리를 떠난 것이다'로 해석해야 한다는 말이다.[64]

繫辭

"帝出乎震…… 成言乎艮"에 대하여 양촌은 이는 文王이 정한 後天八卦를 설명한 것이라 하고 熊氏가 先天의 待對之體요, 바탕이 일정하여 바뀔 수 없다 했고 後天의 方位는 流行의 用으로 氣가 相推하는 것이니 막힐 수 없다 했지만, 先天의 待對의 體에도 流行의 用이 깃들여 있으며 後天 流行의 用 속에도 待對의 體가 있다 하여 先後千體用의 입장을 취하고 있다.[65] "神也者 妙萬物而言者也"에 대하여 이는 乾坤을 가리킨 것으로 곧 乾坤이 無爲임을 나타낸 것이라 했다. 그리고 앞에서는 山澤通氣 雷風相薄水火不相射의 六子만 말하고 후에 神으로 포괄한 것은 乾坤이 곧 神氣의 所爲라고 본 까닭이니 後天의 用이 先天에서 나온 것임을 밝힌 것이라 하였다.[66]

〈계사하〉 10장의 "噫亦有存亡吉凶 則居可知矣"에 대하여 居可知矣를 오초려처럼 坐而可知로 해석하지 않고 居를 位로 해석한다. 즉 所居之位에는 正·不正이 있어 吉凶存亡의 象이 드러나는 것이니 〈계사하〉 12장의 "剛柔雜居而言吉凶可見矣也"와 같은 경우라 하였다.[67]

---

63) 위의 책, 〈夬卦〉 參照.
64) 앞의 책, 〈漸卦〉 參照.
65) 위의 책, 〈繫辭〉, 帝出乎震條 參照.
66) 위의 책, 〈神也者條〉, 參照.

VI. 맺는 말

 이상의 所論에서, 여말선초의 최대의 易學的 업적이라 할 수 있는 양촌 권근의《周易淺見錄》속에 담긴 사상을 소개해 보았다.《주역천견록》은 現傳하는 양촌의 저술이지만 깊이 소장되어 학계에 널리 공개되지 않고 있는 실정이다. 필자가 참고한 것은 원본이 아니라 우연한 기회에 얻은, 상태가 매우 불량한 複寫本이었기에 判讀 등에 많은 제약이 있었다. 매우 疎略하게 論述하였지만 대략 다음과 같은 소득이 있다.
 첫째, 성리학적 역학, 즉《程傳》과《本義》를 중심으로 한 義理易學이 수입되기 이전에도 고려의 지성들은《周易》에 매우 깊은 관심을 가졌으며, 여기서 축적된 지식이《程傳》과《本義》에 대한 무리 없는 수용과 이해의 원동력이 되었다고 할 수 있다.
 둘째, 포은과 삼봉은 물론이요, 陽村에 있어《易》은 五經의 體로 인식되어 經典中의 경전의 위치에 있었으며, 유가의 궁극적 이념인 天人合一과 時中之道의 원천적 경전으로 이해되었다.
 셋째, 양촌의 易學은 결코 象數易에 치우친 것이 아니며 象數와 義理를 相互發明하는 관계로 파악하고 있었다. 象數易의 근거가 文王·周公의《卦爻辭》요 義理易의 원천이 孔子의 十翼이라는 양촌의 이해가 이런 주장을 뒷받침한다.
 넷째, 양촌의 易을 이해함에 있어 上經이 天道의 變易으로서의 誠을, 下經이 人道의 變易으로서의 中을 그 내용으로 하며, 각기 本然과 當然, 體와 用 및 理와 道로 파악한 것은 그의 易學이 성리학적 人性論과 실천론적 성향의 것임을 입증한다.
 다섯째, 전통적인 儒佛交涉이《주역》을 매개로 하여 이루어져 왔다는 사실의 확인이다. 이러한 사실은 동양문화권에서《주역》이 갖는 경전적 권위에 기인하는 것이기도 하다. 排佛論이나 護佛論, 三敎會通論도《周

---

67) 위의 책,〈繫辭〉下 10章條, 參照.

易》의 經文解釋을 통해 시도되었고 한국에서는 여말선초에 가장 성행하였다.

여섯째, 양촌은 단순히 中國易學의 무비판적 수용단계에 머물러 있지는 않았다. 오초려의 《易纂言》과 《程傳》·《本義》에 대한 이해의 수준과 批判 등 나름의 創見의 제시가 이를 말해 준다.

退溪 李滉의 易學思想
— 原卦畫論을 中心으로 —

金益洙*

차 례

I. 序 論 　　　　　Ⅲ. 結 論
Ⅱ. 退溪의 易學觀

I. 序 論

　　朱熹(公元 1130~1200年)는 東洋의 易學思想史上 兩大경향이 심화된 宋代의 易學思想을 綜合整理하여 合一시키는 데 기여했으며 또 하나의 공로는 宋代 易學의 특징이기도 한 圖·書易學과 先·後天易을 明證한 것이다. 先·後天易은 朱子易學의 原卦畫論의 中心課題가 되고 있는데 邵康節의 學說에 根據하면 先天易은 伏羲가 所畫한 것이며 後天易은 文王이 所演한 것이라고 한다.[1]

---
* 韓國體育大學校 教授
1) 徐明膺, 《易學啓蒙集箋》, 卷1, "朱子曰：據邵氏說, 先天者伏羲所畫之易也. 後天者, 文王所演者也. 伏羲之易, 初無文字, 只有一圖以寓, 其象數而天地萬物之理, 陰陽始終之變見焉. 文王之易, 卽今之周易而孔子所爲作傳者是也. 孔子既因文王之易以作傳, 則其所論固當專以文王之易爲主, 然不推本伏羲始畫之易, 只從中半說起不識向上根原矣. 故十翼之中, 如八卦成列因而重之太極兩儀四象八卦及天地山澤雷風水火之類. 皆本伏羲畫卦之意而今啓蒙原卦畫, 若只欲知, 今易書文義 則但求文王之經, 孔子之傳

先·後天易에 대하여는 宋代의 邵子가 論及한 바도 있거니와 朱子의 《易學啓蒙》에서는 先天易이 伏羲가 八卦를 그은 것으로 전하고 있으며 아울러 그 原理와 方位論을 究明하고 文王의 後天易에서는 後天八卦 形成背景과 그 原理와 方位論을 相比的으로 展開하였다.

本硏究는 退溪(1501~1570)가 朱子易學의 先·後天易을 明證한 原卦畫論을 受容하여 자신의 易學觀도 展開하였는데 이 중에서 朱子易을 補完辨正하기도 하고 아울러 본인의 새로운 見解도 겸허하게 提示하였던 점을 認識시키는 데 意圖가 있다. 또한 고대중국의 伏羲씨 이래의 先儒들의 兩極的 易學理論을 綜合整理하여 合一시킨 공이 朱子에게 있다면, 退溪는 이를 傳承·再硏究·補完하여 東方에 올바르게 展開시키고 또한 現實的으로 實用化에 중점을 두어 後學에게 전한 공적이 있는데 이를 이해시키려는 뜻이 여기에 있다. 더욱이 退溪는 朱子易學에 대하여 中國後儒들의 그릇된 批判과 註釋을 수준 높은 그의 易學觀으로 해박하게 推定하여 易學의 理論을 보다 공고하게 體系化하여 論理性 있게 展開해 갔음을 인식하여야 할 것이다.

本硏究는 退溪의 易學思想硏究의 제2단계로서 朱子가 先·後天易을 明證한 易學의 原卦畫論을 자신의 易學觀을 問題 中心으로 比較檢討하되, 筆者의 易學觀으로 現代的으로 再硏究하여 易學을 올바르고도 알기 쉽게 이해시키려는 데 目的을 두었음을 밝힌다. 이 일은 국제적으로 전개되는 退溪學을 올바르게 이해시켜 올바른 易學思想이 한국에 定着케 하려는 데 目的을 두었다. 또한 退溪易學의 진면목을 세계화하는 데도 기여하려는 것이 본연구의 또 다른 의도이기도 하다.

足矣. 兩者初不相妨而 亦不可以相雜也."

II. 退溪의 易學觀

1. 四象의 註에 胡玉齋의 太極圖에 대한 不合論

退溪는 胡玉齋의 四象의 註가 周濂溪의 《太極圖》에 관한 說明과 附合되지 않는다며 자신의 易學觀을 다음과 같이 제시하고 있다.

> 四象의 註에 玉齋가 "太極圖를 설명한 것이 여기와 (四象註)는 모두 합치되지 않는다." 이 四象註의 水는 陰이 왕성한 것이라고 한 것은 곧 《太極圖》와 마찬가지이지만 《太極圖》에서는 火가 陽이 왕성한 것이라고 하였는데 여기에서는 少陽이 되었고, 《太極圖》에서는 木을 陽이 어린 것이라고 하였는데 여기에서는 少陰이 되었고, 《太極圖》에서는 金을 陰이 어린 것이라고 하였는데 여기서(四象註)는 太陽이라고 하였다. 그러므로 '모두 다 合致되지 않는다'고 한 것이다.[2]

여기서는 《太極圖》와 이에 관한 玉齋說에 四象盛稚不合에 대한 論究이다. 《太極圖》는 位와 數를 準據하여 四象과 四行(金木水火)의 盛稚를 論하였고, 玉齊의 太極觀은 生數와 成數를 爲主로 하여 象·行의 盛稚를 分定하였다.

《易圖》의 註를 보면 다음과 같다.

> 兩儀의 위에 각각 奇 偶기 생기어 二畫을 이룬 것이 곧 四象이다. 그 위로는 太陽 一, 少陰 二, 少陽 三, 太陰 四가 되고, 그 數로는 太陽 九, 少陰 八, 少陽 七, 太陰 六이 된다. 그러므로 河圖로 말하면, 六은 一이 五를 얻은 것이요, 七은 二가 五를 얻은 것이며, 八은 三이 五를 얻은 것이요, 九는 四가 五를 얻은 것이다.

---

2) 李滉, 《啓蒙傳疑》, 〈原卦畫〉第2, "四象註. 玉齊說. 太極圖 與此不盡合. 水爲陰盛 則太極圖如此同. 圖以火爲陽盛 此爲少陽. 圖以木爲陽稚. 此爲少陰. 圖以金爲陰稚. 此爲太陽 故曰不盡合."

洛書로 말하면, 九는 十에서 一을 뺀 餘數요, 八은 十에서 二를 뺀 餘數요, 七은 十에서 三을 뺀 餘數요, 六은 十에서 四를 뺀 餘數이니, 朱子의 이른바 水火木金과 邵子의 '二를 쪼개어 四가 된 것이다'고 함은 모두가 이것을 말함이다.[3]

이른바《太極圖》의 '四象分氣說'이란 一九의 太陽은 燥熱한 것이기 때문에 大氣를 얻어 陽盛이 되고, 二八의 少陰은 점차로 冷한 것이기 때문에 金氣를 얻어 陰稚가 되고 三七의 少陽은 微溫한 것이므로 木氣를 얻어 陽稚가 되고 四六의 太陰은 寒冷한 것이므로 水氣를 얻어 陰盛을 이룬 것이다.

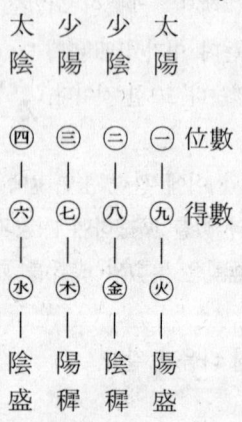

(그림 1) 太極圖의 四象分氣圖

---

3) 李滉,《啓蒙傳疑》,〈原卦畵〉, 第2,《易圖》註, "兩儀之上各生一奇一偶 而爲二畫者四. 是爲四象. 其位則太陽一 少陰二. 少陽三. 太陰四. 其數則太陽九 少陰八, 少陽七. 太陰六, 以河圖言之, 則六者, 一而得於五者也. 七者, 二而得於五者也. 八者, 三而得於五者也. 九者, 四而得於五者也. 以洛書言之則九者. 十分一之餘也. 八者, 十分二之餘也. 七者, 十分三之餘也. 六者. 十分四之餘也. 周子 所謂水火木金, 邵子 所謂 二分爲四者也."

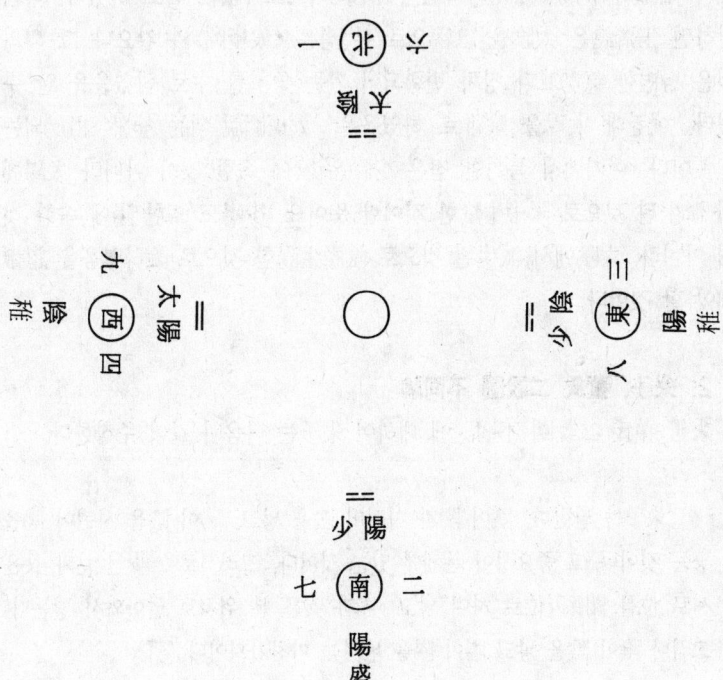

(그림 2) 胡玉齋의 四象盛稚圖

대개 四象의 陰陽性分으로 보아서 陰氣가 왕성한 太陰은 '陰盛'이 되고, 陽氣가 왕성한 太陽은 '陽盛'이 되고, 陽氣가 미약한 少陽은 '陽稚'가 되고, 陰氣가 미약한 少陰은 '陰稚'가 됨이 自然의 順理에 따른 法則이다. 그러나 玉齋는 意見을 딜리하여 生成陰陽數를 주로 하여 四方에 配屬된 水, 火, 木, 金의 氣流를 準據로 하여 이를 分定하고 異說을 주장하였으니, 즉 北方 一六은 水氣가 始生하여 陰極을 이루는 太陰位이므로 '陰盛'이라 하고, 南方 二七은 火氣가 始生하여 점차로 陽極의 勢

를 이루는 少陽位이므로 陽盛이라고 하고, 東方 三八은 木氣가 始生하여 아직 微弱의 勢인 少陰位에 있으므로 '陽稚'라 하고, 西方 四九는 金氣가 始生하여 陽極陰化가 되는 太陽位이므로 '陰稚'라고 하였다. 다시 말하면 玉齊說은 太陰을 陰盛으로 본 점은 《太極圖》와 같으나 그 외의 것은 당면한 氣勢보다 장차 변화되어 가는 象勢를 主로 하였음을 알 수 있다. 예컨대 太陽을 陰稚로 하였음은 '太極圖說'과는 全然 相反되는 主張이다. 여기에서 특기할 점은 少陰은 陰에 속한 것이 아니라 太陽에서 派生된 것으로 陽中生陰한 것이란 뜻이요, 少陽도 또한 陽에 속한 것이 아니라, 太陰에서 派生된 것으로 陰中生陽한 것으로 論하였음을 認識해야 할 것이다.

2. 朱子, 董氏 二說圖 不同論

朱子 董氏 二說圖 不同論에 대하여 朱子는 다음과 같이 주장한다.

> 朱子는 말한다. 陰이 陽과 사귀어 陰을 낳고, 陽이 陰을 사귀어 陽을 낳는 것이나 그 중요성이 본체에 있는 것이다. 그러므로 二少인 兌와 艮은 서로 位를 關係互位로 하여 낳고, 震과 巽은 본 위치로 돌아와서 낳는다. 그러나 陰이 陰을 낳고 陽이 陽을 낳기는 마찬가지이다.[4]

여기에서 '則同'이란 其重이 在本身하기는 마찬가지란 말인데 兌艮互位而生 其生은 雖互位나 其成은 "在本身爲重故 艮爲陽兌爲陰이다"고 한 데 대하여 退溪는 다음과 같은 見解를 보였다.

> 또 고찰하건대, 朱子의 이 學說이 下章에 나오는 袁機仲에게 대답한 말과 서로 異同이 있다. 여기에서는 '太陽이 太陰과 사귀어 艮의 上爻를 낳고, 太陰이 太陽과 사귀어 兌의 上爻를 낳는다'고 하고, 또 말하기를,

---

4) 李滉, 《啓蒙傳疑》, 〈原卦畫〉, 第2, "朱子謂陰交陽而生陰 陽交陰而生陽, 其重在本身, 故二少兌艮互位, 而生震巽 還本位而生然陰生陰 陽生陽則同."

"兩儀는 少陽을 낳고, 陰儀는 少陰을 낳는다"고 한 것은 저 말과 같으나 좀(小) 같지 않은 것은 艮에서 坤을 아울러 말하고 兌에 乾을 아울러 말한 것뿐이었는데, 少陰이 少陽과 사귐에 이르러서인즉, 여기서는 震을 낳는다고 하였고, 저기서는 巽과 坎을 낳는다고 하였으며, 少陽이 少陰과 사귄즉, 여기서는 '巽'을 낳는다고 하고, 저기서는 '离'와 '震'을 낳는다고 하였으니 이것이 바로 크게 같지 아니한 것이다.[5]

라고 하고 朱子의 說이 此與彼의 差異가 있음을 지적하였다.

위의 말을 요약하여 再論한다면, 朱子의 一人異說에 대한 退溪의 주장은 다음과 같다.

"本圖說과 袁機仲에게 보낸 答說이 不同하니 本圖에서는 太陽이 太陰과 交하여 艮上爻인 陽을 生하였고, 또 兩儀는 少陽을 生하고 陰儀는 少陰을 生하였다고 함은 彼此 同說로 되어 있으나, 少陰이 少陽과 交하여 巽·坎을 生하고, 少陽이 少陰과 交하여 離·震을 生하였다는 說은 크게 다르다".

退溪는 이와 같이 朱子說을 지적하고 이를 論證하기 위하여 다음과 같은 주장을 한다.

董氏는 이르기를, "陽이 陰과 사귀어 陰을 生하며, 陰이 陽과 사귀어 陽이 生한다고 하니, 그 비교함이 朱子와 더불어 重點이 사귀는 대상에 있다고 하겠다. 그러나 모두가 다 本來의 위치로 돌아가서 生한다"는 것과는 그 說이 朱子와는 같지 아니하다.[6]

---

5) 李滉,《啓蒙傳疑》,〈原卦畵〉, 第2, "又按朱子此說 與下章答袁機仲說互有異同, 此說太陽 交太陰而生艮上爻, 太陰交太陽 而生兌上爻, 又云, 陽儀生少陽, 陰儀生少陰, 與彼說同, 所不同者, 於艮幷坤言, 於兌幷乾言耳, 至於少陰交少陽, 則此言生震, 而彼言生巽坎, 少陽交少陰, 則此言生巽, 而彼言生离震, 是爲大不同矣."
6) 李滉,《啓蒙傳疑》,〈原卦畵〉, 第2, "董氏謂陽交陰而生陰 陰交陽而生陽. 其重在所交. 然皆還本位而生 而其說幷與朱子不同."

즉 朱子의 本位로 돌아가 生한다는 말과는 같지 않다는 뜻이다.

陰陽造化란 相互間에 交合을 이룬 뒤에야 生成의 功을 完遂함에 이를 것이니, 老陽은 老陰과 相交하고 少陽은 少陰과 交合하는 것이 定理인 것이다. 예컨대, 父母相配 子婦相合의 論理와 같다고 볼 수 있다. 즉 陰陽交合에 있어서 陰交陽과 陽交陰의 主·從 定義에 따라 所生되는 것이 각각 같지 않기 때문에 朱子와 董氏간에 相異點이 나온 것으로 보아야 할 것이다.

그러면 여기에서 朱子의 '一人同異說'에 대하여 論究해 보고자 한다. 退溪는 一人同異說의 論據에 대한 朱子의 說인 '此說與下章答袁機仲互有異同說'에 대하여는 硏究가 깊지 않았던 것 같다. 그 이유가 되는 것은 다음과 같다.

太陽·太陰互交에 있어서 艮陽卦가 陰에 있고 太陰卦가 陽에 있음을 두고 艮上爻가 陽爻로서 陰儀에 갔지만 自體本을 重하게 여기므로 陽卦가 되고, 兌上爻가 陰爻로서 陽儀에 갔으되 自體本을 중히 여겨 陰卦가 되었으니 '陽儀生少陽陰儀生少陰'의 意義와 같이 少陽과 少陰은 基本이 互爲相易이니 震離는 陽儀 중에서 生陰陽하여 陰儀의 巽坎을 生함이니 交上生卦가 만약에 이와 같으면 少陽은 還生陽儀卦하고 少陰은 還生陰儀卦라. 그리고 太陽, 太陰은 陰陽不雜이기 때문에 陽生陽, 陰生陰, 즉 自生卦로서 乾坤卦가 되고 少陰少陽은 陰陽이 相雜이기 때문에 相交에 生陰陽이다. 그렇기 때문에 아울러 陰陽卦가 生하게 마련인 것이다.

筆者의 견해로는 朱子說은 陰이 陽과 交하면서는 陰을 生하고 陽이 陰과 交하면서는 陽을 生한다. "陰交陽而生陰 陽交陰而生陽"이라 하여 相交의 重點을 그 主體(本身)에 두고 있는 데 反하여, 董氏는 陽이 陰과 交하여 陰을 生하고 陰이 陽과 交하여 陽을 生한다. "陽交陰而生陰 陰交陽而生陽"이라 하여 相交의 比重을 그 대상에 둔 것이다. 이 두 學說은 다만 主從定義의 差異일 뿐인 것으로 여겨진다.

朱子는 陽이 陰과 交할 때에 陽이 本身이요, 陰은 그 대상이 되고 있으므로 本身을 主로 하기 때문에 이의 所生은 本身인 陽이 된다는 것이며, 董氏의 主張은 陰이 陽과 交할 때에 陰의 本身보다는 陽인 대상을

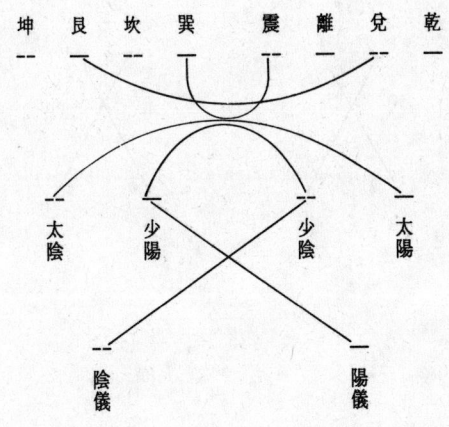

(그림 3) 朱子說圖

重視하기 때문에 그 所生도 대상이 되는 陽을 따른다는 것이다.
 위에서 살펴 본《朱子說圖》는 太陽이 太陰과 사귀어 太陰에서 分派된 艮陽을 生하고, 또 太陰이 太陽과 交하여 太陽에서 分派된 太陰을 生하였으며, 少陽은 少陰과 交하여 本位로 돌아가 少陽의 分派인 巽陽을 生하고 少陰은 少陽과 交하여 少陰에서 나누어진 震陰을 生하였으니, 이는 相交의 本身을 主로 한 陰交陽而生陰과 陽交陰而生陽의 法則을 活用한 것이다. 그런데 董氏說은 太陽이 太陰과 交하여 少陽의 坎陰을 生하고 太陰이 太陽과 交하여 少陰의 離陽을 生하였으며, 少陽은 少陰과 交하여 太陽이 太陰을 生하고 少陰은 少陽과 交하여 太陰의 艮陽을 生하였으니 이는 陽交陰而生陰과 陽交陽而生陽으로 그 交生을 論한 것이다.
 四象에는 陰陽이 分定되어 있으니, 太陽에는 乾陽·太陰이 있고, 兌陰에는 坤陰과 艮陽이 있으며 少陰에는 離陰·震陽이 있고, 少陽에는 坎陽과 巽陰이 있다.
 본 兩圖에서 八卦를 각 一畫으로 표시한 것은 小成卦의 三畫中에 上畫인 第三爻로 나타낸 것이니, 예를 들면, 乾의 —은 乾卦, ☰은 三陽의

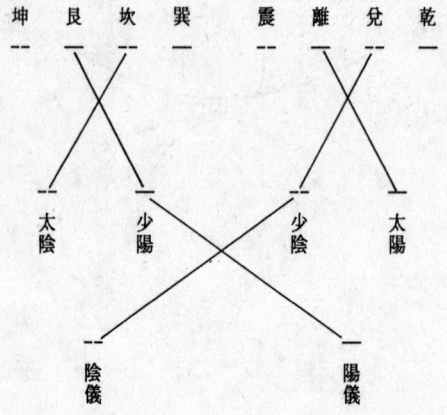

(그림 4) 董氏說圖

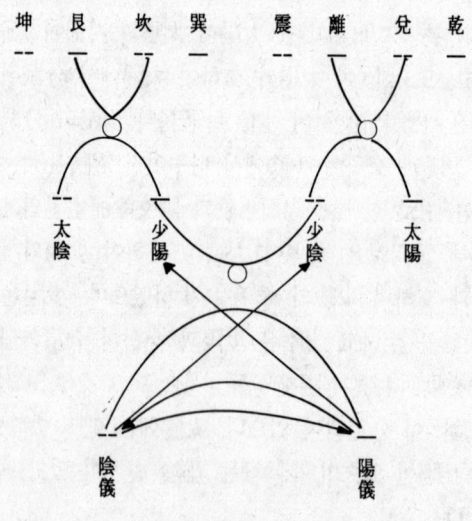

(그림 5) 筆者의 改作說圖

上爻이요, 兌의 --은 兌卦 ☱, 二陽一陰의 上爻를 圖示한 것이다.

退溪는 朱子說과 董氏說을 아주 細密하게 검토하고 연구한 끝에 서로 다른 점이 있음을 밝혔으니, 太極이 兩儀를 낳고 兩儀가 四象을 낳고, 四象이 八卦를 낳는 自體原理를 밝히며, 主動과 對應의 力學關係에서 主導役量을 糾明하는 문제도 兩說이 있음을 분명하게 列擧하고 이것도 하나의 硏究課題로 삼았던 것이다.

3. 伏羲 先天易統論

'伏羲 先天易'에 대한 朱子의 見解는 다음과 같다.

> 自有易以來 只有邵子說得此圖, 如此齊整. 如揚雄太玄使零星補湊得可笑. 若不補, 又却欠四分之一補得來, 又却多四分之三如潛虛之數用五 只似如今等位一般 其直一畫則五也. 下橫一畫則爲六橫二畫則爲七, 盖亦補浦湊之書也.[7]

이에 대하여 胡玉齋는 다음과 같이 말하였다.

> 按易本義云:伏羲四圖(三畫六畫橫圖圓圖), 其說, 皆出邵氏, 盖邵氏得之李之才之才得之穆脩脩得之希夷先生, 陳搏所謂先天之學也.[8]

이에 朱子는 답한다.

> 黃勉齋書云, 先天乃伏羲本圖, 非一字一義, 无不自其中流出(以上總說四圖). 又云, 易是互相博易之義 觀先天圖, 便可見東邊一畫陰, 便對西邊一畫陽……. [9]

---

7) 徐命膺,《易學啓蒙集箋卷》, 卷2,〈原卦畫〉第 2.
8) 위의 책, 같은 곳.
9) 위의 책, 같은 곳.

이와 관련한 退溪의 易學觀은 다음과 같다.

¼이 모자라는 것과 ¾이 많은 것(欠四分之一多四分之三)은 一字와 三字는 마땅히 서로 바꾸어야 된다. 대개 《太玄經》 81首에 首마다 贊이 9씩 있어서 모두 七百二十九贊이니 二贊을 一晝夜에 해당시켜 曆書의 일수에 맞추면 三百六十四日 半日이 되므로 半日과 하루의 四分之一이 모자란다. 그러기에 반쪽 贊(踦贊)하나를 증가하여 半日에 충당하고 붙임 찬(嬴贊)하나를 더하여 하루의 四分之一에 충당하였다. 이렇게 계산하면, 一晝夜를 四로 나누면, 반쪽 찬의 半日은 곧 보충한 부분의 二分이며 붙임 찬(嬴贊)이 충당한 四分之一과 합하면 보충한 전체의 三分이 되며, 그 一分은 사실상 남는 數이다. 그러므로 이 글에서는 마땅히 '보충하지 않으면 도리어 四分之三이 모자라고 보충하면 도리어 四分의 一이 남는다'고 하여야 옳을 것이다. 李仲久와 尹光溢도 다 이렇게 말하였다.[10]

위에서 말하는 四分之一이란 一晝夜의 12시간(現 24時間)을 晝間 午前, 午後와 夜間 子前, 子後로 四等分한 一等分이니 곧 3시간을 말하는 것이요, 四分之三이란 그 三倍가 되는 아홉 시간을 의미한다. 또한 退溪의 欠一多三說에 對하여 欠四分之一과 多四分之三은 一字와 三字를 바꾸어야 그 計數에 적합하기 때문에 本文에도 이를 明示한 것이니 즉 '缺四分之三 多四分之一'로 訂正해야 맞는다.

《太玄經》[11]에 나타난 대로 七百二十九贊을 一晝夜에 二贊씩 配當하

---

10) 李滉, 《啓蒙傳疑》,〈原卦畵〉, 第2, "欠四分之一, 多四分之三, 此一字三字, 當互易. 蓋太玄八十一首, 每首九贊 共七百二十九贊, 以二贊當一晝夜, 以合曆日, 僅三百六十四日有半, 不足半日. 又四分日之一. 乃增一踦贊. 以當半日, 一嬴贊, 以當四分之一. 以此揆之, 四分一晝夜則踦贊半日, 是所補之二分也. 幷嬴贊所當四分之一, 爲所補之三分也. 而其一分實剩數也. 故此文當作不補, 卻欠四分之三, 補得來卻多四分之一, 方是 李仲久及尹生光溢皆云."

11) 《太玄經》은 漢代에 楊雄에 의하여 著述되고 晋代에 范望이 附註를 한 十卷으로 된 체제를 갖춘 易書인데 本文 81篇에 每篇마다 贊文 九章씩 添

며 日曆數로 算出하여 보면, 三百六十四日과 餘半日이 되는 一年 總日
數의 三百六十五日 四分度之一에 比하면 半日과 또 四分之 一이 不足
되는 셈이 된다. 그러므로 이 부족한 部分을 보충하기 위하여 半數에 해
당하는 本贊 이외의 跨贊을 얻어 부족한 半日의 여섯 時間을 充當하고
또 餘附되는 贏贊을 붙여 四分日의 一인 세 時間을 補充하여야 一年總
日數인 365의 四分度之一이 完成되는 것이다.[12] 이렇게 본다면 跨贊
이 補充한 半日의 여섯 시간은 四分日의 二分을 充當한 結果가 되며,
贏贊이 補充한 四分日의 一인 세 時間은 그 一分을 充當한 結果가 되
니, 이 跨贏 兩贊의 補充한 部分을 合하게 되면 結局은 一日인 四分之
四에 대한 四分之三을 充當한 것이 되니 나머지 四分之一은 사실상 乘
數에 불과하다.

　　筆者가 보건대 跨·贏 兩贊으로 이 不足을 補充하지 않으면 一日의 四
分之三이 缺하게 되고, 만약에 이를 補充하면 四分之一이 많게 되므로
'欠四分之三, 多四分之一'이 退溪가 주장하듯이 아주 正確한 計算法임
은 再論의 餘地가 없다.

　　〈그림 6〉을 참고로 하여 筆者가 以上을 通하여 볼 때에 一年 366日이
면 多四分之三이 되고 만약에 365日이면 四分之一이 됨을 알 수 있다.

4. 天地定位註에 臨川吳氏說과 節齊 蔡氏說에 대한 反論

朱熹《易學啓蒙》의 〈天地定位章〉의 註說에 대한 退溪의 批判的 易學
觀은 다음과 같다.

　　　天地定位註에 臨川吳氏說과 雷以動之註에 節齊蔡氏說의 설은 〈說卦
　　傳〉의 註에 나타나 있으니, 이 한 節은 바로 그림의 뜻을 풀이한 것이다.
　　〈繫辭〉本章小註에 胡雲峯이 말하기를, "《本義》에서는 邵子의 說에 의거
　　하여 '數往者順'의 　段은 圓圖를 가리킨 것이니, 卦 氣의 運行히는 비를

　　加하여 총 729贊으로 編著된 疑易書이다.
12) 姜天奉,《啓蒙傳疑研究》 3 참조.

말한 것이라" 하였고, '易은 逆數'란 一段은 橫圖를 가리킴이니, 卦畫이 생긴 原理를 말한 것이다.

이에 의거하면, '夫易之數'라고 한 以下는 橫圖와 圓圖의 오른쪽의 순서를 밝힌 것이니, 이른바 이 一節은 다만 '是故 易逆數也' 六字를 가리킨 말이다.[13]

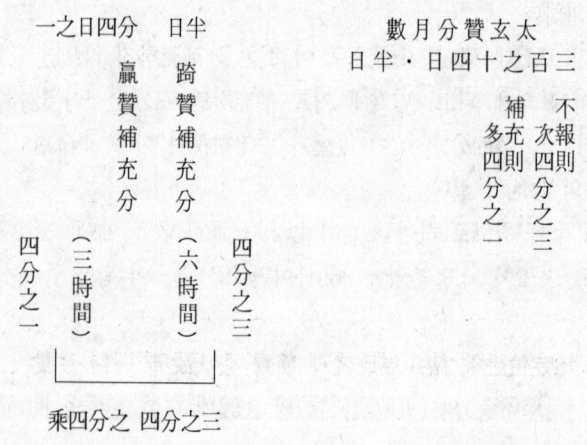

(그림 6) 跨贏兩贊補充歷日圖

---

13) 李滉,《啓蒙傳疑》,〈原卦畫〉, 第 2, "天地定位註 臨川吳氏說, 雷以動之註 節齊蔡氏說, 見說卦傳註; 此一節直解圖意. 繫辭本章小註. 胡雲峯日 本義以邵子. 以數往者順, 一段爲指圓圖. 而言卦氣之所以行. 易逆數 一段爲指橫圖. 而言卦畫之所以生. 據此 則夫易之數, 以下明橫圖及圓圖右方之序, 其所謂此一節. 只指是故易逆數也. 六字而言,
交一轉過, 橫圖之序. 首乾尾坤. 而震巽相比. 交一轉過. 謂截圖中半卻以 震交坤 以乾交巽. 乃一次變轉, 以成圓圖, 故曰交一轉過, 過倘了也."

'交一轉過'라 함은 橫圖의 序가 首乾 尾坤으로 되고 이에 震·巽이 서로 가까이 하였는데 이 橫圖上에 나아가 이를(橫圖) 서로가 어느 것이든 震이나 巽을 한 번 굴림을 뜻함이다. 그러니 이는 橫圖中半을 끊어서 右便의 乾兌離震을 굴려서(이 굴린다고 함은 右便에 있는 乾을 左로 가게 하고 左便에 있는 震을 右便으로 가게 한다는 뜻) 震을 坤과의 벗하게 하거나 또는 巽坎艮坤을 굴려서 巽을 乾과 벗하게 하여 圓으로 만든다면 이것이 곧 一次로 變轉으로 因하여 圓圖가 이루어지게 된다. 여기서 위에서 한 설명을 圖式化하면 곧 伏羲先天八卦가 형성되기 때문에 '交一轉過'라고 한 것이다.[14]

위에서 말한 '天地定位'란 하늘[天]은 윗자리에 있고 땅[地]은 아랫자리에 있다는 陽上·陰下의 뜻이니, 즉 剛健篤實한 陽氣의 實體는 萬有資始의 힘을 가지고 尊位에 處해 있으며 柔順厚德한 陰氣의 實體는 萬物生成의 法則을 가지고 卑所에 자리하고 있음을 뜻함이다. 그러므로 自彊不息하는 在上의 陽天은 專一中에서 乾元의 道를 일으키고 守常不變하는 在下의 陰地는 翕中에서 道를 이어 받는다(夫乾은 靜也專, 夫坤은 其靜也翕).

《周易》,〈繫辭傳〉에 보면, "하늘은 높고 땅은 낮으니 乾坤兩卦가 定해지고, 낮은 것과 높은 것이 베풀어지니 貴賤이 자리잡히고, 動과 靜이 떳떳함이 있으니 剛·柔가 判斷되고 일들은 그 類로서 모아지고 物類는 무리로 나누어지니 吉凶이 생기고 하늘에서는 象을 이루고 땅에서는 形을 이루니 變化가 나타나는 것이다. 이러므로 剛柔가 서로 마찰되며 八卦가 서로 미루어짐으로써, 鼓動함을 雷霆으로써 하고, 潤하기를 風雨로써 하며, 日月이 運行하여 寒暑가 오고 가니, 乾道는 成男하고 坤道는 成女가 되니, 乾은 大始를 주관하고 坤은 成物을 만들어내는 것이다"[15]

---

14) 앞의 책, 같은 곳.
15) 《周易》,〈繫辭傳上傳〉, 第 1 章, "天尊地卑, 乾坤定矣. 卑高以陳 貴賤位矣. 動靜有常 剛柔斷矣. 方以類聚, 物以羣分. 吉凶生矣. 在天成象 在地成形, 變化見矣. 是故 剛柔相摩, 八卦相盪, 鼓之以雷霆 潤之以風雨, 日月運行, 一寒一暑, 乾道成男 坤道成女, 乾知大始, 坤作成物."

고 했다.
 그리고 邵子는 '易'에 대한 그윽한 妙味를 감탄하면서 다음의 詩로 옮겼다.

　　　乾天(☰)과 坤地(☷)의 純陽純陰卦가 上下兩位에 定하여 있음을 연유하여 天地否卦(䷋)와 地天泰卦(䷊)가 正反對로 나누어지고, 艮山(☶)과 兌澤(☱)이 對位에서 氣를 통하여 澤山咸(䷞)과 山澤損(䷨)이 그 義를 나타내 보였고, 震雷(☳) 巽風(☴)이 서로 두들기니 雷風恒(䷟)과 風雷益(䷩)이 그 형세로 인하여 일어났고, 坎水(☵)와 离火(☲)가 서로 한 體象에 만나니 水火旣濟(䷾)와 火水未濟(☲)가 되었다. 이러므로 四象이 相交하여 十六事를 이루고 八卦가 相盪하여 六十四卦를 이루었도다.

 이는 天地水火雷豊山澤의 各卦義와 卦象을 통한 造化의 用事過程을 論한 것이다.[16] 그렇기 때문에 이를 '十六卦의 卦成用事'라고 한다.
 '雷以動之'란 天地의 燥濕二氣에서 濕氣는 萬物을 潤澤케 하고 燥氣는 雷霆을 일으켜 萬物을 鼓動시키나니, 즉 雷霆이란 陰陽兩電의 相薄이며 일어나는 시기는 陽氣가 陰氣와 거의 對等할 제(驚蟄) 東北震位에서 陽氣生交하여 始動하는 것이다. 그러나 天道에 非常이 생기면 그 이전에도 일어난다. 그렇기 때문에 〈說卦傳〉에는 "震은 우뢰(雷)이므로 萬物을 움직이게 하고 巽은 바람(風)이므로 萬物을 흩어지게 하고 坎은 물(水)이므로 萬物을 젖게(潤) 하고 離는 불(火)이므로 萬物을 뜨겁게 하고 艮은 산(山)이므로 萬物을 그치게 하고 兌는 潤澤한 義와 또는 口舌의 象인지라, 그러므로 말을 說得力 있게 잘한다. 그러므로 萬物을 기쁘게 하고 乾은 하늘이므로 萬物을 主宰하는 君主에 臨하고 坤은 땅[地]이므로 때로는 翕하고 때로는 闢하는지라. 그러므로 萬物을 간직하는 창고(이에 창고란 物을 넣고 가두면 藏이 된다는 뜻이다)이다"[17]라 했다.

---
16) 위의 책,〈天地定位章〉註, "天地定位, 否泰反類, 山澤通氣 咸順見義, 雷風相薄, 恒益起意, 水火相射, 旣濟未濟見終, 此四象相交, 成十六事, 八卦相盪, 爲六十四之義."

또한《周易》,〈說卦傳〉, 第 4章 註를 보면, 아래와 같다.

　　乾坤이 上下의 位를 定한 연후에 낮고 높음이 베풀어지고, 貴賤이 바로 잡히며, 陰陽이 나뉘어 造化의 功이 이루어졌다. 坎离가 左右門으로 벌어진 뒤에 日月이 往來하여 卯(東北間)로써 열고 酉(西北間)에서 닫히니 一歲의 春夏秋冬과 一月의 晦朔弦望과 一日의 晝夜行度가 이로 인하여 消息이 南北位에서 아니함이 없고 出入이 左右의 門에서 않음이 없으니 乾坤坎離가 四正位를 차지함은 이러한 까닭이요, 하늘의 陽氣는 西北艮方에 힘이 부족한 것은 艮山이 陽氣를 鎭壓하기 때문이요, 땅의 陰氣가 東南間에서 本然의 能力을 발휘하지 못함은 兌澤이 離宮火에서 氣力이 빠졌기 때문이다. 東北間은 陰中에서 陽이 始生하므로 震雷가 起動하고 西南間은 時物이 成長하는 節位이므로 巽風이 入之하나니, 震兌巽艮이 四隅에 자리한 것은 이러한 까닭이다.[18]

筆者가 보건대 위의 註에서 "天不足西北 故山以鎭之" 以下는 이해하기 困難함을 分明히 밝혀 둔다. 위에서의 '順逆'이란 事物로 論하면, 위〔上〕로부터 아래〔下〕에 이르기까지와 自大至小는 '順理'라 하고, 이와 반대로 自下至上과 自大至小는 '逆理'라 한다. 또한 시간으로 말하면, 현재에서 未來로 내려감을 '順行'이라 하고 현재에서 과거로 옮겨 감을 '逆行'이라고 하며, 數로 말하면, 多數에서 少數로 내려감을 '順數'라 하고 少數에서 多數로 올라감을 '逆數'라 한다. 또한 陰陽進退에 있어서는 陰陽은 氣를 표준으로 힘과 同時에 陽을 위주로 論히기 때문에 陽進

---

17)《周易》,〈說卦傳〉, 第 4章, "雷以動之, 風以散之, 雨以潤之, 日以烜之, 艮以止之, 兌以說之, 乾以君之, 坤以藏之."
18) 위의 책,〈雷以動之章〉註, "案乾坤, 定上下之位然後, 卑高以陳, 貴賤正矣. 陰陽以分, 而化功成矣. 坎離, 列左右之門然後, 日月往來, 卯而開之. 酉而閉之, 一歲而春夏秋冬, 一月而晦朔弦望, 一日而晝夜行度, 莫不消息於南北之位, 莫不出入於左右之門, 乾坤坎離之位乎 四正者此也. 天不足西北, 故山以鎭之, 地不滿東南, 故澤以注之, 東北氣化始生之交, 故雷以動之, 西南時物成收之除, 故風以鼓之, 震兌巽艮之位乎, 四隅者此也."

陰退를 '順流'라 하고 陰進陽退를 '逆流'라 한다(占學的으로 論하면 과거를 생각하는 것은 順이 되고 미래를 알고 함은 逆이 된다). 그러므로 〈說卦傳〉에 지나간 것을 셈함은 順이요 오는 것을 앎은 逆이라 하였으니, "易은 逆數이다"고 하였다(未知數卜度書).

邵康節의 學說에 의한 八卦의 圖示를 보면, 圓圖는 卦氣의 運行原理를 말한 것이니, 東北震方에서 陽氣가 출발하여 正東, 東南을 지나 正南에 이르는 것을 '順行'이라 한다. 이는 陽氣가 震에서 始動하여 離兌를 乾에 가서 大盛하니 이는 前進하는 義요, 橫圖는 卦畵의 所生原理를 말한 것이니 兩儀에서 四象으로 四象에서 八卦로, 즉 二分四, 四分八인 少數에서 多數로 移行한 까닭에 逆數라 한다. 또는 東便은 陽方이다. 그러므로 陽氣上升하는 分野이다. 그러나 圓口八卦의 數는 乾에서부터 一, 二, 三, 四로 셈하니 이를 일러 '逆'이라 한다. 그러므로 伏羲先天八卦에 있어서 邵康節은 말하기를, 陽氣가 震四에서 乾一에 이르는 것을 陰陽의 氣로 論할 때, 陽進을 '順數'라 하고, 巽五에서 坤八에 이르는 것을 '逆數'라 하였다. 이에 西便의 陰方이며 陰方用事時期에는 陰氣가 上升한다. 그런데 數는 上에서 下로 하였다. 이에 다시 말해서 陽進陰退說은 東쪽은 陽方이니 陽이 進하고 西쪽은 陰方이니 陽이 退한다. 그러나 陰氣가 上升한다. 여기에서의 橫圖는 首乾·尾坤으로 乾卦가 첫머리에 있고, 坤卦가 끝에 있으며 雷巽兩卦가 중심에 나란히 相比하고 있지만 圓圖는 坤卦가 자리를 옮겨 乾坤이 相應하였으니 乾巽震坤이 對處하고 있다. 이는 橫圖가 圓圖로 變成했기 때문이니 이를 '交一轉過'라 한다.

"姤爲春分午之半"은 退溪가 《啓蒙傳疑》의 本文에서도 잘못 配置되었음을 지적하였거니와 다음 그림과 같이 春分을 夏至로 고쳐야 될 것이다. 그 이유는 春分의 卦當이 同人, 頤卦로 東方卯半에 자리하고, 夏至는 姤卦에 해당되어 南方午半 자리에 있어야 北方復卦의 冬至子半과 對處하게 되기 때문이다. 다시 말하면, 冬至는 一陽이 始生하는 十一月, 즉 正北方이요, 夏至는 一陰이 始生하는 五月, 즉 正南方이니 이는 南姤 北復의 兩卦가 正對됨으로써 午晝, 子夜의 反狀(夜에서 陽生晝에서

陰生)을 일으키게 된다는 뜻이다. 卦象으로 말하면, 乾이 一陰을 生한 것이 姤卦(䷫)이니 이는 父가 長女를 낳는 象이요, 坤이 一陽을 生한 것이 復卦(䷗)이니 이는 母가 長男을 낳는 象이 된다. 만약에 春分이 東方 卯位에 있지 않고 南方午位로 돌아간다면, 天地의 運度가 不中하여 春夏의 節序가 고르지 못하게 될 것이다. 그러므로 姤卦는 春分에 配當된 것이 아니라 午半 夏至에 配卦됨이 당연한 理致인 것이다. 이 配卦分節에 있어서 二十四節氣中에 立春, 立夏, 立秋, 立冬(四立)과 春分 秋分(二分), 夏至 冬至(二至)의 八節은 一節에 各 二卦씩 十六卦를 配當하고 그외 十六節氣는 一節氣에 各 三卦씩 四十八卦를 分配하여 六十四卦를 二十四節氣에 餘缺 없이 配分하였다. 그런데 이 配當卦數의 差異는 陰陽二氣의 盈虛와 消長에 따른 것이니(四立 二分 二至는 氣流의 盈, 長이 많고 外 十六節은 氣流의 虛消가 많기 때문이다), 周謨의 물음인 坤接巽도 橫·圓圖의 明示한 바와 같이 '巽'을 '震'으로 고쳐야 함은 너무나 當然하다고 할 것이다.

5. 邵子, 朱子의 四象八卦異同之說論

橫圖에는 陽이 오른쪽에 있고 陰이 왼쪽에 있었는데 이 그림표에서 陽을 왼쪽에 두고, 陰을 오른쪽에 둔 것은 本註에 "陽은 왼쪽 아래이며, 陰은 오른쪽 위에"라는 說과 끝편에 있는 玉齊의 邵子, 朱子 四象圖에 의해 定한 것이다. 이 그림은 대개 圓圖의 方法을 빌려서 橫圖를 만들어 밝힌 것으로, 退溪는 다음과 같은 見解를 말하였다.

  滉은 삼가 살피건대, 邵子와 朱子가 四象과 八卦를 말함에 같음과 다름이 있는 데 대하여 玉齊가 詳細하게 分析하였으나, 다만 그 뜻과 凡例가 매우 복잡하게 얽혀 쉽게 이해되지 않으므로 그림표를 만들어서 이를 밝히려 한다.

이제 다르게 된 이유를 살펴 보면, 邵子는 太와 少로 四象을 말하지 아니하고, 다만 陰·陽·剛·柔의 四字로 이에 해당시켰다가 8卦에 이르러서야 비로소 太와 少로 陰陽, 剛柔를 論하였다. 이것은 꼭 四象을 두 개의 兩儀로 가정하고 8卦를 또 두 개의 四象으로 가정한 것과 같다.[19]

西山蔡先生은 일찍이 다음과 같이 말했다.

"邵子의 易은 그 數를 쓰는 것과 象을 定한 것이 스스로 一家를 이루었다"고 하였고, 또한 朱子도 말하기를, "邵子는 天下의 事物을 모두 네 조각으로 나누어 보고 넷의 밖에 또 넷이 있다고 하였으니, 바로 이러한 類型을 이름이다. 대개 八卦도 넷으로 보았기 때문이다"고 하였는데 바로 이러한 類型을 이름이다. 그런데 朱子는 이것을 풀이하면서 "다만 四象과 八卦의 例만 들었기 때문에 서로 같지 않은 것이다. 그러나 그 요지는 並行하는 것으로 歸結을 지어야 서로 어긋나지 않는다."[20]

圖面을 爲主로 하였을 때에 왼〔左〕쪽은 아래〔下〕며 오른〔右〕쪽은 위〔上〕요, 北과 東이 왼쪽이며 南과 西가 오른〔右〕쪽임은 위의 註에 나타나 있다. 대개 陽이 生長하는 것은 아래에서 위로 올라가는 것이니 北에서 東으로 나아가는 것이며, 陰의 生長은 위〔上〕에서 아래〔下〕로 내려오는 것이니, 南에서 서로 나아가는 것이다. 즉, 陽氣가 南에서 西로 될 때 陰氣는 上昇하는 것이다. 그래서 위와 아래가 있음과 같으므로 陽은 왼쪽이 아래〔下〕이고, 오른 쪽은 위〔上〕라는 것이다.[21]

邵子의 說은 陽이 陰과 交하면 왼〔左〕쪽은 아래〔下〕이며 오른〔右〕쪽은 위〔上〕요, 北과 東이 왼쪽이며 南과 西가 오른〔右〕쪽이라 함은 위의 註에 나타나 있다. 대개 陽이 生長하는 시기에는 天氣가 아래에서 위로 올라가는 것이니, 北에서 始發하여 東으로 나아가는 것이며, 陰의 生長

---

19) 李滉,《啓蒙傳疑》,〈原卦畫〉, 第 2, "滉謹按, 邵朱論四象八卦異同之說 玉齊辨析已詳 但其義例頗肯縈糾纏 未易領會 故 爲圖以明之 今究其所以異者 邵子不以太少論 四象 只以陰陽剛柔四字當之至於八卦然後 方以太少論 陰陽剛柔 是恰似以四象假爲兩箇兩儀 而八卦又假爲兩箇四象矣."
20) 위의 책, 위의 장, "西山蔡先生嘗曰, 邵易其命數定象自爲一家 朱子亦曰 邵子看天下事物 皆成四焉 正謂此類 蓋看八卦 亦成四故也而 朱子釋之只用四象八卦之倒 所以不同 然其要歸並行而不相悖也."
21) 위의 책, 같은 곳.

時期는 天氣가 위(上)에서 아래(下)로 後退하며 南에서 西로 내려갈 때 陰氣가 上昇한다. 그래서 위와 아래가 있음과 같으므로 陽은 왼(左)쪽이 아래(下)이고, 오른(右)쪽은 위(上)라는 것이다. 위 설명의 根據는 "是故 易 逆數也" 六字이다. 그리고 '交一轉過'라 함은 橫道의 順序가 乾이 始端이었고, 坤이 끝이기 때문에 震과 巽이 서로 나란히 있다는 것이다.

'交一轉過'한다는 것은, 橫圖의 중간을 잘라서 震과 坤을 서로 접하게 하고 乾을 巽과 接하게 하면 곧 卦圖의 順序가 一次 變轉이 되어 圓圖를 이루게 되기 때문에 일컫는 말이다. 過는 마친다는 뜻과 같다.

邵子說은 陽이 陰과 交하면 도리어 陽儀의 위에 있는 홀수와 짝수를 낳고 陰이 陽과 交하면 도리어 陰儀 위에 있는 홀수와 짝수를 낳는다는 것이며, 朱子의 說은 바로 陽이 陰과 交하여 陰上의 홀수와 짝수를 낳고, 陰은 陽과 交하여 陽上의 홀수와 짝수를 낳는다[22]는 것이다.

邵子와 朱子는 이 象을 天四象, 地四象으로 兩分하고 그 說明을 서로 다르게 하고 있다.

(1) 邵子의 說

太極이란 一圈의 象으로 一動一靜의 中心에 있으며 兩儀는 太極의 左右兩傍에서 動靜하는 것이니 動하는 것은 陽이 되어 氣에 속하고 靜하는 것은 陰이 되어 質에 屬한다. 이에 陰陽이 서로 交하여 四象을 生하나니 陽上에 一奇一遇가 生한 것은 陰陽이라 이르니, 즉 氣로써 이루어지고 陰上에 一奇一遇가 生하는 것을 剛柔라 이르니 質로써 이루어졌음을 말함이다.

이런 때를 當하여 四象이란 名稱은 있지만 太少의 구별이 없더니, 그 四象 위에 또 一奇, 一遇를 生하는 데 미쳐서야 곧 八卦를 이루게 되며, 바야흐로 그래서야 陰陽이 서로 交合하여 各其 部類로 나누게 된다. 그러므로 陰이 剛과 交하지 않고 陽이 柔와 交하지 않음에 各自 그 이름을

---

22) 위의 책, 같은 곳, "邵說謂陽交陰, 而還陽儀上之奇偶, 陰交陽 而還生陰儀上之奇偶, 朱說直謂陽交陰而生陰上之奇偶交陽而生陽上之奇偶."

얻어서 제자리[位]에 各己 서게 되는 것이다. 그러므로 하늘[天]에도 四象이 되어 있고 땅[地]에도 四象이 되어 있는 것이다. 대개 陽儀로써 氣가 되어 하늘에 있는 까닭으로 그 위[上]에 生한 것을 '天四象'이라 하고 陰儀는 質이 되어 땅에 있으므로 그 위에 生한 것을 '地四象'이라고 한다[23]고 하였다.

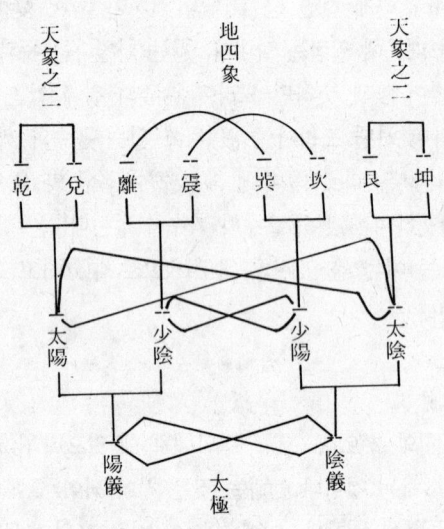

〈그림 7〉 邵子의 天四象, 地四象圖

---

23) 邵雍,《皇極經世書》,"太極者, 乃象一圈 而爲一動一靜之中地. 兩儀者 乃太極左右兩傍之動靜者也. 以動者爲陽, 而屬乎氣 以靜者爲陰, 而屬乎質 於是 陰陽相交 而生四象矣. 則陽上之生一奇一偶者, 謂之陰陽 以氣言也. 陰上之生一奇一偶者, 謂之剛柔, 以質言也. 當是時, 有四象之名 而無太少之別 及其四象上, 各生一奇一偶, 則八卦乃成, 方其相交也, 各於其類 故陰不變於剛, 陽不變於柔, 其得名地. 各於其所, 故有爲四象於天者 有爲四象於地者矣. 蓋以陽儀爲氣而在天, 故生於其上者 謂天之四象 以陰儀爲質而在地, 故生於其上者 謂地四象."

(2) 朱子의 說

朱子는 陽이 陰과 交合하면 陰上에 一奇, 一遇를 生하고 陰이 陽과 交合하면 陽上에 奇·遇를 生하며 陽儀上에는 太陽, 少陰이 되고 陰儀上에는 太陰, 少陽이 된다고 하여 그 變의 대상을 主로 하는 交分作用을 論한다. 다시 말하면, 이 派生된 四象 위에 一奇一遇를 生하여 八卦가 이루어지면 太陽은 乾兌로 나뉘고 太陰은 坤艮으로 나누어지게 되는데 이 乾 兌 坤 艮의 四卦를 '天四象'이라 하였다. 즉 太陽에서 分生된 二卦와 太陰에서 分生된 二卦를 合하여 天四象으로 하고, 少陰에서 分生된 离·震과 少陽에서 分生된 坎·巽의 四卦를 '地四象'으로 定하였다.

邵子는 圓圖의 左便에 乾·兌·離·震 四卦를 陰陽太少로 나누어 天四象으로 한 反面에, 朱子는 陰陽의 二太를 天象으로 하고, 二少를 地象으로 한 것이 특이한 점이다.[24]

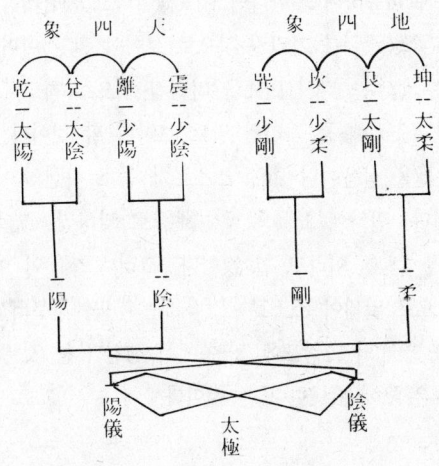

(그림 8) 朱子의 天四象·地四象圖

---

24) 《皇極經世書》의 〈圓圖論〉 중에 左天右地說이 있다.

太陽, 太陰의 二氣는 氣盈한 것이므로 위에 있어 天象을 이루고 少陽 少陰의 二氣는 氣虛한 것이므로 아래에서 地四象을 이루었으며, 또한 天道를 세움은 陰과 陽이요, 地道를 세움은 剛과 柔라는 易義에 立脚하여 地象에는 少陽을 剛, 少陰을 柔라고 한다.

陽下陰上의 原則을 主로 하되 陰陽의 氣數를 二分하여 陽下의 半은 陰上의 半과 相交하고, 陰上의 半은 陰下의 半과 交合하여 上下兩合으로 生成의 道를 이룬다.

6. '無極之前' 註에 他自據 他意思說論

退溪는 '無極之前' 註의 "他自據 他意思"에 대하여 다음과 같이 말한다.

　　고찰하건대 此以下에 나오는 4, 5개의 '他'字는 대개 그 뜻이 같지 않다. "他自據 他意思"라는 兩他字는 모두 邵康節을 가리킨 것이며, 만일에 '他太極'이라는 뜻과 비유하여 論한다면 他太極이라고 論한데의 이 他字는 마땅히 周濂溪의 《太極圖》를 가리킨 것으로 보아야 할 것이며 "他亦自說 圖從中起"라고 쓴 他字는 다시 康節을 가리킨 것으로 하고 "他兩邊生"의 他字는 또 다만 《先天圖》를 가리킨 말로 보아야 할 것이다. 그 뜻이 坤復之間으로써 太極을 삼음이니 康節 스스로가 몸소 자신의 뜻에 의거하여 말하였을 뿐이다. 만약에 濂溪의 《太極圖》로 말하면 《先天圖》의 中間이 비어 있는 곳을 '太極'이라고 할 것이다. 그러나 康節이 이 뜻을 모르는 것이 아니었으므로 일찍이 스스로 '그림표는 中央에서부터 일어났다'고 말한 것이다. 또 康節의 그림표에 '양쪽에서 생긴다'는 것은 곧 濂溪의 '陰은 陽에서, 陽은 陰에 根據한다'는 說이다.

라 하고는 〈易圖說〉에 있는 64卦 方位圖의 끝에도 이 조항을 引用하여 의당히 이러한 것을 이것과 그릇 他圖의 作從中起라 說하였으니 가히 살피지 아니치 못할 것이다고[25] 강조한 바 있다. 그리고 "小註에는 朱子가 어떤 이의 물음에 대답하기를, '本來間斷이 없다'고 하였는데 '間斷'을

《語類》에서는 前·後로 하였으니 이제 그대로 좇음이 마땅하다"[26]고 하였다.

또한 〈陽在陰中註〉에, 陰陽이 서로 그 方位에 있으면 곧 陽은 위에서 내려오고 陰은 아래에서 올라간다고 하였는데 過去의 說에는 마땅히 "陽自下而上 陰自上而下"라고 해야 한다. 대개 陽이 아래에서 올라가는 것은 本來의 方位에서는 順이 되고, 陰 가운데에 있으면 逆이 되며, 陰이 위에서 내려가는 것은 本方位에서는 順이 되고 陽 가운데서는 逆이 된다고 하였다.

太極論에 있어서 周濂溪는 體之本原을 '無極而太極'이라 하였고 昭然不昧의 本體를 '太極'이라 하였다. 太極의 위치에 대해 《先天圖》에서는 中虛處를 太極이라 하였는데 邵康節은 圓圖의 坤, 復之間이 太極이 된다고 하였으며 橫圖에서는 兩儀의 아래에 太極이 位置한 것으로 되어 있고, 周濂溪의 《太極圖》에는 陰陽動靜의 圓體 위에 無極而太極으로 위치하고 있다. 邵康節은 圖從中起라 하여 中虛處를 太極의 자리(位)로 보고 있다.

《性理大全》에 나와 있는 周濂溪의 太極圖說을 보면 다음과 같다.

　　無極而太極이니 太極動而生陽이라 動極而靜하고 靜而生陰하며 靜極復動하니 一動一靜이 互爲其根이라 分陰分陽하여 兩儀立焉하고 陽變陰合하여 而生水火木金土하니 五氣順布에 四時行焉이라. 五行은 一陰陽也요, 陰陽은 一太極이며 太極은 本無極이라. 五行之生也에 各一其性하나니 無極之眞과 二五之精이 妙合而凝하야 乾道成男하고 坤道成女하니 二氣交感에 化

---

25) 李滉, 《啓蒙傳疑》, 〈原卦畫〉, 第2, "按此以下 四五箇他字, 蓋不同也. 他自據他意思 兩他字. 指康節. 若論他太極此他字. 當指濂溪太極圖. 他亦自說圖從中起. 他復指康節 他兩邊生 此他又指先天圖言. 其意,謂以坤復 之間 爲太極, 乃康節自據已意而言耳. 若論以濂溪太極圖, 則先天圖中間虛處, 便是太極. 然康節非不知此意 故 亦嘗自說 圖從中起也. 又康節圖兩邊生者, 卽濂溪陰根陽 陽根陰之說也. (易圖說 六十四卦方位圖末, 亦引此條 當與此參看 但令舘本他說 圖從中起 誤作他圖說從中起, 不可不察.")
26) 위의 책, 같은 곳, "朱子答或曰 : 本無間斷, 間斷語類作前後, 今當從之."

生萬物하고 萬物生生에 變化無窮焉이라. 惟人也는 得其秀而最靈하니 形旣生矣에 神發知矣라. 五性感動하야 而善惡分하며 萬事出矣로다. 聖人이 定之以中正仁義하야 而主靜에 立人極焉하니 故로 聖人은 與天地合其德하고 日月合其明하며 四時合其序하고 鬼神合其吉凶하나니 君子는 修之吉이요, 小人은 悖之凶이라. 故曰立天之道曰 陰與陽이요, 立地之道曰 柔與剛이요, 立人之道曰 仁與義라 하며, 又曰 原始反終이라 故知死生之說하나니 大哉라. 易也여! 斯其至矣로다.

　　筆者가 생각하건대 위에서 論及한 바 있는 《易學啓蒙》에서 巽, 坎, 艮 四十八陽을 얻는다는 것은 六十八陽으로 고쳐야 한다는 退溪의 主張이 마땅하다고 본다. 즉 巽卦에서 分生된 姤卦·大過卦·鼎卦·恒卦·井卦·蠱卦·升卦와 坎卦에서 分生된 訟卦·困卦·未濟卦·解卦·渙卦·蒙卦·師卦와 艮卦에서 分生된 遯卦·咸卦·旅卦·小過卦·漸卦·蹇卦·謙卦 등의 卦象을 보면, 巽八卦 중에 奇畫이 二十八이요, 坎八卦 중에 奇畫이 二十이요, 艮八卦 중에 奇畫이 二十이니 이를 모두 統合하면, 六十八奇畫, 곧 六十八이 되므로 四十八陽은 마땅히 고쳐야 한다는 것은 지극히 당연한 것이다. 그리고 邵康節의 《陰陽兩生圖》는 周濂溪의 陰根은 陽이요, 陽根은 陰이란 說과 그 의미가 같은데, 陰陽이 그 方位에 互居하면 陽生陰下가 된다고 하는 陽在陰中註說은 陰陽交流의 方位로 보아 陽下陰上, 즉 陽은 自下向上하고 陰은 自上至下하는 原則에 따라야 하고 또 陰陽이 제각기 그 本方에 있을 때에는 順行이 되고 陰이 陽中에 있거나 陽이 陰中에 있어 主從이 될 때에는 逆行이 된다는 것이다.

7. 先天學心法論
朱子는 '心法'에 대하여 다음과 같이 말한다.

　　'心'이란 가운데에 간직하여 一身을 主宰하며 象理를 갖추어 萬事에 應하는 것이요, '法'이란 內에 存하여 外에 應하는 道이다. 대개 圖는 中心으로부터 始起됨과 같이 萬化萬事의 모두가 이 心에서 生한다. 그리고

六十四卦 圓圖象을 살펴보건대 圖의 中間白處를 虛中한 圓圖에 의거하여 말하면, 圖中의 白處가 곧 太極의 자리요, 三十二陽과 三十二陰에 있어 左方 三十二卦의 初爻는 모두가 陽이요, 右方 三十二卦의 初爻는 모두가 陰이다. 또 다음의 二爻는 左右方 三十二爻中에 十六陰과 十六陽이 있으니 左下와 右下의 第二爻는 各各 十六陰이요, 左上과 右上의 第二爻는 各各 十六陽이 된다.

다음은 三爻의 論이다. 八陰과 八陽이란 乾卦로부터 泰卦에 이르는 八卦의 第三爻는 모두 陽畵이요, 否卦로부터 坤卦에 이르는 八卦의 第三爻는 모두 陰畵이다. 남은 六節도 이에 準한다. 즉 六十四卦 圓圖의 三十二란 兩儀의 畵數요, 十六이란 四象의 畵數요, 八이란 八卦의 畵數이다.[27] 所謂 '心法'이란 그 道가 곧 誠과 敬이 나오는 道이며 그 用은 萬事를 措置하는 것이다. 그러므로 《先天圖》에 의하여 心法을 論함에 있어 誠·敬이 없으면 秩序나 論理도 없이 體가 서지 못할 것이니, 《中庸》에서 "中이란 天下의 大本이요"라고 한 것이나 《大學》에서 〈絜矩章〉의 "註에 上下四方이 均齊方正하다"고 云云한 것은 모두 이 中을 말함이다. 대개 이 '中'은 圖에 있어서는 '極'이 되고, 사람에 있어서는 '心'이 되나니 《書經》, 〈洪範〉의 '皇極有極'도 이 中을 말함이다. 그렇기 때문에 中이 一偏하면, 四圍가 기울지 않음이 없게 된다. 圖로써 말하면, 太極이 不中하면 兩儀가 偏하고 兩儀가 偏하면 四象이 不正하고 四象이 不正하면 八卦가 이루어지지 못한다.

心으로 말하면, 心이 不正하면 몸이 닦아지지 않고 몸을 닦지 않으면 家庭이 不齊하고 家庭이 不齊하면, 나라가 다스러지지 않고 나라가 다스러지지 않으면 天下가 不平하게 된다. 즉 八卦가 不成하면 變化가 行하여지지 않으며, '易'이 不易하게 되고, 天下가 不平하면 敎化가 行하여지지 아니하여 사람이 人道에서 離脫하게 된다.[28]

---

27) 六十四卦 圓圖를 表象으로 한 말이다.
28) 朱熹, 《易學啓蒙》, 原卦劃, 第2, 先天圖心法 註, "朱子曰, 心者 存乎中 而爲一身之主宰 具衆理應萬事者也, 法者 所以存乎內應諸外之道也, 若圖 皆後中起 萬化萬事生于心也. 接中間白處者, 據虛中圓圖 而言則中之虛

《中庸》에 보면, "誠者天地道也, 誠之者人之道也"라 하였으며 李退溪는 그의 論著《天命圖說》에서 '敬'에 대하여 다음과 같이 말한다.

사람이 하늘[天]에서 命을 받음에 있어서 四德의 理를 갖추어 一身의 主宰者가 된 것은 心이요, 萬事중에 있어서 善惡의 變에 따라 그 心의 用이 되는 것은 情意이다. 그러므로 君子는 이 心이 靜할 때에는 반드시 存養해서 그 體를 保全하고 情意가 發할 때에는 반드시 省察하여서 그 用을 바르게 한다. 그러나 이 心의 理는 넓고 넓어 붙잡기 어렵고 깊고 깊어 찾아내기가 극히 힘들다. 만약에 '敬'으로써 專一하지 않으면 어찌 能히 그 存心과 養性을 할 수 있으랴? 이 心의 發은 隱微하기가 小毫와 같아서 살피기 어렵고 危殆로운 구덩이와 같아서 밝히기 어렵다. 만약에 敬으로써 專一하지 않으면 또 어찌 그 幾를 바르게 하며, 그 用을 발하게 할 수 있으랴? 그러므로 君子의 학문은 이 心이 未發하였을 때 반드시 '敬'을 主로 하여 存養工夫를 꾀하고, 이 心이 이미 發하였거든 또한 반드시 '敬'을 主로 하여 省察工夫를 加하여야 한다. 이것이 敬이 始를 이루고 終을 이루어 體와 用을 通貫하는 所이다. 그러므로 이 그림[圖]의 切要한 뜻은 무엇보다도 여기에 있다.[29]

處 是太極也, 三十二陽 三十二陰者 左方三十二卦之初爻, 皆陽, 右方三十二卦之初爻, 皆陰也, 十六陰 十六陽者 左下右下 第二爻各十六爲陰 左上右上 第二爻各十六爲陽也, 八陰八陽者, 自乾至泰 八卦第三爻爲陽 自否至坤 八卦第三爻爲陰 餘六節倣此. 三十二者 兩儀之畵也, 十六者 四象之畵也, 八者 八卦之畵也, 所謂心法者, 其道則誠敬 而其用則措諸萬事者也, 故先天圖 亦無誠敬則無序無倫 而體不立矣, 中庸 所謂中也者 天下之大本 大學 所謂絜矩章, 上下四方均齊方正云云者, 皆言中也者, 蓋此中者 在圖則爲極 在人則爲心 洪範所謂皇建有極者, 此也, 故中一偏則四圍無不偏矣. 以圖而言.太極不中則兩儀偏矣, 兩儀偏則四象不正 四象 不正則八卦不成. 以心而言 心不正則身不修 身不修則家不齊 家不齊則國不治, 國不治則天下不平. 八卦不成則變化無以行而 易不易矣, 天下不平則敎化無而行而人不人."

29) 退溪의《天命圖說》참조.

退溪는 《先天圖》中央의 太極原理로 心法을 體得함에 있어 그의 학문방법에서 기본으로 내세우는 '敬'을 반드시 主體로 하여야 함을 매우 강조하였다.

III. 結論

朱子易學의 '原卦畫論'에 대하여 朱子와 退溪의 易學觀을 對比하여 爭點이 되는 要目만을 뽑아 대체로 論究해 보았다.

朱子의 易學思想은 孔子의 〈繫辭傳〉研究에 專心하여 易學의 根源을 삼고, 宋代 邵康節의 象數의 易學觀은 《皇極經世書》를 참고로 하고, 義理的 易學觀은 程伊川 《易傳》을 根據로 하여 第二의 研究資料로 삼아 이에 自身의 易學觀으로 綜合整理하고 體系 있게 合一시킨 것이 곧 핵심이 되고 있는데, 朱子의 學問이 完熟된 時期에 研究書로 著作된 것이 동양역학사상 한 위치를 점하고 있는 《易學啓蒙》이다.

退溪는 朱子가 中國의 易學思想과 孔子의 易學思想을 각 시대와 學者에 따라 各說로 各己 易學觀과 研究傾向을 달리했던 義理學派와 象數派를 정리한 그 시대의 걸작이다. 宋代에 兩極의 易學理論은 綜合整理하여 自身의 易學觀으로 體系化하여 東洋의 正統 易學思想을 傳承하여 各系派間의 이론을 합일(合一)하고 시대적 경향을 수용하여 자신의 견해를 補完하여 發展시켰다는 점은 매우 意義가 있다고 보아야겠다. 다시 말하면, 朱子의 공적은 漢·唐 以來 宋代에 이르는 동안 象數學派의 强勢를 막고 義理易派들을 약간 止揚시켜 兩端間에 합일시켜 조화롭게 '易'의 모습을 정착시킨 점이다. 朱子가 易學理論을 四段階로 分類하여 體系化하였다면, 退溪는 朱子의 易學觀에 補說이나 反論을 提示함으로써 보다 完全을 期하고 이에서 더 나아가서 易學을 現實에 有用하도록 應用研究하는 데 重點을 두었던 점에 認識을 새롭게 해야 한다.[30] 이 점이야말로 易學을 實學化한 例證이 되는 것이다. 특히 退溪는 本研究의

主題가 되는 東洋의 易學思想史上 宋代의 易學思想의 特徵이기도 한 先·後天易을 朱子가 明證한 것을 재확인했다. 退溪는 朱子의 易學을 展開하면서 辨正은 勿論 補完을 하기도 하고 기탄 없고도 당당하게 疑問을 提示하여 自身의 易學觀을 세워갔다. 위에서 論及하였듯이 朱子易學에 대한 中國의 後儒들의 학문적 批判과 註釋이 穩當치 않았던 점을 餘地없이 지적해서 합리적이고도 타당한 易學의 理論으로 辨正함으로써 東洋易學研究의 올바른 방향을 제시한 것은 그의 수준 높은 易學觀과 完熟한 學問의 境地를 말해 주는 것이다.[31]

 退溪學은 栗谷學과 함께 韓國의 兩大思想으로 쌍벽을 이루어 왔거니와, 한국의 退溪哲學이 전세계의 哲學으로 널리 널리 展開되어 가고 있는 이 마당에 性理學의 原頭處가 되고 있는 易學思想을 繼承하고 原泉的으로 研究하는 일이야말로 전세계로 뻗어가는 退溪學, 더 나아가서는 韓國哲學 研究의 急先務요, 重要한 課題가 됨을 再認識할 必要가 있음을 제창한다.

---

30) 金益洙, 〈退溪易學思想の 要綱〉, 《國際易學研究》 第一輯, 國際易學研究院 編, 中國, 華夏出版社, 1995., p. 30.
31) 金益洙, 〈朱子易學思想의 受容과 退溪學思想의 形成論〉, 《宋學與東方文明》 主題 宋學學會主催國際學術會議發表論文 참고, 1996. 5.

율곡 《易數策》의 체계적 이해

崔英辰*

―――――― 차 례 ――――――
- Ⅰ. 序 言
- Ⅱ. 《易數策》의 理氣論的 기초
- Ⅲ. 易學 成立의 根據
- Ⅳ. 易道의 體用論的 構造
- Ⅴ. 易道의 體得과 實踐
- Ⅵ. 結 語

Ⅰ. 序 言

宋學의 형성이 《周易》과 《中庸》을 바탕으로 하고 있으며, 특히 성리학의 기초개념인 理氣가 《周易》,〈繫辭傳〉에 나오는 道·器 및 太極·兩儀로부터 발단하였음은 주지의 사실이다. 아울러 宋代 성리학이 易學思想의 전개에 획기적인 국면을 열어주었음을 간과할 수 없다. 漢魏의 易學은 災異說과 결합되어 그 본지를 잃어버렸거나 아니면 훈고학적 수준에 머물렀으며, 象數易學을 비판하고 義理易을 회복시켰다고 평가받는 王弼의 易學[1]도 老莊哲學을 사상적 기초로 하고 있어 스스로 한계를 지니고 있다. 宋代의 易學은 성리학의 전반적인 흐름 속에서 철학적 근거를 탐색하여 체계화하였으며, 前代의 象數易學을 비판적으로 이해하고 종합하여 발전시켰다.[2]

―――――――――――
* 成均館大學校 韓國哲學科 敎授
1) 高懷民,《兩漢易學史》(台北; 文津出版社) 민국 64), 195쪽.
2) 今井宇三郎은 朱漢上의 '進周易表'에 의거하여 宋代易學의 계보를, 劉長

宋代 易學의 전래는 韓國易學思想史에 있어서 획기적인 계기를 마련해 주었다. 종래의 呪術的요소를 지양하고 윤리학적이며 합리적인 사유가 중심을 이루게 되었고, 주자학의 이론체계를 바탕으로 하여 易理를 고찰하였다.[3] 조선조 주자학의 쌍벽을 이루고 있는 퇴계와 율곡의 저작 가운데에서 易學에 관한 문헌을 찾는다면, 퇴계의《啓蒙傳義》[4]와 율곡의《易數策》[5]을 들 수 있을 것이다.《啓蒙傳義》가 宋代 易學思想의 기념비적 작품인《易學啓蒙》에 관한 연구서로서 象數易學의 계열에 속한다면,《易數策》은 理氣論을 바탕으로 易理의 철학적 측면을 조리 있게 기술한 논문이라고 볼 수 있다. 율곡은 자신의 사상체계에서 중핵이 되는 '理氣之妙'를 지반으로 하여, 易學의 본질적 문제들을 명쾌하게 설명해 나가고 있다. 따라서 우리는 이 논문 속에서 율곡 성리학의 한 단면을 파악할 수 있으며 동시에 宋代易學의 사상체계를 이해할 수 있을 것이다. 아울러 한국 역학사상 전개의 한 과정을 엿볼 수 있을 것으로 기대된다. 본 논문의 목적이 바로 여기에 있다.

본고는《易數策》의 내용을 체계적으로 이해하기 위하여 몇 가지 문제들을 중심으로 본문을 재구성하였다. 그리고 이 문제들을 다루는 과정에 있어서 율곡의 다른 저작물들뿐만 아니라, 율곡과 같은 학문적 입장(주자학적 입장)에 서 있는 학자들의 易學이론들(주로《周易傳義大全》과《周易折中》에 편집된 주석들)을 원용하였다.

民의 河圖洛書學, 邵康節의 先天圖學, 周濂溪의 太極圖學으로 나누어, "이 三易은 무엇보다도 漢易의 해석학적 기반이 된 陰陽五行思想 자체를 직접 대상으로 하여 거기에 사상적 기반인 太極思想을 부여한 것이다."고 지적한 바 있다(《宋代易學の硏究》(東京 : 明治圖書株式會社, 昭和 32년). 3~6쪽.

3) 柳承國,〈韓國易學思想의 特質과 文化的 影響〉,《東洋哲學硏究》(근역서재, 1983), 295~296쪽 참조.
4)《退溪全書》(성대 대동문화연구원 영인본) 3책, 209~247쪽.
5)《栗谷全書》卷14,〈雜著〉(성대대동문화연구원 영인본) 1책, 304~307쪽.

II. 《易數策》의 理氣論的 기초

주자는 宋代易學의 세 계보 가운데 河圖·洛書와 先天圖를 象數的 측면에서 전개시켜 《易學啓蒙》에 의하여 정착시켰고, 《太極圖說》을 주석하여 易의 철학적 측면을 해명함으로써 理氣論의 체계를 이루었다.[6] 《太極圖說》에서 제기된 陰陽·五行 太極의 문제는 주자 理氣論의 핵심으로 연구된다. 이것은 음양오행적 우주생성론에 대한 형이상학적 근거로서의 태극의 정립이라고 하는 宋代 易學의 특징으로 나타난다. 그리하여 같은 주자학파라고 할지라도 이 양자의 관계를 어떻게 보느냐에 따라 易學思想이 달라지게 된다. 구체적으로 말한다면 太極을 理로 보고 陰陽五行을 氣로 규정함으로써, 역에 있어서의 태극인 理와 陰陽五行인 氣와의 상호 관계성이 중요 과제로 대두하였던 것이다.[7]

이와 같은 관점에서 조선조 전기 유학의 兩巨峯으로 일컬어지는 退·栗의 대표적인 易學書를 검토해 본다면, 前述하였듯이 퇴계의 《啓蒙傳義》가 象數易學을 탐구한 저술이라고 한다면, 율곡의 《易數策》은 주로 《太極圖說》의 전개선상에서 논의되고 있다고 할 것이다. 본고는 《易數策》의 이론적 기초를 이루고 있는 율곡의 理氣論을 논술의 출발점으로 삼으려 한다.

율곡은 다음과 같은 단정적 표현으로 《易數策》을 시작한다.

一理가 혼연히 이루어져 二氣가 유행한다. 천지의 커다람과 사물의 변화가 理氣의 妙用이 아님이 없으니 이 說을 아는 者라야 더불어 易을 논할 수 있다.[8]

---

6) 《宋代易學の 硏究》, 5쪽 참조.
7) 柳承國, 같은 책, 296쪽.
8) 《栗全》卷14, 易數策 204쪽, "一理渾成, 二氣流行, 天地之大, 萬物之變, 莫非理氣之妙用也. 知此說者, 可與論易也."

이 구절에서 우리는 율곡의 易理이해가 理氣論을 기본틀로 하여 이루어지며, 특히 그의 自得處인 '理氣之妙'[9]를 중핵으로 하고 있음을 알 수 있다. '理氣之妙'라는 말은 율곡이 독창적으로 만들어낸 것은 아니지만 그의 철학사상을 대표하는 용어이다.[10] '理氣之妙'에 관하여 율곡은 《聖學輯要》에서 다음과 같이 설명하였다.

　　理와 氣는 혼연하여 간격이 없고 원래 서로 떨어지지 않으니 두 가지 존재라고 말할 수 없다. 그러므로 程子는 말하기를 "器 또한 道요 道 또한 器이다"고 하였다. 비록 서로 떨어지지 않으나 혼연한 가운데 실제로 서로 섞이지 않으니 하나의 존재라고 말할 수 없다. 그러므로 주자는 말하기를 "理는 스스로 理이며 氣는 스스로 氣이니 서로 섞이지 아니한다"고 하였다. 두 說을 합하여 음미해 보면 理氣之妙를 거의 알 수 있을 것이다.[11]

　　율곡의 '理氣之妙'는 상호배타적인 두 성향을 조화시키는 통일적 사유구조의 理氣論的 표현 이외의 것이 아니다.[12] 율곡의 전철학체계는 바로

---

9) 拙稿,〈율곡 理氣論에 있어서의 依樣과 自得〉,《東西哲學硏究》2집, 1985년, 74~77쪽 참조.

10) 黃義東,《율곡철학연구》(서울:經文社, 1987년), 39~43쪽 참조.

11) 《栗全》卷20, 1책, 456쪽, "理氣渾然無間, 元不相離, 不可指爲二物, 故程子曰, 器亦道, 道亦器. 雖不相離, 而渾然之中, 實不相雜, 不可指爲一物, 故朱子曰, 理自理, 氣自氣, 不相挾雜, 合二說而玩索, 則理氣之妙, 庶乎見之矣."

12) 柳承國 교수는 "율곡 선생은 종래의 모든 학파, 宗派의 사상을 종합 집대성함에 있어 천재적 총명성을 발휘했다 할 것이다. 이것이 율곡학의 남다른 소이요, 율곡사상의 특성이라 하겠다"(〈율곡철학의 근본정신〉,《동양철학연구》, 241쪽)"고 하여 율곡사상의 특징을 '다양성의 통일'로 규정하였다. 安炳周 교수는 유학사상사를 正·反·合의 변증법적 논리의 시각에서 검토하여 주자학적 '理의 철학' '正'과 이에 대한 '反'으로 나타난 '氣의 철학'이 包越·止揚되는 '合'의 논리를 율곡의 '理氣妙合의 철학'에서 찾고 있다(〈유교의 민본사상에 관한 연구〉, 성대 박사논문, 1986, 187~190쪽). 本來性과 現實性·公義와 公利·性理學과 實學이 모순되지 아니하고 조화·통일되어 있는 율곡의 사상체계에는 이와 같은 '合'의 논리가 하부구조로써 지반을 이루고 있는 것

이러한 理氣之妙的 思惟에 의하여 구성되어 있다. 율곡은 《易數策》에서 '천지의 커다람과 사물의 변화'라고 하는 현상을 '理氣의 妙用'으로 규정짓고 있는데, '妙用'이라는 용어는 일찍이 퇴계도 "지난번에는 다만 本體의 無爲함만을 보인 바 있으나 妙用이 능히 드러나 행할 수 있음을 알지 못했다"[13]고 하여 理의 發顯을 서술하는 용어로 사용한 바 있다.

주자에 의하여 일단 정리된 宋代 성리학은 어느 한 측면에서만 설명할 수 없는 다양성을 내포한다. 理氣論의 쟁점 중의 하나인 理氣의 先後문제만 해도 南塘이 고증한 바와 같이 '理氣本無先後', '理先氣後', '氣先理後' 등 모든 경우가 성립될 수 있다.[14] 학자들은 각각 자신의 사상체계에 의하여 어느 한 측면에 중점을 놓게 되고 시대에 따라 사상체계가 변화함으로써 그 중점이 이동하게 되는 것이다.[15] 따라서 현실의 구체적인 현상들은 다양하게 설명될 수 있다.

《易數策》의 첫번째 질문인 "厥初, 混沌未分, 唯肝渺茫, 二儀肇闢, 萬象繫焉; 所以闔闢者, 孰主張是歟"는 바로 이것을 묻는 것이다. 만약 이 질문이 퇴계에게 주어졌더라면 그는 理라고 답하였을 것이다. 그에 의하면 현상계는 바로 理의 자기 顯現으로 인식된다.

날고 뛰고 하는 것은 본래 氣이며 나는 所以와 뛰는 所以는 곧 理이다. 그러나 子思가 이 詩를 인용한 本意는 본래 氣上에 있지 아니하였으니, 다만 二物에 나아가 이 理의 본체가 노정되고 妙用顯行의 妙가 활발한 것임을 보기 위하였을 따름이다.[16]

---

13) 《退全》1冊, 465쪽, "向也, 但有見於本體之無爲, 而不知妙用之能顯行."
14) 韓元震, 《朱子言論同異考》, 卷1, "其論理氣先後, 或言本無先後, 此以流行而言也. 或言理先氣後, 此以本原而言也. 或言氣先理後, 此以稟賦而言也."
15) 朴忠錫, 〈思想史學과 思想史研究〉, 《한국정치사상사》(삼영사, 1982), 259~267쪽 참조.
16) 《退全》卷40, 〈答喬姪問目〉, "其飛其躍, 固是氣也; 而所以飛所以躍者, 乃是理也. 然子思引此詩之本意, 本不在氣上; 只爲就二物, 而觀此理本體

라고 말한 바와 같이 자연계의 현상 하나하나가 理의 顯現이 아님이 없
다. 퇴계가 고봉과의 논변 가운데에서

> 대개 理와 氣의 관계는 본래 서로 기다려서 體가 되고 서로 기다려서
> 用이 되니 진실로 氣 없는 理는 있지 않다.[17]

라 하여 現實은 理氣의 합일체임을 인정하면서도,

> 理는 본래 지극히 존엄하여 상대가 없다. 사물에게 명령을 하되 사물
> 에 의해 명령을 받지는 않으니, 氣가 마땅히 이길 바가 아니다.[18]

라 한 바와 같이, 만물의 전존재와 운동이 理의 절대적인 통제하에 있다
고 할 때에[19] 氣는 理 발현의 매개자에 불과한 것이다.
 이에 반하여 栗谷이 현상을 '理氣之妙用'으로 규정하고 있는 것은 전
술한 바와 같이 그의 통일적 사유구조에 바탕을 두고 있다. 따라서,《역
수책》에서

> 무릇 形而上者는 자연의 理이며 形而下者는 자연의 氣이다. 이 理가
> 있으면 이 氣가 있지 않을 수 없으며 이 氣가 있으면 만물을 生하지 않을
> 수 없다. 이 氣가 動하면 陽이 되고 靜하면 陰이 된다. 한 번 動하고 한
> 번 靜하는 것은 氣이며, 動하게 하고 靜하게 하는 것은 理이다. 陰과 陽이
> 이미 나누어짐에 二儀가 처음 열리며 二儀가 이미 열리면 만 가지 변화가
> 생겨난다. 그러한 것은 氣이며, 그러한 所以는 理이다. 나는 누가 이것을

呈露, 妙用顯行之妙, 活潑潑地耳."
17)《退全》卷16,〈答奇明彦, 1冊, 405쪽, "蓋理之與氣, 本相須以爲體, 相待
 而爲用; 固未有無氣之理."
18) 위의 책, "理本其尊無對, 命物而不命於物, 非氣所當勝也."
19) 현실적으로 理가 은폐될 때가 없는 것은 아니다. 그러나 그것이 理의 약세를
 의미하는 것은 아니다(氣若反理時, 理反隱, 非理之弱乃勢也, 위의 책, 354
 쪽).

主張하는지 모르지만 스스로 그러해서 그러할 뿐이라고 말하는 데 불과하다.[20]

라고 한 구절과 《天道策》의

> 陽은 빠르고 陰이 느린 것은 氣이며, 陰이 느린 所以와 陽이 빠른 所以는 理이다. 나는 그 누가 그것을 그렇게 하는지 알지 못하니 스스로 그러해서 그러할 뿐이라고 말하는 데 불과하다.[21]

라고 한 구절은, 그의 理氣之妙의 사유방식을 떠나서 이해될 수 없다.

위의 문장에서 우리는 율곡이 根據받는 자(其然者)와 根據주는 자(其所以然者)와의 영역을 엄밀히 구분하고 있음을 본다. 이러한 입장에서 율곡은 漢의 揚雄·晋의 郭璞·唐의 李淳風 등이 易의 一端은 이해하였으나 끝내 易學의 宗主를 잃어버린 이유는 바로 이와 같은 두 차원을 올바르게 인식하지 못하여 "오직 變易만을 구하고 이치를 구하지 아니하며 다만 그러함만을 보고 그러한 소이를 보지 못했기"[22] 때문이라고 진단한다. '一陰一陽'으로 끊임없이 生生하게 변화·발전해 나가는 變易의 현상계에는 반드시 그 근거로서의 理가 존재함을 율곡은 주장한다.[23] 이러한 입장이 강조되어 극단화될 때에 理는 현상계를 넘어서서 氣를 종속시키

---

20) 《易數策》, "夫形而上者, 自然之理也, 形而下者, 自然之氣也, 有是理, 則不得不有是氣, 有是氣, 則不得不生萬物, 是氣動, 則爲陽, 靜則爲陰; 動一靜者, 氣也,; 動之靜之者, 理也, 陰陽旣分, 二儀肇闢; 二儀旣闢, 萬化乃生, 其然者, 氣也, 其所以然者, 理也, 愚未知孰主張, 是不過曰自然而然耳."

21) "陽速陰遲者, 氣也; 陰之所以遲, 陽之所以速者, 則理也, 愚未知其孰使之然也, 不過口自然而然爾."

22) "惟求於易, 而不知於理; 徒見其然, 不見其所以然."

23) 《栗全》, 卷9 〈答朴和淑〉 1冊, 184쪽, "大抵陰陽兩端, 循環不已, 本無其始, 陰盡則陽生, 陽盡則陰生, 一陰一陽, 而太極無不在焉. 此太極所以爲萬化之樞紐, 萬器之根抵也."

는 초월적 실체로 정립되며 이와 같은 理氣觀은 권위적인 이데올로기로
서 작용할 위험성을 갖는다. 그러나 율곡은 바로 그 다음 구절에서 현상
계의 변화는 '스스로 그러해서 그러할 따름'이라고 단정하여 운동의 자기
외적 요인을 부정한다. 이것은 氣重視의 경향을 보이는 철학과 이론적
기반을 함께하는 것으로서[24] 이러한 입장이 강조될 때 理는 한갓 氣운동에
내속된 '조리'로 전락하고 만다. 이와 같이 현상계의 근거로서의 理를 강
조하는 입장과 운동의 自己外的 요인을 부정하는 두 경향은 분명히 상호
배타적인 것으로 동시에 양립할 수 없다. 그러나 율곡에게서는 이 모순되
는 두 입장이 圓融하게 통일되어 있다. 이것이야말로 '理氣之妙'의 '妙'
의 경지로서 그의 自得處라 할 것이며,[25] 이 경지를 이해한 자만이 易을
논할 수 있다고 율곡은 단정한 것이다.

III. 易學 成立의 根據

1. 天人交與之妙

《周易》의 〈繫辭傳〉에 의하면 易의 성립은 크게 天의 계시와 인간의
경험적 지식에 근거하고 있다. 〈繫辭傳〉 上 11章의 "天生神物, 聖人則
之; 天地變化, 聖人效之; 天垂象, 見吉凶, 聖人象之; 河出圖, 洛出書;
聖人則之"에서 神物이라든지 河圖·洛書 등은 하늘의 계시를 담은 상징
체들이다. 반면에 〈繫辭傳〉 下 2장의 "古者包犧氏之王天下也, 仰則觀象
於天, 俯則觀法於地, 近取諸身, 遠取諸物; 於是始作八卦, 以通神明之
德, 以類萬物之情"은 이른바 '仰觀俯察'이라고 하는 구체적인 경험에 의
하여 八卦가 그어졌음을 말한다. 그러나 易이 계시에 의한 것이든 경험
에 의한 것이든 간에 계시의 주체로서의 天 혹은 경험의 대상으로서의

---

24) 安炳周,〈天道策註解〉,《東方學論考》, 道原 柳承國교수 華甲論叢(1983
년), 422쪽 참조.
25) 拙稿,〈栗谷 理氣論에 있어서의 依樣과 自得〉, 71~73쪽 참조.

자연을 전제로 하지 않을 수 없다. "易은 천지를 본받은 것이므로 천지의 道를 포섭한다"[26]고 할 때에 易道는 천지의 道와 일치하며, 따라서 천지의 道를 전제하지 않고서 易學은 성립될 수 없는 것이다. 그러므로 율곡은 인간에 의하여 대상화되기 이전의 자연 그 자체를 易으로 보고 그것은 八卦로서 구할 수 없는 것이라고 하였다.[27] 그러나 一草一木이 모두 卦의 근거가 되는 易理를 갖고 있다고 해도[28] 그 자체가 卦는 아니다. 聖人에 의하여 자연의 원리가 체득되어 표현될 때에 비로소 易學이 성립되는 것이다. 율곡은

> 천지는 이 數로서 사람에게 보여주며 聖人은 반드시 文瑞를 기다린 이후에 이 理로서 세상에 드러난다. 하늘은 聖人을 낳지 않을 수 없으며 또한 文瑞를 낳지 않을 수 없다. 이것이 곧 자연의 응함이요, 하늘과 땅이 서로 더부는 妙이다.[29]

라고 하여 天地와 聖人의 유기적인 관계성 위에서 易學이 성립되었음을 밝히고 있다. 天과 人의 관계를 유기적으로 파악하는 것은 儒敎의 원초적 개념이다. 율곡은 《天道策》에서

> 내가 일찍이 옛날 災異가 생겨난 것을 연구해 보니 德을 닦는 治世에는 나타나지 않았으며 薄蝕의 변화는 모두 숙손 계손씨의 쇄락한 정치에 나타났으니 곧 天人交與의 관계를 여기서 알 수 있다.[30]

---

26) 〈繫辭〉上 4장, "易與天地準, 故能彌綸天地之道."
27) 《易數策》, "是故, 有天地自然之易, 有伏羲之易; 自然之易, 則不可以八卦求也."
28) 위의 책, "一草一木, 亦可因之畵卦."
29) 《易數策》,〈蓋天地, 乃以足數, 示之人; 聖人, 必待文瑞然後, 乃以是理, 著於世, 天不得不生聖人, 亦不得不生文瑞也, 此則自然之應, 而天人交與之妙也."
30) "愚嘗求諸古昔災異之作, 不見於修德之治世; 而薄蝕之變, 咸出於叔季之衰政, 則天人交與之際, 斯可知矣."

라 하여 '天人交與之際'를 말한 바 있거니와 易學은 聖人의 天道에 대한 자각과 체득에서부터 비롯된 것으로 그것을 율곡은 '天人交與之妙'로 표현한 것이다.

2. 河圖와 洛書

앞에서 인용한 바와 같이 河圖와 洛書는 易의 근거로서 제시된 상징체이다.[31] 하지만 율곡은 河洛을 易의 절대적 근거로 보고 있지는 않다.

> 聖人이 우러러보고 굽어살핌에 있어 천지 사이의 만물의 象은 一陰一陽의 이치가 아닌 것이 없다. 이 理가 있으면 이 象이 있으며 이 象이 있으면 이 數가 있으니 어찌 유독 河圖·洛書만이 그러하겠는가? 풀 한 포기 나무 한 그루가 또한 그로 인하여 卦를 그을 수 있다면 河圖가 아직 나오기 이전에 八卦의 형상이 이미 伏羲의 方寸 가운데에 갖추어져 있는 것이다.[32]

河圖·洛書는 劃卦의 근거가 될 수 있는 수많은 존재 가운데 대표적인 상징체 중의 하나일 뿐이다. 율곡은 모든 존재의 근본원리가 곧 易理이며 그것을 表象한 상징체를 八卦로 보고 있는 것이다.

河圖와 洛書의 관계를 어떻게 볼 것인가에 대해서는 諸說이 있어 왔으나 여러 과정을 거쳐 하도·낙서의 전설이 象數論과 결합되어 주자와 蔡元定의 《易學啓蒙》에 의하여 '圖十書九的 河洛象數論'으로 정착되었다는 것이 정설이다.[33] 九數十數論은 漢代에 완성된 것인데 《易學啓蒙》에 있어서 易數의 의미가 보다 명확하게 규정됨에 따라 河圖가 數의 常

---

31) 河圖, 洛書는 宋代 象數易學의 結晶體라고 볼 수 있다. 이에 관하여 今井宇三郞의 上書, 제2장 '河圖 洛書的 象數論' 참조.
32) 《易數策》, "聖人仰觀俯察, 天地之間, 萬物之象, 無非一陰一陽之理, 有是理, 則有是象, 有是象, 則有是數; 豈獨河圖洛書然哉. 一草一木亦可因之畵卦, 則河圖未出之前, 八卦之形, 已具於伏羲方寸之中矣."
33) 今井宇三郞, 위의 책, 236~241쪽 참조.

體를 정립시키고 五行의 상생관계를 나타내는 반면 洛書는 數의 변화작용을 상징하며 相克關係를 표상하게 되었다. 여기에서 十數와 九數는 伊川의 〈易傳序〉에 나타나 있는 바, 宋學의 특징적 이론인 一源相卽的 體用관계의 상징적 수가 된다. 따라서 '體用一源 顯微無間'의 전제에 따라 體인 河圖와 用인 洛書는 둘이 될 수 없으며 河圖의 연역체인 八卦와 洛書의 연역체인 洪範 또한 원리상에서 보면 하나일 수밖에 없다. 그러므로 주자는 "洛書는 진실로 易이 될 수 있으며 河圖 또한 範이 될 수 있다"[34]고 말한 바 있는데 율곡의 "洛書之數, 亦可因之畵卦; 河圖之數, 亦可因之叙九疇"라고 한 구절도 같은 뜻으로 해석될 수가 있다. 이와 같은 體十用九的 數理論을 바탕으로 하여 율곡은 河圖와 洛書를 '天地自然之象'과 '人事當然之道'라고 하는 존재와 당위의 관계로 파악하여 근원적 동일성을 주장하고 있다.

河圖의 數는 온전함을 위주로 하므로 十에서 終極하니 天地自然의 象이 된다. 洛書의 數는 변화를 위주로 하므로 九에서 終極하니 人事當然의 道이다. 伏羲는 河圖에서 터득하였으며 大禹는 홀로 洛書에서 터득하였으니 비록 마치 번잡하고 간단함이 같지 않으나 그 實은 곧 하도 낙서가 서로 經緯가 되고 八卦와 九疇가 서로 표리가 된다. 앞과 뒤가 하나의 척도이며 옛날과 지금이 일치하니 또 어찌 의심하겠는가?[35]

인간사회에 있어서 당위성의 근거를 자연의 존재원리에 두어 天道와 人道, 즉 존재와 당위를 일치시켜 보려는 유교의 원초적 관념[36]을 율곡은 河洛象數論에 바탕하여 구조적으로 해명하고 있는 것이다. 그는

---

34) 《周易傳義大全》, 〈卷首〉, "洛書固可以爲易, 而河圖亦可以爲範矣."
35) 《易數策》, "河圖之數主全, 故極于十, 而天地自然之象也, 洛書之數主變, 故極于九, 而人事當然之道也. 伏羲得乎圖, 大禹獨得乎書; 雖若煩簡之不同, 其實則, 河圖洛書, 相爲經緯; 八卦九疇, 互爲表裏, 前後一揆, 古今一致, 又何疑哉."
36) 拙稿, 〈儒敎의 眞理觀〉, 《東西哲學硏究》, 제4집, 1987, 참조.

奇數와 耦數가 상생상극함이 비록 懸絶하나 그 理는 하나이다. 이 理는 하늘에 있어서는 八卦가 되고 사람에 있어서는 九疇가 되니 나는 아직 前後가 다름이 있음을 보지 못했다.[37]

고 하여 천지자연의 존재양상을 상징하는 八卦와 '천하를 다스리는 방법'(治天下之大法)으로서 彛倫의 근본질서가 되는 洪範九疇[38]가 하나의 원리에 근거하고 있으며 그 하나의 원리란 곧 河洛의 奇와 耦, 生과 克이라고 하는 상반적인 數理의 근원적 동일성임을 주장한다. 奇偶는 洛書의 九數와 河圖의 十數, 生은 河圖의 五行相生, 克은 洛書의 五行相克을 말한다. 九數와 十數는 體用一源의 원리에 의하여, 그리고 相生과 相克은 河洛의 圖上自體에 이미 同一性의 근거가 마련되어 있다. 河圖는 水生木 木生火 火生土 土生金 金生水의 左旋 相生過程을 보여 주지만 방위로 보면 북방의 水와 남방의 木은 相克관계이다. 洛書도 운행의 순서는 相克이지만 對立인 위치에서 보면 상생의 관계를 갖는다. 즉 河圖와 洛書는 상극과 상생이 동시적으로 相涵되어 있음을 구조적으로 표상하고 있는 것으로서 이것은 변화원리의 두 측면에 불과한 것이다.[39]

지금까지 살펴본 바와 같이 易學의 성립은 천지자연의 존재원리를 성인이 자각하여 표상한 八卦가 이루어지면서부터 시작하였는데, 河圖와 洛書 전설의 도입은 畵卦에 신비적 계기를 마련해 준 것이며, 거기에 漢代의 十數九數論이 부가됨으로써 河洛象數論으로 전개된 것이다.

---

37) 《易數策》, "奇耦生克, 雖曰懸絶, 而其理則一也, 此理在天而爲八卦, 在人而爲九疇; 愚未見前後之有異也."
38) 蔡沈, 《書傳集注》, 卷6, "禹別之以爲洪範九疇, 此彛倫之所以敍也, 彛倫之敍, 卽九疇之所以敍者也."
39) 〈易學啓蒙諺解大成〉(동경 早稻田大學 刊《周易》上, 昭和 43년), "思齊翁氏曰, 河圖運行之次, 自北而東, 左旋相生固也, 然對待之位, 則北方一六水, 克南方二七火, 西方四九金, 克東方三八木; 而相克者, 已寓於相生之中, 洛書運行序, 自北而西, 右轉相克固也, 對待之位, 則東南方四九金, 生西北方一六水, 東北方三八木, 生西南方二七火; 其相生者, 已寓於相克之中."

河洛에 대하여 宋代의 학자들이 주로 象數的 측면에서 접근하고 있는데 비하여, 율곡은 天道와 그에 근거한 人倫의 정립, 즉 天人關係로써 파악하고 있는 점이 주목된다고 할 것이다.

IV. 易道의 體用論的 構造

본래 體用論은 불교의 논리지만 중국사상 속에 이미 체용론적 사고가 잠재해 있었다고 할 수 있다.[40] 체용론이 유학이론을 체계화하는 데 도입되어 뚜렷하게 사용되는 것은 程朱에 이르러서이다. 주자는 《大學》의 〈格物補亡章〉과 《中庸》의 〈中和章〉을 體用論理에 의하여 설명해 내고 있다.[41] '費隱章'에 대한 다음과 같은 해석도 체용론이 적용된 대표적 경우이다.

> 費는 用의 넓음이요, 隱은 體의 은미함이다.[42]

이에 관하여 율곡은

> 理는 흩어져서 사물에 존재하니 그 所當然의 것은 아비에 있어서는 慈가 되고 자식에 있어서는 孝가 되며 임금에 있어서는 義가 되며 신하에 있어서는 忠이 되는 것과 같은 것이니 이른바 費이며 用이다. 그 所以然의 것은 지극히 은미함이 있으니 이것이 그 體이다.[43]

---

40) 시마다 겐지, 김성근 譯, 《주자학과 양명학》(까치, 1985), 8~12쪽.
41) 《大學》註, "衆物之表裏精粗, 無不到; 而吾心之全體大用, 無不用矣." 《中庸》註, "大本者, 天命之性; 天下之理, 皆由此出, 道之體也, 達道者, 循性之謂, 天下古今之所共由, 道之用也."
42) "費, 用之廣也, 隱, 體之微也."
43) 《栗全》, 권 20 〈聖學輯要〉 권2, 1책 457쪽, "理之散在事物, 其所當然者, 在父爲慈, 在子爲孝, 在君爲義, 在臣爲忠之類, 所謂費也用也, 其所以然

라고 설명한 바 있다.

퇴계도 고봉과의 "四七論辨"에 가장 어려운 쟁점이었던 理發의 문제를

(理에) 情意가 없다고 운운한 것은 본연의 體요, 능히 發하고 능히 生하는 것은 지극히 묘한 用이다.[44]

라고 하여 체용론에 의하여 해결하고 있다.[45]
體用논리로써 易學思想을 설명한 것이 바로 伊川의 〈易傳序〉이다.

지극히 은미한 것은 理이며 지극히 드러난 것은 象이다. 體와 用은 근원이 하나이며 드러남과 은미함에는 간격이 없다.[46]

이 글에서 理는 易理이고 體이며, 象은 인용문 앞에 나와 있는 "以制器者 尙其象"[47]의 卦象으로서의 用이다. 伊川이 易理와 卦象을 體와 用으로 규정하고 있다는 사실 자체에 '一源', '無間'으로 표현되는 근원적 相卽性 내지 兩者의 同時性·相合性[48]이 전제된다. 體와 用은 흔히 바다와 파도, 혹은 귀와 들음의 관계로 비유되듯이 개념상으로는 구별될지라도 실상은 동일한 존재의 두 측면에 지나지 않기 때문이다.[49] 따라서 "體

者, 則至隱存焉, 是其體也."
44) 《退全》권 39, 2冊, 299쪽, "蓋無情意云云, 本然之體, 能發能生, 至妙之用也."
45) 拙稿, 〈退溪 《理》思想의 體用論的 構造〉, 《조선조 유학사상의 탐구》(驪江出版社, 1987), 126~131쪽 참조)
46) "至微者, 理也, 至著者, 象也, 體用一源, 顯微無間."
47) 〈繫辭傳〉, 上 10장.
48) 臨川吳氏는 "至微者理者, 體也, 然體之至微, 而用之至著者, 已同時而有, 非是先有體, 而後有用也; 故曰一源. 至顯之象, 而與至微之理, 相合爲一, 更無間, 別非是顯生於微也; 故曰無間"(《周易傳義大全》, 〈易傳序〉, 小註)라 하여 '一源'을 體와 用의 同時性으로, '無間'을 象과 理의 相合性으로 설명하였다.

用의 개념에서는 거의 언제나 '體用一致'라든지, '體는 곧 用, 用은 곧 體'라고 하는 점이 그 두드러진 특징으로 나타난다"[50]고 말해진다.

율곡은 먼저 易學思想의 핵심개념인 태극에 관하여 다음과 같은 明道 의 말을 인용하여 체용 논리로서 설명한다.

만물은 하나의 오행이요, 오행은 하나의 음양이며 음양은 하나의 태극이며 태극 또한 억지로 이름하였을 따름이다. 그 體를 일러 易이라고 하며 그 理를 일러 道라고 하며 그 用을 일러 神이라고 한다.[51]

萬物·五行·陰陽·太極을 동일선상에서 이해하는 것은 周子《太極圖說》의 "五行一陰陽也, 陰陽一太極也, 太極本無極也"와 같은 맥락이며, '太極亦强名耳'라는 구절은 《老子》, 25장의 "吾不知其命, 强字之曰道, 强爲之曰大"와 흡사한 것으로 眞實在에 대한 언어적 규정을 거부하는 老子의 논리가 그대로 적용되고 있음에 주목해야 할 것이다. 老子에 의하면 道란 일체의 대립과 차별을 넘어선 근원자이므로 개념적 사유 내지 언어로써 규정지을 수 있는 영역을 넘어서 있다는 것이다. 그러므로 제 1장에서부터 "道라고 언표된 道는 常道가 아니요, 이름지을 수 있는 이름은 常名이 아니다"[52]라 하여 이 점을 분명히 하고 있는 것이다.

율곡이 《易數策》의 첫머리에 '一理混成'이라 하여, 理에 대하여 老子가 分別知를 부정하기 위하여 사용했던 '混成'을 그대로 사용하여 정의하였고[53] '理氣之妙'에 대하여 "보기도 어렵고, 말하기도 어렵다"고 한 것도 老子的 경지와 연계시켜 이해하여야 할 것이며, 《周易》에서 "默而成之, 不言而信, 存乎德行(〈繫辭〉上 12장)"의 차원도 같은 맥락에서 이

---

49) 拙稿, 〈退溪 '理'사상의 體用論의 構造〉, 101~104쪽 참조.
50) 시마다 겐지, 앞의 책, 8쪽.
51) 《易數策》, "萬物一五行也, 五行一陰陽也, 陰陽一太極也; 太極亦强名耳, 其體則爲之易, 其理則謂之道, 其用則爲之神."
52) "道可道, 非常道, 名可名, 非常名."
53) 《老子》, 25장, 王弼 註, "混然不可得而知, 而萬物由之以成; 故曰混成."

해될 수 있을 것이다.[54]

율곡은 太極을 이와 같은 시각에서 이해한 다음, 그 體와 理와 用을 각각 易·道·神으로 정의한다. 이것은 明道의

> 上天의 일은 소리가 없으며 냄새도 없다. 그 體를 일러 易이라고 하며 그 理를 일러 道라고 하며 그 用을 일러 神이라고 하며, 그것이 사람에게 命한 것을 일러 性이라고 한다.[55]

에서 따온 말로서, 《易數策》의 태극은 위 문장의 '소리도 없고 냄새도 없는' 上天之載에 해당된다. 이 구절을 주자에 의하여 정리된 體用論理를 그대로 적용시켜 해석하는 데에는 무리가 있는 것으로 보인다.[56] 우리가 주목하고자 하는 것은 太極의 體를 '易'이라는 용어로 정의내리고 있다는 점이다. 〈繫辭傳〉에서는 "生生之謂易(上 5장)"이라 하여, 易을 '生生'으로 정의하였는데, 이것은 易道의 生生不息하는 창조성을 言明한 명제이다. 伊川은

> 老子 또한 "三이 만물을 生한다"고 하였으니 이는 生生之謂易을 말하며, 이치가 자연히 이와 같다. "오직 하늘의 命은 심원하여 그치지 않는다"고 하니 이 이치는 스스로 서로 연속하여 그치지 않는 것이다.[57]

라 하여 《老子》, 《詩經》 등과 연결시켜, 理의 창생성으로 해석했다. 《易數策》의 다음과 같은 구절은 바로 이러한 점을 말한 것이다.

---

54) 拙稿, 〈易傳에 있어서의 神의 문제〉, 181쪽 참조.
55) 《二程全書》, 〈遺書〉, 第1 '二先生語', '上天之載, 無聲無臭; 其體則謂之易, 其理則謂之道, 其用則謂之神, 其命于人則謂之性.'
56) 牟宗三, 《心體與性體》 2冊(台北: 正中書局, 民國 67), 23쪽.
57) 《周易傳義大全》, 〈繫辭〉 上, 5장, 小註, "老子亦言, 三生萬物; 此是生生之謂易, 理自然如此, 維天之命, 於穆不已; 自是理自相續不已."

위대한 易의 뜻은 實理일 따름이다. 진실된 理는 휴식을 용납하지 않으니 上天이 어찌 三聖人을 낳지 않을 수 있으며 三聖人이 어찌 위대한 易을 연역하지 않을 수 있겠는가?[58]

율곡은 易理을 實理로 규정짓고 實理의 본질적 기능을 '不容休息'이라 하여 여기에서 창생성이 마련되는 것으로 보고 있는데, 그가 實理를 誠으로 파악하고 있음에 비추어 볼 때에[59] '不容休息'은 《中庸》의 '至誠無息'의 '無息'으로서, 이것은 본체의 본질을 '不已性' 내지 '無息性'으로 파악하는 儒家의 전통적인 형이상학적 관념과 맥을 같이한다고 할 것이다.[60] 결국 태극의 본체를 易이라고 말한 것은 주자가 "천지의 조화는 가는 것은 지나가고 오는 것이 이어져서 한순간의 그침이 없으니 바로 道體의 본연이다"[61]이라고 말한 바, 道體本然의 끊임없는 창생성을 말한 것이며, 율곡이 "무릇 本然이라는 것은 理가 하나임을 말하며, 流行이라는 것은 나누어져 다른 것이다. 流行의 理를 버리고 별도로 본연의 理를 구하는 것은 진실로 불가하다"[62]고 하여 '流行之理'를 강조한 것도 같은 맥락에서 이해될 수 있을 것이다.

그렇다면 太極의 用을 '神'이라고 말한 뜻은 무엇일까. 율곡은 《易數策》의 다른 곳에서 "天之高, 地之厚, 日月之明…… 易之用也. 天之所以高, 地之所以厚, 日月之所以明…… 易之體也"라 하여 易의 用과 體를 현상과 그 所以然之理로 설명한 바 있다. 이때의 '所以然之理'는 實理로서의 易理라고 할 때에, 현상계의 存在양상 내지 작용은 곧 易의 用이라고 할 것이다.

---

58) 《易數策》, "大易之義, 實理而已. 眞實之理, 不容休息, 則上天安得不生三聖, 三聖安得不衍大易哉."
59) 〈誠策〉, "所謂實理實心者, 不過曰誠而已矣."
60) 拙稿, 〈易傳에 있어서의 本體의 문제〉, 《東方學 論考》, 86~89쪽 참조.
61) 《論語》, 第9, 子罕, 朱子註, "天地之化, 往者過, 來者續, 無一息之停, 乃道體之本然."
62) 《栗全》, 第9, 〈答成浩原〉1冊, 194쪽, "夫本然者, 理之一也, 流行者, 分之殊也, 捨流行之理, 而別求本然之理, 固不可."

율곡은 현상계를 전통적인 관념에 따라 陰陽의 二元的 범주로 설명하고 있다.

> 만가지 변화의 근본은 하나의 陰陽일 따름이다.[63]

> 음양이 서로 교섭하여 비를 내린다. 간혹 빽빽한 구름이 비를 내리지 않는 것은 上下가 교섭하지 않은 것이다.[64]

모든 변화현상은 對待的인 음양의 갈등과 조화에 의하여 연출된다. 율곡은 乾卦의 '亢極' 관념으로써 다음과 같이 설명한 바 있다.

> 또 陽이 항극하면 가물게 되며 陰이 왕성하면 물이 생기니 반드시 음양이 조화된 연후에 비오고 개는 것이 때에 맞게 된다.[65]

그런데 〈繫辭傳〉 5장에 보면 陰陽을 '神'과 연결시켜 다음과 같이 기술한 대목이 있다.

> 陰陽으로 측량할 수 없는 것을 일러 神이라고 한다.[66]

이 구절에 대해서는 여러 가지 해석이 있으며, 경우에 따라서는 상반적인 이해까지도 가능하다.[67] 윗글에서 '不測'이란 일상적인 사고범위에서부터 벗어남을 의미한다. 주자는 "不測이란 여기에도 있고 또한 저기에도 있음(不測者, 是在這裏 又在那裏)"[68], 곧 어느 한 가지로 고정되어

---

63) 《天道策》, "萬化之本, 一陰陽而已".
64) 위의 책, "陰陽相交, 斯乃下雨; 惑密雲不雨者, 上下不交也."
65) 위의 책, "且陽亢則旱, 陰盛則水; 必也, 陰陽和調然後, 雨暘適時."
66) "陰陽不測之謂神."
67) 拙稿, 〈易傳에 있어서의 神의 문제〉, 《공주사대 論文集》 21집, 1983, 176~179쪽 참조.
68) 《周易傳義大全》 卷22, 小註.

있지 않는다는 뜻으로 풀이하였는데, 이것은 4장의 "神无方而易無體"와 같은 의미이다. 이것을 구체적으로 말한다면 道의 작용을 표상하고 있는 64卦, 384爻는 고정된 관념이나 범주로서는 결코 이해할 수 없는 양상으로 전개된다는 뜻이다. 그러므로 陰陽의 상호관계로 나타나는 易道의 妙用處를 神이라고 말한 것이다. 율곡이 《易數策》에서 인용하고 있는바, 〈易序〉에서

> 하나의 때로써 卦를 찾는다면 변화없는 데 구애될 것이니 易이 아니요, 하나의 일로써 爻를 밝힌다면 막히어서 통하지 않을 것이니 易이 아니다.[69]

라고 하여 一時一事에 얽매인 고착된 관념으로서는 결코 易理를 이해할 수 없음을 강조한 것도 이러한 사실을 단적으로 말한 것이다.

이상 논술한 바와 같이 '不容休息'하는 實理와 '神妙不測'한 妙用處는 易道의 두 측면으로서 體用으로 규정되었다는 사실 자체에 이미 "全道體가 곧 神用이요, 神用이 곧 道體 자체이다"[70]라고 하는 근원적 相卽性이 보장된다. 더욱이 율곡이

> 저 上天의 일은 소리도 없고 냄새도 없다는 것은 易의 지극히 은미한 것이요, 소리개가 날아 하늘에 이르며 물고기가 연못에서 뛰노는 것은 易의 지극히 드러난 것이다.[71]

이라 하여 體用을 顯微관계로 환원시킬 때, 兩者는 三山陳氏가 "體의 은미함은 처음에는 用의 드러남에서 떠나지 않는다"[72]고 지적하였듯이 '一

---

69) "以一時而索卦, 則拘於無變, 非易也. 以 ·事而明爻, 則窒而不通, 非易也."
70) 牟宗三, 위의 책, 24쪽.
71) 《易數策》, "夫上天之載, 無聲無臭者, 易之至微者也, 鳶飛戾天, 魚躍于淵者, 易之至顯者也."

源無間'의 相合性이 확보되는 것이다.

V. 易道의 體得과 實踐

유학이 한갓 진리에 대한 인식에 머무르는 것이 아니라, 진리의 실천과 그 실천을 위한 진리의 체득을 목적으로 한다면 유학사상체계에 있어서 '체득과 실천'이라고 하는 內聖外王的 구조는 매우 중요한 위치를 차지한다고 할 것이다. 율곡은 易道의 체득과 실천의 방법론으로《大學》의 '格物致知'와 '誠意正心'을 제시한다.

> 易의 道는 體와 用이 근원을 하나로 하며 드러남과 은미함에 간격이 없다. 만약에 格物致知하지 않으면 그 理를 볼 수가 없고 誠意正心하지 않으면 그 實을 실천할 수 없다. 격물치지하고 성의정심하는 것은 易 가운데의 하나의 일이다.[73]

율곡은 格致를 '易理의 認識'으로 규정하고 있는데, 이것은 물론 주자가《大學》,〈補亡章〉에서 말한 "卽物而窮其理"라고 하는 '窮理'를 가리키는 것이지만 그 연원은《周易》,〈說卦傳〉, 1장의 "窮理盡性以至於命"이라는 구절에 두고 있다.

'窮理'는 대상적인 사물의 이치를 窮究하는 것이며 盡性은 자아의 원리를 다하는 것이다. 徐幾는

> 易을 잘 관찰하는 자는 爻의 뜻을 미루어 천하의 理를 궁구하고, 卦의 德을 밝히어 한몸의 性을 다한다. 窮理하고 盡性하게 되면 나아가고 물

---

72)《中庸》, 12장, 小註, "體之隱, 初不離於用之顯也."
73)《易數策》, "易之爲道, 體用一源, 顯微無間; 苟非格物致知, 則不得見其理; 苟非誠意正心, 則不得踐其實; 格致誠正, 易中之一事也."

러나며 보존하고 망실하며 얻고 잃는 天道를 알 수 있고 天命이 나에게 있게 된다.[74]

고 하여 易의 卦爻를 통하여 '窮理盡性'함으로써 天道를 깨닫고 天命을 주체화할 수 있다고 하였다. 여기에서 理·性·命은 本來的 同一者로 파악된다.[75] 그러므로 주역에서의 인식의 문제는 主客이 분리된 對象的 혹은 피상적인 개념적 지식이 아니라, 주체적인 진리의 體得이며 언어의 한계를 넘어서는 체험을 요구한다. 율곡이,

궁리 격물하고 실천 이행하는 것이 비록 두 가지의 공부이나 요컨대 모름지기 一時에 같이 나아가야 하므로 이미 앞에서 궁리 격물을 주로 論하고 또한 실천 이행하는 뜻을 겸하였다.[76]

라고 말한 것은 前者의 경우이며,

사려함이 환연하고 스스로 믿음이 패연하고 기뻐함이 쇄연하여 언어로써 형용할 수 없는 것이 있다면 이것이 진실로 체득함이 있는 것이다.[77]

라고 말한 것은 後者의 경우이다. 따라서 易에서의 인식은 율곡이 '妙契', '默驗'[78] 등의 용어로 표현한 경지에 위치한다고 볼 수 있는 것으로서 孔穎達이 '窮理 盡性 至命'을 "天道人事妙極之理"라 하였고[79] 項安

---

74) 《周易折中》, 卷17, 小註, "善觀易者, 推爻義, 以窮天下之理 ; 明卦德, 以盡一己之性. 窮理盡性, 則進退存亡得喪之天道可知, 而天命在我矣."
75) 위의 책, "邵子曰, 天使我有是之謂命, 命之在我之謂性, 性之在物之謂理."
76) 《聖學輯要》, 二, 438쪽, "窮格踐履, 雖是兩項工夫, 要須一時並進, 故已上主論窮格, 而亦兼踐履之意."
77) 위의 책, 460쪽, "思慮有得渙然, 自信沛然, 說豫灑然, 有不可以言語形容者, 則是眞有得也."
78) 拙稿,〈栗谷 理氣論에 있어서의 依樣과 自得〉, 76쪽 참조.
79) 《周易折中》, 卷17.

世가 '神德行'이라고 말한 것[80]은 바로 이와 같은 사실을 지적한 것이다. '神德行'이라는 말은 〈繫辭傳〉上, 9장에 나온다.

道를 드러내고 德을 신묘하게 한다. 그러므로 더불어 酬酢할 수 있으며 더불어 神을 도울 수 있다.

蓍龜가 天道를 顯現시키고 德行을 神되게 함으로써 神과 수작할 수 있고 神을 도울 수 있게 된다는 것이다. 따라서 蓍龜에 계시된 神意에 의한 행위는 그것이 人爲的인 것이라고 할지라도 神과 일치하게 된다.[81] 神意를 아는 방법이 바로 卜筮인데 이른바 '十八變筮法'이 그것이다. 筮法에 의하여 '揲蓍求卦'하는 과정에 있어서 무엇보다 중요한 것은 '无思无爲'[82]하게, 일체의 인위적인 사고와 作爲를 제거하는 일이다. 卜筮에 대한 율곡의 관심은 바로 이 문제에 집중되어 있다.

사람이 일을 도모함에는 有心함을 면하지 못하며 有心하면 사사로움을 면하지 못하니, 그러므로 옛날의 聖王이 皇極을 비록 세웠으나 감히 스스로 옳게 여기지 않고, 大事가 있으면 鬼謀를 참고하여 그 의문을 해결하고 반드시 점치는 사람을 세워서 卜筮할 것을 명하였으니 이는 마음을 닦고 재계하여 천명을 듣는 이유인 것이다.[83]

卜筮의 목적은 天命을 듣는 것인데 그 방법론으로 제시된 것이 '洗心齋戒'이며, 이것은 '私心'의 극복을 의미한다. '洗心'과 '齋戒'는 〈繫辭傳〉上, 11장에 나오는 말이다.

---

80) 위의 책, "窮理盡性, 以至於命, 自顯而言, 以至於幽; 此所謂神德行也."
81) 《周易傳義大全》, 卷22, 朱子小註, "神德行, 是說人事, 那麼依底, 只是人爲; 若決之於鬼神, 德行便神."
82) 〈繫辭〉上, 10장. "易, 无思也, 无爲也, 寂然不動,感而遂通天下之故."
83) 〈易數策〉, "蓋人謀未免乎有心, 有心未免乎有私, 是故古之聖王, 皇極雖建, 而不敢自是. 固有大事, 參諸鬼謀, 以決其疑, 必建立卜筮人, 乃命卜筮; 所以洗心齋戒, 以聽天命."

그러므로 시초의 德은 둥글고 신묘하며 卦의 德은 方正함으로써 지혜로우며, 六爻의 뜻은 변역으로써 일러준다. 聖人은 이것으로써 마음을 씻어 물러가서 은밀한 곳에 퇴장한다.[84]

그러므로 하늘의 道에 밝고 백성의 일을 살핀다. 이에 神物을 일으키어 백성들이 사용하도록 인도한다. 聖人은 이것으로써 재계하여 그 德을 神妙하고 밝게 한다.[85]

"聖人이 이것으로써 洗心한다"고 할 때의 이것이란 '蓍,卦,爻' 등 卜筮의 매개체들이다. 성인은 이 세 가지의 德을 體具하여 마음에 쌓인 티끌을 제거한다. '洗心'이란 私心과 私慾을 滌去하여 廓然大公한 순수함을 회복하는 것이다.[86] 여기에서 聖人은 '密'의 경지에 이르게 된다. 陸象山이,

聖人이 마음을 씻는 것은 종종 왕래하는 사사로움을 제거하여서 그 本然의 바름을 온전히 하는 것이다.[87]

라고 말한 것도, 私心을 제거함으로써 인간본연의 公正性이 온전히 실현됨을 말한 것이다. 이 상태는 일종의 '카타르시스'의 경지라고 말할 수 있을 것이다.[88]

---

84) 〈繫辭傳〉上, 11장, "是故, 蓍之德, 圓而神, 卦之德, 方以知, 六爻之義, 易以貢, 聖人, 以此洗心, 退藏於密."
85) 위의 책, "是以, 明於天之道, 而察於民之故, 是興神物, 以前民用, 聖人, 以此齋戒, 以神明其德夫."
86) 《周易折中》, 卷14, 小註, "聖人以此蓍卦之爻, 洗去夫心之累, 則是心也, 廓然大公."
87) 위의 책, 卷5,〈恒卦〉註, "聖人之洗心, 其諸以滌去憧憧往來之私, 而全其本然之正."
88) 아리스토텔레스는 "가련함과 무서움을 통하여 이 같은 감정의 카타르시스가 이루어지는 것이다"고 하여 비극의 기능으로서 카타르시스를 제시하였다. 카

"그 德을 神明하게 한다"는 것은 선천적으로 부여받은 인간의 본질로서의 德을 神妙하고 밝게 한다는 뜻으로서, 인간의 德性이 神性으로 승화됨을 말한다. 여기에서 '神明其德'의 방법론으로 제시된 것이 바로 '齋戒'이다. '齋戒'의 뜻은, 주자가 "湛然純一之謂齊, 肅然警惕之謂戒"[89]라고 풀이하였듯이 종교적 심정으로서 神 앞에 선 인간의 自己純化와 경외감을 의미한다. 주자는 이어서,

　　齋戒함은 敬이다. 聖人은 一時一事라도 敬하지 않음이 없으니 이때에 卜筮를 인하여 말하니 더욱 그 정성이 지극함을 본다. 이는 공자가 제사와 전쟁과 질병을 삼가는 뜻과 같다.[90]

고 하여 卜筮라고 하는 종교적 행위에 있어서의 인간의 眞純한 심정인 敬·誠[91]의 개념으로서 설명하였다. 인간은 祭禮 혹은 卜筮라고 하는 종교적 행위 속에서 일체의 私心과 인위적인 思考를 벗어나 明鏡과 같이 淸明한 순수성을 회복함으로써[92] 이 경지에서 '聽天命'이라고 하는 진리

　　타르시스의 原意는 ① 도덕적인 의미로서 '純化', ② 종교적인 의미로서 '깨끗하게 함' ③ 의학적 의미로서 '배설' 등인데, 때때로 복합적인 경우로도 사용된다. 易의 '洗心'은 ②의 경우에 가까우며 ①과도 연결지을 수 있다. 비극이라는 예술행위를 통하여 감정이 순화되듯이, 易에서는 卜筮라고 하는 종교적 행위에 의하여 마음이 세정되며 여기에 神性이 現存한다. 項平庵이 "聖人, 以此三者, 洗心以存其神(《周易折中》, 卷14)"이라고 한 것은 이 점을 말한 것이다.

89) 《周易傳義大全》, 卷22, 小註.
90) 위의 책, "齋戒, 敬也. 聖人, 無一時一事不敬, 此時, 因卜筮而言, 尤見其精誠之至, 如孔子所愼齊戰疾之意."
91) '誠'은 본래 대인관계의 정신으로서 나온 것이 아니고, 神에 대한 精神으로서 종교적 행위(祭禮)에 있어서 인간의 自己反省·眞實·公明·至善 등이, 神을 떠나서 인간이 自覺한 것으로 될 때 '誠' 개념이 성립하게 된다. 현재 대인관계에 있어서 쓰이는 盟, 信 등도 본래는 종교적 용어이다. 赤塚忠, 《大學·中庸》, 〈新釋漢文大系〉 2, (東京 : 明治書院, 소화 45년).
92) 雙峯饒氏, 《中庸》, 24장, 小註, "聖人淸明在躬, 無一毫嗜飮之蔽, 故志氣如神, 便與明鏡似."

의 體得이 이루어지는 것이다.

앞에서 논술하였듯이 儒學은 진리의 실천을 목적으로 하며, 인식은 한갓 개념적 지식에 머무는 것이 아니라 구체적인 실천으로 이어질 수 있는 體得이 요구된다. 율곡이 진리인식으로서의 '格致'와 아울러 그 실천의 방법론으로서의 '誠意·正心'을, "易 가운데의 한 가지 일이다"고 하여 동시에 강조한 것은 이와 같은 까닭이다.

율곡은 〈誠策〉에서,

> 하늘은 實理로써 化育의 功을 지니며 사람은 實心으로써 感通의 功效를 이루니 이른바 實理, 實心이라는 것은 誠에 불과할 따름이다.[93]

고 하여 誠을 實理와 實心으로 나누었다. 實理는 眞實無妄 그 자체인 天道의 誠이며, 實心은 眞實無妄하려고 하는 人道의 誠인데[94] "善을 밝혀 그 마음을 진실하게 한다"[95]고 하는 內的 修養에 의하여 人道는 天道인 實理로 돌아가게 된다.[96] 그리하여 氣稟이 淸明하고 道理가 渾然한 聖人의 경지에서 "天地에 동참하여 化育을 돕는다"고 하는 우주적 차원에서의 진리의 실천이 가능하게 되는 것이다.[97] 율곡이,

> 한마음이 진실되지 못하면 萬事가 다 거짓되니 어디에 가서 행할 수 있으며, 한마음이 만일 진실되다면 萬事가 다 진실되니 무엇을 한들 이루지 못하겠는가.[98]

---

93) "天以實理, 而有化育之功, 人以實心, 而致感通之効, 所謂實理實心者, 不過曰誠而已矣."
94) 《栗全》,〈四子言誠疑〉, 2冊, 582쪽, "天道卽實理, 而人道卽實心也."
95) "明善而實其心."
96) 위의 책, "況乎允其實心, 而反乎實理, 得其全誠, 淵微之應乎."
97) 위의 책, "若聖人, 則不勉而中, 不思而得, 其所以參天地, 贊化育者, 乃至誠之所致也."
98) 〈聖學輯要〉, 三,《栗全》, 1冊, 465쪽, "一心不實, 萬事皆假, 何往而可行, 一心苟實, 萬事皆實, 何爲而不成."

라고 하여 實心을 강조한 것은 實心이야말로 진리 실천의 출발점이 되기 때문이다. 그러나 진리의 구체적 실천은 內的인 자기 진실성과 아울러 현실의 상황에 따라 適宜하게 이루어져야 한다. 그러므로 현실세계를 상징적으로 반영하고 있는 卦에는 고착된 '定象'과 '定位'가 거부되며,[99] 誠을 의미하는 无妄卦[100]의 〈大象傳〉에서,

하늘 아래에 우레가 행하니 사물이 더불어 无妄하다. 先王이 이것을 써서 힘써서 때에 맞추어 만물을 육성시킨다.[101]

고 하여 '時'를 강조하고 있는 것도 같은 맥락에서 이해할 수 있다.
율곡은 乾卦 〈文言〉 初爻의 "樂則行之, 憂則違之"에 대하여,

德이 베풀어지면 이에 넓어져서 세상을 피해도 근심이 없으니 이는 군자가 때를 좇아 드러내고 숨는 道이다.[102]

고 설명하여 '때를 좇아 드러내고 숨는 道'로 풀었으며, 坤卦 五爻의 '黃裳元吉'과 賁卦 上爻의 '白賁无咎'를 논하는 자리에서,

文 가운데 美를 쌓으며 질박함을 숭상하니 이는 때를 좇아 스스로 수양하는 道이다. 대개 中을 지키고 아래에 거처하여서 통달·발현하는 왕성함이 있으며, 위에 있어서 賁을 극진히 하나 화려하고 거짓되며 過하고 失하는 허물이 없으니, 때맞춰 조치하는 마땅함에서 얻은 자가 아니면 능히 이와 같을 수 있다고 말할 수 있겠는가?[103]

---

99) 《易數策》, "是故, 時不一, 而卦無定象; 事不一, 而爻無定位."
100) 伊川, 《周易大全》註, "无妄者, 至誠也."
101) "天下雷行, 物與无妄; 先王以, 茂對時, 育萬物."
102) 《栗全》,〈拾遺〉, 卷6, 2冊, 585쪽, "德施斯普, 遯世無悶, 此君子隨時顯晦之道也."
103) 앞의 책, "文中積美, 崇質尙素, 此隨時自修之道也, 蓋守中居下, 而有通暢發現之盛, 在上極賁, 而無華僞過失之咎, 非有得於時措之宜者, 能若是乎

라고 하여, 坤六五와 賁上九의 본뜻이 《中庸》의 '時宜'[104] 관념을 바탕에 깔고 있음을 밝히고 있다. 이것은 伊川이 〈易傳序〉에서 "易, 變易也, 隨時變易, 以從道也"라고 했듯이 易의 原初的 觀念으로서의 '時宜' 내지 '中' 觀念[105]을 바탕으로 하고 있는 것이다.

이상과 같이, 洗心·齋戒에 의한 自己純化로써 체득된 易道는 구체적인 상황에 합당하게 실천되어야 하는 것이다.

VI. 結 語

율곡 《易數策》의 사상체계는 理氣之妙的인 '合'의 논리를 지반으로 하여 구성되어 있다. 卦爻의 성립근거로서의 '天人交與之妙', '一源無間'의 相卽의 體用關係로 규정되는 河圖와 洛書의 근원적 동일성, "正躬行者, 必精性理; 精性理者, 正躬行設也"라고 하는 性理와 躬行의 함수관계 등은 모두가 理氣之妙的 思惟構造를 반영한 것이다.

상호 異質的인(때로는 배타적일 수도 있는) 성향을 창조적으로 調和·통일시키는 '合'의 논리는 율곡이 처했던 시기와 무관할 수 없다. 조선조의 건국 초기에서부터 成宗代에 이르러 《經國大典》의 체제로 일단 정비된 제도 문물은 16세기에 들어오면서 정치·사회·경제적 변동에 의하여 커다란 변화를 겪게 되고, 마침내 임란을 계기로 하여 17세기에는 기존의 양반체제가 개편되기에 이른다.[106] 思想界는, 사회의 변동에 따라 니이기 陽明學이 적극적으로 수용되고 마침내 實學이 성립된다.

율곡이 처해 있던 시기는, 이와 같이 조선조의 사회가 전기로부터 후

云云."
104) 《中庸》, 25장, "誠者, 非自成己而已也, 所以成物也…… 合內外之道也, 故時措之宜也."
105) 〈易黃裳元吉白賁无咎義〉, "此所以或盛其文, 或崇其質, 而合於中道也."
106) 邊太燮, 《韓國史通論》(三英社, 1986), 307~352쪽 참조.

기로 넘어가는 과도기였으며, 이 '과도기적 시대상황'을 발전적으로 극복하려고 했던 그의 사상에는 두 시대의 이질적 요소들이 統合되어 있었던 것이다. 여기에서 性理學的 公義와 實學的 公利, 즉 義와 利가 모순되지 아니하고 兼合·兼全되는 理氣之妙的 '合'의 논리의 지평이 열리는 것이다.[107]

《易數策》에서 우리의 주목을 끄는 것은 河圖와 洛書를 '天地自然之象'과 '人事當然之道'라고 하여 存在와 當爲의 관계로 규정한 점이다. 인륜질서의 확립을 위하여 天道와 人道의 관계를 어떻게 파악할 것인가라는 天人關係에 대한 인식은 동양의 철학사상에 있어서 中核이 된다. 율곡이 天人關係를 河洛으로 설명함에 따라, 天人關係가 十數와 九數, 곧 體用關係로 규정됨으로써 '一源·無間'이라고 하는 相卽性 내지 相合性이 구조적으로 보장되는 것이다. 이것도 물론 理氣之妙的 思惟를 바탕으로 한 것이다.

이상 검토해 온 바와 같이 율곡철학사상의 지반을 이루고 있는 理氣之妙的 '合'의 논리가 《易數策》에서 易學思想을 체계화시키는 데 기능적인 역할을 발휘하고 있으며, 여기에서 韓國易學思想의 한 특성을 고찰해 볼 수 있을 것이다.

---

107) 安炳周, 〈유교의 民本思想에 관한 연구〉, 190쪽.

南塘 韓元震의 易學觀

李愛熙*

차 례

I. 머리말 　　　Ⅲ. 南塘의 易學觀
Ⅱ. 易의 思想　　Ⅳ. 맺음말

I. 머리말

中國의 儒學을 受容하여 독자적으로 발전시켜 왔던 韓國의 儒學者들은 《周易》의 硏究에도 매우 활발한 연구를 진척시켰다. 韓國의 歷史上 《周易》에 관한 敎育이 공식적으로 행해진 것은 《三國史記》, 〈職官志〉에 보인다.[1] 그리고 三國時代에 《周易》의 연구가 활발했음을 實證的으로 말해 주는 資料들이 적잖게 나타나고 있다.[2] 그러나 그 硏究의 수준이 이느 정도였는지는 文獻의 不足으로 확실히 알 수 없다.

《周易》의 硏究程度를 확실히 파악할 수 있는 경우는 性理學의 도입과 함께 진행된 麗末鮮初부터라고 생각된다. 《周易》硏究에 관한 現存 資料 중에서 가장 오래된 것이 陽村 權近의 《五經淺見錄》 중의 한 권인 《周易

---

*江原大學校 國民倫理敎育科 敎授
1) 《三國史記》, 職官志.
2) 眞興王巡狩碑文 등에 易의 用語가 등장하고, 感恩寺址石의 太極무늬 등에서 周易的 思考의 원형을 찾을 수 있다.

淺見錄》[3]이다. 陽村 이후《周易》에 관한 硏究는 매우 활발해졌고, 그 傳統은 退溪의《啓蒙傳疑》를 비롯하여, 旅軒 張顯光의《易學圖說》, 霞俗 鄭齊斗(1762~1835)의《河洛易象》 등을 비롯한 16~17세기의《周易》 硏究를 거쳐 18~19세기의 南塘 韓元震(1682~1751)의《易學答問》, 星湖 李瀷(1682~1763)의《易經疾書》, 茶山 丁若鏞(1762~1836)의《周易四箋》, 省齊 柳重敎(1821~1893)의《易說》 등에 이르기까지 계속되어 왔다. 이들 著書 이외에도 많은《周易》硏究書가 있었고, 硏究의 경향도 多樣했다. 그런데《周易》을 根幹으로 形成되는 易學은 中國을 中心으로 하는 東亞文化圈의 形而上學으로서 各時代의 哲學的 基礎가 되어왔다.

本稿에서는 朝鮮後期 性理學의 哲學的 基礎를 확인하는 작업의 일환으로서 18세기의 대표적 性理學者인 南塘 韓元震의 易學觀을 고찰해 보고자 한다. 그리고 그 선행작업으로서 易의 구조(構造), 기원(起源), 思考體系와 自然觀을 고찰하게 될 것이다.

II. 易의 思想

1. 易의 構造와 起源

易의 思想을 담고 있는 現存資料인《周易(The book of changes, 혹은 Iching), 易經》은 上·下 兩經과 十翼으로 이루어진다.

〈繫辭傳〉의 "끊임없는 生成을 易이라 한다"[4]는 내용을 통해서 알 수 있듯이《周易》은 바로 우주의 끝없는 生成變化의 原理를 기술하고 있는 서적이다. 그런데 이《周易》은 陰陽·八卦를 기본으로 하여 성립된 64卦를 上經와 下經으로 나누고, 여기에 十翼 ──〈象傳〉上·下,〈象傳〉上·

---

3)《周易淺見錄》에 관해서는 拙稿〈陽付權近의 思想〉《한국인의 사상》, 152쪽 참조.
4)《周易傳義》, 以二會, 1983. 12. 15, 1016쪽, "生生之謂易……."

下, 〈繫辭傳〉 上·下, 〈文言傳〉, 〈說卦傳〉, 〈序卦傳〉, 〈雜卦傳〉 등의 上下 兩經에 대한 解說書 10편 ―― 을 붙여 한 책으로 편집한 것이다. 《周易》의 根幹이 되는 8卦의 성립에 관해서 〈繫辭傳〉은 "변화하는 세계에 太極이 있고, 그로부터 陰陽의 兩儀(2爻, 곧 ―, --)가 생겨나고 兩儀로부터 四象이, 四象으로부터 八卦가 생겨난다"[5]고 밝힌다. 이 八卦의 중첩을 통해 《易經》의 基本構造인 64卦가 成立된다. 八卦는 乾卦(☰), 兌卦(☱), 離卦(☲), 震卦(☳), 巽卦(☴), 坎卦(☵), 艮卦(☶), 坤卦(☷)를 말하고, 그 각각의 상징은 天, 澤, 火, 雷, 風, 水, 山, 地이다.[6]

이 八卦가 중첩되면 64卦가 된다. 곧 乾爲天, 坤爲地, 地天泰, 天地否 등이 그 例이다.

64卦의 각각에 대한 총괄적인 설명을 卦辭라 하고, 卦마다에 있는 爻(각 卦는 여섯 개의 爻로 이루어진다)에 붙여진 총 384(64×6)爻에 대한 설명을 爻辭라 한다. 十翼은 이 64卦에 대한 解說의 書이다. 이 易卦의 由來에 대한 기록은 〈繫辭傳〉에 나타난다. 이 기록에 의하면 전설적인 帝王인 伏羲氏가 천지만상을 관찰하여 처음으로 八卦를 그었고,[7] 이 八卦를 중첩하여 64卦를 만들었다고 한다. 그리고 《漢志》에 의하면 文王이 〈卦辭〉를, 周公이 〈爻辭〉를 붙였다고 한다. 또한 孔子가 10篇의 《易經》 解說書인 〈十翼〉을 지었다고 하나, 宋代의 歐陽修가 《易童子問》을 지어 十翼 중의 〈繫辭〉, 〈文言〉, 〈說卦〉 등은 孔子의 作이 아니라고 밝힌 후에 많은 學者들의 고증에 의해 이 학설이 확인되었다.[8] 뿐만 아니라 十翼에 포함된 사상의 內容 역시 戰國末과 秦漢代의 것이 많고, 文章구조상으로도 戰國時代 이후에 나타나는 對語法이 등장하고 있는 점 등을 통해서 볼 때 《易經》은 전설적인 人物인 伏羲氏로부터 적어도 秦漢時代에 걸치는 3,000여 년의 歷史를 통해 이루어진 서적이라는 것이다.[9]

---

5) 同上, 1057쪽, "易有太極 是生兩儀 兩儀生四象 四象生八卦……."
6) 同上, 49~50쪽 참조.
7) 同上, 1076쪽, "古者包犧氏之王天下也 仰則觀象於天 地俯則觀法於地……始作八卦."
8) 金能根, 《中國哲學史》(白映社, 1964. 9. 15), 35쪽.

이처럼 長久한 세월을 두고 形成된 《易經》에 대한 기록으로는 周禮에 의하면 중국의 夏王朝 時代에 《連山》이라는 易書가 있었고, 殷代에는 《歸藏》이라는 易書가 있었다고 전한다. 다만 이들 易書의 내용에 대한 확실한 기록은 없고, 後漢初의 桓譚의 《新論》에서는 "《連山》은 8만 言, 歸藏은 4만 3000言"이라고 기술하고 있다는 것이다.[10] 이를 통해서 볼 때 現存하는 《周易》 이전에도 易書가 있었고, 易經的인 思考의 歷史는 歷史時代 이전으로 소급됨을 볼 수 있다.

2. 《易經》의 思考體系[11]

《易經》은 자체적으로 독특한 이론전개 방식을 갖고 있는데, 論理라기 보다는 사고의 체계라 부르는 것이 적절할 것 같다. 이는 始初로부터 64 卦의 形象과 384爻의 상태로서, 이 世界의 복잡한 事象들을 파악하고 해석하고자 하는 상징의 體系이다. 이 상징체계의 始源은 모든 현상을 女性的 消極原理(柔; 陰)와 男性的 積極原理(剛; 陽)에 의해서 설명하는 데서 출발한다.[12] 이러한 思考는 宇宙의 運行에 일정한 질서가 있다는 믿음에 근거를 둔다. 그리고 《易經》에는 이러한 宇宙의 질서를 陰陽이라는 二分法的 思考로서 파악하려는 생각이 선행되어 있다.[13] 즉 64卦의 모체가 되는 8卦를 陰陽의 劃의 관계에서 볼 때 陰陽의 관념이 선행됨을 알 수 있다. 8卦는 陰陽 혹은 剛柔의 두 원리를 적용시켜 만든 것이라 할 수 있으며, 그 卦象을 宇宙間의 사물에 적용시킴으로써 事物의 生成變化의 과정을 예측하려는 行爲가 易의 思考原型인 占卜인 것이다.[14]

---

9) 易의 卦畫의 創始者로 알려진 伏羲로부터 〈十翼〉이 完成된 戰國時代까지는 3000여년 기간인 것으로 추산된다.
10) 《周易》,〈新完譯四書五經, III〉(서울:平凡社刊, 1967), 20쪽 참조.
11) 本節의 內容은 劉明鍾,《中國哲學史(1)》(대구:以文出版社刊, 1983), 349~353쪽을 주로 참고했다.
12) 이는 《周易》의 全般의 인 思考構造이다.
13) 成泰鏞,〈易經宇宙論의 三重構造〉,《哲學論究》, 第10輯(서울대학교 철학과, 1982), 46쪽.
14) 《周易》,〈說卦傳〉참조.

그러면 이러한 易의 사고는 어떠한 체계로 짜여졌는가? 《易經》은 事物을 고정적인 實體로 생각하지 않고 상호관계 속에 놓여 있는 可變的인 것으로 파악한다. 그러면 事物의 관계는 어떤 것인가? 《易經》은 事物의 관계를 陰陽의 對待, 均衡, 交互變化의 상호관계로 파악한다.

(1) 剛柔의 對待關係

《易經》에서 사물을 파악하는 가장 기본적인 관념인 剛柔(陰陽)조차도 事物의 고유한 본질이 아니며, 사물과 사물의 상호관계에 의해 결정된다.[15] 男子는 剛(陽), 女子는 柔(陰)라는 생각조차도 男女를 對待(상호관계에 서 있음)시킬 때 그러할 뿐, 男子도 父母에 대해서는 柔이며, 女子도 아들에 대해서는 剛이 된다. 그런 까닭에 剛柔는 "어떤 것이 어떤 것에 대한 剛이고 柔인 것이다"[16] 이렇게 볼 때 A는 B에 대한 剛이지만, C에 대해서는 柔가 된다. 이와 같은 剛柔의 관계를 對待의 관계라 한다.[17] 이러한 관계는 상호 대립투쟁의 관계가 아닌 相補依存의 관계이다. 왜냐하면 剛은 홀로 剛일 수 없고, 柔에 대한 剛이므로 柔를 필요로 하는 相補依存의 관계에 놓이게 된다. 《易經》은 모든 事象·事物·事態를 이러한 觀點에서 파악하는 思考體系를 갖는다.

(2) 剛柔의 均衡關係

剛柔는 相補依存하는 對待의 관계에 놓인 까닭에 그 比重이나 價值에 있어 等價의 균형관계를 이룬다. 剛이 있다고 하면 그와 對等한 柔가 있어야 均衡이 잡힌다. 《易經》은 이러한 均衡을 특히 6爻의 位置와 관련시켜 正·應·比·和의 관념으로 파악한다.

'正'이란 剛爻(—)가 剛位에 있고 柔爻(--)가 柔位에 있는 것이다.[18]

---

15) 劉明鍾, 같은 책, 350쪽.
16) 同上.
17) 劉明鍾의 같은 책에서는 剛柔의 이러한 關係를 項關係 곧 함수적 관계로 파악하고 있다.
18) 《省齋集》, 卷32, 第12面 참조.

가령 旣濟(䷾)卦는 모든 爻의 位置가 正이며, 未濟卦(䷿)는 모든 爻가 不正인 것이다. 그런데 正의 본뜻은 剛位의 剛은 剛답게, 柔位의 柔는 柔답게 있는 것이다. 또한 《易經》은 正을 吉로, 不正을 凶으로 봄을 원칙으로 한다.

應은 '內卦와 外卦(下卦와 上卦)'가 서로 相應함을 말한다.[19] 곧 1爻와 4爻, 2爻와 5爻, 3爻와 6爻가 서로 應하는 관계에 있으며, 한쪽이 剛(또는 柔)일 경우 다른 쪽은 柔(또는 剛)이어야 應이 되고, 두 쪽이 모두 剛이 되거나 혹은 柔가 될 때에는 不應이 된다.

比란 應이 內卦와 外卦의 相應관계임에 대하여 各爻의 上·下間의 相應을 의미한다.[20] 곧 1爻와 2爻, 2爻와 3爻, 3爻와 4爻, 4爻와 5爻, 5爻와 6爻間의 相應關係를 比와 不比로 파악할 수 있다. 서로 이웃하는 爻가 剛柔로 相反될 때 比라 하고, 모두 剛이거나 모두 柔일 경우 不比라 한다. 比와 應은 相應이라는 동일한 의미를 갖는 均衡관계이다.

和란 正·應·比 등의 균형관계를 실현하는 것이다.[21] 곧 不正과 不應·不比 등을 排除하고, 剛柔의 균형을 실현하는 것이다. 《易經》에 의하면 宇宙와 그 속에 존재하는 事物은 궁극적으로 對待를 통해 이러한 均衡관계를 지향하고 있다는 것이다.

(3) 剛柔의 交互關係

剛柔는 對待的인 2項관계에 있지만, 그것은 결코 사물의 고정된 성질이 아님을 밝혔다.[22] 때문에 그것은 상황의 變化에 따라 交互하는 관계에 놓인다. 동일한 事物도 관계에 따라서 柔에서 剛으로, 剛에서 柔로 轉化한다. 곧 萬物은 상호관계에 따라 柔도 되고, 剛도 되어 交替變化한다. 이것이 萬物의 生成原理이다.[23] 《易經》은 萬物의 이러한 交互關係에 주

---

19) 同上.
20) 劉明鍾, 같은 책, 252쪽.
21) 同上.
22) 註15 참조.
23) 復卦에서는 이를 反(返)으로 파악하고 있다.

목하여 "한 번 陰이 되고 한 번 陽이 되는 것을 道라 한다"[24]고까지 주장한다.

이처럼 《易經》과 그 解說書들은 事物의 交互的 관계, 그 자체를 自然의 法則인 동시에 道德的 규범으로서의 善의 원리로까지 파악한다. 〈繫辭傳〉에서 "交互(交替)의 原理를 실현하는 것이 사물의 본성이다(成之者性也)"[25]고 言及하는 내용과 "交互의 원리를 따르는 것이 道德的인 善이다(繼之者善也)"[26]는 論述은 바로 《易經》 전체에 흐르고 있는 剛柔의 交互關係에 대한 價値的 평가이기도 하다. 물론 64卦 자체가 바로 剛柔의 交互관계를 기술하는 총체적 체계이다.

위에서 살펴본 바와 같이 《易經》의 세계 체계는 전체적으로 인간의 삶을 포함한 자연세계의 모든 측면을 긍정하고 조화된 것으로 파악하려는 사고의 구조이다.[27]

3. 《易經》의 自然觀

《易經》은 東洋의 옛 聖人들이 宇宙의 現象, 곧 天文과 地理를 관찰하고 인간의 삶을 직관하여 그 원리와 道理를 밝혀놓은 책이다.[28] 이러한 易의 原理를 간파한 漢代의 《易經》研究家 鄭玄은 易에는 簡易, 變易, 不易의 세 가지 意味가 내포되어 있다고 했다.[29]

첫째, 日·月·星·辰, 春·夏·秋·冬, 晝·夜, 寒·暑, 鳥·獸·草·木과 같은 自然現象과 吉凶·禍福·富貴·貧賤·老少·病死 등의 人間의 삶의 現實들이 千變萬化로 끝없이 變化한다는 것이 變易의 意味이다.

둘째, 끝없이 變化하는 自然現象과 人間의 삶의 현실도 아무렇게나 無秩序하게 變化하는 것이 아니라 整然한 不變的인 法則의 지배를 받고

---

24) 《周易》, 〈繫辭傳〉, 第5章, "一陰一陽之謂道."
25) 同上, "成之者性也."
26) 同上, "繼之者善也."
27) 이는 易의 思考體系의 특성이기도 하다.
28) 〈繫辭上傳〉, 第四章 참조.
29) 鄭玄, 《易贊》, "易一名而含三義 簡易一也 變易二也 不易三也."

서 變化한다는 것이 不易의 의미이다.

셋째, 그와 같은 變化의 法則은 애매하거나 복잡하지 않으며 누구나 쉽게 알 수 있게 明白하다는 것이 簡易의 의미이다.

위와 같은 사실을 근거로 해서 생각할 때 《易經》은 적어도 東洋人의 自然觀과 倫理觀을 담고 있는 서적임에 틀림없다. 그러면 《易經》은 어떠한 自然觀을 내포하고 있을까?

(1) 對待하는 自然

易의 思考體系에서 이미 萬物은 剛柔 혹은 陰陽의 對待關係로 파악함을 보았다.[30] 곧 모든 萬物은 그와 相應하는 事物과 對待하고 있다는 것이다.

이러한 思考는 바로 자연자체를 對待로 보는 觀點인 것이다. 사실상 《易經》에서의 만물이 生成變化하는 공간인 天地의 개념이나 生成의 原泉으로서 乾坤의 개념 자체는 對待의 觀念下에서 구성된 것이며, 자연을 상징하는 8卦 역시 그 형태에 있어서 乾·坤(≡·≡≡), 震·巽(≡≡·≡), 坎·離(≡≡·≡), 艮·兌(≡≡·≡)와 같은 對待의 構造로 되어 있다. 뿐만 아니라 64卦의 卦象에 있어서 陰陽(剛柔)의 對待關係가 적절히 이루어질 때 그 卦의 상징적 意味가 吉한 것으로 간주됨[31]을 볼 때 확실히 《易經》은 自然을 對待로서 파악하고 있다. 〈繫辭傳〉에서 "剛柔相推而生變化"[32]라고 함으로써 《易經》의 본질적 내용인 生成까지도 萬物의 對待하는 두 성질이 交互作用(相推)을 일으킬 때 可能할 수 있음을 보이고 있다. 이러한 사실에 비추어 볼 때 《易經》은 自然을 對待하는 모습으로 파악하고 있음이 확실하다.

(2) 變化하는 自然

"生成變化하는 것을 易이라 한다"[33]는 定義에서 알 수 있듯이, 《易

---

30) 本稿 중 2.(1) 剛柔의 對待關係條 참조.
31) 旣濟(≡≡≡)의 경우가 그 좋은 例이다.
32) 《周易》,〈繫辭上傳〉第2章.

經》은 宇宙의 變化推移를 밝히는 自然哲學의 書이다. 〈繫辭傳〉에 의하면 日·月과 寒·暑를 대표로 하는 自然의 모든 現象을 자신과 對待해 있는 사물과 相推·相感함으로써 屈伸과 動靜의 끝없는 變化를 계속한다는 것이다.[34] 《易經》은 그러한 變化의 本質을 循環反復이라고 생각한다. 구체적으로 "物極則必反(모든 사물은 極限에 이르면 반드시 돌아온다.)"하는 反 곧 返으로서, '復歸'를 變化의 原動力으로 생각한다.[35] 64卦 中 復卦의 〈彖辭〉에서는 復歸함이야말로 天地之心, 곧 宇宙의 生成變化의 本質을 가장 잘 드러낸다고 讚美하고 있다.[36]

變化의 原動力으로서의 復歸는 對待하는 事物의 두 性質이 끊임없이 消息盈虛하는 데서 연유하는 것이다. 雜卦에서 "震이 起動하면 艮이 靜止하는 것은 損益과 盛衰의 始作이다…… 兌가 드러나고 巽이 潛伏한다"[37]고 하는 것은 모두 宇宙와 그 속에 存在하는 모든 事物로서의 自然의 升降消息하는 變化의 實相을 기술하는 內容인 것이다.

(3) 調和하는 自然

《易經》은 기본적으로 剛과 柔(陰과 陽)가 對待를 통해 相待할 뿐, 결코 相反되는 절대적인 모순을 인정하지 않는다.[38] 절대적 모순을 인정할 수 없는 까닭은 陰과 陽(剛柔)이 固定된 實體가 아니라 시간의 흐름에 따라 變化하기 때문이다.[39] 이 경우 兩者의 變化도 평행선을 긋는 不調和의 變化가 아니라 각기 對待관계에 있는 他者를 自己 속으로 끌어들이고,

---

33) 註4 참조.
34) 《周易》,〈繫辭上傳〉, 第5章, "日往則月來 月往則日來 日月相推而明生焉 寒往則暑來 暑往則寒來 寒暑相推而歲成焉 往者屈也 來者伸也 屈伸相感而利生焉."
35) 《周易》,〈繫辭下傳〉, "易窮則變 變則通 通則久."
36) 《周易》,〈復卦, 彖傳〉, "…… 復其見大地之心乎."
37) 《周易》,〈雜卦傳〉, "震起也 艮止也 損益盛衰之始也…… 兌見而巽伏也."
38) 李奎浩,〈易經의 辨證法(1)〉,《東方學志》(延世大學校, 東方學研究所刊) 第9輯, 237쪽.
39) 易에서 제시되는 變의 意味는 일차적으로 시간상의 변화를 뜻한다.

한 걸음 나아가서 自己化함으로써 스스로 他者가 되기까지 하는 調和의 實相인 것이다.[40] 〈繫辭傳〉은 이러한 調和를 지향하는 變化의 原理를 自然의 原理, 곧 道라고 규정한다.[41] 《易經》이 調和를 지향하고 있다는 사실은 泰卦와 否卦를 比較할 때 잘 드러난다. 泰卦(地天泰䷊)는 下向性을 갖는 坤(☷)이 위에 있고 上向性의 乾(☰)이 아래에 있어서 乾下·坤上으로 位置가 轉倒되었으나, 오히려 吉象을 나타내는 卦로 취급된다.[42] 이는 乾과 坤 곧 陰과 陽이 자기의 자리를 상대편에게 양보함으로써 和合의 關係를 갖게 되었음을 意味한다. 또한 下向하는 坤과 上向하는 乾의 만남을 충돌·투쟁으로 이해하지 않고 오히려 和合·調和하는 상태로 이해하고 있다.

한편 이와 정반대되는 否卦(天地否䷋)의 경우, 위치는 正位에 있음에도 불구하고 卦象의 意味는 이탈·괴리되는 凶을 나타낸다.[43] 이와 같은 泰卦와 否卦를 해석하는 觀點은 《易經》의 卦를 해석하는 보편적인 論理로서 自然의 實相을 調和하는 것으로 파악하는 自然觀을 대변해 준다고 볼 수 있다.

III. 南塘의 易學觀

이상에서 살펴보았듯이 《周易》을 중심으로 한 易學觀은 中國文化圈의 形而上學으로 각 時代의 哲學의 基礎로 확립되어 있다. 朝鮮後期, 즉 18, 19세기에 이르면 이러한 《周易》에 관한 硏究가 활발해지고 각 학문

---

40) 易의 生成의 意味로써 陽變陰合은 이렇게 파악될 수 있다.
41) 《周易》, 〈繫辭上傳〉, 第5章, "一陰一陽之謂道."
42) 《周易》, 泰(☷☰)卦의 卦辭와 爻辭 및 이 卦에 대한 모든 意味는 吉을 나타낸다.
43) 《周易》, 否(☰☷)卦의 卦辭와 爻辭 및 이 卦에 대한 모든 意味는 凶을 나타낸다.

의 특성에 따라 周易觀의 差異도 매우 다양하게 달라진다.

南塘 韓元震(1682~1751)은 朝鮮朝 性理學의 가장 중요한 論辨 중의 하나인 '人物性同異論' 중 人性과 物性은 다르다고 주장하는 '人物性異論'의 대표적인 學者이다. 그는 17, 18세기를 살면서 한결같이 性理學의 硏究에 몰두했는데, 그가 생존한 當時는 朝鮮朝 初期로부터 王朝의 지배 이데올로기였던 性理學에 대한 反省과 함께 새로운 學風인 實學이 形成되고 있던 時代였다. 그럼에도 불구하고 南塘은 實學의인 思考를 도외시하고 오로지 性理學의 연구에만 몰두했으며, 當時의 性理學에서 가장 열띤 論爭의 對象이었던 '人物性同異論' 중에서 '異論'을 代表하였던 점을 고려할 때, 그는 '人物性同論'의 代表者였던 巍巖 李柬(1677~1727)과 함께 18세기를 대표한 性理學者였다고 할 수 있다.

南塘이 18세기를 대표한 성리학자라는 사실은 그의 性理學的인 관심이 朝鮮朝 性理學의 주요 論爭主題였던 '四端七情說', '人心道心說', '人物性同異論', '聖心凡心同異論', '未發心體本善·有善惡說'과 '虛靈知覺說' 등에 두루 미치고 있다는 사실에서도 입증된다.[44] 더욱이 南塘은 朝鮮初期의 陽村 權近의 《周易淺見錄》을 시작으로 하여 계속되었던 '易學'의 연구에도 상당한 關心을 가졌던 사실이 발견된다.[45] 그가 18세기를 대표한 性理學者였고, 《易經》의 연구에 몰두하였다는 사실을 근거로 하여 南塘의 '易學觀'을 밝히는 것은 當時 性理學의 '易學觀'을 고찰할 수 있는 한 方法이 될 수 있으리라 짐작된다. 아래에서 18세기 性理學의 '易學觀'을 고찰하는 方法의 일환으로 南塘의 易學觀을 살펴보기로 한다.

南塘의 易學觀은 그의 代表的인 著作 중의 하나인 《經義記聞錄》에 수록된 《易學答問》, 《易學啓蒙》, 《文王易釋義》 등과 그의 詩文集인 《南塘集》 第26卷에 수록된 《居觀錄》에 구체적으로 나타난다. 그런데 이 저작들을 그 지술 순시에 따라 실펴보면 《易學答問》은 그의 26歲 때인 1707

---

44) 拙稿〈南塘 韓元震 哲學에서 明德의 問題〉, 《哲學硏究》, 1982.4, 高麗大學校 哲學會刊, 108쪽 참조.

45) 南塘先生〈年譜〉, 《經義記聞錄》 및 《南塘集》 卷26의〈居觀錄〉을 참조.

年에 著述되었고,⁴⁶⁾《易學啓蒙》은 34歲 때인 1715年에 자신의 스승인 遂庵 權尙夏(1641~1721)의 講說한 내용을 整理해서 편찬한 것이다.⁴⁷⁾ 그리고《文王易釋義》는 42歲 때인 1723年에 스스로 저술한 것을《易學啓蒙》의 附錄으로 붙였다고 밝힌다.⁴⁸⁾《居觀錄》은 46歲 때인 1727年에 지은⁴⁹⁾ 易學關係에 대한 최후의 著作이다.

1.《易學答問》

《易學答問》은 易學, 곧《周易》의 原理에 대한 問答으로 되어 있다. 南塘은 이 著作에서《周易》의 母體가 되는 河圖의 原理와 64卦의 排列, 伏羲의〈先天八卦圖〉의 原理와 그 排列, 文王의〈後天八卦圖〉의 原理와 排列 및 그들간의 關係를 밝힌다. 또한 그는 河圖는 위의 다른 圖表들의 母體이고 萬世의 떳떳한 가르침의 근본이며 理學의 淵源임을 밝히면서 宇宙의 生成原理와 人間의 무궁한 삶의 지혜가 수록된 圖表라고 주장한다.⁵⁰⁾ 그리고 河圖와 洛書의 由來에 대한〈繫辭上傳〉의 기록⁵¹⁾을 믿으며, 伏羲氏(包羲)가〈先天八卦圖〉를 짓고 文王이〈後天八卦圖〉를 지었다는 사실 그리고 孔子가〈十翼〉을 지었다는 사실을 긍정한다.⁵²⁾ 뿐만 아니라 이러한 易學의 成立과《周易》의 由來를 天意에 의한 것으로 돌린다. 이와 같은 입장에서 河圖, 64卦의 圓圖·構圖, 伏羲의 八卦圖, 文王의 八卦圖와 周敦頤(1017~1073)의 太極圖와 邵雍(1011~1077)의 先天圖 등의 圖表는 宇宙의 生成原理인 易의 道(《周易》의 內容)를 內抱하고 있다고 생각한다.⁵³⁾ 예컨대 南塘은 河圖를《周易》의 "易有太極 是生兩儀, 兩

---

46)《南塘集》, 南塘先生 年譜, "丁亥先生 26歲條."
47)《南塘集》, 附 經義記聞錄,〈序〉.
48) 同上.
49)《南塘集》, 卷26〈居觀錄并序〉.
50)《記聞錄》, 第5,〈易學答問〉, "河圖首出 ······ 此圖則其於天地之造化 人事無窮可以貫之矣."
51)《周易》,〈繫辭傳〉, "河出圖 洛出書 聖人則之 ······."
52)《南塘集下》, 1342, 1351쪽,《易學答問》의 內容 參照.
53) 同上, 1342쪽,《易學答問》參照.

儀生四象, 四象生八卦"라는 내용과 一致한다고 力說한다. 구체적으로 "河圖의 중앙 5와 10은 太極이고 1·3·7·9의 奇數 20과 2·4·6·8의 偶數 20은 陰陽의 兩儀이며, 四象은 각각 1과 9는 太陽(老陽), 2와 8은 少陰, 3과 7은 少陽, 4와 6은 太陽(老陰)이라는 것이다. 또한 8卦 역시 ①는 乾, ②는 兌, ③은 離, ④는 震, ⑤은 巽, ⑥은 坎, ⑦은 艮, ⑧은 坤 등 河圖의 四方에 分布된 數로 상징된다"[54]는 것이다. 南塘은 '易'의 意味를 獨自的으로 파악하고 있다. 그는 '易'에는 '自然之易'으로서 河圖의 '數象의 易', '卦畵之易'으로서 8卦 64卦, 384爻의 '卦爻의 易', '文字之易'으로서 文王과 周公의〈卦辭〉와〈爻辭〉의《周易》經文과 孔子의〈十翼〉의 '意味의 易'이 있다고 생각한다.[55] 이같이 南塘에 의해 제시된 易은 매우 중요한 意味를 갖는다.

南塘은 '自然之易'이 卦劃으로 표기되기 이전에 太極의 理, 陰陽의 氣, 天·地·風·雷·水·火·山·澤의 象, 河圖의 數 등으로 존재한다고 생각한다.[56] 그런데 이러한 意味의 '自然之易'이란 바로 生成變化하는 '變易'으로서 世界 자체인 것이다. 그리고 南塘이 제시한 '卦劃之易'이란 다름 아닌 '自然之易'을 상징하는 8卦, 64卦 384爻 등의 상징체계로서의 記號인 것이다.[57] '文字之易'은 世界 자체로서 '自然之易'과 記號로 표시된 '卦劃之易'이 갖는 意味의 內容인 것이다.[58]

南塘의 易學觀의 體系는 '生生之謂易',[59] '生成之謂易'[60]이라는 從來

---

54) 同上, 1343쪽,《易學答問》《圖之虛五與十爲太極 二十奇二十偶爲兩儀 以一二三四爲七八九六爲四象 析四方之合補四隅之空以爲八卦 朱子之論也 大略 如此而無他曲析之詳……."
55) 同上, 1351쪽《易學問答》, "……所謂自然之易也…所謂卦畵之易也…… 所謂文字之易也."
56) 同上, "未畵之前 固己有太極之理 陰陽之氣 天地風雷水火山澤之象 河圖 五十有之數則 所謂自然之易也."
57) 同上, "衆人不知其爲易而惟聖人知之故伏羲畵卦以擬之 則所謂卦畵之易也."
58) 同上, "卦畵旣成而未有文字則人猶不知其裏面所包者 有考廣至大之理 故文王周公 爲之係辭 孔子 作十翼以發明之 則所謂文字之易也."
59)《周易》,〈繫辭上傳〉第5章 참조.

의 易에 대한 解釋을 토대로 하여 구성된 것이다. 易을 '生生' 혹은 '生成'으로 파악하는 견해는 世界를 끝없는 變化의 연속으로 파악하는 東亞文化圈의 自然觀의 典型인 것이다.

世界를 끊임없는 變化로 파악할 때 그 世界를 반영해 주는 상징체계 역시 變化의 意味를 內抱하지 않을 수 없다. 南塘이 易의 意味를 규정할 때 상징체계인 '卦劃'에 易의 意味를 첨가해서 '卦劃之易'이라고 한 것은 卦劃 자체를 變化의 體系로 간주한 때문이다.[61] '自然之易'으로서 世界와 그 반영으로서 '卦劃之易'이 變化를 상징해 주는 까닭에 그를 해석하는 意味체계인 '文字之易' 역시 變化의 意味를 內抱하지 않을 수 없다. 특히 人間은 變化하는 世界 속에서 삶을 영위해야 하는 까닭에 世界의 變化에 관심을 갖게 된다. 南塘은 易을 人間이 世界를 이해하고 그 變化에 대처하기 위한 수단으로 생각한다. 南塘은 이러한 意味에서 易을 理解하면서 자신의 學問的인 발판인 性理學의 易學觀[62]을 벗어나지 않는다. 그는 오히려 性理學的인 易學觀에 철저하게 충실하고 그를 철저히 論證하려는 입장에 서서 자신의 易學觀을 수립한다. 이러한 입장에서 南塘은《易學啓蒙》에서 易學의 근본원리,《文王易釋義》에서 易의 卦劃의 원리,《居觀錄》에서 易의 意味해석의 원리를 밝히고 있다.[63]

2.《易學啓蒙》

南塘의《經義記聞錄》에 수록된《易學啓蒙》은 朱熹의《易學啓蒙》과 그 注析들을 분석·종합한 遂庵과 南塘 자신의《易學啓蒙》이다. 南塘은 朱子의 易學인《易學啓蒙》을 分析함에 있어서 그 序文에 言及된 "萬物의 形象을 살펴 易의 卦를 만드는 것"과 "蓍策을 나누어서 卦의 爻를 정하는 것"은 바로《易學啓蒙》의 核心임을 밝힌다.[64] 구체적으로 前者는

---

60) 이는 程明道의 易에 대한 定義이다.
61) 여기서 南塘의 易學觀의 한 특성을 파악해 볼 수도 있겠다.
62) 性理學的인 易學觀은 朱子의 易學哲學 類의《周易》解析의 觀點이다.
63) 이하 本節의 내용 참조.
64)《南塘集》下, 1325쪽;《記聞錄》,《易學啓蒙》, "觀象畵卦 揲蓍命爻 此四

河圖에 根本을 두고(本圖書) 卦劃의 근본의미를 밝히는(原卦劃)이고, 後者는 蓍策하는 方法을 밝히고(明蓍策), 占의 變化를 음미하는(爻變占)이다.[65]

(1) 本卦畵

南塘은 朱子가 河圖에 근거해서 卦爻를 긋는 데에는 세 가지 原理가 있는 것으로 생각한다. 첫째, 1·3·7·9의 奇數와 2·4·6·8의 偶數가 각 卦의 數位가 된다.[66] 둘째, 太陽과 太陰이 서로 交感하여 乾坤艮兌의 天의 四象을 生成하고 少陽과 少陰이 交感해서 震巽坎離의 地의 四象을 生成한다.[67] 셋째는 先天圓圖의 位로서 河圖의 析補位에 배속시킨다.[68] 이때 첫째, 둘째 원리는 河圖에 따라 易의 卦를 짓는 것이고, 셋째의 원리는 河圖에 따라 卦를 분포시킨다. 이처럼 河圖는 陰陽의 進退饒乏·消長의 원리를 나타내 준다.[69] 易學의 體系는 이처럼 河圖에 근본을 둔다는 말이다.

(2) 原卦劃

南塘에 의하면, 宇宙의 生成은 太極으로 말미암고, 太極은 象數가 形成되기 이전의 萬物의 原理를 다 갖추고 있으며, 形氣를 다 갖추고 있으나 그 原理의 排朕은 없는 것이다.[70] 그런데 이 경우 太極에서 形成되는 象數와 形器는 모두 河圖와 그에 근거하여 作成된 卦爻의 劃으로 나타

語包盡一書四篇之意."
65) 同上, "本圖畵 原卦畵 卽觀象畵卦之事也 明蓍策考變占 卽揲蓍命爻之事也."
66) 《記聞錄》, 卷4, 1325쪽, "一九爲老陽位數而……四六爲老陰之位數……三七爲小陽之位類……二八爲小隱之爲類 此一說也."
67) 同上, "二太相交而生天之四象 二小相交而生地之四象……此一說也."
68) 同上, 1362쪽, "以四象之數 分居四方之正者 爲乾坤坎離 以四象之位補塞四偶之空者爲兌震巽艮 以先天圓之位 配河圖析補之位 此一說也."
69) 同上, "前二說則圖畵 之義 後一說則 布卦之義."
70) 同上, 1326쪽, 上段 참조.

난다. 南塘은 卦를 긋는 근본을 밝히는 데 있어서(原卦劃) 河圖의 中央5는 宇宙生成의 근원인 太極이고, 6·7·8·9는 그로부터 生成된 兩儀와 四象임을 밝힌다.[71] 그러므로 河圖를 根據로 해서 完成된 卦의 體系는 天地의 本體와 그 運用原理를 담고 있다는 것이다.[72] 그런 까닭에 朱子의 《易學啓蒙》의 第2篇에 해당되는 〈原卦劃〉의 內容은 河圖를 기본으로 해서 卦를 지은 伏羲와 文王의 卦圖에서는 卦爻의 生成('生出')과 運用('運行')의 原理가 담겨 있음을 밝힌다고 주장한다.[73]

(3) 明策

이 內容은 占法으로서, 蓍草占을 치기 위해 蓍策을 뽑는 과정과 그 순서와 그 意味 등을 밝히고 있다. 占을 치는 過程은 결국 宇宙의 生成을 본뜨는 것이므로 그 속에 宇宙의 變化하는 의미가 투영된다고 믿는다. 이러한 意味에서 南塘은 蓍策을 뽑아 卦劃을 긋는 原理를 宇宙生成의 方位와 運行순서를 밝혀주는 〈先天圖〉, 곧 伏羲의 〈八卦圖〉에 근거한 합리적인 체계로 생각한다.[74] 그리고 占을 치는 과정에서 1變은 兩儀를, 2變은 四象을, 3變은 八卦를 생성하는 과정으로 생각한다.[75] 뿐만 아니라 老陽의 12變, 少陰의 28變, 少陽의 20變, 老陰의 4變 등의 합인 64變은 易의 64卦의 體系로서 그 속에는 1年, 12月, 60甲子, 72侯 등의 意味가 內抱되어 있다고 믿는다.[76] 결국 明蓍策은 陰陽의 動靜, 天時의 運行, 四方의 分布 等의 宇宙의 生成을 卦劃의 生成過程과 그 意味를 밝히는 占卜과 一致시켜 파악하는 內容이다.

---

71) 同上, 1326쪽, "太極者象數未形而其理己具之稱…… 形氣己具而其理無朕之目……."
72) 同上, "河圖之中五卽太極也 六七八九皆得五而成者 卽兩儀四象皆具太極之象也."
73) 同上, "以體言則首言天地 有天地然後方有下物事也 以用言則終言乾坤上 物事之用 皆乾主而坤莊也……."
74) 同上, 1327쪽, "…… 伏羲文王之卦各有生出運行之序."
75) 同上, 1328쪽의 下段 참조.
76) 同上, 1328쪽의 上段, 卦變解說表 참조.

(4) 考變占

이 內容은 64卦 各卦의 爻가 變化하는 意味를 밝히는 데 대한 解說이다. 그런데 卦變에 관해 朱子는 두 가지 圖表를 제시하고 있다. 그 하나는《周易本義》에 실려 있는 卦變圖이고, 다른 하나는《易學啓蒙》에 수록된 卦變圖이다.[77] 이 두 圖表는 그 형태가 전혀 다르다. 그러므로 南塘은 이 두 圖表는 각각 意味하는 바가 다르다고 생각한다.[78]《周易本義》의 卦變圖는 '剛이 오면 柔가 나아가고, 여기서 시작되면 저기서 간다'는 意味를 밝혀주는 圖表라는 것이다.[79] 예컨대 復과 姤卦에서 한 爻씩이 변해가는 各 15卦, 泰와 否卦에서 3爻씩이 변해가는 各 20卦, 大壯과 觀卦에서 4爻씩 변하는 各 15卦, 夬卦와 剝卦에서 5爻가 변하는 各 6卦 等 卦의 變化를 표시한 도표이다. 이 卦變圖는 乾卦坤卦를 始終對待시켜 놓고 그 사이에서 62卦가 變化하는 과정을 對待로 표시한다. 이 경우 陰爻가 하나 변하는 卦는 陽爻가 다섯 변하는 卦와 일치하며 64卦 內에서 剛柔, 彼此의 對待循環함을 반영해 주는 卦變圖로서 朱子의《周易本義》에 수록되어 있다. 다음은 卦爻의 모든 변화를 다 표시해 주는 卦變圖로서 對待하는 두 卦를 사이에 두고 62卦가 變하는 상태를 모두 圖表化한 32개의 卦變圖로 이는 朱子의《易學啓蒙》에 수록된 것이다.[80] 그런데 이 卦變圖는 64卦 전체가 변화하는 모습을 다 표시한 것이다.

南塘은《周易本義》의 卦變圖와《易學啓蒙》의 卦變圖는 비록 意味하는 바가 다르나, 모두 占의 變化와 宇宙萬物의 交際應變을 나타내는 圖表들로서 自然之易으로서의 世界의 變化를 상징해 주는 기호체계로 생각한다. 이들 도표는 모두 對待循環하는 宇宙의 生成變化에 대한 상징형식임에 틀림없다.

---

77) 同上, 1329쪽의 上段, 卦扐過揲의 解說表 참조.
78) 同上, 1330쪽, "卦變有二說…… 本義卦變圖是也." "二者各是 一義不可相通也."
79) 同上, "剛來柔進 此自彼來 一說也 本義卦變圖是也.";《周易本義》에 수록된 卦變圖 참조.
80) 同上, "一卦皆變爲六十四卦 一說也 啓蒙卦變圖是也.";《性理大典》卷 26의 卦變圖 참조.

3. 《文王易釋義》

南塘의 《文王易釋義》는 《周易》의 64卦의 構造가 8卦의 構造와 運用 체계에 依據한 것임을 밝히는 내용이다. 南塘은 이 著述에서 《周易》의 〈說卦傳〉과 〈序卦傳〉의 내용을 근거로 해서 文王의 〈後天圖〉와 64卦의 構成原理를 밝히려 한다.

그는 먼저 〈說卦傳〉의 第10章의 내용을 〈文王八卦次序之圖〉와 일치하는 八卦 生成(生出)의 순서에 대한 說明으로 받아들인다.[81] 또한 〈說卦傳〉의 第5章 역시 〈文王八卦方位之圖〉와 일치되는 8卦의 運行의 차례를 밝힌 내용으로 간주한다. 이러한 생각을 근거로 해서 南塘은 〈文王八卦運行之圖〉의 原理를 확대하여 64卦에 적용시킴으로써 8卦와 64卦의 運行順序가 일치한다고 생각한다.[82] 즉 8卦의 運行이 震(東方)에서 시작해서 艮(東北)에서 끝나는 것과 같이 64卦의 運行도 乾坤의 首卦 다음에 시작되는 屯卦와 마지막 卦인 未濟卦에서 震卦와 艮卦의 意味를 內抱하고 이루어진다는 것이다.[83] 특히 南塘은 64卦를 8卦(八宮)에 배속시키는 文王의 64卦圖인 〈8卦統64卦生出之圖〉를 제시하고 있다. 이와 함께 그는 '文王易'의 體系를 밝히기 위해 〈文王八卦生出之圖〉, 〈文王八卦運行之圖〉, 〈36卦配 8卦圖〉 등을 수록하고 있다.[84] 南塘은 이러한 圖表들을 근간으로 하여 文王易의 論理的 構造를 밝힌다. 그는 먼저 8卦의 統御를 받는 64卦의 排列順序를 다음과 같이 밝힌다.[85]

첫째로 8卦 중의 震卦에 配屬되는 乾(天)·坤(地)의 首卦와 屯(始生)· 蒙(釋)·需(有養)·訟(有爭)·師(衆)·比(爭) 등의 卦는 모두 事物의 生成

---

81) 南塘集下 《文王易釋義》, 1353쪽, "說卦傳曰 乾天也故稱乎父…… 兌三索而得女故謂之小女…… 此文王八卦生出之序也."
82) 南塘集下, 《文王易釋義》, 1352쪽, "帝出乎震 齊乎巽 相見乎離 致役乎坤 說言乎兌 戰乎乾 勞乎坎 成言乎艮…… 故曰成艮…… 此文王八卦運行之序也."
83) 同上, 1354~1356쪽.
84) 南塘集下, 1352~1353쪽의 도표 참조.
85) 이하 8卦의 統御를 받는 64卦의 排例順序에 관한 內容은 南塘集下, 1355~1356쪽, 《文王易釋義》 참조.

(生出)과 관계되는 卦로서 萬物의 기본 형상인 8卦가 震卦로부터 시작됨과 일치한다는 것이다.

둘째, 巽卦에 配屬되는 小畜(畜)·履(禮)·泰(通)·否(定)·同人(分)·大有(照)·謙(平)·豫(和)卦 등은 事物의 齊等原理로서 8卦가 巽卦에서 均齊되는 意味와 일치한다는 것이다.

셋째, 離卦에 配屬되는 隨(相隨)·蠱(有事)·臨(臨下)·觀(觀示)·噬嗑(合)·賁(飾)·剝(往)·復(復)卦 등은 事物의 相見하는 原理로서 8卦가 離卦에서 相見하는 意味와 일치한다.

넷째, 坤卦에 配屬되는 无妄(誠)·大畜(畜)·頤(養)·大過(過盛)·坎(陷)·離(麗) 및 咸(感)·恒(久說)卦 등은 事物을 기르는 '致養'원리로서 八卦가 坤卦에서 힘쓰는 '致役(기르게 된다)' 意味와 일치한다.

다섯째, 兌卦에 配屬되는 遯(退)·大壯(固)·晋(進)·明夷(衰復)·家人(收藏)·睽(乖)·蹇(難)·解(緩)卦 등은 事物의 완성되는 原理로서 8卦가 兌卦에서 기쁨을 나타내는 '說言' 의미와 일치한다.

여섯째, 乾卦에 配屬되는 損(失)·益(盛)·夬(決)·姤(遇)·萃(聚)·升(益高)·困(憊乏)·井(常)卦 등은 事物의 마찰하는 原理로서 8卦가 乾卦에서 싸우는 意味와 일치한다.

일곱째, 坎卦에 配屬되는 革(變革)·鼎(定)·震(動)·艮(止)·漸(進)·歸妹(歸)·豊(盛大)·旅(出)卦 등은 事物의 歸還하는 原理로서 8卦가 坎卦에서 돌아오는 意味와 일치한다.

여덟째, 艮卦에 配屬되는 巽(入)·兌(說)·渙(散)·節(收)·中孚(虛:信)·小過(行)·旣濟(齊)·未濟(未窮)卦 등은 事物의 形成되는 原理로서 8卦가 艮卦에서 이루어지는 意味와 일치한다.

南塘은 위의 주장에서처럼 64卦의 運行은 8卦의 그것에 근거를 둔다고 생각한다. 특히 그는 文王의 易의 體系는 卦劃의 流行(運行)을 위주로 하므로 四時, 五行, 生長, 收藏의 치례가 정연히게 대비되어 전개된다고 주장한다.[86] 이와 같은 南塘의 〈文王易釋義〉의 內容은 근원적으로

---

86) 南塘集下, 1356쪽, "後天主乎卦義之流行 故亦只見其四時五行生長收藏

그의 '易學觀'에서 '卦劃之易'의 내용에 해당되며 그 전체적 構造는 〈說卦傳〉과 〈序卦傳〉에 의거한 것이다. 그리고 그 內容은 河圖를 근거로 해서 易學의 체계를 세우는 것에 해당된다.

4. 《居觀錄》
(1) 易經의 意味體系

《居觀錄》은 南塘의 易學體系에서 최후 著作으로 46세 때인 1722年에 著述된 것이다. 南塘은 이 著作에서 자신이 《易學答問》,《易學啓蒙》,《文王易釋義》 등에서 확립한 易學觀으로 周易 64卦의 卦辭와 爻辭를 分析함으로써 易學의 意味體系를 밝힌다. 이 점에서 《居觀錄》은 그가 《易學答問》에서 제시한 '文字之易'의 意味에 해당된다고 할 수 있다.

南塘에 의하면 "易書는 象을 통해서 道를 드러내는 것"[87]이고, "易의 原理는 본래 상징을 통해서 意味를 전달해 주는 것"[88]이다. 南塘의 이 말은 易을 상징적 意味傳達體系로 이해함을 뜻한다. 사실 그는 《周易》의 상징체계를 奇偶의 數, 8卦와 64卦, 384爻로 생각하며,[89] 그것을 기본적으로 天·地·雷·風·水·火·山·澤이라는 자연에서 발견되는 대표적 현상들의 상호결합관계를 근간으로 形成된 체계[90]로 파악한다. 《易經》의 思考는 위의 현상들을 萬物의 形象과 그 狀態를 가장 잘 대변해 준다고 생각한다. 그리고 그것은 《易經》에 등장하는 事物의 形象 곧 易象이며, 卦體와 爻象에서 파악될 수 있는 상징체계들이다. 南塘은 그와 같은 易象의 目錄을 정리해서 제시한다.[91] 龍·虎·牛·馬·豕·羊·鹿·雉·龜·魚·禽·鳥等의 動物과, 日·月·雨·金·石·丘陵·田川·草木等의 自然物, 耳目·口舌·鼻·足·血·人身 等의 人間의 신체, 酒食·服飾·輪輿·弧矢·門闐 等의 生活道具

之序 秋然相比者……"
87) 《南塘集》, 卷26, 615쪽, 《居觀錄 幷序》, "易之爲書 所以卽 象而形道也."
88) 同上, 617쪽, "易本假象以曉人."
89) 同上, "盖聖人作易奇偶以象陰陽 八卦以象天地風 水火山澤……故又自八卦重之爲六十四卦分而爲三百八十四爻莫不各有其象也."
90) 同上, "天地風雷水火山澤盪摩交錯而萬象生焉."
91) 同上, 616~617쪽 참조.

및 寇·方位·邑國 등이 대표적인 易象들이라는 것이다.[92] 또한 그는 이러한 易象들을 통해 《易經》의 意味體系를 파악할 수 있는 원리를 제시한다. 《易經》의 意味는 ① 64卦 각 卦들의 形態(卦之全體)에서 나타나는 것, ② 각 卦의 爻가 갖는 正·中·應·和·比 관계에서 파악되는 것, ③ 각 卦의 二·三·四爻와 三·四·五爻로서 구성될 수 있는 互體에서 파악되는 것, ④ 卦爻의 變形인 變卦·變爻에서 파악된다고 생각한다.[93] 그리고 易의 이러한 상징적 의미는 좁게는 人間 자신과, 넓게는 事物의 形象에서 이끌어 낸 것이라고 말한다.[94] 뿐만 아니라 易의 이러한 상징체계(意味體系)는 타당한 根據를 갖고 있으며[95] 易의 근원적인 意味인바, 變化(變易)가 말해 주듯이 모든 상황의 變化에 따라 새로운 意味로 해석될 수 있는 신축성까지도 갖는다. 南塘은 이 점을 간파하여, 易은 象徵을 통해 意味를 전달[96]해 주지만, 그 상징이 한결같지 않다[97]고 주장한다. 易의 의미전달이 일정하지 않은 이유는 그 상징체계가 단일하지 않기 때문이다. 南塘은 "易은 卦의 構造, 爻의 位置 및 卦爻의 變形인 變卦와 變爻에서도 상징을 취함으로써 그것을 적용하는 상황의 可變性까지도 고려한 의미전달체계인 까닭에 그것의 상징성은 일정할 수 없다"[98]고 한다. 그러나 易의 의미전달체계인 상징성이 일정하지 않다고 해서 그 체계의 統一性·法則性마저도 없는 것은 아니다. 南塘은 이러한 統一性·法則性을 위에서 제시한 원리들에 입각해 분석하고 있다.

①의 경우에 대한 분석

南塘은 64卦가 무엇보다도 그 명칭에 있어서 상징적 意味를 內抱한다

---

92) 同上.
93) 이하 本論文의 內容 참조.
94) 〈居觀錄 幷序〉, "或遠取諸物 或近取諸身……."
95) 同上, 618쪽, "易中言象皆有所取而非苟焉者……."
96) 同上, 617쪽, "易本假象以曉人."
97) 同上, 619쪽, "易之取象無方 此可見也.", 622쪽, "易之取象不一."
98) 同上, 624쪽, "易之取象 不全取卦體而 或只取爻位之陰陽上下……." 628쪽, "卦爻遇變爲用 故亦有取象於所變之 卦者此又易中取象之一例也."

고 말한다.[99] 卦名은 卦象에 따라 命名되며 그 해석은 전체적인 구조에 따라 달라진다는 것이다. 예컨대 恒(䷟)卦와 益(䷩)卦는 그 卦象이 모두 風(巽：☴, 木)과 雷(震：☳, 木)를 상징함에도 兩卦의 해석에 있어서 서로 다름을 지적한다.[100] 益卦의 경우 風과 雷를 言及하여 해석되고, 恒卦의 경우는 나무[木]를 상징적으로 채택하여 해석된다.[101] 이는 卦의 전체적인 構造에 따라 命名된 卦名을 해석의 근거로 채택했기 때문이다. 卦의 전체적인 構造에 따라 그 卦體에 內抱되지 않은 意味를 전달해 줄 수 있는 경우로서 大壯(䷡)·頤(䷚)·損(䷨)·益(䷩)卦를 例示한다. 大壯卦는 그 속에 兌(☱)卦가 없음에도 불구하고 그 전체적인 形態(卦體)가 兌卦를 닮았으므로[(䷡)는 2爻씩 짝지면(☱)의 象이 된다] 兌卦의 상징인 羊에 대한 言及이 가능할 수 있다.[102] 마찬가지로 頤·損·益卦의 경우도 그들 卦에 離(☲)卦가 없음에도 그 전체적인 형태가 離卦를 닮았으므로 그 상징적인 거북[龜]의 意味가 나타난다는 것이다.[103] 例示를 통해서 南塘은 卦의 전체적 構造(卦之全體)가 易의 상징적 意味를 전달해 줄 수 있는 중요한 요소임을 밝힌다.[104]

②의 경우에 대한 분석

《易經》의 64卦 각각은 그 爻들의 正·應·比·和·中 등의 균형관계에 따라 그 意味가 정해진다.[105] 南塘은 64卦의 意味에 대한 分析에서 이 점을 지적한다. 그는 易의 思考體系에서 正·應·比·和·中 등의 균형관계를

---

99) 〈居觀錄幷序〉의 附文, 615쪽, "卦名爻辭無非取於象者……."
100) 《居觀錄》, 624쪽, "恒益兩卦其象同是風雷而大象之辭或取於風雷 或取於木何也."
101) 同上, "風自外而入 雷自內而動 風雷相助益之義也 三陽在中爲幹之實一陰在下爲根之入 二陰在上爲枝葉之敷而木植不拔恒之義也."
102) 同上, 625쪽, "大壯之爲羊以其卦體似兌也."
103) 同上, 625쪽, "頤損益之爲龜以其卦體似離也."
104) 南塘은 卦의 전체에서 의미를 취하는 경우를 小畜, 履, 賁, 大過, 困, 鼎, 孚 등의 卦에서도 지적하고 있다.
105) 本稿 중 II. 2. 易經 (2) 剛柔의 均衡關係 참조.

吉한 것으로 생각하는 思考를 이어받고 있다.
　그는 먼저 正에 관하여 다음과 같이 생각한다. 遯(䷠)卦의 六二爻는 陰爻로서 陰位에 있으므로 柔順하고 견고(固守)하여 吉함으로 해석될 수 있고[106] 无妄(䷘)卦의 九五爻는 비록 九四와 上九의 剛爻들 사이에 끼여 병이 든(有疾) 爻象이나 이 爻는 제자리를 찾았고(正) 가운데에 위치하고 있으므로(中) 藥을 쓰지 않고도 쾌유될 수 있다.[107] 그러나 睽(䷥)卦의 三爻는 제자리를 찾지 못했으므로(不正), 四爻와 應의 관계에 있는 初爻로 끌려가 미움을 받게 된다.[108]
　應에 관해서도 다음과 같이 밝힌다. 蒙(䷃)卦의 九二爻는 그 應卦인 六五爻와의 관계에서 爻位에 있어 六五爻와 應의 관계에 있는 陽爻이기 때문에 아들의 의미를 갖고, 六五爻는 아들과 應의 관계에 있는 陰爻이므로 어머니의 意味를 갖게 된다. 그러므로 이 卦의 상징적 意味는 아들이 집안을 다스리는 '子克家' 의미를 내포한다.[109] 否(䷋)卦의 六二와 九五爻 역시 應의 관계가 적절히 이루어진 까닭에 비록 否塞한 凶卦(否)에 처해 있으나 "大人이 小人을 포용하고, 小人은 大人의 뜻을 순종하는 吉象의 意味를 상징해 준다"[110]는 것이다. 한편 睽(䷥)卦의 初九爻와 九四爻는 正應의 관계에 있지 못하므로(不應), 말[馬]을 잃게 되는 경우라고 했다.[111]
　比의 관계에 관한 言及은 比(䷇)卦의 경우에 한 번 등장한다. 즉, 이 卦의 下卦는 不比의 관계에 있고, 上卦는 四爻와 五爻, 五爻와 上爻間에 比의 관계를 형성한다. 그러나 九五爻가 이웃한 上六爻와 比의 관계에 있음에도 下位의 四爻와 강한 比의 관계를 유지하기 때문에 不比의 意味가 드러나고 그 결과 "앞에 있는 새를 잃게 되는(失前禽) 상징적 意

---

106) 《居觀錄》, 624쪽, 遯卦의 解說 參照.
107) 同上, 623쪽, 无妄卦의 解說 參照.
108) 同上, 625쪽, 睽卦의 解說 參照.
109) 同上, 618쪽, 蒙卦의 解說 參照.
110) 同上, 620쪽, 否卦의 解說 參照.
111) 同上, 625쪽, 睽卦의 解說 參照.

味가 내포"된다는 것이다.[112]

中에 관해서는 주로 正의 관계와 함께 言及되는 경우가 많다. 无妄(䷘)卦의 九五爻는 中正의 位置에 있으므로 中正의 德을 갖게 되어, 약을 쓰지 않아도 쾌유될 수 있는 意味를 內抱한다고 말한다.[113] 그러나 益(䷩)卦의 上九爻는 中正의 관계를 유지할 수 없기 때문에 그 應하는 바가 정상적이지 못하므로 그와 應의 관계가 되는 六三爻에 경계의 意味가 나타나며[114] 또한 需(䷄)卦의 九三爻는 中의 관계를 갖지 못함으로써 도둑을 맞게 되는 상징적 意味를 내포한다는 것이다.[115]

③의 경우에 대한 분석

《易經》은 각 卦象과 그 속에 內抱된 爻象의 상징적 의미 이외에도 二·三·四爻와 三·四·五爻로 구성되는 卦象과 그 爻象에서 파생되는 意味를 內抱한다. 이를 互體의 意味體系라 일컫는다. 南塘은 《易經》의 각 卦에 內抱된 이 互體의 意味를 매우 중시한다.[116] 예컨대 隨(䷐)卦의 四爻는 兌卦의 下爻로서 小女(막내딸)를 상징하나, 互體로서 보면 艮卦(二·三·四爻 : ☶)가 되므로 小子(막내아들)로 볼 수 있고, 그것이 震卦의 上位에 있으므로 다시 丈夫로 해석될 수 있다는 것이다.[117] 이와 같은 易의 爻象을 해석하는 方法으로서의 互體는 爻象의 본래적 意味 이외에 다른 意味로 해석될 수 있는 근거가 된다. 그리고 易의 해석에 있어서 이 互體의 意味는 正體(卦의 본래의 형태)의 意味와 함께 매우 빈번히 채택되는 意味라고 지적한다.

④의 경우에 대한 분석

---

112) 同上, 619쪽, 比卦의 解說 參照.
113) 同上, 623쪽, 无妄卦의 解說 參照.
114) 同上, 626쪽, 益卦의 解說 參照.
115) 同上, 618쪽, 需卦의 解說 參照.
116) 南塘은 卦體와 爻象의 正常的인 상태에서 해석되지 않는 의미해석의 경우에는 주로 互體로서 해석하고 있다.
117) 《居觀錄》, 621쪽, 隨卦의 解說 參照.

《易經》의 意味해석에서 또 한 가지 중요한 기준(原理)이 있다. 바로 變卦의 意味로, 한 卦를 해석함에 있어 그 卦가 變形되었을 때에 상징되는 意味를 말한다. 訟(䷅)卦의 九二爻를 해석할 때 이 爻는 上卦인 乾卦 아래에 險惡함이 있는 卦이고 六二爻는 그 主動(主)이 되는 위치에 있는 爻인 까닭에 아랫사람으로서 윗사람을 訟事하는 意味를 띤다는 것이다.[118] 그러나 이 爻는 變形되면 유순한 坤(䷁)卦가 될 수 있으므로 송사에 이기지 않고서 돌아가서 자중하는(不克訟歸而逋) 모습을 예상할 수 있고 그 결과 그를 추종하는 邑人들이 三百戶나 될 것임을 상징해 준다고 한다.[119] 이러한 變卦의 意味는 剝(䷖)卦의 上九爻와 无妄(䷘)卦의 六三爻, 鼎(䷱)卦 九三爻의 해석에서 채택되고 있다.[120] 南塘은 이러한 變卦의 意味가 易의 상징성(意味體系) 가운데 중요한 한 가지 例임을 지적하고 있다.

이상에서 지적된 네 가지 원칙(원리)은 易을 해석하는 가장 중요한 근본적인 원리(《易經》의 意味體系)라고 생각된다.

5. 易經의 意味에 대한 解析

南塘은 易의 原理를 事物이 消長·進退·吉凶으로 변화하는 것이라 생각하며, 이를 가장 잘 대변(상징)해 주는 卦는 否(䷋)·泰(䷊)·損(䷨)·益(䷩)·旣濟(䷾)·未濟(䷿) 등이라고 주장한다.[121] 확실히 이 卦들은 宇宙의 自然現象과 人間의 生活환경, 그 狀況의 可變性을 가장 잘 대변해 준다. 그러면 《易經》의 意味를 대표할 수 있는 이 卦들에는 어떤 意味가 內抱되어 있을까? 이들 卦爻들이 상징해 주는 의미는 크게 두 가지로 볼 수 있다. 첫째는 卦爻 그 자체의 위치와 다른 卦爻(이 경우 卦는 單卦를 意味한다)의 관계 등을 통해서 상징되는 事物의 현상적 意味이다. 이는

---

118) 同上, 619쪽, 訟卦의 解說 參照.
119) 同上.
120) 同上, 622쪽, 剝卦; 622쪽, 无妄卦; 628쪽, 鼎卦의 解說 參照.
121) 《居觀錄》, 131쪽, "易之消長進退 吉凶相禪之理 最於否泰損益旣濟未濟之卦可見矣."

易의 상징체계 속에서 陰陽·上下卦體·爻象의 消長, 進退를 통해서 직접 상징된다.

泰卦의 初九爻와 否卦의 初六爻에서 "잔디를 뽑으면 뿌리째 뽑힌다(拔茅茹)"라는 내용은 泰卦의 경우 復(䷗)卦의 下卦인 震(☳: 雚葦〔잔디〕)에서 二陽이 자라왔고, 否卦의 경우 姤(䷫)卦의 下卦인 巽(☴: 茅〔잔디〕)에서 二陰이 자라온 爻象에서 상징되는 현상적 意味이다.[122]

旣濟(䷾)卦의 初九爻에서 "수레를 끈다(曳其輪)"라든지 未濟(䷿)卦의 卦辭에서 "어린 여우가 냇물을 건너가려 할 때 그 꼬리를 적신다"(小狐汔濟其尾) 등은 모두 卦體와 爻象에서 이끌어낸 현상적 意味이다.[123]

둘째는 卦爻에서 상징되는 규범적 의미이다. 否(䷋)卦의 六二爻는 陰爻로서 陰位에 위치하고 있으면서, 위의 九五爻의 大人과 相應하는 爻象이므로 이 卦의 전체적인 意味는 否塞한 卦象이지만 小人으로서 吉祥을 누릴 수 있는 意味가 내포된다는 것이다.[124] 또한 益(䷩)卦의 六三爻도 正中의 위치에 있지 못하므로 凶한 爻象이나 上九爻의 中正하지 못한 爻象을 보고 경계하고 분발함으로써 자신의 無能함을 깨달아 凶한 가운데서도 이로움을 취할 수 있는 意味가 내포된다는 것이라고 한다.[125] 이 두 경우에서 볼 수 있듯이 易의 모든 卦體와 爻象에는 이와 같은 규범적 의미가 內抱되어 있다는 것이다.

南塘을 비롯한 性理學者들은 위에서 제시된 두 가지 意味 가운데서 後者의 의미, 곧 규범적 의미를 《易經》이 제시하는 본질적인 의미로 생각한다. 그런 까닭에 南塘은 易의 原理를 깨달은 者는 安定된 상황에서도 危亂을 대비하고[126] 畏敬과 謹愼의 자세를 갖고[127] 자신의 행동을 반성하고[128] 수양하는(自修)[129] 윤리적·규범적 자세를 갖게 된다고 주장한다.

---

122) 同上, 620쪽, 泰卦의 解說 參照.
123) 同上, 631~632쪽, 旣濟卦 및 未濟卦의 解說 參照.
124) 同上, 620쪽, 否卦의 解說 參照.
125) 同上, 626쪽, 益卦의 解說 參照.
126) 《居觀錄》, 131쪽, "君子觀象 居安而思危……."
127) 同上, 632쪽, "君子於此可不知所畏而謹之哉."
128) 同上, 626쪽, "蹇之水在山上 流而反下 故君子以之反身."

IV. 맺음말

易은 中國을 中心으로 하는 東亞文化圈의 形而上學的인 思惟體系로서, 事物을 剛柔(陰陽)의 對待·均衡·交互關係로 파악한다. 그런 까닭에 易은 世界로서의 自然을 對待·循環變化·調和 등의 定象으로 파악하는 것이다. 易은 그 起源에는 비록 迷信的 意味가 內抱되지만, 世界에 대한 해석의 체계로 볼 때에는 결코 미신적이라 할 수 없다.

朝鮮後期의 性理學者였던 南塘 韓元震은 이러한 易의 意味를 통찰하여 그 체계의 합리성과 타당성을 밝히려 노력했다. 그는 전설적인 의미를 내포한 河圖와 洛書를 易의 모든 체계의 근간으로 생각하고 이에 근거하여 作成되었다고 믿는 易學關係의 여러 圖表들과 《周易》의 내용을 결부시켜 그 타당성을 밝히려 했다. 그 결과 圖表들을 근간으로 하여 構成된 易의 상징체계를 世界를 해석할 수 있는 의미체계로 合理化했다.

그의 노력은 일단 성공했다고 볼 수 있고, 世界를 해석하는 범주의 체계도 상당한 타당성을 갖는 것으로 나타난다. 그러나 그가 파악하는 易의 의미체계는 근원적으로 世界의 生成變化를 因果論的 意味에서 說明해 줄 수는 없다. 이 점은 易의 思考體系가 갖는 한계성이기도 하다. 그런 까닭에 그가 제시하는 易의 意味體系는 단지 事物間의 바람직한 관계를 예상하고 그를 유도하는 데 도움을 줄 수밖에 없는 것이다. 그 결과 그는 易을 통해 파악되는 사물의 관계를 倫理道德的인 의미로 해석함으로써 종래의 性理學的인 易學觀의 충실한 계승자에 머물고 있었다.

---

129) 同上, 617쪽, 乾卦 解說, "處於危厲所當致戒而恐小懼自修." 625쪽, 蹇卦 解說 "修德山之蓄聚也."

旅軒 張顯光의 《易學圖說》 硏究

金弼洙*

―― 차 례 ――

Ⅰ. 緒 論
Ⅱ. 生涯와 思想槪觀
Ⅲ. 旅軒易學의 易學史的 位置
Ⅳ. 考證的 業績
Ⅴ. 適用法으로서의 互體法과 變易法의 辨
Ⅵ. 義理論의 定立
Ⅶ. 結 論

Ⅰ. 緒 論

　　朝鮮社會의 中樞的 支配思想이었던 程朱學은 그 發生地에서보다 더 徹底하게 硏究되고 當時社會의 價値理念으로는 거의 絶對的인 것이어서 宗敎的 權威로 發展하기에 이르렀다. 初期의 儒學은 國家學으로서 자리잡기 시작한 形成期를 지나, 16世紀로 들어와 爛熟期를 맞게 되어 退栗學을 낳았다. 이른바 主理派와 主氣派의 兩大山脈으로 나뉘어 理氣論爭의 開花結實을 맞게 되었던 것이다. 性理學의 基本理論인 太極陰陽理氣論과 人物, 心性, 四端七情의 問題는 宋代보다도 더욱 徹底히 硏究·檢討되어 徐花潭·李晦齊·李退溪·李栗谷·張旅軒·任鹿門·李寒洲·奇蘆沙 등의 奇穎들을 輩出했다. 그리하여 朱晦庵에 衣하여 體系化된 斯學은 東方에 와서 더욱 細分化·執拗化되어 그 全盛期를 맞았다. 더구나 그것은 漸次

---

*東國大學校 哲學科 敎授

的으로 政治勢力과 連繫되어 士禍를 招來하는 結果를 만들기도 했다. 즉 새로운 異說을 提起하였다가는 新奇創立, 斯文亂敵이란 罪를 뒤집어 쓰고 慘禍를 당하는 此際에 程朱學의 테두리를 벗어난다는 것은 생각할 수도 없었다. 尊崇朱子의 領域 안에서도 그것을 枝葉的으로나마 벗어나 異說을 내세우기는 극히 힘든 일이었고 學者로서의 勇氣를 要하는 것이 었다. 當時 兩大學派인 嶺南學派와 畿湖學派가 保守的 主體勢力이었기 때문에 學派를 달리한다든지 獨者的인 體系를 세우는 卓異者는 認定받 지 못하는 게 현실이었다.

　張旅軒은 바로 學問的 業績을 正當하게 評價받지 못한 분의 한 例라 하겠다. 그의 深奧한 學理는 獨自的 經書解釋을 이룩하였으며 또한 尨 大한 著作은 他의 追從을 不許했으며 特히 易學의 奧義에 沒入하여 이 룩한 易說과 易圖는 卓越한 것이었다. 그는 程伊川 또는 朱晦庵의 易義 를 反論한 것은 아니지만, 그들을 凌駕하는 면이 있었다. 朝鮮諸儒들이 《周易》의 圖說에 있어, 程朱의 것을 그대로 받아들인 것과는 달리 그는 그것을 發展的으로 再解釋할 수 있는 窮理를 갖춘 선비였다. 旅軒의 代 表的인 著作은 文集으로《前集》·《後集》이 있고《性理說》8卷,《易學圖 說》9卷,《晩學要會》,《易卦總說及究說》,《圖書發揮》 등이 있는데《性 理說》 以下는 家人이나 弟子들에게도 끝내 公開하지 않은 著作들이다. 이는 아마도 先賢의 易義에 대한 所說에 다른 解釋이 적지 않은 터라 當 時의 社會의 輿件으로 보아 奇異한 性癖으로만 볼 수 없다. 先王의 死 後에 文集을 發刊했을 때도 前記한《性理說》 以下의 것은 收錄되어 있 지 않았다. 先王은 經書校正事業에 屢次 召命을 받았으나 不進했고 49 歲時에는《周易》 校正에 同參했으나 3日 만에 辭退하고 還鄕했던 일도 있다. 그는《周易》의 探究에 沒入하면 寢食까지도 꺼릴 정도였으며 晩學 以外의 爵祿 등에는 관심이 없었다.

　旅軒은 周濂溪의 太極圖說을 基本으로 삼고 程伊川 및 朱晦庵을 參 考로 하여 周到綿密한 體系를 세워 나갔는데 先賢들이《易經》의 理解를 宇宙論的이며 支離滅裂하게 했다 한다면 그는 그것을 道德論으로 把握 하면서 融合會通시켜 一目瞭然케 했다 하겠다. 그는《性理說》에서도

"太極을 思辨的 宇宙論만으로 끝맺는다면 人間事에 어떤 보탬이 될 것인가?" 하여 그것을 道德論으로 歸還시켜 認識實踐하는 倫理論으로 이끌어 갔다. 또 本體와 現象의 乖離를 克服하기 위하여 '統體'와 '各具', '一理'와 '萬殊', '至有'와 '至無'를 別個가 아닌, 時間的·空間的 狀況에 따라 다르게 나타나는 分合의 關係로 보았다. 理氣論에서도 先賢들이 人馬比喩 등의 各樣各色의 說明을 한 데 대하여, 紡績의 經緯로써 隱喩化시켜 그의 透徹함을 보여주었다. 즉 理는 無變之體로서 '經'에, 氣는 可變之用으로서 '緯'에 譬喩하고 '經'과 '緯'는 各各 '도투마리〔袖〕'와 '북〔杼〕'에 根源되나 그 바탕은 '실〔絲〕'이다. 經이 되는 理는 本體이며 緯가 되는 氣는 各具여서 前者는 常一不變하나 後者는 反覆往來 循備曲折하는 것이다. 前者는 '太極'이라 하여 변함없는 名稱인 데 반하여, 後者는 萬殊로서 固定된 이름을 붙일 수 없는 萬有生成之相이다. 또 실〔絲〕로써 표현된 기본 바탕은 바로 '道'여서 '經', '緯', 즉 理와 氣의 所宗이 된다. '道'의 法則面이 理로서 太極이라 하고 資料面을 氣라 하여 萬殊가 되는 것이다. 그러나 理와 氣는 分離해서 생각할 수 없어서 異名同體로 보아야 하는데, 그것은 '날실〔經絲〕'과 '씨실〔緯絲〕'과의 관계와 마찬가지로 어느 한쪽만 가지고는 '길쌈〔紡績〕'이 不可能함과 같다. 그리하여 '理行乎氣', '氣順乎理'로써 縮約시키고 있다. 즉 '一理卽萬殊'였다.

그는 《易經》研究의 面에서도 前述한 《易學道說》, 《易學總說 및 究說》, 《圖書發揮》 등도 역시 宇宙의 實體, 즉 存在의 참모습에 대한 認識에만 머물지 않고 그것을 實踐倫理觀으로서의 遏惡揚善하는 데에 그 目的을 두었다. 朝鮮 儒學者 중 旅軒만큼 經書解釋에 一貫性 있는 主張을 할 수 있고 또 固執스러울 程度의 個性을 지켜 나간 선비는 드물며 易學의 奧義에 그만큼 心醉한 사람도 흔치 않을 것이다. 旅軒은 또 글만 쓰는 孤陋한 書生이 아니었다. 亂局을 당하면 逝世한다는 固定化된 通念을 벗어나 積極的으로 參與해야 함을 주장한 선비였다. 그야말로 당대의 異人이라 하겠다. 本論文은 앞서 作成한 〈旅軒 張顯光의 性理說硏究〉[1]의 續篇格이 된다. 淺學의 拙稿가 그의 깊은 學問의 業績을 알아보는 데

한모퉁이의 힘이 되었으면 한다.

II. 生涯와 思想槪觀

張顯光의 字는 德晦며 號는 旅軒이다. 朝鮮朝 明宗 九年 甲寅年(1554年) 正月에 태어나 仁祖 丁丑年(1637年)에 享年 84歲로 卒했다.

그는 7歲에 就學하여 벌써 集字成句할 수 있을 程度로 早達夙成하여 周圍의 사람들을 놀라게 했다. 8歲에 아버지 判書公을 여읜 뒤 홀어머님께 孝誠을 다하여 晩學하고, 18歲에《宇宙要括帖》을 지음으로써 그의 明晳한 俊穎을 드러냈다. 그것은 젊은 旅軒의 야심적 의욕을 드러낸 大事業을 爲한 手書로서 ① 會眞, ② 一原, ③ 俯仰, ④ 中立, ⑤ 傳統, ⑥ 載道, ⑦ 景慕, ⑧ 旁搜, ⑨ 遠取, ⑩ 反躬으로 나누어져 있다. 이것들은 '理'에 관한 理論과 天地人 三才 等의 體系를 圖式化했고, 歷代聖賢들의 系統圖와 易學의 體系와 諸子百家, 雜家, 佛家를 等級化시켰다. 〈十帖題〉 끝에 "能히 天下事業으로 할 수 있어야만 天下第一人物이 될 수 있다"고 하는 覇氣에 넘치는 글을 싣고, 그 目票로 '嚴以持己', '義以處事', '和以待人', '理以應物'을 세우고, 그 方法으로는 '中正平易', '明白坦豁', '寬大雄確', '運厚敦實'할 것을 銘으로 삼았다. 이렇듯 젊은 나이에 先賢들이 세웠던 宇宙의 理致와 歷史的 人物들의 業績, 陰陽之造化와 修身之方法 등에 두루 通할 수 있었던 것을 보면 可히 그의 天才性을 엿볼 수 있다.

그의 學問的 卓異함이 알려지기 시작했을 때인 21歲에 地方生員試인 安東夏課에 應하여 '豁開雲霧見靑天'이란 題로써 考官으로부터 귀로만 듣고 입으로 흘러나온 말을 하는 俗儒가 아니라는 칭찬을 들었다. 그는 비록 若冠이었으나 威儀가 嚴格하였고 言笑를 좋아하지 않았으며 天德

---

1)《東國思想》, 8輯(1986年)에 수록.

王道의 要諦만을 깊이 探究하였다. 그리하여 當時 朝廷에서 都邑에 파묻혀 있는 才學卓異者를 薦擧하라는 令이 있었을 때에 旅軒은 그에 뽑혔다. 그가 27歲에 星州牧으로 있던 許潛이 鄭寒岡(1543~1620)에게 南中에 好學之士가 있느냐고 할 때 "寒岡은 孔子의 門下 好學者 顔子 한 사람이었는데, 쉽게 말할 수 없는 일이지만 張某는 學問을 求하고 道에 뜻을 두고 德性을 純粹하게 成熟시켰으니 어느 날엔가 나의 스승이 될 사람은 반드시 이 사람이다"[2]라 하였다. 宋尤庵이 沈德升에게 答한 글에도 "張旅軒의 淵源은 後生이 감히 알지 못할 것이 있다"[3]고 한 점 등으로 보아 그의 경지를 斟酌할 수 있다.

그는 壬亂 중에도 讀易함을 그치지 않았으며 潛心窮理하여 주변에서 말을 걸어와도 그저 笑而不答할 뿐이었다. 旅軒은 不惑之年에 들어서 處身의 準則이 確固히 섰다. 42歲時에 報恩縣監으로 있을 때 門人들로부터 "不仕함은 無義가 아닌가?" 하는 質問을 받고 處出의 몸가짐에 대한 正邪를 다음과 같이 밝혔다. "學이 아직 도탑지 않은즉 處하고 學이 도타우나 時가 不可하면 處하고 時가 可한데 禮가 미치지 못할 때에는 處해야 마땅하다. 그러나 冒進함이 義로운 것이 될 수는 없는 것이기에 비록 時에는 맞지 않으나 禮가 至極함이 있을 때에는 可히 出할 수 있다. 가난하면서도 自存할 수 있다면 出할 수 있다. 무릇 冒進하는 者는 道에 不足함이 있으므로 不仕者라 해도 可할 때도 있고 不可할 때도 있는 것인데 或 出하여 仕함을 부끄러워할 者는 處하여 몸을 깨끗이 해야만 자기 몸을 높인다는 그릇된 생각을 갖고 있는 者로 이는 君臣의 大義를 알지 못하는 者다"[4]라 하여 確固한 處出之辨을 밝혔다. 亂世에는 必히 遯世함이 上策이라고 여기던 當時의 通念에 參與로써 積極的 價値를 具現하려는 姿勢는 바른 선비정신의 師表가 된다 하겠다. 仕進에 關한 한 그것에 결코 뜻을 두지 않는다는 것은 단지 一身의 高潔한 名譽만 생각하는 겉치레로서 수치라고 보았다. 다시 말하면 "'仕'와 '學'이 별다른 것

---

2) 《旅軒全書上》, 年譜.
3) 張志淵, 柳正東 譯, 朝鮮儒學淵源(三星文庫, 張顯光條), 224쪽.
4) 《旅軒全書上》, 年譜.

이 아니며[5] 與件如何나 選擇如何에 따라서 意味가 다를 수 있기 때문에 孤高히 潔身하고 燿名하며 自重(스스로를 높임)만 하여 外假하는 것도 부끄러운 일이고 冒進하여 스스로를 닦음이 없는 것도 역시 자기를 속이고 一世를 欺罔하는 것이다"[6]고 했는데 그 理由는 修己 없이 治人을 한다는 것이야말로 그보다 더 큰 거짓이 없기 때문이다. 《論語》에 "不仕는 義가 없는 것이니 長幼의 節도 없으면서 하물며 君臣之義를 어찌 廢하리오. 자기의 몸만을 깨끗이 하고자 大倫을 紊亂케 함에 이른다"[7]는 立場이 旅軒의 뜻이라고 본다. 즉 參與만이 眞實이라는 것이다.

그는 縣監으로 있으면서 意慾的인 治績을 이룩해 놓았는데 그것은 邑中 官民이 各階層間의 精神的 乖離가 있어서는 안 된다는 判斷下에 "中人 以下 서로의 紐帶를 敦篤히 하려고 鄕約을 만들고 月會規約을 定하여 每月 朔日에 父老가 모여 面識을 익히고 情으로써 憂樂을 함께 하였고 利害善惡是非 等을 相議하여 寃枉할 일이 閭巷間에 없도록 노력했다. 特히 仕事者의 違越하는 行爲를 重視했다. 또 讀書한 바를 서로간 質疑토록 하고 儒士들로 하여금 禮文을 講說하며 義理와 聖賢의 事業과 歷代治亂을 討究했으며 或 詩章을 읊조리고 함께 山水之間에 노닐기도 했다. 이래야만 學問이 높아지고 性情이 길러지는 데 도움이 된다"[8]고

---

5) 《旅軒全書上》, 年譜, "大抵仕學非二道也, 時有古今職有大小, 隨時應之, 道在其中, 要在不失其義而己."
6) 前揭書, "內無天爵自修之實……可恥而……畢竟一亦未免於欺身欺一世者多矣."
7) 《論語》,〈微子篇〉, "子路曰, 不仕不義, 長幼之節, 不可廢也, 君臣之義, 如之何其廢之, 欲潔其身而亂大倫, 君子之仕也, 行其義也, 道之不行, 己知之矣."
8) 《旅軒全》上, "中人以下面不交則不通情不通則憂不同, 憂樂不同, 樂患亂, 不知相救疾病, 不知相扶, 至親之間必歸路人, 況初非至親者乎……我願是鄕自令立約有月會之規, 月朔則父老相會, 事有利害共相與, 是非之人, 有善, 惡共相與勤懲之……仕事者違越而共糾正之, 如是見扙鄕風美邑俗, 其機不此係乎月望則儒士相會, 敦勉孝弟之道, 勸勵禮義之方, 善相師之過, 相造之, 各考其所做之業. 相質其所讀之疑, 或講說禮文, 或討究義理,或尙論聖賢事業, 或推詳歷代治亂, 或相與詠歌詩章, 或相與游賞山水,

생각하여 牧民之官의 任務를 다했다. 官과 民의 一體感 속에서만 敎化 治化를 이룩할 수 있다고 본 것이다. 그가 45歲時 西厓 柳先生을 찾아뵈었을 때에 西厓는 筵席을 같이 해본 뒤에 아들 '袗'을 보고 말하기를 "그의 사람됨이 바르고 마땅하며 渾然히 確固하게 착 가라앉아 있는 태도 때문에 아무도 그 뜻을 빼앗을 수 없고 그 度量을 헤아릴 수 없어 상대하는 사람으로 하여금 心醉하게 되니 뒷날 이름난 큰 선비가 될 것이며, 儒道를 굳세게 할 사람은 바로 이 사람이다"[9]고 하면서 아들 '袗'으로 하여금 師事케 했다. 그 해 가을 周王山에 游하면서 自身이 나그네 [旅人]가 되어야 했던 心境을 披瀝한 《旅軒說》을 著述했다. 그는 四方으로 집을 삼고 旅游로 樂을 삼는다는 自身을 그린 글대로 流浪을 계속했다. 또 《易經》의 火山旅卦의 旅人은 '貞'해야 吉하다는 가르침대로 平生을 愼獨함을 生活의 信條로 삼았다. 報恩縣監에 1年과 工曹佐郎 및 刑曹佐郎 半年을 빼고는 永川立巖, 靑松凍谷, 周王山, 奉化道心村 등을 옮겨 다녔다. 한 해에 서너 차례 移住한 일도 있다. 55歲에는 他의 追從을 不許하는 厖大한 大作 《易學圖說》을 撰하여 一生의 用工을 오로지 하였다. 68歲時에는 理氣說의 獨創的인 精髓를 담은 《性理說》 중 '經緯說' 부분을 作했다. 70歲 때에 仁祖反政이 있었고 그 해 3月에 反政後 맨 먼저 謁見하는 선비가 되었고, 이듬해 李适의 亂이 일어났을 때 大駕가 公州로 南遷했기에 行在까지 갔다가 還都하는 도중에 良才驛에서 拜했다. 또 같은 해 3月 副提學 鄭經世의 周旋으로 入闕하여 爲政의 要를 요청받았을 때 "先定 大機軸하면 節目이나 間事는 절로 이루어진다"고 하고 "大機軸가 무엇인고" 했을 때 "殿下의 一心으로 奪發振作하여 心을 一新하면 반드시 效力이 있을 것이며 上이 誠心으로 治를 求한즉 群下는 可히 平治之盛에 이른다"고 進言하였다. 刑曹參判, 大司憲, 吏曹參判 등에 歷拜되어 或就하기도 하고 不就하기도 하면서 臨仕之辯을 仁

    如是則, 資學問, 適性情, 其益亦小豈小哉."
 9) 前揭書, "先時柳先生飽聞, 先王誼累薦之, 筵席及相見於亂中, 觀其造次
    顚沛之間, 行止安詳異而敬之命其子曰, 此人凝定確固渾厚沈潛志不可, 奪
    量不可窺對之令人心醉, 異日爲名世大儒主盟斯道者必此人也."

祖께 드려 "일찍이 宣祖朝時부터 仕에 臨하지 않은 것은 아니지만 聖上께 撥亂反正하여 立하심이 旋乾轉坤之功과 光前啓後之業으로 將來를 亨泰케 하여 백성들을 塗炭에서 건졌고 國家를 盤石 위에 튼튼히 하였기에 무릇 한 조각 善心만이라도 가진 者는 善을 이룩했다 말하고 한 가지 재주〔藝〕만이라도 있으면 그 效力을 생각하는 마당에 어찌 臣만이 不就하겠습니까?" 했다. 다만 '늙고 病들었음'이 그 理由이었다고 밝히는가 하면 本人 자신이 '除受된 職에 自身이 적합한 人物이 못 된다고 판단될 때에는 그 職에 합당한 人品의 基準을 들어 명확히 함'으로써 爵祿을 탐하지 않았음을 보여주면서 '적당한 人物이 합당한 職에 就치 않음'을 罪라고 단정하였다. 이와 같이 旅軒은 불과 一年 在職하면서도 退할 때에는 必히 自身의 處出之辯을 밝혀 上께 奏했으며 治世之要를 곁들였다. 이 점이 仁祖로 하여금 여러 차례 衣資糧饌을 賜하게끔 했던 것이다. "去賊之本은 修德하는 데 있고 止寇之要는 安民하는 데 있으므로 修德則賊不出하고 安民則寇不起하는 것인데 그 方法이 高遠한 곳에 있지 않고 바로 易簡에 있다"고 했다. 즉 "易簡만이 理得事順할 수 있어서 恭儉을 崇尙하고, 浮華를 節制할 수 있고, 德化만을 敦篤히 하여 刑殺을 省察하며, 簡情에 務實해야만 煩擾가 그치는 것이 어찌 爲政의 要가 아니겠는가?"[10]는 明確한 主張은 복잡하고 支離滅裂했던 당시의 政局의 輿件을 改善匡正하는 唯一한 方法이라고 판단했던 것이다. 旅軒은 70歲 以後부터 著述에 힘써 緖論에서 言及한 著作의 대부분이 이때 쏟아져 나왔다. 역시 前述한 대로 누구에게도 그것들을 보여주진 않았다. 仁祖는 老臣下를 아끼는 나머지 內醫를 보내어 看病케 하는가 하면 藥과 食物

---

10) 前揭書, "去賊之本在於修德, 止寇之要, 在於安民, 修德而賊自不出, 安民而寇自不起此言尋常人所伯談, 固非奇特底事也而此外無他道理也, 修德安民之道, 不在高遠, 只在易簡而已, 易大傳曰易簡而天下之理得矣, 蓋天下之道必須易簡然後理得而事順矣, 以今日言之尙恭儉而節浮華敦德化而省刑殺務簡靜而止煩擾, 豈非其爲政之要哉其只在殿下之一心耳, 伏題躬先自新立心以議, 則一誠之中百爲皆道萬物, 皆所其驗廣且大矣, 又一悚焉."

을 下賜하기도 하고 經筵에 올랐을 때에는 魚와 酒를 屢次 내렸다. 83歲 時에 마지막이 되는 藥物을 下賜받았고 疏章으로는 節筆이 된 〈進戒之 辭〉를 올렸다. 그는 "臣이 보니까 古今天下에 朝廷不和에 國家가 國家 노릇함을 보지 못했고 士論이 不一하고서 敎化가 敎化답게 됨을 못 보았 습니다. 宇宙間에는 一道一理가 있는 것이어서 이 道理를 어기면 人은 人이, 物은 物이, 天은 天이, 地는 地가, 家는 家가, 國은 國이 잘될 수 없으니 必히 道理에 順해야만 합니다. 明主께서 이렇게 하지 않을진대 國家는 畢竟 大憂할 것입니다"[11]라고 했다. 이 해 12月에 及其也는 丙子 胡亂이 일어나 猝地에 淸兵이 서울을 攻拔했다. 旅軒은 大駕가 南漢山 城으로 避亂했다는 소식을 듣고 이를 各邑에 널리 알리면서 邑中의 선비 의 자제들에게 뜻을 전하여 義旅를 일으켰다. 義兵將은 선생의 堉甥인 臥游堂朴普慶이었다. 旅軒은 나이를 잊은 듯이 東奔西走하여 物資로써 本府義旅를 도왔고, 儒生들에게는 國家存亡의 危機를 깨우쳐 주었다. 그 는 南漢山城의 降服에 대한 悲報를 듣고 先瑩에 永辭의 뜻을 드리고 永 川立巖에 隱遁하면서 마을로부터 멀리 떨어진 道德洞골짜기의 居處를 休老壇이라 이름했다. 立巖에서의 求道生活은 참으로 眞摯한 것이어서 山水間의 吟風弄月調가 아닌 老大家의 무르녹은 道學의 境地에 들어갔 다. 修道生活의 指針을 十二目으로 壁書하여 座右銘으로 삼았는데 ① 留心道德, ② 立心敬誠綱領, ③ 存心精一, ④ 游心宇宙主宰, ⑤ 治心謹 愼, ⑥ 操心賢貞用功, ⑦ 虛心虛明, ⑧ 持心正大模範, ⑨ 栖心淡泊, ⑩ 存心高明補養, ⑪ 安心立名, ⑫ 平心逆境機門이 그것이었다. 또 거기에 邵康節의 四事吟을 壁書했다. 그는 易學硏究에 始하고 그것으로 末을 지어 性理學의 깊은 곳까지 꿰뚫었으며 이러한 康節風의 生活은 避凶趨 吉之學으로서의 易理의 本源을 깨친 데서 오는 生涯였다 하겠다. 仁祖는

---

11) 前揭書, "臣見古今天下, 未有朝廷不和而國家得爲國家, 士論不一而敎化 得爲敎化者也, 蓋宇宙之間一道一理而已, 達此道理則人不人物, 物不物天 不天, 地不地, 家不家, 國不國矣. 必順此道理然後人物得其性, 國家得其 安, 天地得其位, 殿下臨御己久, 豈不見朝著間心跡廟堂諸賢亦豈不此爲憂 方今危治世憂明主者未嘗不以此爲國家畢竟大憂也."

祭文에 "五百年에 聖賢이 應期하듯이 烏山洛水(金烏山과 洛東江)에서 큰 그릇[偉器]이 되었다. 少時부터 뜻가는 대로 道를 求함이 要約함에 미치게 되어 默契精到하였다"[12]고 하여 그의 夙成英邁하여 이룩한 學問 的 造詣를 말하며 恣意探討한 自由의 氣魄과 獨自性을 잘 밝혀주면서 "天地의 큼과 性命의 奧妙함을 硏窮體認하여 豁然히 밝게 通하고 참되게 알았으며 實質的으로 體得한 것이므로 어긋남이 없었다. 先輩들 앞에 선 늘 謙讓했고 不滿을 갖지 않았으며 易理에 精通하여 象數學에 환했기 때문에 合散, 屈伸, 消息, 盈虛를 고요히 洞察할 수 있었다"[13]고 했다.

潤松 趙任道는《就正錄》에서 이르기를 "先生은 힘이 보통 사람을 지나면서 몸은 옷도 이기지 못하는 것 같고 識見이 세상을 超越하면서도 말을 못하는 듯했고 山林에 居住한 지 80年에 朝廷의 是非와 政事의 得失, 人物의 長短을 말하지 않고 실력을 외부에 감췄으므로 남들이 도저히 알지 못하였다. 德스러운 용모가 充滿하고 풍채가 수려하며 온화하고 안정되어 있어서 항상 泰然自若했다. 終日토록 讀易해도 餒乏하는 모습을 엿볼 수 없었고 뜰 가운데의 梅花만을 淡然相對했으며 平生에 藥을 별로 먹어본 일이 없었음은 한결같이 心性을 잘 기르고 節制謹愼으로 法度를 삼았기 때문이다"[14]라 했다. 또한 眉叟 許穆은《神道碑錄》에 旅軒의 上疏文을 引用하여 "志卑則道가 卑하고 道卑則 事業이 卑하고 事業卑則 人이 不服하고 人不服則 이웃나라가 두려워하지 않고 天地鬼神이 돕지 않을 것은 自明한 일이어서 殿下께서 危을 잊지 않고 亂을 잊지 않고 亡을 잊지 않은 然後에야 可히 君道를 다할 수 있고 朝廷의 臣下는

---

12)《旅軒全集》上, "仁祖致祭文…… 張顯光之靈惟靈孕秀烏山洛水, 五百應期大東偉器自在童艸, 己志求道单考典墳, 恣意探討歸而約之, 默契精到."
13)《旅軒全書》上,〈仁祖致祭文〉, "天地之人性命之奧, 硏窮體認豁然通曉, 眞知實得, 不差钅算, 年甫弱冠段己具, 質諸先輩, 俛手避席, 慊然撝謙, 不自滿足, 積功三節, 精通義旨, 象數豁然, 如掌斯指, 合散屈伸, 消息盈虛, 靜觀洞察."
14) 張志淵, 柳正東譯《朝鮮儒學淵源》, (三星文化文庫, 59호).

그 一身의 몸과 家와 私를 잊은 然後에야 可히 臣道를 다할 수 있다"고 한 것으로 미루어 보아, 臣道의 길은 "君子, 終日, 乾乾, 夕惕若, 厲无咎"[15]한다는 《周易》 乾卦의 뜻을 體仁한 結果이며 臣道는 滅私奉公에 의해서만 이룩될 수 있다는 信念을 가지고 直諫한 것이었다.

旅軒이 學問함에 있어 程朱學的·絶對的 權威 속에서 그것을 뛰어넘으려는 試圖는 오직 自彊不息하는 志槪가 있었기에 可能했다. 非實踐的 思辨만을 穿鑿하던 朝鮮朝 學風을 말하여 "더 없이 참된 것은 理로써 理를 마음에 體認하고 몸으로 實踐하는 道다. 德은 그 道의 至善함을 말한 것이다. 이 道 밖에 따로 이른바 德이 있는 것은 아니다"[16]고 正鵠을 찔렀고 當時 斯界의 學問的 平均水準을 克服할 수 있었다.

"朱熹 以後의 太極論은 그것을 再解釋하는 것에 지나지 않았다. 이에 대하여 張顯光의 太極說은 周敦頤 太極說의 本意를 잘 파악하고 闡明하였고 그 동안 學界를 지배해 오던 朱熹의 宇宙論的 太極論의 範疇를 넘어서 道德的 形而上學의 一家를 열었다"[17]는 말은 旅軒의 學問의 片面을 잘 보여주는 例가 된다. 그는 本體論 면에서는 一元論을 固守했으며 倫理論면에서는 實踐優先의 生活中心的인 道德觀을 가졌다고 보겠다.

III. 旅軒易學의 易學史的 位置

張旅軒의 周易觀과 學問的 位置를 論及하기에 앞서 中國에서 그것이 形成發展되어 왔던 過程을 言及하려 한다. 왜냐하면 旅軒의 陳述은 그 發展過程에서 문제점을 드러내고 있기 때문이다. 《周易》은 애초에 卜筮

---

15) 《周易》,〈重天乾卦三爻, 爻辭〉, 君子는 終日토록 부지런히 노력하고 두려워하면 위태로운 지위에 있어도 허물이 없을 것이다.
16) 玄相允,〈朝鮮儒學史〉,〈張顯光條〉.
17) 金吉煥,《朝鮮儒學思想의 硏究》(一志社), 351쪽.

로서 出發하여 自然 내지 人間事의 吉災를 이겨낼 수 없을까 하는 避凶 趨吉을 향한 意志의 表象이 具現된 것이다. 따라서 이것은 生活의 智慧를 提示해 주는 處世訓으로 發展하게 되면서 점차 宇宙論이 形成되었다. 즉 劃卦와 筮辭 위에 이에 대한 註釋이 添加되었고 統一的인 解說까지 이루어졌다. 이와 같은 一連의 註釋들을 〈十翼〉이라 했다. 〈十翼〉이 形成됨으로써 《周易》은 合理的인 哲學性과 倫理性이 確立하게 되고 이에 따라 經典의 價値가 定立되기에 이르렀다. 記錄上으로는 '孔夫子'에 와서 〈十翼〉까지 모두 完成된 것으로 보고 있으며 考證學에서는 前漢 初期에 이르러 完成된 것으로 본다. 漢武帝에 이르러 儒學이 國學으로 定立되면서 《周易》은 五經 속에 포함되었는데 秦始皇의 焚書時에 沒理念書로 評價되어 위기를 모면했는데 이는 經典의 資格을 갖추게 한 〈十翼〉의 첨가 이전이었기 때문이라 하겠다. 이리하여 占書로 出發한 《周易》은 義理學으로서 자리가 굳어졌다.

　漢代易의 特徵은 荒誕한 象數說과 呪術的 筮法에 있었는데 歷法으로 應用된 '卦氣說'과 '分卦直日法' 등은 當時에 그 非正統性으로 인해 批判을 받았고 뒤에 王弼에 의하여 "얼음처럼 차고 맑은 물줄기를 파헤친다"고 評을 들었듯이 과감하게 整理되었다. 漢代易 중 '十二消息卦'法을 除外하고는 거의 應用되고 있지 않다. 前記한 '卦氣說'은 重水(☵)坎, 重火(☲)離, 重雷(☳)震, 重澤(☱)兌를 四基本卦만을 擇하여 24爻를 1年의 24節候와 결부시켰다. 坎卦 初六을 冬至[18]로 定하고 九二는 小寒, 六三은 大寒, 六四는 立春하는 方法으로 配烈한 것이고 '分卦直日法'은 坎卦, 離卦, 震卦, 兌卦는 除外시킨 60卦에 卦마다 6日 80分之7을 配當시켜 365日 4分之1로 定하고 每日을 每爻에 結付시켰다. '十二消息卦'는 오늘날도 歷史의 消長的 發展觀에 應用되는데 地雷(☷☳)復卦를 11月로 하여 臨(☷☱)卦를 12月, 泰(☷☰)卦를 1月, 大壯(☳☰)卦를 2月, 夬卦(☱☰)를 3月, 乾(☰☰)卦를 4月, 姤(☰☴)卦를 5月, 遯(☰☶)卦를 6月, 否(☰☷)卦를 7月, 觀(☴☷)卦를 8月, 剝(☶☷)卦를 9

---

18) 周時代歷에서는 冬至를 元旦으로 쳤음.

月, 坤(☷☷)卦를 10月卦로 한 陰陽의 消息之次序에 따라 月을 配置하고 이 12卦만 君主卦며 餘他卦는 臣下卦로 여겼다. 이와 같은 漢代易은 自然法則, 즉 天象을 중심으로 한 象數學이었다.

王弼은 前漢 이후 三國時代 魏人으로《周易》의 道德性을 읽고 占法으로서 그 窮境을 打開한 人物이다. 그는 '象(狀況)'은 固定된 것이 아니고 時(卦爻)로서 立場에 따라 變化(爻)[19]할 수 있다고 보았다. 고로 〈卦爻辭〉는 '象'의 變化를 설명한 것인데〈辭之言〉은 그것의 뜻을 밝힌 것이다. 王弼은 漢代易이 意는 버리고 象만 취했음을 파악했다. 그래서 그는 '得意亡象'이란 샛별 같은 命題를 세웠던 것이다. 王輔嗣의 '得意亡象'은 老莊思想에 근원을 두고 있으므로 '周易王弼註'를 가리켜 易을 老莊化시켰다고 批判하는 것은 事實이나 當時의 時代的 傾向을 감안한다면 義理學으로서 復歸시킨 그의 공로라 하겠다. 敎訓書로서의 王弼易은 易經史에 큰 轉換點이 되었다. 이와 같은 基礎 위에서 北宋의 程頤 (伊川)가 出現했는데 그도 王輔嗣 못지않은 理智的인 人物이었다.《周易》이 尊崇되는 時代的 背景을 딛고 思辨的 義理書로서 綜合體系를 세워《易傳》을 畢生의 力作으로 남겼다. 王弼과 마찬가지로 그도 象數는 術家의 것이라 하여 배척하고 '捨象持理'했다고 하겠는데 王氏의 '意'가 '理'로 나타났다고 볼 수 있다. 卦를 '時'로 본 것에 대해서는 '易은 變'이라 表現했다. '理'는 事象 속에 숨어 있는 法則이었다. 그는 人心의 敬虔性이 自然의 理에 미친다는 道德哲學的 義理論으로《周易》을 解釋했다.

朱熹는 이에 대하여 原始的인 本來의 易을 되찾는다는 目標 아래 王弼과 程頤가 輕視했던 象數와 占筮法을 重視하여 道德論과 占筮의 融合을 꾀했다. 이로 인해 淸代初에 象數論이 道敎的이라는 批判을 다시 받게 되었고 易을 또다시 純粹한 道德論으로 되돌리려는 努力이 다시 일어났다.

張旅軒는 자신이 處한 朝鮮朝 中葉이 程朱學만 專橫하던 時代였으므

---

19) 爻를 變으로 봄은〈繫辭傳〉에 있음.

로 易解에 있어서 前述한 王程朱를 중심으로 한 見解들 사이에서 조심스럽게 所信을 펴나갔다. 旅軒은 當時 士林 鄭之雲과 그의 弟 之霖을 通하여 易解의 見解를 表現했는데 여기에 斯界의 權威인 退溪에 假託하여 所說을 폈다. 鄭氏 兄弟는 집에서 공부할 때에 天人之道의 論及에 미쳐서는 朱子之說가 窺測하기 어려운 점이 있다고 보고 諸說을 參考하여 一圖를 스스로 만들고 '天命圖'라 이름했다. 그들은 이것을 金慕齋 및 金思齋에게 보여 보았으나 可히 가볍게 議論할 수 없다 하자 之雲이 退溪를 뵙고 證正을 청했다. 이때 退溪는 太極圖와 그 說을 지적하면서 某誤는 不可不 改해야 하고 某剩는 不可不 빼야 되고 某欠은 不可不 補해야 한다고 지적했다. 之雲은 이를 다시 고쳐서 圖와 附說을 보여 校整을 끝냈다. 이날 過客이 退溪를 찾아와 鄭生의 天命圖를 考證해 주었음과 鄭生의 僭踰함을 비난했다. 즉 天意를 받아 聖賢이 作한 것인데 斯圖는 違經하여 私見을 나타냈기 때문에 '創立別義'한 것이어서 先正을 어긴 罪가 크다고 했다. 이에 退溪는 정중히 禮를 다하면서 毅然히 답했다. "朱子之說은 太極圖說에 依據하여 《中庸》의 큰뜻을 述했을 뿐이며, 周子太極圖가 太極과 五行을 三層으로 하였고 氣化形化는 二層으로 한데 대하여 此圖는 다만 한덩어리로 묶었을 뿐이다. 五行은 一陰陽이며 陰陽은 一太極이어서 二之化卽 一之爲也라. 고로 渾淪하게 말하면 一일 뿐인데 사람들에게 보이기 위해서 五로 했을 뿐이다. 本來 濂溪가 밝힌 理氣之本源과 造化之機는 五로 나눌 수 없는 것이었고 또 人物之稟賦와 理氣之化生도 一로써 合할 수 없는 것이다. 그러나 一이 五로 分함은 濂溪圖說 속에서는 完然히 갖추어져 있는 것이다." 客이 또 "太極圖에 陰中有陽, 陽中有陰인데 此圖는 없지 않으냐" 했을 때, 退溪曰, "陰이 子에서 시작하여 午에 이르러 '陽中의 陰'이 되고, 陽은 午에서 子에 이르러 '陰中의 陽'이 되는데 此圖와 濂溪圖는 모두 같은 것이다." 또 客曰 "太極圖는 左가 陽이 됨이 河圖洛書에서 본받았기에 前午 後子이며 佐卯右酉 方位로 되어 있어서 萬世라도 바뀔 수 없는 定分인데 此圖는 모두 뒤집혀 바뀌어 잘못됨이 甚하다" 하니까, 退溪曰, "바꾼 게 아니고 圖를 보는 賓主가 달라서 그러할 뿐이다. 此圖는 北에서 보는 자를 主로 하고 南에 賓이 있어서 賓으로 하여금 主를 向하여 南에서 北을 보았기에 그 前後左右가 觀者의 向背에 따라서 바뀔 뿐이지. 天地, 東西南北이 바뀐 것은 아니다"고 했다. 客이 北이 爲上하고 南이 爲下하는 理由를 물었을 때에 또 대답하기를 "天地之性은 人을 最貴로 하는데 易에 가로되 天之道를 세움에 陰陽으로 했고 地의 道를 세울 때 柔剛으로 人之道를 세움에 仁義라 했는데, 이 말은 天地와 더불어 人을 極으로 세웠음을 뜻한다. 天地의 道는 主北面南하기 때문에 人은 그 사이에서 背北向南[20]하게 된다. 고로 從來圖書가 北을 下에 둔 것은 단지 氣를 따라서 從下升上을 표현한 말이지 어찌 人이 自南向北 또는 背陽而抱陰하라는 말이겠는가? 만일 天地가 主가 되고 人이 賓이 된다면 이것이야말로 自然의 秩序(名實, 向背, 輕重, 貴賤)를 잃는 것이 된다"[21]고 했다. 이는 當時의 易理觀點에 對한 周邊狀況과 問題點들을 間接的으로 表現하고 있다. 上述한 例의 '客'은 普遍的인 儒林을 代表했다고 볼 수 있고, 旅軒은 退溪의 明晳한 論理에 自身의 意志를 심었던 것이다. 또 '背北向南'은 旅軒易解의 한 斷面을 보여주고 있다 하겠다.

---

20) 抑陰扶陽, 遏惡揚善하는 《易經》의 倫理觀.
21) 《旅軒全書》下,〈周易圖說〉, 卷之二, 天命條, "不過用朱子之說, 据太極之本圖, 述中庸之大旨, 欲其因顯而知微相發, 周子之圖, 由太極而五行爲三層氣化形化又爲二層, 此到則只塊然一圈子耳, 五行一陰陽也, 而二之化卽一之爲也, 故渾淪言之, 只一而已矣, 濂溪闡理氣之本源, 發造化之機, 妙不分爲五, 然圖因人物之稟賦, 原理氣之化主不合爲一, 然而分一爲五者, 完然畢具其義已, 備於濂溪圖說, 此卽圖說而劃出之耳, 客曰太極圖, 陰中有陽, 陽中有陰, 而此圖無之, 滉曰陰之自子至午, 爲陽中陰陽之自午至子, 爲陰中陽, 圖與濂溪圖皆然也, 客曰太極圖左爲陽, 右爲陰本於河圖洛書, 前午後子, 左卯右酉之方位, 固萬世不易之定分, 今圖一切反是而易置之, 亦疏謬之甚耶, 滉曰不然, 此非方位之易置也, 第因觀者之於圖有賓主之異耳, 皆自北爲主而觀者亦由北從主而觀之, 是圖與人無賓主之分, 故前後左右東西南北皆不易也, 客曰圖之由上當子方下當午方乎, 滉曰天地之性人爲貴, 易曰立天之道曰陰陽, 地之道曰柔與剛立, 人之道曰仁義, 此言人極之立, 與天地參也, 天地之道主北面南, 人生其間, 背陰抱陽, 易主北面南而立而是爲正位……."

IV. 考證的 業績

旅軒의 考證에 대한 業績은 清代의 考證學과는 性格 자체가 다르다. 즉 그는 考證에 의해 이미 形成된 價值를 破壞하려는 게 아니었다. 따라서 考證이란 語彙를 使用한 일이 없으며, 단지 그의《周易》考證의 業績이 卓越한 成果를 이룩하였기 때문에 題를 붙였을 뿐이다. 旅軒은〈諸說同異條〉에서 이 문제들을 다루고 있다. 河圖洛書와 十翼을 믿을 수 없다는 歐陽修의 所說을 前題해 놓고 문제를 풀어나간다.

그는 "孔安國, 劉向父子, 班固는 모두 河圖를 伏羲로부터 받았고 洛書를 禹로부터 받은 것으로 했는데 劉牧만이 二者가 모두 伏羲 때에 出했다고 했고, 關子明과 邵康節은 十(十數)이 河圖가 되고 九가 洛書가 되었다고 보았는데 劉牧만이 九가 河圖가 되고 十이 洛書가 되었다고 하여 諸儒의 舊說이 不同하다"[22] 하고, 이어서 河圖洛書를 體用으로 分한 것은 朱熹로 "圖에서 偶를 靜으로 하여 體가 되었고 書에서는 奇를 動으로 하여 用이 되었는데" 劉雲莊은 "書의 分이 各各 그 자리에서 體가 되었고 圖의 合이 같은 곳의 모서리에서 用이 되었다"고 하였다. 또한 "劉說 역시 朱說과 같이 圖書를 體用으로 삼은 것은 마찬가지이다"[23]고 하면서 圖書에서 三同二異한 朱子는 一三五는 陽이 되므로 바꾸지 않고 二七四九는 陰이 되므로 바뀔 수 있다[24]고 했고, 胡氏[25]는 說明하기를

---

22) 《旅軒全書》上, 易學圖說卷之 , 諸說同異條, "孔安國劉向父子班固皆以爲河圖授羲洛書錫禹, 惟劉牧意見以爲二者, 皆出伏羲之世, 開子明, 邵康節, 皆以十爲河圖九爲洛書, 惟劉牧以九爲河圖十爲洛書, 餘諸儒舊說不同."
23) 前揭書, 同項目, "圖之偶而靜爲體, 書之奇而動爲用, 劉雲莊以書之分而各居其所爲體, 圖之合而同處其方爲用, 盖劉說亦是 義, 乃圖書相爲體用者然也."
24) 1, 3, 5 數字는 同陽數이며 2, 7, 4, 9는 陰數陽數混合임.
25) 易註에 많이 引用되는 元代의 學者로는 같은 時代人인 雙湖 胡一柱가 있고 雲峯 胡炳文, 宋初의 安定胡瑗이 있는데 여기서는 區分되지 않았음.

"北東六八(河圖의 下左側面)은 陰으로 常을 지키므로 不易하고 南西七九(河圖의 上下側面)는 陽으로 通變함을 主하기 때문에 互遷할 수 있다"고 했다. 이 두 가지 說은 서로 다르지만 朱晦庵은 生數를 主로 한 말이며 胡氏는 成數를 主로 한 말인 故로, 要하면 兩說이 서로 그 뜻을 갖추고 있다고 하겠다. 折合補空[26]을 朱子는 乾得九, 兌得一, 離得八, 震得二, 坎得七, 巽得三, 坤得六, 艮得四라 하였는데 胡氏는 七爲乾, 二爲兌, 八爲離, 三爲震, 九爲坎, 四爲巽, 六爲坤, 一爲艮으로 보았다. 또 河圖의 橫圖卦畫之原을 推理함에 있어 朱子는 四象의 位數의 次序를 따라 나뉘었다고 본 데 대하여, 胡氏는 陰陽老少가 生하는 바를 서로 짝지어 그 位가 만들어졌다고 보았다. 이처럼 胡說이 비록 朱說과는 다르지만 그것 역시 本意가 갖추어졌다고 보겠다. 韓邦奇 같은 이도 '折合補空'에 있어서 一爲乾, 九爲兌, 二爲離, 八爲震, 三爲巽, 七爲坎, 四爲艮, 六爲坤이라 하여 坤, 艮, 坎, 巽, 四卦 外의 四卦가 朱子와는 相反되고 있다"[27]고 旅軒은 比較論及한다. 이 以外에도 많은 考證을 들어서 朱說과 相異한 所說을 引用했는데 이는 '唯一朱子'의 通念만이 價値로서 認定받는 與件에 대해 反旗를 든 것이라고 보겠다.

《周易》은 重天(☰☰)乾, 重地(☷☷)坤, 水雷(☵☳)屯, 山水(☶☵)蒙, 水天(☵☰)需 等의 차례로 구성되었다. 이는 다시 '加一倍法'에 의해 兩儀, 四象, 八卦로 發展해 나아가고 있는데 八卦에서 六十四卦까지의 中間과정은 그 活用法上으로 볼 때 論理的 飛躍을 認定하지 않을 수 없다. 易은 重卦로 구성된 六十四卦로 完成되었기 때문에, 易學은 六十四卦 三百八十四爻로 歸結되고 있다. 즉 128數項이나 256數項 以上으로 成立되지 않았고 八卦와 六十四卦의 中間項인 16數項과 32數項도 使用되지 않았다. 따라서 旅軒은 六十四卦가 重卦構成된 始原을 상고해 보지 않을 수 없었다. "重卦는 王弼 虞翻에 依하면 伏羲가 겹쳤다고 하고 鄭玄을 따르면 神農이 孫盛에 依하면 夏禹가 司馬遷과 楊雄에 依하면 文

---

26) 八卦次序別로 乾과 兌, 離와 震, 巽과 坎, 艮과 坤을 各各 十數로 채워주는 방법.
27) 《旅軒全書》 下, 〈易學圖說〉 卷之一, 諸說同異條.

王이 孔穎達에 의하면 伏羲가 겹쳐놓았다고 보았다. 여기에 旅軒은 마땅히 王, 虞, 孔氏의 所說로서 생각을 定했다"[28]고 하였다. 물론 歐陽修 類의 考證學的 立場에선 問題點이 없지 않겠지만 伏羲卦劃說은 宋儒나 朝鮮儒의 가장 보편적인 見解라 볼 수 있으며 旅軒 또한 이를 따르고 있다.

그는 "古易十二篇은 사람마다 王弼이 今本으로 改定했다고 말들을 하고 或은 너무 많이 바꿔놓았다고도 說하는데 다만 '乾卦次序'와 같은 것은 後來 王弼에 依하여 모두가 바뀐 것이다. 象과 象과 各爻들이 바뀐 것들이다. 近日 呂伯恭은 도리어 後漢中으로 돌아가 한 곳을 찾아내어 말하기를 이는 모두가 韓康伯이 바꾼 것이라 하면서 王弼은 언급하지 않았다. 某가 根據한 考證은 其實 韓康伯이 처음 바꾼 것으로 '乾卦次序'가 그것이다. 其他는 王弼이 바꾼 것이다"[29]라 하여 古易(漢易)을 整理함에 있어서 일반적으로 알려져 있는 王弼說 外 韓康伯까지 擧論하여 한쪽으로 치우치지 않으려는 노력을 보였다. 물론 後者는 時代的으로 약간 後代인 晋代이다.

그는 다시 "容齋洪氏의 隨筆에 이르기를, 《易學正三卷》에 일찍이 王輔嗣·韓康伯이 손으로 베껴 註를 단 定傳을 얻어 眞本과 比較해 보니 今世의 流行本, 圖學이나 시골에서 나온 것 혹은 經을 註解하기도 하는 등 〈小象〉中間 以下句가 그 上爻辭註 속에서 서로 反對되는 견해가 동시에 있기도 하고, 뒤 句節의 뜻이 앞 句節에 옮겨져 놓이는 경우도 있었다. 또한 《易學正二卷》은 脫字기 있어 顚倒謬誤된 것을 의존했기 때문

---

28) 前揭書, 同項目, "重卦, 王弼虞翻以爲伏羲重, 鄭玄之從, 以爲神農重, 孫盛以爲夏禹重, 司馬遷楊雄以爲文王重, 孔穎達以爲伏羲重, 當以王虞孔氏之說爲定."
29) 前揭書, 同項目, "古易十二篇, 人多說王弼改今本, 或又說費直初改, 只如乾卦次序後來王弼盡改, 象象各從爻下, 近日呂伯恭, 却去後漢中尋得一處, 云是韓康伯改道, 不說王弼據, 某考之其實是韓康伯初改, 如乾卦次序, 其他是王弼改."

에 잘못된 곳이 무려 103句節이나 되는데 自明한 것만 취한다 해도 20餘 군데를 들 수 있다"[30]고 하면서 그 具體的인 例를 들어 나갔다. 坤卦 初六의 〈爻辭〉와 〈象辭〉가 "履霜堅氷至, 象曰, 履霜堅氷, 陰始凝也, 馴致其道, 至堅氷也"로 되어 있는데 이 今本은 잘못된 衍文이 끼여든 것으로 보았다. 즉 〈象辭〉의 '履霜堅氷' 句 중 '堅氷'이 그것이다. 끝 句의 '至堅氷也'으로 보아 愚見으로도 "象曰, 履箱, 陰始凝也, 馴致其道, 至堅氷也"라 해야 合當할 것 같다.

水雷屯卦, 六三爻의 象辭는 "卽鹿无虞, 何以從禽也"로 되었어야 하는데 今本에는 '何'字가 脫落되었다고 보았다. 地水師卦, 爻辭의 "田有禽, 利執言, 无垢"로 今本이 되어 있는데 이는 '之'字가 잘못되어 '言'字로 記錄되었기 때문에 觀註의 풀이도 역시 '言'字로 解釋하는 데가 있다고 適切하게 指摘했다.

水地比卦, 九五爻象辭도 "舍逆取順, 失前禽也, 顯比之吉, 位正中也"[31]해야 옳을 것을 今本에는 "顯比之吉, 位正中也, 舍逆取順失前離也"로 뒤바뀌었다고 보았다. 山火賁卦, 卦辭의 "賁亨, 不利有攸往"이 今本에는 "小利有……"로 되어 있는데 '不'字가 '小'字로 誤作되었고, 象辭의 "剛柔交錯, 天文也, 文明而止, 人文也" 句節의 '剛柔交錯'이 今本에서는 脫落되었으며 註에도 "剛柔交錯而成文焉天地之文也"로 되어 있다.

---

30) 前揭書, 同項目, "容齋洪氏隨筆曰, 易學正三卷云, 曾得王輔嗣韓康伯手寫註定傳受眞本比校, 今世流行本及圖學, 鄕貢擧人等本或經入註用註作經, 小象中間以下句, 反居其上爻辭註內, 移後義却處於前兼有脫遺兩字, 顚倒謬誤者, 幷依定本與正, 其訛凡一百三節今略取其明白者二十處載此."

31) 前揭書, 同項目, "此坤初六, 履霜堅氷至, 象曰履霜陰始凝也, 馴致其道至堅氷也, 今本於象文霜字下誤增堅氷二字, 屯六三象曰卽鹿無虞何以從禽也, 今本脫何字, 師六五田有禽利執之无咎, 元本之字誤作言觀註義亦全不作言字釋也, 此九五象日失前禽舍逆取順也, 今本誤倒其句賁亨不利有攸往, 今本不字誤作小字剛柔交錯天文也, 文明以止人文也, 註云剛柔交錯而成文焉天文之文也, 今本脫脫剛柔交錯一句, 坎卦習坎上脫坎字, 后九四包失漁註二有其漁故失之也, 今本誤作無魚, 蹇九三往蹇來正, 今本作來反, 因初六象曰入于幽谷不明也, 今本谷下多幽字, 鼎象聖人亨以亨上帝以養聖賢, 今本正文多而大亨三字, 故註文亦誤增大亨二字."

重水坎卦를 習坎이라고 今本에 되어 있는데 習坎 다음에 '坎'一字가 脫落되었다. 즉 '坎은 習坎이라' 하고 解釋해야 하는 主語 '坎'의 敍述語가 習坎인데, 脫字로 因하여 卦名自體가 '習坎'으로 되었으니 웃지 못할 일이 되었다.

天風姤卦, 九四爻辭의 "包失魚 起凶"과 同象辭의 "失魚之凶, 遠民也"는 今本에서는 爻辭象辭의 '失'字가 '无'字로 誤作되었다. 水山蹇卦, 九三爻辭의 "往蹇來正"는 今本에서 '來反'으로 되었고, 澤水困卦, 初六象辭의 "入于幽谷, 不明也"가 今本에서 '幽不明'으로 '幽'字가 첨가되었다. 火風鼎卦, 象辭의 '聖人, 亨, 以亨上帝, 以養聖賢'이 今本에는 '以亨上帝, 以大亨'으로 되어 '大亨'이 끼여들었고, 重雷震卦, 象辭의 "震驚百理, 驚遠而懼邇也, 不喪匕鬯出可以守宗廟社稷, 以爲祭主也"가 今本에서는 '不喪匕鬯'一句가 脫落되었다. 風山漸卦, 大象辭의 "君子以, 居賢德, 善風俗"에서 '風'字가 빠졌고, 雷火豊卦, 九四爻, 象辭의 "遇其夷主, 吉志行也"에서 今文에서 '志'字가 脫字되었다. 風澤中孚卦, 象辭의 "豚魚吉, 信及也"는 今本에서는 '信及豚魚也'로 '豚魚' 二字가 添加되었다.

雷山小過卦, 象辭의 "柔得中, 是以可小事也"와 六五爻象辭의 "密雲不雨, 已止也"는 今本에서 '是以小事吉也', '已上也'로 誤作되었기 때문에 註까지도 '陽已止下故也'라 해야 하는데 '已上故止也'로 되었다고 지적했다. 註에 "陽이 이미 그치고 降했기 때문이다"라 한 것은 程朱의 "陽降陰升, 陰已在上, 陰過"란 것과 같은 解釋으로 合當하다 보겠으나 今本註의 "陽已上故止也"는 六五爻, 즉 陰爻에 대한 註로서 不合理한 註解라 여겨진다. 水火旣濟卦, 象辭의 "旣濟亨小, 小者亨也"가 今本에서는 '小'字 一字가 脫落되었으며〈繫辭下〉九章의 "二多譽, 四多懼, 近也"에서는 '懼'字가 落字되었다고 指摘했으나 事實은 今文에 '懼'字가 具備되어 있다. 雜卦傳의 "蒙, 稚而著"가 '雜而著'로 誤作되었다[32]는

---

32) 前揭書, 同項目, "震象曰不喪匕鬯出可以守宗廟社稷以爲祭主也, 今本脫不喪匕鬯一句, 漸象曰君子以居賢德善風俗, 今本正文脫風字, 豊九四象遇其夷主吉志行也, 今本脫志字, 中孚象豚魚吉信及也, 今本及字下多豚魚二

적합한 지적도 했다. 이곳을 註解한 宋代의 恕齋 柴中行은 "蒙昧之中인 지라 비록 識別함이 없으나 善理照著한다"고 했는데 卓見이라 하겠다.

旅軒의 誤添, 脫字에 대한 考證은 唐代의 蘇州, 郭京拖의 所說을 參酌하여 取捨한 것이었다. 앞에 列擧한 訂正결과를 가지고 《周易》을 풀어 나아간다면 無理없이 順坦한 解釋이 可能하다고 본다. 時代的으로 刻薄한 與件 속에서도 果敢하게 破邪顯正할 수 있는 그의 學者의 所信은 높은 것이라 아니할 수 없다.

V. 適用法으로서의 互體法과 變易法의 辨

易의 活用은 《周易》, 六十四卦, 三百八十四爻를 占으로서 應用하는 데서 문제가 생긴다. 豫測할 수 없는 自然事나 人間事에서 만나게 되는 眚災를 克服하고자 하는 意志는 龜占 또는 蓍占을 만들게 되었다. 이렇게 龜占에서 얻어낸 結果——數値——를 何卦, 何爻에 適用시키는 데서 複雜한 規則이 만들어지게 되었다. 따라서 卦를 數値化해야 했고 이것이 四象으로 連結되어 乾은 老陽, 兌 그리고 離는 少陰, 震은 少陽, 巽은 少陰, 坎과 艮은 少陽, 坤은 老陰으로 定立되었고 老陰, 老陽은 무르익었기 때문에 變爻[33)]하여 之卦가 된다. 例를 들면, 泰(☰☷)卦의 上爻가 動하면 大畜(☰☶)卦가 되며 屯(☵☳)卦의 三爻가 動하면 그 之卦는 旣濟(☵☲)卦가 된다.

또 다른 應用방법으로 互卦法이 있다. 이는 初爻와 上爻를 省略하여

字, 小過象柔得中是以可小事也, 註陽己止下故也, 今本正文作己上故註亦誤作陽己上故止也, 旣濟象日旣濟亨小小者亨也, 今本脫一小字, 繫辭二多譽四多懼近也, 今本誤作以近也字爲正文而註中又脫懼字, 雜卦蒙稚而著, 今本稚字."

33) 易理의 基本이 升極降하고 滿極虛함을 원칙으로 함.

使用치 않고 二爻, 三爻, 四爻, 五爻만을 가지고 卦象을 잡는 方法인데, 例를 들면 水火(☵☲)旣濟卦의 互卦는 火水(☲☵)未濟가 된다. 즉 여기에서는 三爻, 四爻가 重複·活用되었다. 澤雷(☱☳)隨卦는 風山(☴☶)漸卦가 된다. 風澤(☴☱) 中孚卦를 離(☲)로, 雷山(☳☶) 小過를 坎(☵)卦로 보기도 한다.

또 다른 方法으로 錯綜法이 있다. 例를 들어 水地(☵☷)比卦가 火天(☲☰)大有卦가 되면 錯이요, 山火(☶☲)賁卦가 火雷(☲☳) 噬嗑卦가 되면 綜이 된 것이다.

容齋 洪邁[34] 같은 이는 地水(☷☵)師卦에서 自二至四함만을 택하여 震(☳)卦로 보며, 地山(☷☶)謙卦를 역시 같은 方法으로 坎(☵)卦로 보는 方法도 있다.

以外에도 많은 應用法이 있으나 하나같이 合理性이 缺如되었다고 보이는데, 漢代易은 이런 活用上의 亂脈相이 가장 두드러진 例라 하겠다. 이는 前述한 바와 같이 卜筮로서 利用하려는 데에서 비롯된 결과다. 六爻의 正應相比法[35]으로 만족할 수 없음은 支離滅裂한 方法論의 亂立을 자아냈다. 이와 같은 狀況을 打開할 수 있는 길은 오직 '卜筮로서의 易'을 克服하는 것임을 先賢들은 認識했다. 旅軒은 이 점을 看破하여 問題를 제기하며 "王弼은 互體法을 破했는데 朱子는 互體를 發用했다"[36]라고 發說했다. 《周易》 解義를 代表하는 《易傳(程頤註)》과 《易本義(朱熹註)》

참고:	乾	兌	離	震	巽	坎	艮	坤
	↓	↓	↓	↓	↓	↓	↓	↓
	老陽	少陰	少陰	少陽	少陰	少陽	少陽	老陽
	父	少女	中女	長男	長女	中男	少男	母
	乾	悅	麗	動	入	險	止	順

34) 北宋洪晧의 子로서 易通하여 많은 著書를 남겼다. 《容齋隨筆》이 있음.
35) 正應法→初爻와 四爻가 異姓爻일 때 正應, 二爻와 五爻, 三爻와 上爻가 各 異姓爻일 때를 말함. 同姓爻일 때에는 敵應.
   相比法→가깝게 있는 異姓爻와 만남.
36) "王弼破互體, 朱子發用互體."

중, 前者가 義理論的이라면 後者는 다시 原始易의 復歸라는 理念으로 占卜論에 의한 註解를 했다. 朝鮮朝儒家는 이와 같은 與件 속에서 易解에 대한 態度를 模糊하게 取했지만 旅軒은 見解를 分明히 했다.

그는 "易은 乾坤을 首로 하고, 坎離를 中으로, 坎離의 交, 不交(旣濟, 未濟, 節, 旅, 鼎, 暌, 家人等)가 卦 속에 內在함을 終으로 하였다. 또 乾坤坎離는 上篇의 用이요, 兌艮震巽은 下篇의 用이며 頤, 中孚, 大過, 小過는 兩篇의 正"[37]이라고 하여 《周易》全篇을 가장 一目瞭然하게 要約 說明해 놓고 自身의 互卦法, 錯綜法에 대한 견해를 밝혔다. 또한 "……〈上經〉의 首인 乾坤은 二老(老陽老陰)가 對立하고 下經의 首는 咸卦로서 二少(少男☶과 少女☱)의 合體인 故로〈序卦傳上經〉은 乾坤의 名이 감추어져 있고,〈下經〉은 咸의 名이 홀로 숨어 있음을 미루어 보면〈上經〉은 需(☵☰)와 訟(☰☵)이 對하고〈下經〉은 晋(☲☷)과 明夷(☷☲)가 對하는데 需, 訟의 變함이 다하면 晋과 明夷가 되며 晋, 明夷가 變함이 다하면 需와 訟이 된다.〈上經〉에서 泰, 否가 對하고〈下經〉은 損, 益, 泰, 否, 乾, 坤의 交, 不交와 損, 益, 咸, 恒의 交, 不交이다"[38]고 하여 宇宙自然의 法則이 相變, 相交하여 차면 기울고 기울면 차고 成破相換하고 互惡美醜가 相齊하는 理致를 易의 錯綜法을 通해서 밝히고 있다. 易의 原理는 恒存不變은 없고 늘 생기고 없어지고 높은 것은 내려가며 어두운 것은 밝아진다.〈上經〉은 屯, 蒙에서 시작하여 臨, 觀에 이르고,〈下經〉은 遯, 大壯에서부터 革, 鼎에 이르는데 이는 屯蒙의 變化가 盡하면 革鼎이 되며 臨觀의 變化가 다하면 遯, 大壯이 되기 때문이다.〈上經〉의 頤, 大過는 짝이 되어 坎, 離의 짝[39] 앞에 놓였다.〈下經〉은 中孚와 小過

---

37)《旅軒全書》下, 易學圖說卷之一, "易首乾坤, 中爻離終坎離之爻不交不交皆至裡也, 又乾坤坎離上篇之用, 兌艮震巽下篇之用, 頤中孚大小過二篇之正."
38) 前揭書, 同項目, "上經首乾坤是二老對立, 下經首咸是二少合體, 故序卦上經隱乾坤之名, 下經獨隱咸之名以坎推之而可見者, 上經首訟對, 下經震明夷需訟變之盡爲晋明夷, 晋明夷變之晋爲需訟, 上經泰否對, 下經損益泰否乾坤之交不交, 損益咸恒之交不交也."
39) 이 卦大過卦는 火水로서 未濟가 되며 坎卦離卦도 火水로서 未濟가 된다. 따라서〈上經〉도 未濟卦로 끝나는 結果가 된다.

가 짝이 되어 旣濟, 未濟의 앞에 놓인다.

〈上經〉은 坎離로서 끝맺고 〈下經〉은 旣濟未濟로서 마무리짓는데 旣濟, 未濟는 바로 坎, 離의 交, 不交이기 때문이다. 頤는 小成卦 離와 같고 大過는 小成卦, 坎과 같은 것은 中孚는 離의 厚畵이며 小過는 小成卦, 坎의 厚畵이기 때문이다"고 했다. 旅軒은 環溪 李氏의 所說을 引用하여《周易》의 變易 活用法을 알기 쉽게 說明해 나갔다. 그러나 이 方法은 呼應을 받는 입장이 아니다. 그는 "易은 本來 卜筮之書이나 聖人은 易에 虛設之辭를 빌려서 天下의 理致를 이에 緣結시키고 한 事件의 活用法을 올바르게 말하는 것이다. 따라서 象으로서만 말한즉 卜筮를 할 때는 어떤 事件을 보고서 닥쳐올 일들을 對處해 나가야 한다"[40]고 보고 있으며 "陽爻는 多吉하고 陰爻는 多凶하다고 하나 陽吉陰凶 사이에서 陽凶陰吉이 있음은 어떤 이유인가? 대개 일에는 當爲와 不當爲가 있어서 만일 當爲에 不爲한다든지 不當爲에 爲之한다면 비록 陽이라 할지라도 凶케 될 것이다"[41]라며 易을 義理說로 보는 立場을 取했기 때문에 複雜하고 難澁한 卦爻를 應用하는 變易法, 交易法 또는 互體說은 旅軒에게 別無所用일 수 있다.

旅軒은 王弼이 그의 아버지에게 易中의 互體說을 물었을 때 "雜物로써 德의 是非를 가리는 것은 그 爻中에는 갖추어져 있지 않다"[42]고 했다며, 王輔嗣說을 引用하여 "納甲, 飛伏法[43]은 理解하기가 힘든데, 坎에는 離가 잠겨 있고 離에는 坎이 艮에는 兌가, 兌에는 艮이 잠겨[伏] 있다는 說이 그것이다. 이것들은 모두 支離하고 흐트러져 있어서 깊이 빠질 필요가 없다"[44]고 하며 合理性이 없는 諸方法들을 거부한다. 즉 未來事를

---

40) 前揭書, "聖人一部易, 皆是假借虛設之辭, 盖然天下之理, 若正說出便只作一件用, 唯以象言則, 當卜筮之時, 看時甚事都來應得."
41) 陽爻多吉, 陰爻多凶, 陽吉而陰凶間, 亦有陽凶而陰吉者何故, 盖有當爲有不當爲, 若當爲而不爲, 不當爲而爲之, 雖陽亦凶矣."
42) 前揭書, "問易中互體之說, 其爻以爲雜物, 撰德辨是與非, 則非其中爻不備."
43) 納甲法, 飛伏法은 모두 八卦와 五行을 結合시켜 만든 占筮法임.
44) 前揭書, "王輔嗣又曰, 納甲飛伏尤更難理會…坎伏離離伏坎, 艮伏兌, 兌伏

豫測하고자 하는 理想은 亂脈의 모습들을 만들어내고 말았던 것이다. 이것을 바로잡기 위해선 目標를 程頤의 道德論, 易解에 두고 方法上으로는 王弼의 果敢性으로 換腐作新하지 않으면 안 되었다. 複雜하게 發達된다고 해서 《周易》의 참뜻이 밝혀지는 것이 아니라 오히려 그 밝음을 해칠 뿐이라고 보았다. 그는 "所說이 지나치게 詳說되어 있어서 호롱불의 燈籠에 버팀막대를 하나 더 넣으면(튼튼할 수는 있으나) 오히려 밝음의 장해가 될 뿐이다"[45]는 朱熹의 所說을 引用하여 自身의 所信을 밝히고 있다. 變易法이 複雜하게 發達되면 될수록 깊은 수렁에서 발버둥치는 것 같아서 더욱 더 헤어나지 못하게 될 뿐이다. 그래서 旅軒은 "易은 보기가 어렵게 되어 있는 글이다. 廣大하고 모두 갖추어져 있으며 萬理를 包含하고 있어서 있지 않은 바가 없는데, 古時에는 占書였으나 後人에 의하여 卜筮에서 벗어났으며 今人이 모름지기 卜筮之書로서만 본다면 바야흐로 그렇게 해서는 易을 볼 수가 없게 된다"[46]고 明確하게 見解를 밝히고 있다.

또 이어서 그는 易에서 말하는 一箇物은 直接的인 一箇物이 아니며, 마치 龍을 말한다 해도 直接的인 龍이 아니라고 하여, 易談은 象徵的인 것이며 凶事를 打開해 나갈 수 있는 方法이라고 지적했다. 그는 또한 "象을 窮究하여 數(象數)의 털끝까지도 찾아내려는 것은 末術家나 할 일이지 儒家가 할 일은 아니다"[47]고 했다. 그러므로 逆境을 표현한 每爻마다 貞하면 无咎하다고 하든지 吉하다는 言質이 있다. 모름지기 《周易》은 抑强扶弱과 遏惡揚善을 目標로 하여 부지런히 노력하는 主意說로 보아야 한다. 이것이 바로 避凶趨吉하는 方法이며 그래야만 '先號咷而後笑'[48]하는 結果를 얻을 수 있게 되는 것이다.

艮之類也, 此等, 皆支蔓, 不必深泥."
45) 前揭書, "近得趙子欽書云語孟說極詳, 易說太略, 此譬如燭籠一條骨, 則障了一路."
46) 前揭書, "易難看其爲書也, 廣大悉備, 包含萬理, 無所不在, 其實古者卜筮, 後人以爲止於卜書, 今人洇以卜筮之看之, 方得不然不可看易."
47) 前揭書, "必欲窮象之, 隱微盡數之, 毫忽乃尋流逐, 末術家之所尙, 非儒者之所務也."

VI. 義理論의 定立

旅軒은 易의 바른 見解를 세워 나가기 위하여 立言해 간다. "易의 書됨은 卦, 爻, 象, 象에 뜻이 구비되었고 天地萬物의 情을 보여주고 있는데 聖人은 닥쳐올 일을 걱정하여 먼저 天下의 物을 開하고 뒤에 그 務[49]를 이루어서 그 變으로써 天下의 象著(모습)가 定해지고 그 象으로써 天下의 吉凶이 만들어지므로 卦, 爻는 모두 性命之理를 따르게 되어 變化의 道를 다할 수 있다. 그러므로 理에서 散之면 萬殊가 있고 道에서 統之면 두 理致가 없게 되는데 所以 易에 太極이 있고 兩儀를 낳아서 太極을 道라고 한다"고[50] 하여 自然의 原理로서의 易의 基礎를 定立해 나갔다. 東洋에서는 易으로 宇宙論을 세웠고, 人倫之道를 이끌어 나갔다. 그래서 그는 "그 理의 所以然者는 事를 通해서 미루어보고 上에서는 王公에서 下로는 民庶에 이르기까지 修身治國의 까닭이므로 모두 간절하게 이용할 수 있어서 이렇게 한다면 文王, 周公, 孔子의 남긴 뜻을 얻게 된다"[51]고 하며 《周易》이 바로 心學의 本領임을 示唆하고 있다. 그는 또 이렇게 말했다. "聖人은 卦爻를 가지고 戒하도록 하였고 늘 貞하면 利하다고 하고 不貞을 利하다고는 안했다. 예를 들면 '夕惕若'이니 '厲无咎'라 함이 그것이다. 만약 占해서 爻를 얻으면 반드시 '朝兢夕惕'[52]하여

---

48) "처음은 울부짖으며 울었으나 뒤에는 기쁨의 웃음이 온다는 天下同人卦, 九五爻辭임.
49) '開物'은 푸시스(phusis)의 文化化인 '格物'이며 '成務'는 노모스(nomos)가 確立되는 '規範(禮)의 '定立'으로 볼 수 있다.
50) 前揭書, "易之爲書, 卦爻象象之義備, 而天地萬物之情見, 聖人之憂天下來世其至矣, 先天下而開其物, 後天下而成其務, 是故極其變以定天下之象著, 其象以定天下之吉凶, 六十四卦三百八十四爻, 皆所以順性命之理, 盡變化之道也, 散之在理則有萬殊, 統之在道則無二致, 所以易有太極者道也."
51) "求其理之所以然者, 推之於事, 使上自王公下至民庶, 所以修身治國, 皆有可用私竊, 以爲如此求之, 似得三聖之遺意."
52) 乾卦三爻辭에서 '終日乾乾夕惕若'이라 하여 終日토록 부지런히 노력하고 저

부지런히 戒하고 무섭고 두려워하지 않으면 허물이 있게 된다고 하였으니 直하고 方하고 大하면 달리 익히는 바가 없어도(不習) 无不利라 하였다. 만약 占해서 爻를 얻었다면 모름지기 自身의 몸을 잘 받듦이 바로 直方大여서 事를 도모하면 반드시 利를 얻을 수 있고 만약 스스로 그렇게 하지 않으면 이로울 수가 없는데 이것이 바로 爻辭의 의미이다"[53] 이는 《周易》이 바로 恐懼修誠之學임을 말해 주는 例文이다. 占을 해서 얻은 卦爻를 結定事로 믿는 어리석음은 學問으로 成立할 수 없음은 물론 事理에도 어긋나지 않을 수 없다. 旅軒은 이 점을 民衆들에게 깨우쳐 주려는 誠實性을 그의 陳述 속에 담고 있다. "무릇 易의 모든 一爻에는 각각 두 가지 뜻이 具備되어 있다. 즉 如此하면 吉하나 不如此하면 凶하고 如此하면 凶한데 不如此則 吉하다. 天火同人卦의 初九爻象辭 중 '出門同人' 句에서 모름지기 스스로 出吉하여 사람과 더불어 함께 하면 吉하나 만약 사람을 따라가려고 한다면 凶하다고 했다. 또 澤山咸卦, 六二爻辭에 '咸其腓', 즉 종아리에 感動한다, 凶하다고 했으나 居하면 吉하다. 山地剝卦, 上九爻辭의 '君子得輿, 小人剝廬', 즉 君子는 수레를 얻고 小人은 집마저 헐려버린다는 句節이 또한 그렇고, 水天需卦, 九三爻辭 '需于泥, 致寇至', 즉 진흙 속에 빠져들어가며 도둑까지 불러들인다했어도 吉凶이 결정된 것이 아니다. 孔夫子가 〈象辭〉 中에 말하기를 "敬愼則不敗하기 때문에 一爻中에는 吉凶의 두 가지 뜻이 具備되어 있다. 마치 雷山小過卦 初六에 '飛鳥, 以凶' 나는 새가 凶하다. 占해서 이 爻를 얻으면 禍를 避할 수가 없으나 孔夫子는 象에(凶한 까닭에) 무엇을 해서는 안 된다"[54]고 했다. 즉 이는 謹愼을 要했다. 事에 處하여 合當한 行爲를

녘에 한 일에 대하여 두려움을 갖는다면 '厲无咎', 허물이 없을 것이라고 하였다.

53) "聖人因卦爻以垂戒, 多是利於貞, 未有不貞而利者, 如云夕惕若, 勵无咎, 若占得這爻, 必是朝兢多惕, 戒謹恐懼可以无咎, 若自家不曾如此, 便自有咎, 又云直方大不習无不利, 若占得這爻, 湏是將自身己體看, 是直是方是大, 去做某事必得利, 若自家未是則, 無所往而得其利, 此是本爻辭如此."

54) "凡易一爻, 皆具兩義, 如此吉者, 不如此則凶, 如此吉者不如此則吉, 如出門同人, 湏是自出去與人同方吉, 若以人從欲則凶, 亦有分曉說破, 咸其腓

取함은 何時何處라 해도 毅然함을 잃지 않은 것으로 바로 君子의 態度이다. 占을 함은 바로 때와 곳에 어울리는 行動의 方法을 얻고자 함일 뿐이다. "孔子가 늦게야 此書를 좋아하게 되어 '韋編三絶'하고 '入索以袪'함에 象의 象과 十翼之篇을 만들어냈는데 이는 오로지 義理를 써서 떨치어 나타냄(義理發揮)이다"[55]는 것을 보아도 오로지 義理論의 具現을 위한 發揮에 힘썼던 것이다.

易學의 道德論的 試圖로 各 小成卦에 卦德이 形成되었다. "乾의 卦德은 健, 坤은 順, 震은 動, 巽은 八, 坎은 陷, 離는 麗, 艮은 止, 兌는 悅이 그것이며 卦中의 爻는 一爻가 一歲, 一年, 一月, 一人, 一物 等의 隱喩語로 表現되기도 하여 天火同人卦에는 '三歲不興'이라 했고, 重水坎卦에는 '三歲不得', 雷火豊卦에는 '三歲不興', 旣濟卦에는 '三年克之', 火水未濟卦에는 '三年有賞', 地澤臨卦에는 '至于八月', 地雷復卦에는 '七日來復', 水天需卦에는 '不速之客三人來', 山澤損卦에는 '三人行이면 損一人, 一人行이면 得其友'[56]라 했고, 天水訟卦의 '鞶帶三褫'(벼슬아치가 두르는 띠를 세 번이나 빼앗긴다는 뜻), 火地晋卦의 '晝日三接', 地水師卦의 '王三錫命', 水地比卦의 '王用三驅'[57], 火澤睽卦의 '載鬼一車', 雷水解卦의 '田獲三狐', 火山旅卦의 '一矢亡', 重風巽卦의 '田獲三品'" 等의 類가 모두 補助觀念을 手段으로 한 比喩語를 등장시켜 行爲를 客觀化하여 普遍性附與를 容易하게 했다. 이와 같은 意志의 客觀化는 易을 家族, 社會, 國家 等의 對象에 移入시켜 表現하기도 한다. "六十四卦 가운데 乾卦는 純君象이요 坤卦는 純臣象이며, 明夷卦의

雖吉, 居吉, 君子得興, 小人剝廬, 如需于泥, 致寇至, 更不決吉凶, 夫子更, 象辭中說破云, 若敬愼則不敗, 此是一爻中具吉凶二義, 如小過飛鳥以凶, 若占得此爻則, 更無可避凶處, 故象曰不可如何也."

55) "孔子晚好是書, 韋編三絶, 入索以袪, 乃作象象十翼之篇, 專用義理發揮."
56) 山澤(☱)損卦는 地天(☷)泰卦에 있다고 보아 泰의 陽二爻기 上六爻에 옮겨졌기에 '三人行損一人'이며 上의 陰爻가 三爻位에 왔기 때문에 '得其友'가 되었다.
57) 王이 사냥할 때 지나친 殺傷을 避하기 위하여 三面으로 몰이를 하고 一面은 열어놓는 方法.

上六은 暗君象을 六五爻는 箕子象을 가리킨다. 모든 卦의 五爻가 君位가 되며 餘他諸爻는 臣位의 遠近의 分이 있어서 四爻는 大臣으로 君과 가깝고 二爻는 臣으로서 君과 正應되며 三爻는 或從王事하든지 臣位가 아닐 때도 있고 初爻는 民象이고 上爻는 臣之隱居者이다. 六十四卦 모두가 五를 君位로 하는데 浚雙 王晦叔의 말을 빌리면 君位가 아닌 것은 四卦뿐인데 坤卦, 遯, 明夷, 旅卦로서 坤卦에서는 乾卦에 대하여 明臣之分이며 明夷卦는 亡國紂王이고 旅卦는 나라 잃은 春秋書에 나오는 公遜天王의 出去함이 그것이다. 遯卦는 李太白과 伯夷의 일이 그것이다."[58]
이렇게 《周易》의 모든 것을 人間事와 結付시키지 않고는 그것 자체가 成立될 수가 없었던 것이다. 따라서 自然法則에 順理하지 않을 수 없는 것이다. "무릇 剛이 나아가서 柔와 만난즉 利하고 剛과 만난즉 不利한데 例를 들면 雷天大壯卦 九四爻辭의 '藩決不羸'[59]과 山天大畜卦 初爻辭의 '良馬逐'은 前進하다 柔를 만난 것이고, 大壯卦 初爻辭의 '征凶'과 九三爻辭의 '羝羊觸藩'[60] 또 大畜卦初爻辭 '有厲利己'의 例는 前進하다가 剛을 만나 어려움을 겪는 例가 된다. 剛柔의 調和야말로 會離去反의 圓滑한 方法이 될 수 있는 것이다. 그것은 剛柔 같은 相對概念이 相轉回歸하는 原理 속에 있는 것이기 때문이다" "陰陽之運는 항상 泰(☰☷)에 머물러 있을 수만은 없고 亨通함에만 머물러 있을 수 없어서 泰가 있는 때에 否(☷☰)가 있고 亨通이 있는 때에 塞이 있다"[61]고 했다. 그러므로 有無는 相生하며 天依地하고 地依天하는 論理에 立脚하지 않을 수

---

58) "六十四卦乾卦純君象, 坤卦純臣象, 明夷卦指上爻爲暗君象, 六五爲箕子象, 外餘卦皆五君二臣, 看來自五君外諸爻皆臣位, 特有遠近之本, 說者四爲大臣以其近君也, 稱二爲臣以其正應也, 三或從王事非臣款, 初則民象, 上九臣之隱居者焉, 皆以五爲君位, 不爲君位者, 王晦叔曰其卦有四, 坤也, 遯也, 明夷也, 旅也, 坤對乾以明臣之分, 明夷亡國紂是也, 旅失國春秋書公遜天王出居是也, 遯去而不居太白伯夷之事也."
59) 숫염소가 울타리에 뿔이 걸려 나오지도 들어가지도 못하는 모습.
60) 울타리가 걸려 羊의 뿔이 傷하지 않을 수 없다는 뜻.
61) 前揭書, "陰陽之運, 不能相泰, 不能常通, 千萬百年, 泰者有時而否, 通者有時而塞."

없었다.

旅軒은 倫理主義者이자 現實的 參與論者였기 때문에 자신의 合理的 思惟에 容納되지 않는 學說은 認定하지 않았다. 그는 漢儒들이 求했던 互體, 變卦, 五行納甲飛伏法은 서로 섞여 우연히 맞아들어감을 구하는 것이므로 비록 詳然한 바가 있다 해도 그것이 보편적으로 通할 수 없다" 고 했다. 그는 "終내 通할 수 없는 것이고 혹 通하는 바가 있다면 그것은 '傳會穿鑿'한 것이어서 自然之勢가 아니다. 비록 한두 가지의 우연함이 있음으로 해서 기다릴 수 없는 巧說을 어찌 믿겠느냐. 그러므로 위로는 義理의 本源이 결여되어 있고 아래로는 人事의 訓戒가 갖추어져 있지 않은데 어찌 이런 것을 苦心極力하여 求할 必要가 있겠는가?"[62]고 批判했다. 그는 王弼에 대해서도 合理的이며 義理說的인 見解와 銳利한 洞察力, 果敢한 業績을 首肯하면서도 《周易》을 老莊解하였다고 批判했다. 旅軒이 佛老家를 '恍惚夢幻'에 빠져 있다고 評한 것은 바로 超世間思想을 嫌惡했기 때문이다. 現實이 不條理하다 해서 現實自體를 否定할 수는 없었다. 그는 이것을 平衡說로써 解決하려 한다. "五運之氣는 權衡일 뿐이다. 高者는 抑之하고 下者는 擧之하고, 化者를 應之함은 氣의 平함인데, 勝者를 復之함은 氣의 不平함이며 五氣의 相賊이다. 氣가 平하여 相得함이 있는 者는 其常을 通하는 까닭이 되지만, 氣가 不平衡하여 相賊하는 者는 그 變을 占하게 된다"[63]고 하여 明確하고 合理的인 現實觀을 보여주고 있다.

旅軒의 道德論的 易學觀은 至公無私한 平衡의 自然觀에 基礎를 둔 것이었다. 그래서 그는 "天地의 會壞는 人이 無道로 나아가 極하게 되면 문

---

62) 前揭書, "漢儒求之說卦, 爲互體, 變卦, 五行納甲, 飛伏之法, 參互以求, 而幸其偶合, 其說雖詳然, 其不可通者, 終不可通, 其可通者, 又皆穿鑿, 而非有自然之勢, 雖一二之適然, 而無待於巧說者, 爲若可信然, 上無所關於義理之本源, 下無所資於人事之訓戒, 則又何必若心極力以求於此, 而欲必得之哉."
63) 前揭書, "五運之氣猶權衡也, 高者抑之, 下者擧之, 化者應之, 氣之平也, 五氣之相得, 勝者復之, 氣之不平也, 五氣之相賊也, 氣平而相得者, 所以通其常, 氣不平而相賊者, 所以觀其變占之."

득 一齊히 打合하여 한 번 混沌하게 된 후에 人物이 모두 없어진 뒤에 거듭 새롭게 일어난다"고 보고 있다. 즉 그는 自然까지도 人倫之道, 有無如何에 依해 없어지고 만들어진다고 믿는 倫理至上主義라고 볼 수 있겠다.

VII. 結 論

旅軒의 《易學圖說》은 《性理說》과 함께 그의 二代著作이라 하겠다. 두 책 모두 銳利한 洞察力과 知識蓄積의 尨大性으로 누구든 놀라게 하는 力作이며, 특히 그의 個性 있는 獨創的 論旨와 前者에서 보여주는 《周易研究》의 奧義를 밝힌 業績에는 놀라지 않을 수 없다. 자기가 處해 있는 狀況을 客觀化시켜 主觀的인 執着心으로부터 벗어나기란 쉽지 않는 일이다. 이 점에서 旅軒은 주어진 與件을 이겨낼 수 있는 人物이라 評하지 않을 수 없다. 그는 當時 搖之不動의 信念이었던 朱熹易解에 異義를 말할 수 있었고, 孤陋하다고밖에 評할 수 없는 周邊의 儒者를 깨우칠 수 있는 叡知를 갖고 있었다. 더욱이 《周易》을 잘못 認識한 儒家들이 或信할 素地가 있는 漢代易, 즉 象數說에 警鍾을 울렸고, 잘못 記錄된 字句나 板刻의 落畵으로 인한 誤字까지도 盲信하려 하던 當時 周邊風土에 조심스러운 刺戟을 주었다. 力著 《性理說》에서도 智慧로운 譬喩의 才致를 보여 주었듯이 그는 《易學圖說》에서도 他의 追從을 不許하는 曲盡함을 나타냈다. 《易學圖說》의 內容을 兩分한다면 '圖說'의 '道'는 易學理論을 圖表로 나타낸 圖畵이며 '說'은 易理를 詳細히 밝힌 陳述이다. 이 '圖畵' 부분은 本論文의 性格上 밝힐 수 없어 省略하고, 論述面만 다뤘다. 따라서 《易學圖說》의 全般이 硏究되지는 못했으나 '圖畵' 自體는 陳述內容을 一目瞭然하게 把握하도록 도운 뒷받침에 지나지 않는다고 생각된다.

旅軒의 考證的 業績도 자못 큰 것이다. 이미 硏究發表된 結果를 結合한 것이지만 當時 우리의 與件에서는 文獻的 資料를 具備해서 考證을 해내기란 不可한 것이므로 中國에서 硏究된 結果를 合當性 如何에 따라 取捨하지 않을 수 없었다. 本論에서도 밝혔듯이 그는 旣存價値 全般을 흔들어놓는 歐陽修 類의 方法은 擇하지 않았다. 旅軒이 提示한 內容대로 《周易》解釋을 해나갈 때 學人들은 感歎을 할 것이다. 그 結實은 그의 明哲한 判斷의 結果에서 얻어진 것이다.

그는 互體法, 變易法에 대해 坡邪顯正하는 果敢性, 대쪽 같은 學者의 毅然함을 보여주어 非合理的인 모든 것을 打破했다. 卜筮로서 닥쳐올 未來事를 알려고 하는 動機 자체가 非學問的인 것이므로 旅軒의 眼中에는 이런 것 모두가 먼 산모퉁이에서 어른어른 바람에 불려 惚顯忽沒하는 野馬 같은 것이었다. 旅軒은 '王輔嗣의 얼음같이 차고 칼날 같은' 方法論을 應用하면서도 그를 斷乎히 排擊한다. 왜냐하면 儒家經典인 易經을 老莊的 理解로 이끌어 갔기 때문이다. 그러나 朱熹의 卜筮的 周易解를 直接的으로는 아니지만, 王氏의 '메스'를 假借하여 芟除해 버린다. 이것이야말로 當時의 與件上 가장 賢明한 方法일 것이다.

義理論의 定立은 旅軒易學論의 目標이다. 孔子가 '占을 치지 않을 뿐이다'라 한 先覺을 따름이 되며, 後學이나 民衆을 念頭에 둔 大局的 見地에서 社會와 國家의 바른 正義觀을 심어야만 했던 것이다. "나무만 보고 숲은 보지 못한다"는 좁은 眼目에서 벗어나지 않을 수 없었다. '易'이란 바로 日常의 自然法則이며, 이것을 따라서 만들어진 規範價値를 定立하기 위한 倫理의 絶對的인 銖條가 되는 것이다. 즉 自然은 易理 위에 이루어져 있고 또 그 위에서 人爲가 이루어져 가야만 하는 當爲이다. 旅軒의 《易學圖說》은 後者의 面을 强調하고 있다.

이와 같은 旅軒의 學問的 成果 當時의 儒家나 後學들에게 正當한 待遇를 받지 못한 데 또 다른 問題點이 있다. 著述當時에 公開하지 않은 所以도 있겠으나 後代의 評價까지도 穩當한 것이 아니었고, 지금도 그에 대한 硏究가 疏忽한 점이 없지 않다.

또 東儒中 旅軒만큼 《周易》을 깊고 尨大하게 硏究해 業績을 남긴 學者도 흔치 않다. 合當한 評價를 받아야만 함은 물론 旅軒硏究의 意慾이 높아져야 하겠다.

茶山 丁若鏞의 易學思想

丁海王*

```
━━━━━━━━━ 차 례 ━━━━━━━━━
 Ⅰ. 序 論                  Ⅳ. 易의 互體와 丁若鏞의 互體論
 Ⅱ. 易의 象과 丁若鏞의 物象論  Ⅴ. 易의 爻變과 丁若鏞의 爻變論
 Ⅲ. 易의 卦와 丁若鏞의 推移論  Ⅵ. 結 論
```

Ⅰ. 序 論

 《易》은 고대로부터 많은 학자들이 관심을 가져온 문헌으로서, 거기에 나타나 있는 易의 사상은 많은 학자들의 철학체계 속에서 자리매김되었다. 易에 관심을 가진 학자들은 그것을 자신의 사상 속에 끌어넣어 그것을 자신의 방법으로 해석함으로써 자신의 學으로서의 易學을 구성해 내기도 하였다. 그러한 작업은 易의 사상을 자신의 저작 속에 녹여 표현하거나 또는 문헌으로서의 《易》에 주석을 하는 방법으로 이루어지기도 하였다. 어떤 형태이든 고대로부터 易에 대한 여러 가지의 해석이 시도되면서 다양한 학설이 제기되고 논의되었다. 朝鮮朝의 茶山 丁若鏞(1762~1836) 또한 나름대로 易學體系를 구성하였는데, 그의 易學體系 구성작업은 易學史에서 이전과는 다른 중대한 의의를 가진다. 그것은 그가 易學史에 있어서는 후대의 사람으로서 이전의 학설들을 종합하는 위치에

─────────
*釜山大學校 哲學科 敎授

서기 때문이다. 그는 易學史에 있어서 韓國易學史를 종합하는 위치뿐 아니라 다른 나라를 포함한 전체 易學史를 종합하는 위치에 선다.

丁若鏞에 의하면, 易은 고대의 전설적 聖人[1]이 天地를 관찰하여 天命을 알려는 데에서 출발하였다고 본다. 그것은 자연의 운행양상을 요약하여 記號(즉, 卦)로 표현하여 땅에다 그어본 데서 시작하여, 그 다음 기호에 상응하는 성격을 지닌 사물에 빗대어 吉凶을 판단하고 행동기준을 마련하는 것으로 이어졌다. 丁若鏞은 이때 이미 8卦와 64卦가 모두 성립한 것으로 보고 있다. 그에 의하면, 이후에 周文王과 周公이 기호의 의미를 표현하는 易의 言語(즉, 易詞)를 지었는데, 그 짓는 기준은 반드시 伏羲氏가 처음 卦를 긋고 象을 마련한 기준에 의거했으리라는 것이다.

따라서 丁若鏞은《易》의 言語와 記號를 해석하는 데에 있어, 원작자의 의도를 추리해 내어 해석하고자 하였는데, 그것은 伏羲氏가 卦를 그은 의도와 文王·周公이 詞[2]를 붙인 의도를 파악하는 데서 출발하는 것이다. 그래서 그는 자신이 보기에《易》의 원작자가 처음 세웠으리라 생각되는, 易의 기호와 언어의 구성방법으로 간주되는 네 가지의 법칙을 주장하였는데, 그것은 동시에 易의 기호와 언어에 대한 해석방법이기도 하다. 그것은 바로 推移, 物象, 互體, 爻變이라는 것이다.[3] 그런데, 그의 이 네 가지 易해석방법 중에서 가장 중요한 관건의 역할을 하는 것은 바로 다음에 이야기할 '物象'이다.

II. 易의 象과 丁若鏞의 物象論

1. 易詞에서의 象의 역할

象은 易詞에 있어서, 그것을 구성하는 가장 기본적이고 주된 요소로

---

1) 즉 伏羲氏를 말함.
2) 또는 '辭'. 丁若鏞의 易學에 있어서 '詞'와 '辭'는 특별한 구별이 없다.
3) 丁若鏞,《周易四箋》, 與猶堂全書 3(서울 : 景仁文化社, 1982), 301쪽.

나타난다. 象이 易詞에서 어떻게 나타나는지 예를 들어보자. '乾(䷀)'卦의 경우 그 爻詞에 '龍'字가 많이 나온다. 그리고 '坤(䷁)'卦에는 '馬', '氷' 등이 나온다. 이러한 '龍', '馬', '氷' 등이 象인데, 象은 이렇게 易詞를 구성하는 요소로 나온다. 그러므로 易詞를 해석하는 데 있어서 象을 파악하는 것은 필수적이라 할 수 있다.

易詞들은 卦名과 爻名을 주어로 하는 명제들이다. 이 명제들은 분자적인 복합명제이다. 이때 그것을 구성하는 원자적인 요소명제들이 바로 이 象들이다. 이 象들은 卦名과 爻名이 주어로 나타나는 데에 대해서 그 술어들로 나타난다. 이러한 易詞들이 복합명제라고 하는 것은, 그 명제에 있어서 하나의 술어만 나타나는 것이 아니기 때문이다. 즉 여러 개의 象들이 그 술어들로 나타나면서 이때 복합적인 형태로 나타난다. 《易》〈說卦傳〉에는 易에 쓰인 많은 象들이 나열되어 있는데, 이상과 같은 관점에 따른다면, 〈說卦傳〉은 易詞라는 복합명제에 대한 요소명제집이라고 할 수 있다.[4] 그러면 象은 어떻게 易詞로 구성되어 나타나는가.

먼저 64卦라는 각각의 6畵卦에서 그것을 구성하는 단위가 되는 요소로서의 8卦들 중의 어떤 괘가 거기에 담겨 있는가를 본다. 즉 6畵卦 중에서 어떤 3畵卦가 있는가를 본다. 이 6획괘에서 추출되는 3획괘가 요소명제의 주어가 된다. 그리고 그 3획괘인 8괘 중의 어떤 괘에 대응되는 象이 그 술어가 된다. 만일 6획괘의 기호상에서 x라는 3획괘와 y라는 또 다른 3획괘를 취할 수 있다고 하고 그것에 대응되는 술어로서의 象이 각각 x에 대해서는 A이고 y에 대해서는 B라고 한다면, 이때 두 가지의 요소 명제가 형성되는데, 그것은 각각 'x는 A이다'와 'y는 B이다'가 된다.

따라서 易詞는, 6畵卦 안에서 나타나는 어떤 8卦를 주어로 하고, 그에 대응되는 象을 술어로 하는 요소명제들의 복합명제로서, 그것은 'x는 A이다'와 'y는 B이다'는 식의 여러 요소명제가 결합된 형태의 복합명제로 나타난다. 이때 易詞에서는, 이미 말했듯이 요소명제의 술어(즉, 象)만이 나타나게 되므로, 다만 'A이다', 'B이다'라는 것만 나타나는데, 이것들

---

4) 엄밀히 말해 요소명제의 술어집이다.

은 이 경우 그것들의 결합형태로 나타난다. 이러한 술어의 결합형태를 예로 들어보자. 만일 '離(☲)는 飛이다', 그리고 '震(☳)은 龍이다'는 두 요소명제가 있다면, 이것으로 구성되는 복합명제의 술어는 '飛龍'이 된다. 그러면 '離'와 '震'이라는 주어는 어디로 갔는가? 주어는 주어대로 결합되어 새로운 하나의 주어가 약정되는데, 이것이 卦名이요 爻名이다. 앞에 든 예는 64괘 중의 '乾(䷀)'卦 九五의 爻辭인데, '飛龍'의 주어는 바로 이 九五라는 爻名이 되는 것이다. 그래서 주어와 술어를 갖추어 복합명제로서의 易詞를 다시 쓰면, 그것은 '九五는 飛龍이다'로 되는 것이다.

《易》의 기호와 언어를 해석하는 데에 있어, 象의 역할을 인정하고 이상과 같이 세계를 설명하고자 한 유파가 이전에 있었는데, 그들은 바로 漢代의 儒學者들이었다. 漢儒들은 易詞 구성에 있어서 象의 중요성을 인식하여, 이른바 象數易의 유파를 이루었다. 그런데 이렇게 象으로써 易詞를 해석하는 데에는 문제가 있었다. 이 점을 지적하고 나선 이들이 漢學에 대해 비판적 입장을 보인, 漢 다음 시대인 魏晉의 王弼이나 韓康伯 등이었다. 漢儒의 바로 뒤에 나타난 이들은 〈說卦傳〉의 象과 易詞에 있어서의 여러 사례의 불일치를 지적했다. 그래서 王弼은 象을 완전히 버리는 동시에 《易》을 순전히 道理를 말하는 책으로 삼았다. 그는 老莊으로써 易을 해석하고 韓康伯이 그의 뒤를 이었으니, 이른바 義理易을 연 사람들이다.

王弼은 象을 하나의 중간 과정의 지시수단으로 보아, 거기에 특별히 주의할 필요가 없다고 생각하였다. 즉 목적만 달성하면 수단은 잊어버릴 것이라고 여겼는데, 이것은 禪家에서 달과 그것을 가리키는 손가락의 비유와 같은 것이다. 王弼은 말하기를,

  象이란 意를 보존하는 수단(所以)이니, 意를 얻으면 象을 잊는다. 올가미는 토끼를 잡는 수단이니, 토끼를 얻으며 올가미를 잊는다. 통발은 물고기를 잡는 수단이니, 물고기를 얻으면 통발을 잊는다.[5]

라고 하였는데, 이러한 말은 《莊子》, 《外物篇》의 표현을 빌린 것으로서, 그의 象을 경시하는 경향이 無形의 道를 중시하는 老莊的 道家의 영향하에 있음을 짐작할 수 있다.

그런데 비록 토끼를 잡고 나서 올가미를 버리고 물고기를 잡고 나서 통발을 버린다 하더라도, 토끼와 물고기는 실로 올가미와 통발을 통해서 얻은 것일진대, 아직 얻지 못한 자가 어찌 그것들 없이 토끼와 물고기를 얻을 수 있을 것이며, 얻은 자 또한 그 토끼와 물고기가 실로 올가미와 통발을 통했음을 어찌 부인할 것인가 하는 문제가 생긴다. 마찬가지로 象으로 意를 얻었음이 분명할진대, 意를 아직 얻지 못한 자가 어찌 象을 잊을 것이며, 意를 얻은 자 또한 그 意가 象을 통한 것임을 어찌 잊을 것인가 하는 문제가 생긴다. 그럼에도 불구하고, 象으로써 易을 해석하는 데에는 象과 易詞가 완전히는 일치하지 않는다는 문제점이 여전히 남아 있다. 漢儒들은 이에 대한 해결을 위해, 〈說卦傳〉에 없으면서 易詞에 있는 象을 원래 있었던 것인데 누락된 것이라고 간주하여 그것들을 보충해 넣기도 하였다. 그러나 이것은 〈說卦傳〉의 원문에서 누락된 것이라기보다는 그들의 해석방법에 억지로 象을 짜맞추어 넣은 것으로 보인다. 심지어 鄭玄 같은 이는 억지로 자신의 이론에 맞추기 위해서 《易》의 원문을 고치는 방법까지 썼으니 얼마나 견강부회하려 했는가를 알 수 있다.

〈說卦傳〉의 象을 적용해 보아 불일치가 생기니까 象 자체를 버린 계통이나, 象의 중요성은 인식하되 그 불일치를 편법을 통해 해결하려 한 계통이나 모두 문제가 있다. 그렇다면 이 불일치의 원인은 어디에 있는가? 혹시 〈說卦傳〉에 실린 象들은 모두 정당한데 그 적용에 있어서 우리가 미처 인식하지 못한 어떤 방법이 있는데도, 우리는 그 방법을 모르고 그저 단순히 象을 액면 그대로 무턱대고 적용하려 한 것은 아닐까? 이러한 생각에 따라 새로운 해석방법이 동원되었는데, 그것은 易의 기호인 卦와 그 언어인 易詞에 관련된 어떤 법칙이 있다는 발상이다. 즉 卦에서 象을 취하여 언어화하는 데에 일정한 법칙이 있다는 것이다. 漢儒들이 이러한

---

5) 王弼, 《周易註》, 文淵閣四庫全書7(臺灣 : 臺灣商務印書館), 278~279쪽.

시도를 부분적으로 하였지만, 丁若鏞이야말로 바로 이런 시각에서 易의 기호와 언어와 그 관계를 조직적이고 체계적으로 해석하고자 한 사람이다.

2. 丁若鏞의 物象論

丁若鏞이 易의 기호와 언어를 해석하는 방법으로서 推移, 物象, 互體, 爻變을 들었음은 이미 앞에서 말하였다. 그의 易 해석방법에서 중심역할을 하고 있는 것은 두번째의 '物象'이다. 이것이 바로 앞에서 계속 논의한 바의 '象'이다. 丁若鏞은 "物象이란 〈說卦傳〉에 이르는 乾은 馬, 坤은 牛, 坎은 豕, 離는 雉라고 하는 것"[6]이라고 하였으니, 바로 〈說卦傳〉의 象임이 분명하다. 그에 있어서 이 '物象'은 나머지 세 가지의 방법과 동일한 성격이나 차원의 것이 아니다. 앞에서 象의 문제점을 논의한 끝에 象을 적용하는 데에 어떤 일정한 방법이 있는 것은 아닌가 하고 생각해 보았다. 丁若鏞에 있어서 '物象' 이외의 세 가지 방법은 곧 그에 있어서의 象인 物象의 적용방법이므로 物象과 그 성격이 다르다는 것이다. 따라서 그의 易學을 규명하려면 먼저 이 物象의 성격을 알아보고, 거기에 나머지 세 가지의 방법을 적용해야 하는 것이다. 物象이 차지하는 지위가 이러하기 때문에, 그의 《自撰墓誌銘》에서는 物象이 '易有三奧'라고 해서 三奧에서 따로 떼어져 취급되고 있다.[7]

丁若鏞에 있어서 物象 이외의 세 가지 방법은 바로 이 物象을 적용하는 방법이다. 아니 오히려 그것들은 64괘마다 하나의 6획괘내에서 8괘에 해당되는 부분을 추출해 내는, 나아가서 그에 대응되는 物象(즉, 象)을 추출해 내는 방법이라고 할 수 있다. 이렇게 추출된 物象들이 서로 결합하여 易詞를 구성한다. 이렇게 볼 때, 丁若鏞은 漢儒로 거슬러 올라가는 바의 象數易派의 계열에 선다고 할 것이다. 다만 丁若鏞은 漢儒의 易 해석을 취하기는 하되, 그 미비점과 모순점을 나름대로 지양하여 종래의 여

---

6) 丁若鏞, 《周易四箋》, 301쪽.
7) 丁若鏞, 《自撰墓誌銘》, (與猶堂全書) 1, 335쪽 참조.

러 학설 가운데서 취할 만한 것을 종합하고자 하였다. 동시에 그는 漢儒
의 術數的인 측면을 불식하기 위해 어디까지나 易을 나름대로 합리적으
로 해석하는 방법을 안출해 내려 하였다.
　丁若鏞은 象을 物象으로 부르면서, 王弼이 物象을 버린 것을 비판하
고 일단 漢儒의 해석에 긍정적 시선을 보낸다. 그가 생각하기에, 우리가
易詞를 해석할 때 物象을 통해야 함은 그 易詞가 物象으로 인해 쓰여졌
기 때문이다. 그렇다면 易詞를 붙일 때 이미 物象이 정립되어 있어야 할
것이다. 그는 그러한 物象은 〈說卦傳〉에 정리·나열되어 있다고 여겼다.[8]
　그러면 丁若鏞에게 있어서 이들 物象들은 어떤 역할을 하고 있는가.
그는 말하기를,

　　易詞에서 象을 취함은 모두 〈說卦〉에 근본한다. 〈說卦〉를 읽지 않으
　면 한 字도 풀 수가 없는데, 자물쇠와 열쇠를 버리고서 門을 열려고 하니
　매우 어리석은 일이다.[9]

고 하였다. 이렇듯 物象은 丁若鏞에게 있어서 易詞를 푸는 열쇠였다. 그
런데도 王弼 등이 이를 일소해 버려, 易의 본뜻이 사라졌다고 비판하였
다. 丁若鏞이 物象으로 易詞를 풀어야 한다고 주장하는 이유는 물론 易

---

8) 丁若鏞은 物象을 이야기할 때 〈說卦傳〉이 孔子에 의해 쓰여진 것이라는 이
전의 주장에 반대하였다. 丁若鏞에 따르면, "8卦가 그어졌을 때, 〈說卦〉가
아울러 일어났다"고 했다. 또한 그는 말하기를, "物象을 취하지 못하면, 8卦
는 원래 반드시 일어날 것도 없다. 〈說卦〉란 包犧(즉, 伏羲)가 卦를 그었을
시초에, 우러러 天文을 보고, 굽혀서 地理를 살피고, 멀리는 物에서 취하고
가까이는 몸에서 취하여, 그 象을 완미하여 命名했으니, 神明과 더불어 딱 맞
게 되고서 孔子를 기다렸다"고 하였다. 그러나 〈說卦傳〉 중에서 孔子가 지은
부분이 전혀 없다고는 생각하지 않았다. 그가 보기에 孔子가 지은 부분은 〈說
卦의 序詞〉이다. 즉 그것은 "昔者 聖人之作易也"부터 "易 逆數也"까지와
"萬物出乎震"부터 "既成萬物也"까지이다. 이 부분은 卦의 物象을 직접 언
급하는 것이 아니기 때문인 것으로 보인다(丁若鏞,《周易四箋》, 304쪽).
9) 丁若鏞,《周易四箋》, 474쪽.

詞가 物象에 의거해 쓰여졌기 때문이라는 것이다. 그런데 이 物象은 일상언어를 빌려서 쓰여졌기 때문에, 일상언어처럼 해석될 여지가 충분히 있고, 또 그렇게 해석해도 크게 무리가 없을 만큼 되어 있다. 그러나 그것은 표면적 해석이고, 이면을 보면 그렇게 해석할 경우 수많은 불일치가 생김을 丁若鏞과 같이 象을 중시하는 학자들은 지적한다. 丁若鏞은 物象을 문자 그대로 해석해서는 안 된다고 한다. 그래서 그는,

坎·離·艮·震은 耳·目·手·足이 아니다. 그 形容에다 비졌을 뿐이다. 乾·坤·兌·巽은 馬·牛·羊·鷄가 아니다. 그 形容에다 비졌을 뿐이다.[10]

고 하였다. 이렇게 볼 때, 象은 그것이 그 표현수단을 빌린 문자 그대로의 해석보다는 易詞 구성의 한 요소가 되는 기호에 준하는 것으로 파악된다. 丁若鏞이 보는 입장은 기본적으로 漢儒의 그것에 바탕한다. 따라서 이제 丁若鏞에게도 易詞의 구성과 해석상의 불일치가 문제된다. 그런데 이미 말하였듯이, 象의 불일치를 해결하기 위해 漢儒들은 象의 목록상에서 불일치되어 모자라는 象을 보충하고자 하는 시도를 한 반면, 王弼처럼 象 자체를 무시한 경우도 있었다. 丁若鏞의 경우도 무턱대고 보충하는 태도에 대해서 비판은 하지만 자신의 입장에서 이 정도는 보충하지 않을 수 없다고 생각하는 象(物象)을 보충했다. 그 보충하는 이유는 아마도 〈說卦傳〉의 전승과정에서 누락되었을 가능성이 있을 수도 있다는 것인데, 이렇게 누락되었을지도 모르는 象에 대해 그는 易詞에서 그 근거를 찾았다.[11]

그런데 丁若鏞은 《易》을 해석하는 가장 기본적인 방법으로 推移, 物象, 互體, 爻變을 들었다. 그래서 사람들은 그의 易學을 이해하려 할 때, 이 순서에 따라 우선적으로 '推移'부터 거론하는 경우가 많다. 그러나, 이것은 丁若鏞의 易學을 이해하는 바른 접근 방법이 되지 못한다고 생각

---

10) 丁若鏞, 같은 책, 463쪽.
11) 丁若鏞은 〈說卦傳〉에서 正文이 없는 것은 모두 易詞에서 헤아려 그 예를 검증해 보면 알 수 있다고 하였다(같은 책, 304쪽).

한다. 그의 易學체계로 봐서, 다분히 자연철학적 성격을 지니고 있는 易의 사상을 기호화하고 언어화하여 성립된 그 卦와 易詞를 이해하는 데는 오히려 物象을 중심으로 하여야 한다. 이미 말한 바와 같이, 丁若鏞의 易해석법에서 物象은 나머지 세 방법과 그 성격과 역할을 달리한다. 나머지 세 방법은 이 物象을 추출하는 방법으로 작용하는 것이다. 물론 이 세 가지 방법은 그 나름대로 世界像을 반영하는 철학적 의미를 지니고 있다. 그러나 그들 의미를 언어화할 때에는 物象으로써 하였고, 이에 따라 逆으로 그 언어화된 易詞를 해석할 때도 物象으로 하여야 함이 당연하다. 그래서 丁若鏞은 物象을 易詞를 푸는 열쇠로 보았던 것이다. 본 논문에서 象(物象)에 대한 논의부터 먼저 시작한 것은 바로 이 때문이다. 그래야 丁若鏞의 易學뿐 아니라 《易》의 經文 일반에 대한 이해에서도 그 핵심을 잡을 수 있다고 생각된다.[12]

III. 易의 卦와 丁若鏞의 推移論

1. 卦의 演繹原理와 그에 관한 諸學說

세계의 만상을 기호로 표시하여 64卦를 만들어내었지만, 이를 이론적으로 체계화하는 설명의 필요성 또한 이전부터 중요시되어 왔다. 흔히 이미 성립된 기호만으로, 그 운용에만 관심을 두는 경우도 많지만, 학자들은 그에 앞서 卦에 대해 체계적 설명을 가하려고 하기도 했다. 이것은 卦의 연역에 대한 설명, 卦의 기원·연원에 대한 관심으로 나타난다. 易의 卦들은 학자들이 자신의 관점에 따라 가중치를 두어 배열함으로써 새로운 의미를 지니게 된다. 그래서 그 배열이 그 학자의 세계관을 묵시적으

---

12) 丁若鏞이 '推移'를 먼저 거론한 것은, '推移'로 말해지는 卦의 연역체계가 그의 세계관을 설명하는 데서 중요한 철학적 의미를 가지기 때문이다. 왜냐하면, 그가 보기에 易의 가장 기본적인 토대는 자연세계의 운행이기 때문에, 그 자연세계를 직접 반영하는 '推移'가 그만큼 중요한 것이다.

로 드러내게 된다. 바꾸어 말해 각 학자에 따른 세계관의 차이는 卦의 배열의 차이로 나타나기도 한다. 나아가서는 각 卦들이 각 학자의 관점에 따라 서열화되기도 하고, 어떤 경우에는 그 서열에 따라 보다 우위인 卦들이 그렇지 못한 卦들을 도출해 내는 연역적 생성의 근거가 되기도 한다. 그래서 易學史에서는 이전부터 64괘 중의 어떤 괘들은 다른 괘들에 대해 우위성을 가진다는 이론이 있어왔다.

예부터 卦의 상호우위성을 논할 때에는, 그 첫째가 '乾'이고, 그 다음이 '坤'이 되며, 나머지는 모두 별 다른 차이가 없다는 견해가 주류를 이루어 왔다. 이러한 사상은 학자들이 각자 나름의 철학에 바탕을 두어 주장한 것이지만, 《易》에도 이미 그 근거가 있다고 생각되기도 한다. 그것은 바로 〈十翼〉 중의 〈彖傳〉이다. 〈彖傳〉이 易學에서 갖는 의미는 여러 가지인데, 卦의 연역체계에 관한 이론적 근거가 되는 것으로 여겨지기도 한다. 특히 乾卦나 坤卦 중심의 괘연역체계에 근거가 된다. 사실상 건곤 우위의 견해는 〈彖傳〉이 아니라도 〈繫辭傳〉을 비롯한 〈十翼〉 중의 다른 〔傳〕에도 나타나지만, 卦의 연역체계에 관한 한 특히 그에 관련 있는 〈彖傳〉이 주된 관심의 대상이 된다.

〈彖傳〉에서는 '乾'과 '坤'의 상호교합작용에 의해서 다른 卦들이 연역되는 것으로 설명하는데, 각 괘들에 있어서 그것은 剛과 柔의 이동으로 설명된다. 즉 乾을 함축하는 것은 剛의 畫[13]으로, 坤을 함축하는 것은 柔의 畫으로 표현되어, 이 두 가지의 상호이동으로 乾坤에 의한 다른 괘의 연역적 생성이 설명된다. 결국 〈彖傳〉에 나타난 괘생성의 원리는 건과 곤

---

13) 여기서 卦의 구성요소를 爻라 부르지 않고 획(畫)이라고 부르는 것은 丁若鏞의 易學에서 중요한 의미가 있다. 통상 易家에서는 卦의 구성요소를 爻라고 부른다. 그러나 丁若鏞은 爻란 해당 畫의 변화를 전제로 한 명칭이라고 주장한다. 이 주장은 그의 易해석방법의 하나인 '爻變' 이론에서 나온 것이다. 爻變에 대해서는 본 논문의 뒷부분에서 논할 것이다. 어쨌든 丁若鏞의 卦연역체계 속에서는 이 경우 획으로 불러야 하므로, 용어상의 혼란을 피하기 위하여 분명히 구분함과 동시에 그 까닭을 명확히 해두고자 한다. 또 이 경우 '陰陽'이라는 표현보다는 '剛柔'라는 표현을 써서, '陽爻', '陰爻'보다는 '剛畫', '柔畫'이라고 표현한다.

이 상호교합작용을 하여, 그 사이에서 나머지 62괘가 생겨나는 것으로 나타난다.

64괘의 연역적 체계에 관한 설명은 〈象傳〉에 바탕을 두면서도, 이후 학자들은 이 위에 나름대로의 응용적 견해를 제시하면서 자신의 괘연역이론을 주장하기도 한다. 이러한 점에서 먼저 거론되는 사람은 吳(中國三國時代)의 虞翻이다. 그는 '旁通'과 '反對'라는 용어를 사용하면서 괘의 기호적 변환을 설명한다. 旁通이란 어떤 한 괘에서 현재의 획마다의 剛柔가 각각 모두 剛은 柔로, 柔는 剛으로 변화하여 또 다른 괘가 될 경우를 말한다. '反對'란 하나의 괘가 완전히 180도로 뒤집혔을 때, 원래의 괘와 새로 생기는 괘가 가지는 관계에 대하여 말하는 경우이다.

그런데 이러한 초보적인 기호조작에서 발전하여 '卦變'의 방법이 제기되었다. 〈卦變〉이란 卦에 있어서 각 畫의 變易을 그 유래에 소급하여 설명하는 것으로서, 〈象傳〉에서 剛柔의 往來를 말한 것에 그 근거를 둔다. 卦變의 설은 그 이후 다양한 변형의 형태를 보여왔다. 漢代의 孟喜나 京房 등의 卦氣說이나 12辟卦[14]로써 설정된 消息法 등이 이와 관계 있다고 하겠다. 京房은 64卦 중에서 '復', '臨', '泰', '大壯', '夬', '乾', '姤', '遯', '否', '觀', '剝', '坤'의 12辟卦를 설정하였는데, 이는 1年 4時 12月의 순환에 일치시킨 것이라고 할 수 있다. 괘를 자연의 순환에 대비시킨 이 전통이 괘변과 관계되어 이들 벽괘로부터 다른 괘들이 연역되는 이론이 생겨나게 되었다. 또 역시 漢代의 荀爽은 乾과 坤 두 卦의 畫이 서로 전환하는 '升降'의 說을 제창하기도 하였는데, 이 또한 괘변설류이다. 그런데 역대 각 학자들의 나름대로의 획괘논리가 어떠하든 간에, 진정으로 '卦變'이라 부를 수 있는 것은 虞翻에 의한 것이라 일컬어진다.[15]

그런데 중간에 이 卦變說에 대한 부정론자가 있었다. 老莊의 說로 易

---

14) '辟'이란 '임금'의 뜻이다. 그래서 '辟卦'는 64卦 중에서 가장 지배적이고 기본적인 卦라는 뜻이 된다.
15) 黃宗羲,《易學象數論》,《文淵閣四庫全書》40, (臺灣:臺灣商務印書館), 31쪽 참조.

을 해석한 王弼이 그 대표이다. 王弼은 象數的 경향의 漢易을 부정했으
니 당연한 귀결이다. 앞에서 象과 易詞의 일치 여부 문제를 말하였는데,
그때 그 불일치의 원인 가운데 象을 추출하는 방법이 있음을 알지 못하
는 경우를 상정했다. 이 卦變은 단순한 괘의 연역원리뿐 아니라, 나아가
서 象의 추출방법으로도 쓰이므로 漢儒에게 중요하였다. 그런데 王弼 등
은 象을 부정함과 동시에 그 추출방법으로서의 互體나 卦變도 부정함으
로써, 漢易의 이론에 철저히 대립하고 나선 것이다.

한편 이상과 같은 계열의 논리와는 전혀 다른 방법으로 卦의 연역을
설명한 이가 있었다. 그는 宋代의 邵雍이다. 그의 이론은 朱熹에 의해
재론됨으로써 易學史에 잘 알려져 있다. 邵雍은 2分法的 방법으로 마치
세포분열처럼 괘의 연역관계를 설명하였다. 즉, 1-2-4-8-16-32-64의 등
비수열의 순서로 괘를 끌어냈다.[16] 이렇게 하여 성립된 것이, 朱熹가 그
의 《易本義》에서 인용하고 있는 이른바 '伏羲六十四卦次序'[17]의 도식이
다.[18]

朱熹는 《易本義》뿐만 아니라 《易學啓蒙》에서도 이 논리를 주장했는
데, 여기서는 1奇1偶를 얻어가는 방식으로 설명하고 있다. 이 방법은 수
리상 지극히 당연하여 漢代 焦延壽의 《易林》에서처럼, 64×64=4096으
로 되는 12畵卦도 이론상 성립할 수 있으며 더 나아가 《易學啓蒙》에서
말하듯이, "응용해 뻗어가면 그 終極하는 바를 알지 못할 것"[19]이다. 그

---

16) 邵雍의 이 학설은 《易》, 〈繫辭傳〉의 "易有太極, 是生兩儀, 兩儀生四象, 四
象生八卦"라고 하는 데에 근거한 것으로, 太極의 전체를 1로 보고, 그것이
둘로 나누어진 것이 兩儀이며, 또 둘로 나누어진 것이 四象, 그리고 또 둘씩
나누면 八卦가 되어, 이대로 계속하면 64卦가 된다는 것이다(邵雍, 《皇極經
世》, 〈觀物外篇〉(文淵閣四庫全書), 803, 1064쪽 참조).
17) 朱熹, 《易本義》(臺灣 : 世界書局, 中華民國57年), 7쪽 참조.
18) 朱熹는 이 그림이 邵雍의 《皇極經世》, 〈觀物外篇〉에 근거한 것이라고 하고
세상에서는 邵雍이 그린 것으로 알려지고 있지만, 오늘날 전해지는 《皇極經
世》 속에는 이 그림이 없다. 게다가 邵雍의 직접적인 저작이라고 하는 《皇極
經世》, 〈觀物篇〉(또는 〈觀物外篇〉에 대하여 〈觀物內篇〉)에는 '太極'이란
용어가 쓰이지 않고 있다. 그러나, 여기서는 朱熹를 중심으로 하여 일단 邵雍
과 朱熹를 묶어서 동일한 획괘방식의 주장자들로 간주한다.

런데 이 방법은 이후 후대의 학자들에 의해 비판을 받게 되는데, 예를 들어 淸代의 胡渭[20]나 毛奇齡[21] 등이 그러한 이들이고, 丁若鏞 역시 이 방법을 비판한다.

이렇게 볼 때, 역사적으로 卦의 演繹論理는 크게 두 가지의 주요한 흐름이 있음을 알 수 있다. 하나는 〈象傳〉으로부터 비롯된 '卦變'의 방법으로서 이것은 卦 중의 각 畵의 이동이라는 시각으로 괘의 연역관계를 설명하는 것이다. 또 하나는 邵雍과 朱熹의 방법인 2분법적 방법으로 64괘가 동시에 연역되는 방법이다. 한편 朱熹는 그의 《易本義》에서 〈卦變圖〉를 제시하면서 그가 보기에 〈象傳〉에 근거를 두었다는 괘변설을 언급하기도 한다.[22] 그러나, 朱熹는 2분법적 방법을 더 자연스런 것으로 여겨 이에 찬동하고, 괘변의 방식을 언급하기는 하되, 이것은 "대개 易 가운데 의 한 뜻이지, 畵卦하여 易을 만든 本指는 아니다"[23]고 하고 있다. 이제 곧 말하게 될 丁若鏞의 卦演繹論理 또는 畵卦論理인 '推移'는 전통적으로 괘변설류에 속하는 것으로서, 이 역시 易의 기호와 언어의 해석방법에 있어서 丁若鏞의 象數學的 경향을 반영하는 것이다. 丁若鏞은 괘변을 부정하는 王弼 같은 이와 2분법적 획괘논리를 주장하는 邵雍·朱熹를 다같이 비판하면서 그의 독특한 획괘논리 또는 괘연역논리인 '推移'를 주장한다.

2. 丁若鏞의 推移論

丁若鏞은 이전의 여러 문제를 나름대로 정리하고, 그 중의 모순을 지양하여 자신의 '推移'의 法을 정립하고, 이로써 卦演繹體系를 종합하려 하였다. 우선 그는 朱熹의 괘연역체계 중에서 朱熹가 찬성한 쪽인 邵雍의 방법을 비판했다. 邵雍과 朱熹의 방법에서는 무엇보다도 가장 우선되

---

19) 朱熹, 《易學啓蒙》(臺北 : 廣學社印書館, 中華民國64年), 32쪽.
20) 胡渭, 《易圖明辨》, 文淵閣四庫全書44, 740쪽 및 750~751쪽 참조.
21) 毛奇齡, 《仲氏易》, 文淵閣四庫全書41, 185~186쪽 참조.
22) 朱熹, 《易本義》, 9~10쪽 참조.
23) 朱熹, 《易本義》, 9쪽.

는 卦로서의 首卦의 의미가 없다. 그런데 經文을 검토해 보면, 우선 乾이 그리고 그 다음에는 坤이 우위를 차지하여, 乾·坤은 다른 모든 괘에 대해서 우위에 서는 것으로 해석된다. 만일 단순한 기호의 측면에서 보면 64卦의 어느 것도 다른 卦보다 우위임을 주장할 수 없다. 그렇지만 易이 易인 것은 단순한 기호의 나열이 아니라 그 해석에 있고, 또 《易》 자체에도 그렇게 나타나고 있다.[24] 丁若鏞은 모든 괘들을 동렬에 세우는 邵·朱式의 획괘논리를 비판함과 동시에 이전 괘변설의 미흡함[25]을 해결하면서 그의 '推移'를 내놓았다.

丁若鏞은 우선 그의 '推移'의 이론을 다음과 같이 요약한다.

'推移'란 무엇인가. 冬至에 하나의 陽이 처음 生하여 그 卦가 '復'이 되었다가 '臨'이 되고 '泰'가 되어서는 '乾'에까지 이르게 되면 여섯 陽이 이루어진다. 夏至에 하나의 陰이 처음 生하여 그 卦가 '姤'가 되었다가 '遯'이 되고 '否'가 되어서는 '坤'에까지 이르게 되면 여섯 陰이 이루어진다. 이것이 이른바 '四時之卦'이다. '小過'란 大坎이고, '中孚'란 大離이다. '坎'은 月이고 '離'는 日인데, 나머지를 쌓아 閏으로 삼으니, 이것이 이른바 '再閏之卦'이다. 四時之卦를 京房은 12辟卦라고 하였는데, 이제 乾坤 2卦를 제외하고 따로 再閏을 취하여 12辟卦를 채우려 한다. 12辟卦

---

24) 즉, 乾·坤에는 특별히 〈文言傳〉이 있으며, 〈繫辭傳〉에서는 乾·坤을 각별히 다루어 그 우위성을 드러내고 있다.
25) 예컨대, 朱熹가 그의 《易本義》에 제시한 〈卦變圖〉에서는 모든 卦를 (1)一陰一陽之卦 (2)二陰二陽之卦 (3)三陰三陽之卦 (4)四陰四陽之卦 (5)五陰五陽之卦로 나눈다. (1)은 각각 6개씩인데, 모두 '復'·'姤'에서 온다. (2)는 각각 15개씩인데, 모두 '臨'·'遯'에서 온다. (3)은 각각 20개씩인데 모두 '兌'·'否'에서 온다. (4)는 각각 15개씩인데, 모두 '大壯'·'觀'에서 온다. (5)는 각각 6개씩인데, 모두 '夬'·'剝'에서 온다. 여기에 '乾'·'坤'은 없다. 이것이 문제였다. 그런데 여기서 또 히니 제기되는 문제가 있다. 즉 (1)의 一陰一陽之卦는 각각 五陽 및 五陰의 卦이므로, 결국 (5)의 五陰五陽之卦와 중복된다. 마찬가지로 (2)는 (4)와 중복되며 (3)에서 三陰之卦도 결국 三陽之卦를 말하는 것이다. 〈卦變圖〉에서의 이러한 중복의 문제는 이전부터 잔존해 온 것으로서, 이 역시 丁若鏞에게 부과된 또 하나의 문제였다.

에서 그 剛과 柔를 나누어 이것을 衍하면 '50衍卦'가 된다. 이것이 이른 바 '大衍之數五十'이다. 이것을 '推移'라고 한다.[26]

이상에서 보듯이, '推移'論의 핵심은 '四時之卦', '再閏之卦', '50衍卦'에 있다. 이제 이들을 나누어서 살펴보자.

(1) 四時之卦

'推移'는 일단 1年 중에서 冬至와 夏至를 중심으로 陽氣와 陰氣가 옮겨가는 과정을 나타내고 있다. 推移의 과정을 卦로써 표현하면 이는 위에서 말한 바와 같이, '復䷗'에서 '坤䷁'에 이르기까지의 순환·반복으로 나타난다. 이것은 推移의 이론에서 가장 기초가 되는 '四時之卦'로서 일년 4季節의 運行에 빗댄 것이다. 四時之卦는 전통적으로 12辟卦라 불렸는데, 1년 12달의 각 달에 한 卦씩을 배당하고 있다. 丁若鏞은 이 12벽괘를 일단 1년의 자연주기에다 빗대고 있는데, 그 推移과정을 卦로 표시하여 나타내고 있다. 이것이 그의 '十二辟卦進退消長表'이다. 여기서는 '復䷗'·'臨䷒'·'泰䷊'·'大壯䷡'·'夬䷪'·'乾䷀'·'姤䷫'·'遯䷠'·'否䷋'·'觀䷓'·'剝䷖'·'坤䷁'의 諸卦가 11月(子月)~10月(亥月)에 각각 배당되어 순환·반복하는 四時의 운행을 상징한다. 그리고 이 12벽괘의 기본은 '乾'과 '坤'이다.

丁若鏞은 '12辟卦' 명칭의 시작을 京房에게 두면서 京房의 12벽괘를 일단 받아들인다. 이것이 그의 易學 전개에 있어서 畵卦論理의 시발점이다. 그런데 그 다음에 그는 易에 있어 가장 중요한 卦로 여겨지는 '乾'과 '坤'을 이 벽괘에서 제외시켜 버린다. 朱熹를 비롯한 다른 학자들도 卦變論을 펴면서 乾坤을 제외시킨 경우가 있는데, 丁若鏞도 일단 이를 수용한다. 그렇다면 丁若鏞 또한 易에서 그 우위성을 인정하는 乾坤의 지위를 인정치 않는다는 말인가. 그러나 그가 그 제외를 용인한 것은 그의 卦연역체계에서 乾坤을 완전히 빼버리려고 한 것이 아니었다. 오히려

---

26) 丁若鏞,《周易四箋》, 301쪽.

그에게 있어 乾坤은 보다 더 중요한 지위를 가진다. 그의 '十二辟卦進退消長表'에는 여전히 乾坤이 포함되어 있다. 그렇다면 그가 말하고자 하는 바는 무엇인가?

丁若鏞은 乾坤을 '父母之卦'라고 부른다. 즉 그는 乾坤에게 다른 辟卦뿐만 아니라 乾坤 이외의 62卦 전체에 대한 우위성을 부여한다. 그러면서도 乾坤은 여전히 다른 벽괘와 함께 進退消長에 포함되기도 한다. 그는 이전의 卦變論者들이 卦變 속에 乾坤을 포함시킬 때 생기는 문제점을 해결할 수 없어서 빼버린 것과 乾坤의 부인할 수 없는 지위를 동시에 긍정하려 한 것이다. 이렇게 하여 丁若鏞은 乾坤을 벽괘에 끼울 수도 뺄 수도 없어 난감해 하던 卦變論者의 고민과 卦變의 모순점을 조화롭게 해결하였다. 다시 말해 그는 易에 있어서 乾坤의 우위성과 근원성을 계속 확보하면서도, 이 卦들을 여전히 消息卦에 참여시키는 조화로운 종합을 이룬 것이다. 이상의 기본卦들(乾坤과 10辟卦)이 '四時之卦'이다.

(2) 再閏之卦

丁若鏞이 보기에 공간적 天地의 시간적 변화양상인 四時의 순환은 이러한 12개의 卦들만으로써는 완전히 나타낼 수 없었다. 또한 曆法上으로 보아도 완전한 규칙성을 보이지 않고 어긋나는 부분이 있었다. 즉 閏月이 존재해야 한다는 것이었다. 사실 12辟卦를 1년 12달에 배당하면 딱 맞아서 윤월에 배당할 것이 없었는데, 丁若鏞은 여기에 그가 '再閏之卦'로 이름한 '小過☷'와 '中孚☶'를 배당시킴으로써, 천지와 사시의 변화를 상징하는 괘의 체계를 완비하려 하였다. 그래서 四時之卦와 再閏之卦를 합하여 생각할 때, 천지와 사시의 완전한 운행이 설명되는 것으로 본다.

再閏之卦는 閏月에 배당됨으로써, 進退消長하는 12개의 四時之卦는 아니면서도 사시의 운용에 관계하는 괘들로 간주되어 四時之卦와 함께 모두 14辟卦를 형성한다. 그런데 이전의 괘변론자들은 이 '小過'와 '中孚'가 그 괘상으로 봐서 괘변의 일반적 법칙에 편입시키기 어렵다고 본 경우가 있었다. 그래서 虞翻은 이 괘들을 '變例之卦'로 삼았다. 卦變의 원칙상 畵은 하나씩 오르내려야 하는데, '小過'와 '中孚'는 한꺼번에 두

개씩 오르내리므로 이 경우를 變例로 본 것이다. 그런데 朱熹의 〈卦變圖〉에서는 이들 괘가 그저 다른 괘들 속에 섞여 나열되어 있으므로, 朱熹는 이에 대한 문제의식을 가지지 못한 듯하다. 丁若鏞은 虞翻이 變例로 보고 朱熹가 문제의식을 가지지 못한 이들 '小過'와 '中孚'를 크게 중요시하여 이른바 '辟卦'의 지위까지 그 괘들을 끌어올리고 있다. 그가 보기에, '中孚'와 '小過'는 생성되는 괘가 아니고, 직접 다른 괘를 생성하는 지위를 가지므로 가히 벽괘의 지위를 지닐 수 있다. 그래서 四時之卦와 '中孚'·'小過'의 再閏之卦는 모두 합쳐 '14辟卦'로 불릴 수 있는 것이다.[27]

(3) 50衍卦

64卦 가운데서 이상의 14괘를 제외한 나머지 50괘는 이들 14괘에 의해 응용되어 펼쳐진다. 四時之卦는 모두 그 괘상으로 볼 때 중간에 다른 획이 섞이지 않는다. 즉 剛은 剛대로 柔는 柔대로 모여 있어 다른 획의 개입을 허용치 않는다. 그런데 나머지의 모든 괘는 剛柔가 뒤섞여 있다. 그런데 강유가 뒤섞인 괘 중에도 上下가 方正한 것이 있는데, 곧 앞에서 말한 '小過䷽'와 '中孚䷼'의 再閏之卦이다. 再閏之卦는 四時之卦와 교합하면서 剛柔를 나누는 자신들의 독특한 영향력을 행사한다. 그래서 강유가 錯亂한 괘들을 각각 8개씩 모두 16개를 만들어낸다. 그리고 이상의 괘들을 제외한 34개의 괘들 또한 강유가 착란한데, 이들은 四時之卦들의 운용에서 고유하게 생성되는 것들이다.

이상의 34개와 16개의 괘를 합친 50개의 괘는 14개의 기본괘인 14벽괘로 인해 만들어지는 괘들로서, 丁若鏞은 이들을 바로 '50衍卦'라고 부른다. 그가 붙인 이 명칭은 《易》, 〈繫辭傳〉의 "大衍之數 五十 其用 四十有九"에서 유래하였다. 이 문장에 대한 해석은 이전의 학자마다 나름대로 견해를 보여왔다. 그러나 丁若鏞은 이 말이 50衍卦를 가리키는 것

---

27) 丁若鏞은 '中孚䷼'와 '小過䷽'의 독자적 지위성을 각각 8卦 중의 '離☲'와 '坎☵'에서 찾는다.

으로 해석하였다. 이러한 丁若鏞의 괘연역체계는 그의 괘 전개논리에 따라 질서정연하게 펼쳐지는데, 괘가 세계를 묘사하는 기호인 한, 괘의 연역체계는 그대로 세계전개의 체계를 묘사하는 것이 된다.[28]

이상에서 말한 丁若鏞의 '推移'의 방법은 그의 卦연역원리로서 제시된 것이며, 동시에 丁若鏞이 괘를 파악하는 관점을 나타내 주고 있다. 그러나 이러한 방법들은 단순히 괘라는 기호의 해석으로만 끝나는 것이 아니다. 그에게 이러한 방법들은 易의 언어인 易詞 구성의 방법으로 채용된다. 앞에서 이미 易詞로서의 명제들은 6畵卦에서 8卦의 象(丁若鏞의 경우 物象)을 취하여 그것을 요소명제로 삼아 이루어진 복합명제이며, 이때 8괘의 象을 취하는 데 일정한 방법, 즉 象의 추출방법이 있다 하였다. 丁若鏞의 괘연역방법은 6획괘에서 3획괘인 8괘에 해당되는 物象을 추출하는 방법의 하나로 사용된다. 그래서 이것이 나아가서 易詞 구성에 기여하게 된다. 그런데 推移의 방법이 세계의 표면을 반영한다면 세계의 이면을 반영하는 또 다른 卦象 파악관점이 있는데, 그것은 '互體'에 대한 이론이다. 丁若鏞에 있어서 그것은 또 다른 物象 추출방법이면서 나아가 易詞 구성의 방법도 된다.

IV. 易의 互體와 丁若鏞의 互體論

1. 互體說의 形成과 그 展開
《易》,〈繫辭傳〉에 다음과 같은 말이 있다.

---

28) 그런데, 丁若鏞의 卦에 대한 해석방법에 '推移' 외에 또 다른 것이 있다. 그것은 '交易', '變易', '反易'의 이른바 '三易'으로서, 그에게는 推移만큼 중요하지는 않지만 그래도 주목되는 것이다.

物을 섞고 德을 갖추며, 옳은 것과 그른 것을 구별하는 경우는 그 '中爻'가 아니면 갖추어지지 못한다.

易家에서는 바로 이 말을 '互體(또는 互卦)'說의 근거로 삼는다. 여기서 '中爻'라고 하는 것에 대한 해석이 문제된다. 南宋의 朱震은 이 中爻를 풀이하여, "中爻는 崔憬[29]의 이른바 二·三·四·五이고, 京房의 이른바 互體가 이것이다"[30]고 注하고 있다. 또 역시 南宋의 王應麟은 "京氏가 이르기를, 二에서 四까지 이르는 것을 互體라고 하고, 三에서 五까지 이르는 것을 約象이라고 한다"[31]고 하여, 漢代의 京房의 易說에 互體가 있었음을 말하고 있다. 이것은 후대에 이르러서는 모든 6획괘에 있어서 二·三·四와 三·四·五를 각각 하나씩의 3획괘로 삼아 새로운 하나의 괘를 이루는 것이 가장 대표적인 互體인 것으로 정리된다.[32] 《易》,〈繫辭傳〉의 '中爻'라는 말이 과연 互體를 말하는 것인지는 정확히 알 수 없으나, 互體를 주장하는 학자들은 위와 같은 방식으로 하나의 6畵卦의 중간에서 새로운 卦를 취하였다.

互體의 방법은 이상과 같은 기본적인 방법 외에 다양한 응용적 방법으로도 안출되었다. 漢代의 虞翻은 三爻로 互體를 취하는 방법뿐 아니라 四爻互體法 및 五爻互體法까지도 말하였다. 또 그는 3획괘의 2爻를 가지고 象을 취하기도 했다. 심지어 鄭玄의 경우는 하나의 爻로 하나의 卦를 취하는 방법까지 썼다. 나아가서 卦의 연역차원에서 말해지는 '反對'나 '反易'과 같은 방법으로 8괘를 뒤집어서 다른 괘가 되는 '巽 ☴', '兌 ☱', '震 ☳', '艮 ☶'의 뒤집힌 괘상을 互體로 취하는 경우도 있었다.

그러나 漢代가 지나고 魏晉時代가 되면 이 互體說은 수난을 겪게 된다. 鍾會의 《易無互體論》과 더불어, 王弼로 인한 것이다. 이렇게 互體에 대한 반대파가 있었으나, 互體옹호론자들에 의하면 互體는 易에 분명히

---

29) 中國 唐代의 易學者.
30) 朱震,《漢上易傳》,《文淵閣四庫全書 11》, 259쪽.
31) 王應麟,《翁注困學紀聞》, 國學基本叢書12 臺灣, 臺灣商務印書館), 75쪽.
32) 顧炎武,《日知錄》, 國學基本叢書 14, 6쪽 참조.

사용된 것이며, 王弼조차도 互體의 흔적을 보인다고 한다. 예컨대, 王弼이 '睽䷥'에서 '困䷮'을 취한 것은 互體說을 사용한 것이라고 互體論者들은 보고 있다. 이러한 대립상에도 불구하고 互體說은 그 생명력을 잃지 않고, 후대에는 보다 다양하게 응용된 모습을 보이게 된다.

朱震 같은 이는 하나의 卦 중에 兩互卦가 있고, 이 互卦에 兩卦가 잠복해 있다 하였다. 林栗은 《易》, 〈繫辭傳〉의 "易有太極, 是生兩儀……" 이하의 문장과 관련하여 색다른 互體論을 펴기도 한다. 그는 6획의 괘로써 太極을 삼고, 그 중의 上下二體로 兩儀를 삼고, 여기에다 두 互體를 합하여 四象으로 삼았다. 또 그는 일종의 互體를 사용한 〈包體圖〉를 작성하여 朱熹와 논란을 빚기도 하였다. 또 元代의 吳澄은 互體論을 邵雍의 〈先天圖〉와 결합하여 〈互先天圖〉라는 것을 만들어내기도 하였다. 이렇게 전개된 互體論은 이후 明·淸교체기의 黃宗羲도 그의 《易學象數論》에서 인정을 하였고, 뒤이어 淸代의 李光地도 이를 인정하였다. 본 논문에서 말하는 丁若鏞 또한 역대의 互體說을 나름대로 정리하여 자신의 입장에서 互體의 본래적 모습으로 생각되는 것을 제시하였다.

2. 丁若鏞의 互體論

丁若鏞은 易學史에 있어서 互體說을 종합하는 역할도 하고 있다. 이제 그의 互體論을 먼저 그의 互體에 대한 정의에서 출발해 보자. 그는 말하기를,

> 互體란 무엇인가. 重卦가 만들어지고 나면 여섯 體가 서로 이어져서 二에서 四까지와 三에서 五까지가 각각 하나의 卦를 이룬다. 이것을 互體라고 이른다.[33]

고 하였다. 이것은 앞에서도 본 바와 같이 互體의 가장 기본적인 형태이다. 丁若鏞도 마찬가지로 이러한 데에서 互體論이 출발을 하였다. 그는

---

33) 丁若鏞, 《周易四箋》, 301쪽.

二에서 五까지를 '下互'라고 하고, 三에서 五까지를 '上互'라고 하였다. 이같이 互體를 취하는 데에는 다음과 같은 사고가 깔려 있다. 즉 6획괘는 上下로 구분되어 각각 8괘의 요소를 지니고 있지만, 6획이 이어지면 상하가 구분되는 경계가 없어지는 것으로 파악되어, 각 획을 기존의 상하괘로 이루어지는 한 측면에만 종속시키지는 않는다는 것이다. 그래서 표면적 卦인 正卦의 경우 상하로 나누어지고 나면, 그의 物象論에 따라, 그것으로 지칭되는 8卦上의 物象이 이미 배정되어 버리지만, 互卦의 측면에서 보면 새로운 두 小成卦가 성립되어 그에 따른 새로운 物象이 관계될 수 있는 것이다. 그래서 표면의 두 物象과 이면의 두 物象이라는 이중구조를 지니게 된다. 이 互體의 경우도 그 物象을 취함은 正卦와 동일하다.

丁若鏞은 이러한 互體를 처음에 말한 기본적 틀에서 확장·응용하여 보다 다양한 형태의 互體를 구사하였다. 이 중에는 이전의 사람들이 사용한 것과 같거나 유사한 형태도 있고, 그들이 사용한 것을 버리고 또 새로운 형태의 것을 주장한 것도 있다. 다음은 丁若鏞이 제시한 다양한 互體의 형태들이다.

(1) 大互 : 우리가 '坎☵'卦의 卦象을 보면 가운데에 剛의 획이 들어가 있고 그 위 아래에 柔의 획이 감싸고 있다. 그래서 6획괘 중 이러한 모습을 취한 획들의 집합은 모두 '坎'卦로 간주된다. 또 마찬가지로 '離☲'卦는 가운데가 비어 있어 柔이고, 그 위 아래를 剛의 획이 감싸고 있는 卦象을 하고 있다. 그래서 이러한 모습을 취한 획들의 집합은 모두 '離'卦로 간주된다. '大互'란 이렇게 포괄적인 형태로 '坎'卦 또는 '離'卦를 취하는 것을 일컫는다.[34]

---

34) 예를 들어, 〈巽☴〉卦의 1·2·3·4획을 취하여 大坎으로 간주한다. 이때 2·3은 뭉뚱그려 한 덩어리로 간주한다. 또, 〈屯☳〉卦의 경우 그 중의 1·2·3·4·5획을 취하여 大離로 간주한다. 이때 2·3·4도 뭉뚱그려 한 덩어리로 간주한다.

(2) 兼互 : 이 경우는 두 획씩 兼하여 토톨로지로 단순화해서 생기는 양상을 보아 卦를 취하는 것이다. 丁若鏞은《易》,〈繫辭傳〉의 "兼三才而兩之"라는 말이 곧 이것을 일컫는 것이라고 본다.[35]

(3) 倒互(倒體) : 卦象을 읽는 데 있어서, 하나의 重卦를 180도로 뒤집는 '反對'의 방법으로 다른 物象을 취하는 방법이 있는데, 64괘 중에는 상하가 대칭이어서 이 방법을 적용할 수 없는 것이 여덟 가지 있다. 이 여덟 가지 중에서 反對와 互體를 결합할 수 있는 여섯 가지에 적용하는 방법이다.[36]

(4) 伏體 : 丁若鏞의 易學에서는 天·地·水·火의 네 요소를 세계의 기본요소로 본다. 그의 세계해석과 그 세계를 지칭하는 卦 해석의 바탕에는 이 天·地·水·火의 관념이 깔려 있다. 그래서 그는 괘 중에서 이 天·地·水·火를 상징하는, 8괘 중의 乾·坤·坎·離를 가장 기본적인 괘로 본다. 따라서 그는 64卦는 모두 乾·坤의 직접적인 영향과 坎·離의 간접적인 영향을 받는 것으로 간주한다. 그에 있어서 剛畵는 모두 '乾☰'의 반영이고, 柔畵는 모두 '坤☷'의 반영이다. 또 이 강유가 여섯 자리를 轉變하면서 다양한 괘의 양상을 보이는데, 바로 이 강유가 몸담는 여섯 자리가 坎·離와 관계된다. 구체적으로 말해, 64괘에서 下卦는 모두 '離☲'이고 上卦는 모두 '坎☵'이라고 생각하는 것이다. 이것은 특별한 예를 들 것도 없이 모든 卦에 일반적으로 적용된다.

---

35) 예를 들어, '乾☰'은 1과 2, 3과 4, 5와 6(上)을 兼하면 하나의 大乾이 되는 것으로 본다. 또, '觀☷'의 경우, 동일한 방식을 적용하면 하나의 大艮이 된다. 앞의 推移論에서 '小過☷'를 大坎으로 '中孚☲'를 大離로 보아 水와 火에 대응시키는 것도 이 방법을 통해서이다.

36) 예를 들어, '坎☵'의 경우 그 下互를 뒤집어서 '艮☶'를 취하고, 上互를 뒤집어서 '震☳'을 취한다. '離☲'의 경우 그 下互를 뒤집어서 '兌☱'를 취하고, 上互를 뒤집어서 '巽☴'을 취한다.

(5) 牉合 : 〈說卦傳〉에 의하면, 또 丁若鏞의 物象論에 의하면, 8卦는 人倫에 있어서 모두 해당되는 象이 있다. 이 중에서 '艮☶'은 小男, '兌☱'는 小女이다. 이것을 남녀의 결혼에 빗대어서 6획괘 중에서 3획괘인 '艮'과 '兌'가 뒤집혀 마주보는 괘상을 취하는 것이다. 이것은 남녀가 결혼하는 상태 곧 상대를 필요로 하는 '牉合'의 상태를 상징한다.[37]

(6) 兩互作卦 : 앞에서 互體를 말할 때, 二·三·四를 下互, 三·四·五를 上互라고 하였다. 이 두 가지가 兩互이다. 하나의 重卦에는 이 兩互가 잠복하여 있다. 그래서 이 兩互의 각각이 지칭하는 8卦上의 物象으로 그 잠복해 있는 卦가 상징된다. 그런데 무슨 괘든지 이 兩互로써 새로운 하나의 重卦를 만들 수가 있으니 이것이 '兩互作卦'의 방법이다.[38]

이상과 같은 互體論은 다음과 같은 의의를 지닌다고 할 수 있다. 卦는 세계의 현상을 지칭하고 있다. 그런데 세계는 그 드러난 측면을 그 얼굴로서 내세우고 있지만, 그에 못지않게 그 드러난 측면과 관계하며 영향을 미치는 이면의 감추어진 측면이 항상 공존하고 있다. 드러난 측면은 우리가 직접적으로 읽어내는 卦로써 표현되는데, 이것은 易學에 있어서 64괘의 체계로 지칭된다. 만일 우리가 互體 또는 互卦의 의의를 생각해 본다면, 이러한 드러한 측면을 지칭하는 괘의 체계에 대하여 그 감추어진 측면을 지칭하는 것이라고 볼 수 있다.

互體說은 역사적으로 다양한 형태를 보여왔지만, 그것들은 모두 자파 중심으로 互體의 일단만을 언급하였을 뿐이다. 丁若鏞은 기존의 說들을

---

37) 예를 들어, '漸䷴'의 경우, 먼저 아래의 바른 '艮☶'을 취하고, 위는 그대로 취하면 '巽☴'이 되므로, 이때 이를 취하는 것이 아니라 '巽'이 뒤집힌 '兌☱'의 상태를 취해서, 아래는 正艮, 위는 顚兌가 되도록 하여 '艮'과 '兌'가 서로 마주보도록 하는 괘상을 취한다.

38) 예를 들어, '大過䷛', '姤䷫', '夬䷪'에서 下互와 上互의 兩互를 취하면 새로운 重卦로서의 '乾䷀'이 된다. 또, '艮䷳', '明夷䷣', '賁䷕'에서 下互와 上互의 兩互를 취하면 새로운 重卦로서의 '謙䷎'이 된다.

종합한다. 그의 易學的 세계관에 있어서 互體論은, 推移의 說이 세계상의 표면을 지칭한다면 그 이면을 지칭하는 것이라 할 수 있다. 그러나 丁若鏞에게는, 그의 역학체계 속에서 보다 중요하며 직접적인 互體論이라는 의의가 있다. 그것은 역시 易의 기호와 언어의 구성과 해석에 관한 것이다. 丁若鏞의 互體說은 그의 推移의 說이 그랬듯이 단순한 世界像의 반영뿐 아니라, 각 괘에서 物象을 추출하여 易詞를 구성하는 역할도 하고 있다. 丁若鏞의 易學에서는 오히려 이 점이 더 중요하다. 이것은 이미 앞에서 말한 바 있는 物象과 易詞의 불일치를 해결하는 또 하나의 방법이기도 한 것이다. 그런데 이렇게 推移와 互體의 방법을 써도 해결되지 않는 物象과 易詞와의 불일치가 있다고 丁若鏞은 보았다. 여기에 丁若鏞은 그에 대한 해결을 마무리하는 또 다른 방법을 제시하는데 그것이 마지막으로 이야기하게 될 '爻變'이다.

V. 易의 爻變과 丁若鏞의 爻變論

1. 爻變說의 形成과 그 展開

'爻變'을 이야기할 때, 그 문헌상의 역사적 기원을 찾을 경우《春秋左氏傳》을 거론한다. 우선 그 중의 몇 가지를 예로 들어보자.

(1)《春秋左氏傳》, 莊公22年

陳의 厲公은 蔡 출신이다. 그러므로 蔡人이 五父를 죽이고 그를 세웠는데, 敬中을 낳았다. 그(敬中)가 어렸을 때, 周史에《周易》을 가지고 陳侯를 뵙는 이가 있었다. 陳侯가 그에게 점치게 하니, "觀䷓之否䷋"가 나왔다. (그 周史가 말하기를) "이것은 '觀國之光 利用賓于王'을 말합니다……"라고 하였다.[39]

---

39)《春秋左氏傳》(서울 : 景文社, 1976), 96쪽.

(2) 《春秋左氏傳》, 閔公元年

처음에 畢萬이 晉에 벼슬하려고 하여 점을 치니, '屯䷂之比䷇'를 얻었다.[40]

(3) 《春秋左氏傳》, 僖公15年

秦伯이 晉을 칠 때, 卜徒父가 그것을 점치니 吉하여 황하를 건너면 侯의 수레가 패한다 하였다. (秦伯이) 그를 꾸짖으니, 그가 대답하기를, "도리어 크게 吉합니다. 세 번 패하여 반드시 晉君을 잡게 될 것입니다. 그 卦는 '蠱䷑'를 만났으니, 千乘이 세 번 물러나고, 세 번 물러난 다음에 그 숫여우를 잡는다는 뜻입니다.[41]

(4) 《春秋左氏傳》, 宣公12年

여름에, 晉나라 군사가 鄭나라를 구하였는데…… 그때 知莊子가 말하기를, "이 군사(師)들은 위태로울 것이오. 《周易》에 있기로는, '師䷆之臨䷒'의 경우에는 '師出以律 否臧凶'이라 하였소……"라고 하였다.[42]

(5) 《春秋左氏傳》, 昭公29年

가을에, 晉나라의 서울 絳의 교외에 龍이 나타났다. 魏獻子가 대부인 蔡墨에게 물으니, 蔡墨이 대답하기를, 《周易》에 이런 말이 있습니다. '乾䷀之姤䷫'에 '潛龍勿用'이라 하고, 그 '同人䷌'에 '見龍在田'이라 하고, 그 '大有䷍'에 '飛龍在天'이라 하고, 그 '夬䷪'에 '亢龍有悔'라고 하고, 그 '坤䷁'에 '見群龍無首, 吉'이라 하고, 그 '坤䷁之剝䷖'에, '龍戰于野'라고 했습니다……"라고 하였다.[43]

---

40) 《春秋左氏傳》, 104쪽.
41) 《春秋左氏傳》, 120쪽.
42) 《春秋左氏傳》, 184쪽.
43) 《春秋左氏傳》, 395~396쪽.

여기서 ①의 '觀䷓之否䷋'는 '觀'卦가 '否'卦로 가는 것이다. '觀'이 '否'로 간다는 것은 '觀'의 六四가 변한 것이다. 그런데, 이 '觀'의 六四의 爻辭가 바로 위에 인용된 '觀國之光 利用賓于王'이다. ②의 '屯䷂之比䷇' 역시 '屯'이 '比'로 간다는 것이며, 이는 곧 '屯'의 初九가 변하여 '比'로 된 것이다. ④의 '師䷆之臨䷒'의 경우 역시 '師'의 初六이 변하여 '臨'으로 된 것으로, 위에 인용된 '師出以律 否臧凶'이 바로 '師'卦 初六의 爻辭인 것이다. 이렇게 볼 때, 한 卦 중의 爻라는 것은 그 卦 중의 해당 畵이 變한 것을 나타냄을 알 수 있다. 그래서 그 획이 변하기 전의 본래의 괘와 변하고 난 후의 괘를 '之'字로 연결하여 이것이 곧 爻를 나타냄을 보이고 있다. 그런데 한 가지 주목할 것은 ③의 '蠱䷑'를 만난 경우는 어떤 變한 상태를 제시하지 않았고, 동시에 '之'字도 보이지 않는다. 이 경우는 본래의 卦가 아직 變하지 않은 상태를 유지하고 있기 때문이다. 또, ⑤의 '坤䷁'의 경우는 모든 획이 變한 경우이다.

따라서 일반적으로 말해서, 卦에는 變한 상태와 變하지 않은 상태가 있는 것이며, 후자의 경우는 본래의 卦로서만 그대로 표현하고, 전자의 경우는 'A之B'의 형태로 표현함을 알 수 있다. 여기서 '之'는 단순히 두 卦간의 관계를 표현할 뿐만 아니라, 보다 動的인 의미를 가지고 있다. 즉 여기서의 '之'는 '가다'라는 의미, 나아가서는 '變해 가다'라는 의미를 지니고 있다. 그래서 變하기 전의 卦를 '本卦'라고 하는 데 대해, 變한 후의 卦를 '之卦' 또는 '變卦'라고 한다. 이렇게 볼 때 64卦는 각각 그 不變의 상태로만 이야기되는 것이 아니라, 무슨 卦든지 다른 卦로 변확될 수 있음을 알 수 있다. 이러한 것이 '爻變'의 이론이다.

'爻變'이란 글자 그대로 爻의 變化이지만 爻 자체가 이미 變化의 의미를 내포하고 있다. 《易》,〈繫辭傳〉에 이르기를, "6爻의 動함은 3極의 道이다"고 하고, 또 "爻라는 것은 變을 말하는 것이다"고 하고, "辭라는 것은 가가 그 '之'하는 바를 가리킨다"고 하기도 하고, "爻라는 것은 天下의 動함을 본뜬 것이다"고 하기도 하며, 또 "道에는 變動이 있으므로 爻라고 말한다"고 하기도 한다.

이상에서 보듯이 '爻'라는 말을 정의함에는 '動', '變', '變動'이라는 말이 들어가 있어서 그 기본적 정의에서부터 변화의 의미를 가지고 있다. 즉 爻란 세계의 운동과 변화를 가리키는 말이다. 그런데 통상 爻를 陽의 기호로서의 '—'와 陰의 기호로서의 '--'를 가리키는 것으로 생각하고 있다. 그래서 하나의 卦는 여섯 개의 爻로써 구성되어 있다고 한다. 즉, 爻를 畫과 같은 것으로 보는 관점이다. 그러나 이상과 같은 爻變說의 관점으로는 爻와 畫은 다른 것임을 알 수 있다.

爻變說의 관점으로는, 爻는 어느 한 卦의 독립적 상황내에서의 그 시간적 推移를 말하는 것이 아니라, 한 卦에서 그 여섯 자리 중의 어떤 한 자리가 變하여 다른 卦로 지칭되는 상황으로 轉移되어 건너뛰는 것임을 말한다. 이렇게 되면, 이제 하나의 卦와 그 辭가 거느리고 있는 여섯 가지의 爻와 辭들은 그 卦의 내부적 관계에 한정되는 것이 아니라, 한 卦에서 전개되어 변해 갈 수 있는 여섯 가지의 다른 상황들을 말하는 것, 즉 여섯 가지의 다른 외부적 상황과 관계 맺고 있는 것임을 나타내는 것이다. 그리고 동시에 여기에는 不變의 상황도 상정되어야 할 것이다. 그래서 變化의 경우에는 '某卦之某卦'라고 표현되며, 不變의 경우에는 다만 '某卦'라고 하는 것이다. 변화의 상황이든지 불변의 상황이든지 전체적으로 봐서는 모두 易이라는 넓은 의미의 變化의 원리에 포섭되는 것이다.

朱熹에게도 이러한 爻變의 이론이 보인다. 그의 《易學啓蒙》의 〈考變占〉 부분에서는 不變과 1爻變에서 6爻全變까지의 예를 도표로써 상세히 보이고 있으며, 이것을 그는 漢代 焦延壽의 《易林》과 대응시키고 있다. 焦延壽는 《易林》에서 하나의 卦에서 하나의 爻만이 變하는 것이 아니라, 하나에서 여섯 爻까지 모두 變하는 경우를 상정한다. 이것은 곧 朱熹의 견해와 같은 것으로서, 朱熹는 焦延壽에게서 영향받았다고 할 수 있다. 焦延壽는 64卦마다의 변화에 착안하여 64×64=4096卦의 상황을 생각했다. 그런데 이 부분은 朱熹가 그 자신이 邵雍에게서 물려받은 획괘논리와 연관시킴으로써, 朱熹에게는 畫卦의 원리와 爻變의 원리가 혼동되고 있음을 보이고 있다. 丁若鏞은 畫卦와 爻變은 다른 것임을 주장하는 바탕에서 그의 이론을 펼치고 있다.

2. 丁若鏞의 爻變論

'爻變'을 주장하는 丁若鏞의 입장으로는 易의 최대의 쓰임새는 爻變의 이론에 있으며 이로써 易學體系가 완비된다고 본다. 이것은 64卦 상호간의 내적 긴밀성을 통해서 세계만상의 존재와 변화의 양상을 그물처럼 치밀하게 엮어 반영하는 것이다. 이 爻變의 說은 丁若鏞에 이르러서야 크게 선양되었고, 그의 易學體系에 있어서는 종합적 완결이라고 할 수 있다. 丁若鏞은 이 爻變의 說이 漢 이래로 수천 년 동안 끊어져 전해지지 않아 易의 뜻이 크게 오도되었다고 주장한다. 그러나 자신에게 이르러 이것이 비로소 찬연하게 밝혀져 易의 대의가 다시 바르게 천명되었다고 자부한다. 그러면 丁若鏞이 밝히는 爻變論은 무엇인가. 그는 말하기를,

> 爻라는 것은 變이다. 變하지 않으면 爻가 아니다. 卦畫의 一·二·三·四를 畫(또는 位)이라 하고, 그 一·二·三·四가 變하는 것을 爻라고 한다. 爻라는 것은 交로서, 陰陽이 交易함을 말한다. 지금 사람들은 畫을 爻로 알고 있으니, 핵심이 이미 잘못됐다.
>
> 筮法에서 老陽의 획은 □이고, 老陰의 획은 ×이다. ×라는 것은 交이다. ×를 거듭하면 爻가 된다. '爻'字가 처음 만들어질 때에는 원래 陰陽交易의 의미로 주로 쓰였는데, 도리어 不變한 것을 爻로 여기니 되겠는가?[44]

라고 하였다. 이미 앞에서도 말한 바와 같이, 우리는 사실 卦 중에서 그 구성요소가 되는 陰陽剛柔의 畫들을 爻라고 생각하는 경우가 많다. 그런데 丁若鏞은 卦의 구성요소를 爻라 하지 않고 畫이라 한다. 그의 推移에 관계되는 것은 바로 이 畫들의 이동이지, 爻의 이동이 아닌 것이다. 또한 推移에 관계되는 것은 卦變의 이론이지, 지금 논하고 있는 爻變의 이론이 아니다.[45] 爻라는 글자 자체가 곧 變化의 뜻이다. 즉 爻는 어떤 한 卦

---

44) 丁若鏞,《周易四箋》, 306쪽.

가 變한 하나의 상태를 말하지, 그 卦의 구성요소를 말하는 것이 아니다. 그래서 그는 "爻라는 것은 變卦의 이름이다"⁴⁶⁾고 하였다.

爻變論의 입장에서는 6획괘의 각 획을 부르는 이름인 初九, 九二, 九三, 九四, 九五, 上九 그리고 初六, 六二, 六三, 六四, 六五, 上六 등은 자리의 이름이기보다는 本卦의 다양한 변화 양상에 따른 가능한 경우의 이름이다. 즉 變卦(之卦)로서의 爻의 이름이다. 이때 '九'와 '六'으로 부르는 데서 이미 爻變의 이론이 함축된다. 九와 六의 의미에 관해서는 朱熹도 말하였지만, 丁若鏞의 말로써 정리하면 다음과 같다.

'九'라는 것은 老陽이고, '六'이라는 것은 老陰이다. '老'는 變하지 않음이 없는데, 즉 九·六이란 이미 變했다는 이름이니, 不變이면 九·六이 아니다.⁴⁷⁾

丁若鏞은 그의 爻變의 근거를 앞에서 이미 제시한 《春秋左氏傳》에서 끌어오면서, 구체적으로 예를 들어 설명한다. 그는 《春秋左氏傳》의 예에 따라 爻를 '某卦之某卦'⁴⁸⁾의 형식으로 표현하였다. 그는 이 형식을 384爻의 모두에 적용시켜 하나의 爻辭에 대한 자신의 해석의 서두를 이 형식으로 표현하였다. 그리고 64卦 모두의 象辭(즉, 卦辭)마다 그 해당 卦의 不變者(此 某卦之不變者也)라고 표현하였다. 그의 경우에는 또한 앞에서 이미 언급한 바와 마찬가지로 모든 爻는 그 위치의 획이 이미 다른 상태로 변한 것을 말하고, 그것을 '之'字로 관계지어 변하기 전의 상태를 本卦로, 변한 후의 상태를 '之卦' 또는 '變卦'로 불렀다. 이 之卦 또는 變卦가 곧 爻이다.

---

45) 그런데, '卦變'과 '爻變'을 혼동하는 경우가 많다.
46) 丁若鏞,《易學緖言》,《與猶堂全書 3》, 498쪽.
47) 丁若鏞,《周易四箋》, 306쪽.
48) 이러한 방식으로 설명한 사람으로 南宋의 都絜이 있다. 丁若鏞도 그의 학설의 일단을 들어 알고 있었으나, 직접 그의 저서를 얻어 보지 못한 것을 안타까이 여겼다. 都絜은《易變體義》를 지었는데, 丁若鏞이 언급한《易變體》16卷이다(丁若鏞의《易學緖言》562쪽 참조).

이러한 爻變說의 의의는 세계의 일체가 어느 한 부분적 측면으로는 설명될 수 없고, 모두 상호 긴밀하게 연결되어 있으며, 이렇게 모두 상호 연결되어 있음으로써 세계는 존재가능하고 또 변화가능하며, 세계는 다만 不動의 존재가 아니라 수시로 變化함을 말할 수 있는 것이다. 또 하나의 존재는 언제나 다른 것으로 轉化하게 되는데, 그러한 變轉의 양상을 유형화하여 그것을 존재와 변화의 연쇄망으로 나타낸 것이 爻變論이 그리는 世界像이다.

그런데 丁若鏞에게 爻變論의 의의는 이런 것뿐이 아니다. 爻變은 朱熹도 파악한 바이다. 그런데 朱熹와 丁若鏞에게는 爻變을 보는 시각에 중대한 차이가 있다. 爻變說의 내용 자체에도 약간의 차이가 있지만, 보다 중대한 차이는, 朱熹는 爻變을 占筮로만 파악했는데, 丁若鏞은 그것을 易詞를 지은 근본원칙 중의 하나로 인식했다는 것이다. 그래서 易詞를 해석할 때도 爻變說을 적용함이 마땅하다고 보았다. 따라서 그에 있어서 爻變은 易詞를 지은 원리인 동시에 그것을 푸는 원리이기도 한 것이다. 또 이것을 物象과의 관련에서 볼 때에는, 이 爻變說이 앞에서 이미 말한 物象과 易詞와의 불일치를 해결하는 완결적인 법칙으로 작용한다는 것이다.

이러한 까닭으로 이 爻變의 이론이 제대로 밝혀지지 않으면 易의 본뜻이 제대로 밝혀질 수 없다고 丁若鏞은 주장한다. 그가 주장하는 推移·物象·互體의 이론이 제대로 천명되지 못한 것도 이 爻變으로써 그 이론들이 종합적 완결을 보지 못하였기 때문이라는 것이다. 즉 推移·物象·互體의 이론을 적용해 보아 어긋나는 부분이 있다고 하여 이들 이론이 옳지 않다고 주장하는 사람들의 논리는 바르지 못하다고 丁若鏞은 보았다. 그것이 어긋나는 원인은 다른 데에 있었다는 것이다. 즉 이들 이론이 잘못된 것이 아니라, 그것들과 밀접한 관련이 있는 또 하나의 이론이 빠졌기 때문에 그런 것이라는 주장이다.[49] 이 이론이 바로 '爻變'이라는 것이다.

---

49) 丁若鏞, 《周易四箋》, 307쪽 참조. 또, 《易學緖言》, 490쪽 및 536쪽 참조.

VI. 結論

이상에서 丁若鏞의 易學思想을 살펴보았다. 易은 세계의 변화와 운동을 말하는 사상체계이다. 《易》은 그러한 易思想에 대한 문헌이다. 그래서 丁若鏞은 《易》을 자연운행 과정을 표현하는 기호와 언어의 체계에 관한 문헌으로 간주하였다. 고대로부터 《易》에 대한 해석이 분분하였다. 丁若鏞은 易學史에서 시기적으로 후대의 사람이다. 그래서 그는 이전 학자들의 저술들을 보고 자신의 견해를 밝힐 수 있는 입장에 있었다. 그만큼 그는 이전 학설들을 종합할 수 있는 위치에 설 수 있었다. 그는 자신의 관점에서 이전 학설들의 시비를 밝히고 자신이 옳다고 여기는 《易》에 관한 이론을 내놓았다.

丁若鏞은 《易》을 올바로 해석하려면 그 원작자의 의도와 취지에 비추어 보아야 한다고 생각하였다. 그가 보기에, 《易》의 기호인 卦를 처음 그은 이는 세계의 만상과 그 변화를 나름대로 요약하여 그것을 여러 가지 物象들로 정리하고 그것을 바탕으로 처음부터 64卦의 형태로 만들었다. 그리고 그 후에 그 기호에 대한 언어적 해석을 가한 이들이 또 나타났다. 그들은 기호를 만든 사람의 취지에 맞추어서, 卦라는 기호에서 자연현상을 반영하는 物象들을 읽었다. 그리고 그것들을 언어화하였다. 그것이 易詞이다. 그런데, 丁若鏞이 보기에 이러한 易詞구성은 그렇게 간단한 것이 아니었다. 거기에는 卦에서 物象을 취하는 일정한 방법이 있었다. 그것이 그가 주장한 '推移', '互體', '爻變'이었다. 이들은 나름대로 世界像을 그리는 의의도 지니고 있었지만, 丁若鏞에 있어서 보다 중요한 것은 易詞 '구성'의 방법으로서의 의의였고, 동시에 易詞 '해석'의 방법으로서 작용하는 것이었다. 그는 '推移', '互體', '爻變'과 여기에 이들 방법이 적용되는 주체인 '物象'을 합쳐서 易의 '四法'이라고 하였다.

세상에는 易을 해석하는 다양한 견해가 있지만, 丁若鏞의 易學은 종래 학설의 문제점을 직시하고 그 모순을 지양하면서 나름대로 종합하고자 한 의의를 지닌다. 그는 易해석에 있어서 '象(物象)'을 중시하여 이전의

象數易의 전통을 잇고 있지만, 그의 학설은 이전 학설들을 능가하는 치밀함을 보인다. 그는 자신이 주장하는 법칙에 따라 조직적이고 체계적으로 易을 해석하였다. 그의 易學이 가지는 특징이 제대로 밝혀지려면 이러한 그의 易學的 관점을 잘 알아차려야 할 것이다. 그리고 그러한 바탕 위에서 그의 易學의 가치가 올바로 인식되고 알려져야 할 것이다.[50]

---

50) 丁若鏞의 易學에 관한 筆者의 보다 자세한 견해는 筆者의 拙稿인 〈周易의 解釋方法에 관한 硏究-丁若鏞의 易學을 중심으로〉, (釜山大學校 大學院 博士學位論文, 1990. 8.)를 보기 바람.

Philosophical Forum Ichings(周易)
Fall 1996

Journal of the Korea Society of the Iching
Office of KSI, c/o Department of Philosophie,
Hanyang University, Seoul, 133-791. Korea.

KSI Officers

President : Tyong-Bok Rhie
Vice President
Pil-Soo Kim, Myong-Jin Nam, Sang-Hyon Bea, Yong-Bae Song, Kang-Soo Lee.
Directors · Young-Jin Choi(General Affairs)
In-Chang Song(Research)
Jin-Kun Kim(Public Relation)
Yong-Nam Yun(Publication)
Editorial Board
Shin-Hwan Kwak, Yong-Jeung Kim, Choong-Yeal Kim, Phil-Soo Kim, Hak-Kuon Kim, Myong-Jin Nam, Yong-Nam Yoon, Kang-Soo Lee, Tyong-Bok Rhie, Young-Bae Song, Young-Jin Choi, Uon-Sik Hong.

주역과 한국역학 | 지은이 : 한국주역학회
펴낸이 : 이은범
펴낸곳 : (주)범양사 출판부
주　소 : 서울시 용산구 동빙고동 7-14
전　화 : 799-3851~5
F A X : 798-5548
등　록 : 1978. 11. 10. 제2-25호

1996년 10월 18일 제1판 제1쇄

값 13,000 원